Droit comparé de la commande publique au sein de l'UEMOA

Étude des droits des marchés publics du Burkina Faso, de la Côte d'Ivoire, du Mali et du Sénégal

Collection « Études africaines »

dirigée par Denis Pryen et son équipe

Forte de plus de mille titres publiés à ce jour, la collection « Études africaines » fait peau neuve. Elle présentera toujours les essais généraux qui ont fait son succès, mais se déclinera désormais également par séries thématiques : droit, économie, politique, sociologie, etc.

Dernières parutions

Armel Habib SANDIO KAMGA, *La responsabilité des agents de l'administration en droit camerounais. Une responsabilité plurielle,* 2021.
Magloire ONDOA et Patrick Edgard ABANE ENGOLO (dir.), *L'exception en droit. Mélanges en l'honneur de Joseph Owona*, 2021.
Saliou dit Baba DIALLO, *Wolofs et Français en pays soninké. Bakel (Sénégal) à l'épreuve des intrusions étrangères (XVIe-XXe siècles),* 2021.
Florent Kambasu Kasula, *Développement solidaire et accompagnement des groupements paysans. Capitalisation de 20 ans d'expérience du CEFADES en RDC*, 2021.
Dodo Boukari Abdou Karimou, *La coopération franco-nigérienne de Diori Hamani A Issoufou Mahamadou. Du clientélisme au partenariat ?* 2021.
Hygin Didace AMBOULOU, *Code fiscal OHADA, 1e édition*, 2021.
Hygin Didace AMBOULOU, *OHADA. Le cadre juridique des investissements agricoles et la problématique de l'incohérence des politiques économiques*, 2021.
Jose DO NASCIMENTO, *La pensée politique de Cheikh Anta Diop,* 2021.
Ignace NDONGALA MADUKU et Job MWANA-KITATA, *Mots sur les Maux du Congo*, 2021.
Serge DEWEL, *Éthiopie, une histoire. Vingt siècles de construction nationale*, 2021.
Charles WOLA BANGALA, *Sommes-nous tous des descendants de Kimpa Vita ?*, 2021.
Jonas KOUAMBLA, Raymond K. KRA, *L'information foncière urbaine et la question de sa gouvernance en Côte d'Ivoire*, 2021.
Alphonse KISITO BOUH MA SITNA, *Techniques d'employabilité et de création d'entreprise au Cameroun*, 2021.
Jean-Yves ANÉZO, *La feuille et le vodou. La puissance du végétal dans la pratique religieuse des vodous africains*, 2021.
Joël LISENGA BOLILA, *Leadership politique et sous-développement en RD Congo. La ville de Kisangani et ses élites postcoloniales*, 2021.

Bakary Dramé

Droit comparé de la commande publique au sein de l'UEMOA

Étude des droits des marchés publics du Burkina Faso, de la Côte d'Ivoire, du Mali et du Sénégal

L'Harmattan

5-7, rue de l'École-Polytechnique, 75005 Paris
http://www.editions-harmattan.fr
ISBN : 978-2-343-23269-0
EAN : 9782343232690

Avant-Propos

Maurice KAMTO
Professeur honoraire à l'Université de Yaoundé II

En portant son ouvrage sur la régulation des marchés publics dans l'espace communautaire de l'UEMOA, M. Bakary DRAME s'inscrit dans une dynamique d'enrichissement de la recherche en droit public en Afrique, au-delà des champs classiques du droit constitutionnel et du droit administratif abondamment labourés depuis les indépendances. Il a préféré le défi d'un domaine négligé pendant longtemps par les chercheurs africains, celui du droit public des affaires abordé ici dans sa dimension de droit des marchés publics, auquel il s'est attaqué avec détermination et manifestement en étant bien outillé intellectuellement. De la détermination, il en fallait pour mener à bien un travail de cette ampleur, qui englobe à la fois le droit communautaire des marchés publics de l'UEMOA et ses adaptations dans les Etats membres de cette organisation sous-régionale d'intégration économique.

Ce travail mené suivant les canons académiques établies laisse voir un certain dynamisme dans la construction d'un droit harmonisé des marchés publics dans le cadre de cette organisation, à la faveur du développement d'un droit communautaire dérivé en la matière, notamment à base de directives et d'une jurisprudence générée par les mécanismes de règlements des différends institués. L'auteur ne cache pas qu'il existe encore de nombreuses insuffisances, difficultés et obstacles. Ainsi, hormis l'incohérence des législations nationales, il relève la « non-dématérialisation effective et l'éloignement des candidats » qui sont de nature à créer des distorsions dans l'application des règles fondamentales des marchés publics, l'insuffisance des voies de recours, la faiblesse du juge des contrats qui fragilise le droit des marchés publics. Aussi soutient-il que le système de règlement des litiges, notamment ceux relatifs aux manquements par rapport aux règles de passation et d'exécution des marchés publics doit être revu et renforcé, afin d'offrir aux candidats évincés et aux titulaires des marchés une protection juridictionnelle satisfaisante. Des propositions ont été faites à ce sujet, mais n'ont pas encore été adoptées par les instances communautaires compétentes, ni par les Etats membres dans le cadre de leurs législations nationales.

Que le droit communautaire des marchés publics de l'UEMOA et dans l'UEMOA accuse encore des lacunes importantes ne surprend guère. Outre le fait que cette structure communautaire est relativement jeune et que le droit des marchés publics est un domaine où le droit communautaire est encore très subsidiaire, il faut bien voir que toutes les expériences d'intégration en Afrique ont toujours été inspirées et impulsées du dehors, sans tenir compte des disparités de développement entre les Etats membres d'une structure communautaire donnée. Bien plus, elles ont toujours privilégié l'aspect économique, et plus tardivement l'aspect juridique avec la création de l'OHADA, en faisant totalement fi des contraintes politiques et des questions sociales et éthiques. Or l'expérience de l'intégration européenne que l'on a transposée en Afrique au gré de ses évolutions et de quelques adaptations a montré que le défaut d'intégration politique rend impossible la réalisation de certains aspects de l'intégration économique et sociale. Il ne suffit pas de reproduire plus ou moins fidèlement en Afrique la technologie juridique et institutionnelle de l'Europe communautaire pour qu'elle s'enracine dans une terre qui manque l'humus politique nécessaire, ce d'autant plus qu'elle n'a pas connu les expériences historiques qui sous-tendent la dynamique communautaire européenne. A cette aune-là, les expériences communautaires en Afrique apparaissent au fil du temps comme des boulets qui entravent le progrès économique des pays qui y sont engagés. Après tout ce ne sont pas les communautés économiques qui ont impulsées les sauts de géant réalisés par la plupart des pays asiatiques dans la trajectoire de leur développement économique. Certes les structures d'intégration économiques créent des marchés d'une certaine taille qui rendent attractifs ces pays pour les investisseurs étrangers. Mais la multiplication des organisations d'intégration en Afrique favorise indéniablement le développement des bureaucraties supranationales qui concourent à la distraction des maigres ressources qui auraient pu aider à l'amélioration du niveau de vie des population rongées par une paupérisation tendancielle. En tout état de cause, ces organisations n'atteindront pas le seuil d'efficacité espérée tant qu'elles ne s'accompagneront pas d'une intégration politique sous-tendue par une communauté de valeurs des sociétés démocratiques. En l'occurrence, l'harmonisation des règles de passation et d'exécution des marchés publics concurrentiels ne peut se faire efficacement que si les Etats membres d'une structures communautaire telle que l'UEMOA ont en commun les valeurs fondamentales du libéralisme économique et politique. Un bilan d'environ un demi-siècle d'intégration économique en Afrique autorise une telle assertion. L'harmonisation ou l'unification du droit des marchés publics, ou plus largement du droit public des affaires, restera balbutiante tant qu'il existera par exemple des niveaux de corruption plus élevés dans certains pays membres que dans d'autres, alors qu'il n'existe pas de politique et une législation communautaires en matière de lutte contre la corruption, ou que certains Etats peuvent pratiquer les marchés de gré à gré au détriment de l'appel d'offre concurrentiel, au nom des nécessités économiques et sociales,

sans encourir la sanction d'un gendarme communautaire. Et comment cela se pourrait-il sans une véritable dynamique d'intégration politique ?
C'est donc à un changement de paradigme théorique et de perspective des politiques d'intégration que nous invitent les difficultés de construction d'un droit communautaire des marchés publics. Le droit des marchés publics est une composante d'un droit de la gouvernance communautaire qui ne peut être réduit strictement aux questions de technique juridique. C'est pourquoi on peut être perplexe face aux suggestions de M. DRAME tendant à mettre en place un espace harmonisé du droit public des affaires, dont fait partie le droit des marchés publics, soit d'intégrer cette sphère du droit public dans l'OHADA. L'une et l'autre suggestions conduiraient, à mon sens, à la création d'une supra légalité dont le principal intérêt serait de répondre aux attentes des acteurs du capitalisme néolibéral en quête d'uniformisation des règles du jeu, afin de faciliter leur déploiement sur des marchés toujours plus étendus géographiquement et démographiquement, comme l'a bien montré le droit de l'OHADA. Cette manière d'aborder l'intégration qui vise à répondre principalement aux attentes des grands acteurs de l'économie mondialisée a pour conséquence d'affaiblir les structures étatiques des Etats membres des organisations d'intégration qui, faute d'intégration politique, laissent s'échapper des pans de leur souveraineté au profit d'instances dont ils n'ont guère la maîtrise individuelle, et sont de ce fait plus vulnérables individuellement.

Je ne puis m'empêcher de faire une brève remarque d'ordre méthodologique pour terminer. M. DRAME n'a pas échappé sous ce rapport à une certaine inclination qui est courante dans la recherche juridique en Afrique. Il s'agit en l'occurrence du recours dans la partie argumentative des analyses à la jurisprudence de tel pays européen (en général celle de l'ancienne puissance coloniale ou administrante, ou du pays dans lequel le chercheur a réalisé ses travaux) ou de la jurisprudence communautaire européenne pour critiquer les pratiques nationales ou communautaires africaines, comme s'il y avait un continuum juris entre les sphères juridiques africaines et européennes. Il s'agit-là d'un tropisme ancien, imputable non pas uniquement aux chercheurs africains mais sans doute aussi à la transposition presque mécanique en Afrique des expériences, voire des expérimentations juridiques euro-occidentales. Or théoriquement l'emprunt à un « modèle », dans le cadre des migrations juridiques et institutionnelles observables à l'échelle globale, n'impose pas une uniformité des solutions juridiques. Les droits africains, même profondément influencés par les droits euro-occidentaux restent des droits africains vivant leur propre vie, avec leur autonomie de pensée doctrinale et de solutions jurisprudentielles liées à leur contexte historique et leur environnement propres. Non pas qu'il ne faille pas s'inspirer, le cas échéant, des solutions étrangères. Mais scientifiquement, on ne peut s'y référer qu'à titre de droit comparé et en l'indiquant clairement. Car de telles solutions ne sont du droit positif que dans l'ordre juridique où elles sont produites et ne sauraient être présentées d'une manière qui donnerait à croire qu'elles sont la solution, applicable urbi et orbi.

Cette remarque n'affecte pas la quintessence du travail de Bakary DRAME. A la suite de quelques prédécesseurs dans l'étude du droit des marchés publics en Afrique francophone, il a su contribuer, par un travail riche et bien documenté, à sortir cette matière de la sphère bureaucratique pour en faire un sujet de recherche captivant, dont l'actualité africaine montre à quel point il est d'un grand intérêt non plus seulement pour l'avenir du développement économique des pays africains, mais aussi pour la démocratie. Il ne s'agit pas d'une extension inédite des implications des marchés publics dans la sphère politique. Mais son impact considérable sur le jeu électoral en Afrique en fait un sujet de préoccupation qui devrait pouvoir intéresser non plus seulement les juristes, mais aussi les politistes et les sociologues. Le lien entre l'attribution des marchés publics sur la base de la corruption et les victoires électorales de certains Chefs d'Etat candidats à leur propre succession est devenu patent. Il n'est pas peu de relever qu'il a fait récemment l'objet d'une confession judiciaire ! L'articulation de la corruption, par le biais des marchés publics, à l'opération électorale conduit à une distorsion grave du jeu démocratique.

Il est vrai que Bakary DRAME s'en est tenu à une démarche strictement juridique et que l'épilogue judiciaire d'un cas emblématique de corruption dans l'attribution des marchés publics dans certains pays de l'UEMOA ayant faussé la compétition électorale dans ces pays est intervenu après la soutenance de sa thèse. Qu'à cela ne tienne ! En montrant les lacunes, insuffisances et pesanteurs qui existent dans les procédures de passation des marchés publics dans le cadre de l'UEMOA et de ses Etats membres, son ouvrage constitue une source remarquable à laquelle pourront s'abreuver les praticiens ; ils y trouveront une perspective de droit comparé toujours très utile pour l'amélioration des règles de droit dans un système donné. L'auteur s'est attaqué avec bonheur à ce sujet dont l'utilité pratique se trouve ici confortée par sa pertinence académique. Il faut espérer que M. DRAME ait posé là les bases d'une brillante carrière universitaire qui lui permettra d'amplifier sa contribution à l'étude et la connaissance des droits publics africains/.

Préface

François COLLY

Professeur à l'Université Paris-Saclay-Evry
Doyen honoraire

L'ouvrage de M. Bakary DRAME, « Droit comparé de la commande publique au sein de l'UEMOA: Etude des droits des marchés publics du Burkina-Faso, de la Côte d'Ivoire, du Mali et du Sénégal », solidement rédigé doit être salué. Au terme d'une véritable recherche il s'efforce de présenter le droit commun ouest-africain des marchés publics en soi, c'est-à-dire tel qu'il existe dans ses sources émanant de l'Union économique et monétaire ouest-africaine et dans les transpositions réalisées dans leurs droits nationaux par un certain nombre d'Etats ouest africains, principalement le Burkina-Faso, la Côte d'Ivoire, le Mali et le Sénégal, « Etats qui sont un exemple en termes de transposition des directives de l'UEMOA ». Certes, avance-t-il, « la construction ouest-africaine des marchés publics est d'inspiration européenne, particulièrement française », mais l'auteur s'efforce d'examiner le droit commun ouest-africain en tant que tel, dans ses sources spécifiques constituées par le système UEMOA, c'est-à-dire tout d'abord les principes posés par le Traité UEMOA, ensuite, principalement les directives n° 4 /2005/CM/UEMOA du 9 décembre 2005 relative aux procédures de passation, d'exécution et de règlement des marchés publics et des délégations de service public dans l'UEMOA, n° 5 /2005/CM/UEMOA du 9 décembre 2005 portant contrôle et régulation des marchés publics et des délégations de service public, ainsi que la directive n° 1/2009/CM/UEMOA du 27 mars 2009 portant code de transparence dans la gestion des finances publiques au sein de l'UEMOA. L'on ne manquera pas d'observer que ces directives encadrent les marchés publics et les délégations de service public ; ces dernières non spécifiquement mentionnées dans le titre de l'ouvrage le sont au titre du droit de la commande publique, et sont examinées dans son texte. Quant aux contrats de partenariat, s'ils sont abordés, ils ne sont pas régis par les directives.

Pourquoi la construction d'un droit commun ouest-africain des marchés publics ? Pourquoi la construction de cet instrument juridique commun constitué par ces contrats que sont les marchés publics ? Cette construction d'un droit commun des marchés publics est motivée par deux grands types de raisons : d'une part le développement économique et social des pays africains, d'autre part, et en conséquence, la réalisation de grands marchés économiques africains assis sur la concurrence et la libre circulation, conformément à la doctrine libérale dominante.

Le développement économique nécessite le financement et la réalisation d'investissements destinés à construire, moderniser, et entretenir les infrastructures satisfaisant les besoins des populations. Les marchés publics, et la commande publique, sont les instruments juridiques essentiels de réalisation de ces infrastructures. Le financement est susceptible d'être assuré par les budgets des Etats, hélas souvent insuffisants, par des investisseurs privés, africains ou internationaux et par des prêts des institutions internationales et des Etats « développés ». A cet égard, la Déclaration de Paris sur l'efficacité de l'aide au développement de 2005-2008, citée par l'auteur, en montre les données. L'existence, voire l'octroi, de financements adéquats sont conditionnés par l'exigence de finances publiques saines, équilibrées et sincères en particulier de la part des bailleurs de fonds extérieurs. En outre, ces financeurs exigent des marchés publics assurant le respect des règles d'égale concurrence, d'égalité d'accès aux marchés, d'égalité de traitement et de transparence, donc un droit des marchés publics - de la commande publique - réglementé, encadré et codifié garantissant le respect de ces principes. Dès lors s'impose aux yeux des responsables de l'UEMOA et de ses Etats membres la construction d'un droit des marchés publics, de plus, d'un droit dépassant chaque Etat, d'un droit commun aux Etats ouest-africains liés dans la Communauté constituée par l'UEMOA au sein de la CDEAO.

La volonté de réalisation d'un marché économique régional africain unique, intégré, celui de l'espace UEMOA, voire d'un marché continental, résulte certes de choix inspirés par la doctrine libérale dominante et par la mondialisation ou globalisation contemporaine. Là encore le poids des bailleurs de fonds est grand. Cette réalisation impose, notamment en matière de marchés publics, un rapprochement, une harmonisation, en vue d'une unification du droit des marchés publics. Cette nécessité a également fondé les décisions des dirigeants ouest-africains de construction d'un droit commun des marchés . Il existe par ailleurs des cadres juridiques qui peuvent inspirer l'UEMOA, par exemple l'Accord sur les marchés publics (AMP) de l'OMC (1979, 1994 et 2014), certes non applicable aux Etats de l'UEMOA, ou encore la loi-type de la Commission des Nations unies pour le droit commercial international (CNUDCI) (2011). S'agissant de l'UEMOA, c'est le dynamisme, mais aussi les insuffisances, pour le moment, de cette construction que montre l'ouvrage de M. Dramé en s'attachant concrètement à l'étude du droit commun des marchés publics de l'UEMOA et à sa transposition par les Etats membres.

La démarche de l'auteur, qui apparait nettement dans les titres des parties de l'ouvrage, s'efforce d'insister sur l'identité et la spécificité ouest-africaine de ce droit commun des marchés publics : I « Le renouveau et la convergence des droits des marchés publics», II « L'unification insuffisante des mécanismes communautaires et nationaux relatifs aux marchés publics ». La présentation du corps des règles posées dans les directives relatives au champ d'application, à la passation, à l'exécution et au contentieux est tout naturellement illustrée par les transpositions opérées dans leurs droits par chacun des Etats étudiés. A cet égard, M. Dramé s'est livré à une analyse des lois nationales de mise en œuvre et de la jurisprudence interne des juridictions et organes compétents des Etats. Il convient de souligner l'important travail de recherche effectué pour recenser les décisions jurisprudentielles qui, pour certains Etats, sont publiées en ligne, mais ne le sont souvent pas, ou ne sont pas disponibles rapidement après leur prononcé, et figurent dans des recueils et journaux officiels qu'il a fallu à M. Dramé rechercher sur place. Puisque le propre des directives UEMOA est de laisser, dans le cadre harmonisé, une marge d'application nationale, des solutions nationales propres ont été adoptées, ce que l'auteur s'est efforcé de montrer, de comparer et aussi d'analyser de façon critique. Il est vrai au demeurant que les modèles du droit de l'Union européenne et du droit français, d'avant 2015, sont très prégnants sur le droit ouest-africain. Le titre I de la Ière partie en prend acte : « La transposition d'un droit commun influencé par le droit européen ». Dès lors, il n'était guère possible de ne pas se référer à titre de comparaison, ni de s'appuyer sur les définitions françaises des notions de marché, de délégation de service public, de partenariat public-privé... d'ailleurs parfois différentes entre le droit français et les droits ouest-africains, ni sur des solutions françaises...Aussi, l'auteur s'est-il référé fréquemment - mais pouvait-il en être autrement ? - à la jurisprudence française lorsque cela lui paraissait nécessaire, sans tomber dans le travers courant consistant à présenter le droit africain comme une sorte de copié-collé du droit français.

M. Dramé, s'attachant à l'examen de l'ensemble des règles et des institutions en jeu, fait apparaître des comparaisons utiles entre certains éléments du droit ouest-africain et du droit français d'avant 2015. Il souligne également les choix propres de certains Etats pour des solutions quelque peu différentes ou adaptées de celles du droit français (pouvoir de modification unilatérale...). Il ne néglige pas l'examen de marchés publics particuliers tels que les marchés de défense et de sécurité, les marchés de faible montants, les marchés de services comportant des droits spéciaux ou exclusifs.

Il est une autre question d'importance qu'examine M. Dramé, celle de l'effectivité de l'application des règles du droit des marchés, voire parfois de son inefficacité. A cet égard, il souligne l'existence de processus de passation souvent sinueux et complexes. Par ailleurs, les modes de résolution des difficultés, litiges, illégalités, souvent imparfaits et conduits hors des règles posées ou en leur marge, constituent des exemples notables de la persistance d'usages habituels, de difficultés résultant de l'importation de règles éloignées des pratiques traditionnelles, peut-être de leur inadaptation dans certains contextes africains. Un certain enchevêtrement des autorités intervenant dans les processus de passation, d'autorisation, de contrôle a priori et celui de contrôle (Sénégal en particulier) entraine des incertitudes en ce qui concerne l'efficacité et la rationalité des solutions apportées. Cela pose de façon plus générale la question de l'autonomie du droit africain par rapport aux « modèles », en particulier, occidentaux. A cet égard, M. Dramé formule diverses propositions intéressantes inspirées de la culture africaine qui méritent d'être étudiées avec soin. Au regard de l'autonomie du droit africain et de son harmonisation, l'exemple de l'œuvre accomplie en droit des affaires par l'OHADA est rapidement abordé.

Enfin, il convient de relever les très importantes références que fait M. Dramé aux travaux proprement de droit africain, en particulier aux thèses de doctorat, nombreuses et trop souvent disponibles uniquement dans les bibliothèques des pays où elles ont été réalisées et soutenues. Ce travail ardu de recherche documentaire d'accès difficile doit d'abord être salué en lui-même, mais aussi en ce qu'il permet une connaissance et une plus large diffusion de travaux qui risquent de demeurer méconnus de la doctrine et des praticiens.

Ainsi, l'ouvrage de M. Bakary Dramé, fruit d'une réelle recherche, constitue une étude approfondie de référence et une base de réflexions pour les juristes et administrateurs désireux de connaître l'ensemble du droit commun des marchés publics ouest-africains et leurs déclinaisons dans les Etats membres.

INTRODUCTION GÉNÉRALE

Dans les années 1990, le dynamisme du système d'intégration régionale en Afrique a mis l'accent sur l'intégration juridique et économique en tant que moyen de développement des Etats Africains. L'objectif était de pallier la divergence des textes juridiques et économiques entre les Etats. Comme l'a affirmé, d'ailleurs, Keba M'BAYE « *l'émiettement de notre droit commun est un facteur négatif de notre progrès qui ne peut être que commun, d'une part, au plan national des textes sont promulgués alors que d'autres, dans le même domaine, ne sont pas abrogés. D'autre part, il en résulte des chevauchements et les opérateurs économiques restent dans l'incertitude de la règle de droit applicable ; cette insécurité juridique est un très sérieux handicap pour l'investissement...* »[1]. Il en résulte qu'aucune intégration juridique et économique ne peut se réaliser sans l'uniformisation des textes juridiques, du moins leur harmonisation d'où il suit qu'il faut compenser l'incertitude indéniable dans le corpus juridique des Etats. La coordination des textes nationaux est donc devenue incontournable pour le développement de ces Etats. Selon le professeur Yves GUYON « *ce n'est un secret pour personne que si le droit n'est pas une condition suffisante du développement, il en est une condition nécessaire* »[2].

C'est dans cet esprit que le dynamisme de l'intégration juridique et économique en Afrique est apparu. Cette dynamique a permis à certains chefs d'Etats ouest-africains de mettre en place une organisation sous-régionale (Union Economique Monétaire Ouest Africaine - **UEMOA**)[3]. Il s'agit d'une inspiration nuancée du modèle de la construction européenne. Les points communs avec les institutions communautaires européennes sont nombreux. Néanmoins des adaptations peuvent être observées « *qui*

1 M'BAYE (K.), *Discours à l'occasion du séminaire sur l'OHADA,* tenu à Abidjan (Côte d'Ivoire), les 19 et 20 avril 1993.

2 GUYON (Y.), « Conclusion », in *Petites Affiches*, n° 205 du 13 octobre 2004, pp 59-63.

3 UEMOA, créée par le Traité de Dakar du 10 janvier 1994, entré en vigueur le 1er août de la même année, est le résultat d'un long processus. En effet après la colonisation, huit pays de l'Afrique occidentale, membres de la zone franc (Bénin alors Dahomey, Burkina Faso ancienne Haute-Volta, Côte d'Ivoire, Mali, Mauritanie, Niger, Sénégal, Togo) avaient créé le 12 Mai 1962 l'UMOA. Le Mali se retire quelques mois après, suivi par la Mauritanie en 1973. Les six pays signent un nouveau Traité à Paris le 14 novembre 1973, marquant ainsi une coopération monétaire à la fois entre eux et avec la France au sein de la zone Franc. Cependant, dans les années 1980, pour compléter les mécanismes de régulation monétaire, le Traité instituant l'UEMOA. L'UEMOA constitue donc un renforcement de l'UMOA et elle remplace également la Communauté Economique de l'Afrique de l'Ouest (CEAO), qui a été dissoute le 15 Mars 1994.

relèvent, soit de l'expérience des erreurs européennes qui ne sont pas renouvelées, soit d'une culture africaine propre. (...) »[4].

L'UEMOA apparaît ainsi comme une organisation sous-régionale pouvant redynamiser la croissance économique, l'union, la solidarité et la complémentarité entre les Etats ouest-africains. L'un de ses objectifs majeurs susceptible de révision est la réalisation d'un marché commun, en particulier celui du marché intérieur qui a fait l'objet de plusieurs révisions[5]. Ces différentes modifications ont eu pour conséquence la réforme communautaire ouest-africaine des droits des marchés publics. Cette intervention de l'UEMOA *« s'appuie sur le fait que les différentes réglementations adoptées, ut singuli, (...) ne parvenaient plus à atteindre les objectifs à elles assignés, car elles étaient massivement violées aussi bien dans leur esprit que dans leur lettre »*[6]. En sachant que le domaine des marchés publics est un domaine *« révélateur de la force innovante du contrat, lieu de rencontre entre la sphère publique mue par l'intérêt général et la sphère privée portée vers la création de richesses et le profit »*[7]. Ce domaine se présente de nos jours, comme l'un des puissants leviers de l'action publique. Dans le cas des Etats membres de l'UEMOA, les règlementations et les institutions présentaient des faiblesses qui pesaient sur la transparence et l'efficacité en matière des marchés publics.

Ce contexte a justifié l'intervention de l'UEMOA dans le domaine de la *commande publique* (terme utilisé par le législateur de l'UEMOA depuis 2005) afin de relancer la refonte des législations nationales, notamment dans le domaine des marchés publics. Le droit des marchés publics est donc devenu *« un des domaines où la présence du droit communautaire dans la pratique quotidienne s'est affirmée avec la plus grande force »*[8]. Ce droit est donc devenu un « droit-rond-point » où se rencontrent plusieurs notions telles que la bonne gestion des finances publiques, la libre prestation des services, l'égalité de traitement, la concurrence, allant de la transparence à

---

[4] VIAUD (P.), « Union européenne et Union économique et monétaire de l'ouest africain : une symétrie raisonnée », *Revue marché commun et de l'Union Européenne*, n° 414, janv. 1998, p.15.

[5] Parmi les objectifs fixés par le Traité de l'UEMOA en son article 4 al c), figure la création d'un marché commun. Cet article a été complété par l'article 76 du même Traité qui fixe les conditions de réalisation du marché commun..

[6] ISSOUFOU (A), *op., cit.* p.31.

[7] BRACONNIER (S.), *Précis du droit des marchés publics,* Paris, 4e édition, Moniteur 2012, p.10.

[8] RICHER (L.), *L'Europe des marchés publics, marchés publics et concessions en droit communautaire,* L.G.D.J, 2009, p.1.

la bonne gouvernance[9]. Cette modernisation progressive du régime juridique de la commande publique a accompagné le dynamisme de l'intégration économique au sein de l'UEMOA.

Dès lors, l'on peut s'interroger sur l'intérêt de la réforme de l'UEMOA concernant la sphère de la commande publique, en particulier le domaine des marchés publics ; ou encore sur les origines de cette mutation. Les réponses à ces questions seront détaillées un peu plus loin.

Cependant, il est constant que les modèles du droit français d'avant 2015 sont prégnants sur le droit de l'UEMOA. La plupart des dispositions de l'UEMOA et de ses Etats membres sont adoptées à l'image du droit français même s'il ne s'agit pas d'un caractère permanent. Il s'agit d'un modèle parmi d'autres qui a particulièrement influencé d'une manière générale le système juridique des Etats de l'Afrique noire francophone. Cela pourrait aussi s'expliquer du fait que ces Etats sont des anciennes colonies de la France.

Par ailleurs, il apparaît que l'Europe serait responsable de la majorité de la règlementation française sur les marchés publics qui *« a subi ces dernières années sous l'effet des initiatives prises par les jurislateurs européens et nationaux autant que de la jurisprudence d'innombrables innovations, des bouleversements ininterrompus qui ont abouti à une révolution complète de la matière ou à une refonte »*[10]. En outre, cette influence du droit européen ne se limite pas qu'aux seuls Etats européens. Plusieurs autres Etats se sont inspirés des réglementations européennes afin de pouvoir moderniser leurs droits des marchés publics. C'est le cas, notamment de certains Etats ouest-africains, même si la règlementation dans le domaine d'achat public n'est pas récente au sein de ces Etats.

Comme le soulignait Jules MICHELET, *« celui qui voudra s'en tenir au présent, à l'actuel, ne comprendra pas l'actuel »*[11]. Cela conduit à démontrer l'ancienneté de la réglementation des contrats publics sur le continent africain, notamment dans sa partie occidentale. On aurait

---

9 BEN ACHOUR (R.), « Démocratie et Bonne gouvernance », in *Mélanges en l'honneur de Slobod Milacic : démocratie et liberté, tension, dialogue, confrontation,* Bruxelles, Bruylant, 2007, pp.728-738.

10 DOMINO (X.), *« Leçons de droit des marchés publics »,* in préface JOURDAIN (F.), DELAMARRE (M.), ELLIPSES Editions Marketing SA, 2014, p.9.

11 MICHELET (J.), *Œuvres Ici-145,* MICHELET (1798-1874), historien français, spécialiste de la Révolution française. Il consacra à la Révolution française ses travaux les plus importants (1847-1853).

cependant tort de penser que cette sous-région ouest-africaine *« ne connaissait pas déjà des formes similaires de coopération entre les peuples qui y vivaient dans un passé lointain »*[12]. En effet, des empires géants et stables existaient dans cette zone de l'Afrique entre le IXe et le XVIIe siècles[13]. L'ambition de mettre en place un système performant de la commande publique est très ancienne. Bien avant le recouvrement de l'autonomie de ces Etats, il existait des textes qui encadraient la technique contractuelle des administrations publiques[14]. A cet égard, le professeur Bakary CAMARA rappelle que les Etats africains étaient entrés dans une période de transition dans laquelle *« de nouveaux modes de gestion des affaires publiques ont été imposés »*[15]. Cet auteur fait référence au décret colonial du 26 octobre 1898 portant promulgation dans les colonies de divers articles du décret français du 18 novembre 1882 et les textes portant promulgation dans les colonies des différents textes modificatifs du décret français du 18 novembre 1882[16]. Ces textes peuvent donc être considérés comme l'ancêtre de la réglementation des marchés publics dans les pays d'Afrique francophone notamment les pays de l'UEMOA. En d'autres termes, le droit des marchés publics est un droit hérité de la période coloniale qui va servir avec le droit français de base de référence à certains Etats africains.

De la même manière, d'autres études ont démontré que le principe de transparence dans la gestion des biens publics existait avant la période

---

12 OUEDRAOGO (S.), *Les compétences nationales en matière fiscale et la communautarisation des règles dans l'espace ouest-africain,* Thèse de doctorat en droit, Université de Bordeaux, 2015, p.25.

13 Les grands empires noirs africains de la boucle du Niger en sont une illustration parfaite : l'empire du Ghana ou le royaume de Ouagadou fondé vers l'an 300 et qui prend fin en 1077 par la communauté Soninké issue des vagues migratoires qui fuyaient l'Egypte. L'empire du Mali est fondé en 1235 par Soundjata KEITA, son déclin est intervenu vers 1480. Il s'étendait entre l'océan Atlantique et la boucle du Niger, soit sur les actuels Mali, Burkina Faso, Sénégal, Gambie, Guinée, Guinée-Bissau, Mauritanie et une grande partie de la Côte d'Ivoire. Quant à l'empire Songhaï ou le royaume de Gao, il est fondé par Soni Ali BER vers 1325 et tombe en déclin vers 1591.

14 Pendant la période coloniale, plusieurs catégories de conventions et de contrats coexistaient et tous réglementés par l'administration coloniale. En ce sens, voir CAMARA (B.), *Les conventions et les contrats coloniaux en Afrique occidentale française : Le cas de la concession rurale de Diré au Soudan Français (1919-1939),* in *« Les nouvelles annales de l'UCAD »,* CREDILA, Dakar, 2011, n°2, p.2.

15 CAMARA (B.), « La transition démocratique comme forme d'inversion sociale en Afrique de l'ouest. Le cas du Mali », *Revue malienne des sciences juridiques, politiques et économiques* (REMASJUPE), n° 1, 2015, p.2.

16 Voir. décret du 18 novembre 1882 relatif aux adjudications et marchés à passer pour le compte de l'Etat français dont seize articles furent rendus applicables dans les colonies..

coloniale. L'historien burkinabé Joseph KI-ZERBO a par exemple illustré que *« dans les empires et royaumes africains, même s'il n'y a pas un code écrit des marchés publics, le principe de la transparence existait en ce sens que la gestion du bien commun demeurait sous le vocable de « forobà » en langue Dioula qui représente la conception africaine de la chose publique (res publica). La démocratie locale existait, étant entendu que les problèmes étaient discutés devant tout le monde à travers la palabre »*[17]. L'encadrement du système contractuel de l'administration a donc toujours existé au sein des Etats africains. C'est un procédé qui *« se présente comme l'instrument par excellence de légitimation de l'action de l'Etat »*[18]. Cette orientation a été suivie également au début des années 1960 ; certains Etats, s'inspirant de la réglementation française, ont pris des initiatives à l'égard des contrats administratifs[19].

C'est dans la continuité de cette volonté de faire prospérer la transparence, la concurrence, l'égalité de traitement et la bonne gestion des finances publiques dans la commande publique que l'UEMOA s'est intéressée au domaine des marchés publics.

Ainsi, pour introduire une notion aussi complexe que celle du renouveau des droits des marchés publics dans l'espace UEMOA, décortiquer le dynamisme et l'insuffisance de l'harmonisation des réglementations relatives aux marchés publics en son sein, il paraît nécessaire d'opérer un rappel sur la genèse et les objectifs de cette Union (Section 1) avant de s'intéresser à l'initiative de la réforme des marchés publics (Section 2). Cette analyse s'enchaîne logiquement par la précision du cadre conceptuel et de l'orientation de la présente étude (Section 3).

---

17 KI-ZERBO (J.), *A quand l'Afrique* ? Entretien avec René Holenstein, éditions d'en bas, 2013, p.81.

18 ISSOUFOU (A.), *Les mutations du droit des marchés publics au Niger et au Sénégal : contribution à l'étude de l'encadrement juridique d'une catégorie de dépense publique*, Thèse de doctorat en droit, Dakar 2015, p.11.

19 Il s'agit du Bénin, du Mali et du Sénégal qui, après la période coloniale, ont décidé de garder en vigueur dans leurs droits positifs le décret du 11 avril 1949 qui reprend en partie le décret mère français du 18 novembre 1882, *op. cit.*.

Section 1 : L'avènement de l'UEMOA et ses objectifs

Au début des années 1990 plusieurs organisations régionales voient le jour sur le continent africain[20] dont l'Union Economique et Monétaire Ouest-Africaine (UEMOA). Cette dernière s'inspire très fortement des débuts de la construction européenne. L'idée est excellente.

Une idée analogue va servir à la constitution de l'UEMOA, en mettant l'accent sur l'intégration juridique et économique comme moyen de développement de l'Afrique de l'Ouest. L'UEMOA est donc créée par le Traité du 10 janvier 1994 à Dakar par les chefs d'Etats et de gouvernements du Bénin, du Burkina Faso, de la Côte d'Ivoire, du Mali, du Niger, du Sénégal et du Togo. Une Union qui a vocation à s'élargir [21] ; la Guinée Bissau, en devient le huitième Etat membre le 2 mai 1997.

Dans cette perspective, l'UEMOA s'est fixée pour objectif global la création d'un espace économique harmonisé et intégré au sein duquel est assurée la jouissance effective des libertés de circulation des personnes, des biens, des services, des capitaux, ainsi que le droit d'établissement pour les professions libérales et les entreprises. Outre des mesures d'effet équivalent à des restrictions quantitatives grâce notamment à la coordination des législations et une coordination des politiques sectorielles des Etats membres, « l' Union »[22] a pris en compte non seulement l'aspect économique et monétaire de la sous-région ouest-africaine, mais aussi ses aspects juridiques.

Pour atteindre ses objectifs, l'Union a mis en place plusieurs organes compétents dans des domaines spécifiques. Ces organes sont très proches de ceux de l'Union Européenne. Il s'agit des organes de direction (Conférence des chefs d'Etats et le Conseil des Ministres), un organe exécutif qui est la Commission, deux organes de contrôle (juridictionnel et parlementaire), deux organes consultatifs (Chambre Consulaire Régionale et le Conseil des Collectivités Territoriales) et deux institutions

20 C'est le cas de la Communauté Economique des Etats de l'Afrique de l'Ouest (CEDEAO) créée en 1975 ; égal. la Communauté économique et monétaire de l'Afrique centrale (CEMAC), créée le 16 mars 1994 à N'Djamena ; la Communauté de Développement d'Afrique Australe (ou *SADC*, sigle de l'anglais *Southern African Development Community*), qui a succédé le 17 août 1992 à la *Conférence de coordination pour le développement de l'Afrique Australe*, fondée le 1er avril 1980.

21 Voir articles 103 et 104 du Traité de Dakar du 10 janvier 1994.

22 Dans la présente étude, le mot *« Union »,* fera toujours référence à l'UEMOA. En ce qui concerne l'Union Européenne, elle fera toujours l'objet de précision.

spécialisées (Banque Centrale des Etats de l'Afrique de l'Ouest -BCEAO et la Banque Ouest Africaine de Développement-BOAD).

Sans entrer dans les détails fonctionnels de ces institutions, ce système permet à l'UEMOA d'exercer un pouvoir normatif sur les Etats membres. A cet effet, elle édicte des règlements, des directives et des décisions. Elle donne aussi des recommandations et des avis. L'article 43 du Traité de Dakar prévoit d'ailleurs que *« les règlements ont une portée générale. Ils sont obligatoires dans tous leurs éléments et sont directement applicables dans tout Etat membre ; les directives lient tout Etat membre quant aux résultats à atteindre ; les décisions sont obligatoires dans tous leurs éléments pour les destinataires qu'elles désignent ; les recommandations et les avis n'ont pas de force exécutoire ».*

La construction communautaire de l'UEMOA est donc devenue *« si importante que l'on peut aujourd'hui parler d'un véritable ordre juridique propre doté des pouvoirs de décréter des normes, des organes pour les interpréter et prononcer des sanctions en cas de violation »*[23]. En principe, cet ordre juridique ne peut être mis en échec par aucune disposition interne. De la même manière, un juge national ne peut opérer un contrôle, même incident, de conformité des dispositions du droit communautaire par rapport au droit national.

A titre d'illustration, la Cour de justice de l'UEMOA a rappelé dans une décision récente du 8 juillet 2020 la primauté fondamentale du droit de l'Union. Elle a considéré que « *si la place du droit international classique dans l'ordre interne est déterminée dans la plupart des Etats dans leurs Constitutions, il en va autrement du droit de l'UEMOA dont la primauté est consacrée dans son Traité constitutif ; qu'en effet, à la différence des Traités internationaux ordinaires, le Traité de l'UEMOA a institué un ordre juridique propre, intégré au système juridique des Etats membres lors de son entrée en vigueur et qui s'impose à leurs juridictions* »[24].

---

[23] SAYEGH (J I.), « L'ordre juridique de l'UEMOA et l'intégration juridique africaine », in *Les dynamiques du droit européen en début de siècle, Etudes en l'honneur de Jean Claude GAUTRON*, Edition Pedone, Paris, 2004, p.664. Voir. aussi, KONATE (M.), *Le juge national et le contentieux des normes communautaires de l'UEMOA »*, éd universitaires européennes, p.24.

[24] CJ-UEMOA, n°005/2020 du 08 juillet 2020, Commission c/Cour constitutionnelle du Bénin;».

La primauté du droit de l'UEMOA demeure ainsi une condition *sine qua non*. De sorte, qu'il est admis de considérer qu'en matière des rapports normatifs, l'UEMOA est allée plus loin que l'Union européenne.

En effet, au-delà du mécanisme de renvoi préjudiciel prévu par l'article 12 du Protocole additionnel n°1 relatif aux organes de contrôle de l'Union, l'UEMOA a mis en place un mécanisme de contrôle de la pleine effectivité du droit qu'elle produit. De manière inédite, l'article 14 du Protocole précité dispose que *« si, à la requête de la Commission, la Cour de Justice constate que dans un Etat membre, le fonctionnement insuffisant de la procédure de recours préjudicionnel permet la mise en œuvre d'interprétations erronées du Traité de l'Union, des actes pris par les organes de l'Union ou des statuts des organismes créés par un acte du Conseil, elle notifie à la juridiction supérieure de l'Etat membre un arrêt établissant les interprétations exactes. Ces interprétations s'imposent à toutes les autorités administratives et juridictionnelles dans l'Etat concerné »*. En effet, ce dispositif est très ambitieux de sorte qu'il introduit une technique proche de l'auto-saisine du juge communautaire. Il suppose que les organes de l'UEMOA suivent de très près les contentieux internes..

La mise en œuvre de cet article 14 du Protocole additionnel n°1 n'a eu lieu qu'une fois. Dans une affaire récente, la Commission a saisi la Cour de Justice de l'UEMOA, aux fins de constater les interprétations manifestement erronées du droit communautaire par la Cour constitutionnelle du Bénin[25].

Par ailleurs, l'UEMOA étant une organisation visant la promotion économique et monétaire, son intervention dans le domaine des marchés publics est alors évidente.

---

[25] *Idem.*

Section 2 : La réception et l'actualité de la construction d'un droit commun des marchés publics[26]

Pour appréhender la convergence et le renouveau des droits nationaux des marchés publics, il faut d'abord analyser les raisons qui ont poussé l'Union à toucher cette branche du droit public des affaires (§ 1) et dans un second temps, les contraintes extérieures (§ 2).

§.1 Les raisons de la réforme du domaine des marchés publics

L'achat public par mérite[27] avec ses règles de mise en concurrence et de publicité apparaît comme l'un des « *leviers de la transparence économique de l'administration* »[28] au sein de l'espace économique et monétaire ouest-africain. Le principe de concurrence est « *l'un des principes fondamentaux du droit communautaire des marchés publics* »[29]. Ce principe est, en pratique, applicable conformément aux directives sur les marchés publics. Selon Koupaki AYOLOLA, « *les Etats de l'UEMOA sont restés pendant longtemps en marge de la liberté de la concurrence* »[30]. Ce contexte a été défavorable au dynamisme et à l'efficacité du domaine des marchés publics au sein des Etats membres. Ainsi, c'est la supériorité du marché qui fonde l'intervention de l'UEMOA et ses Etats membres en vue de compenser les défaillances du système des marchés publics au sein de ses Etats membres. Le professeur Maurice KAMTO justifie à juste titre cette extension du rôle de l'appareil d'Etat africain à tous les aspects de la vie nationale par la nécessité de venir à bout de l'immense responsabilité qui

---

26 Le terme « *droit commun des marchés publics* » est un terme utilisé par la doctrine africaine. Il désigne un rapprochement, une harmonisation, en vue d'une unification des droits nationaux des marchés publics.

27 Terme inspiré de la « *concurrence par les mérites* » du professeur Laurent RICHER dans son livre « *l'Europe des marchés publics* », p.228. Ce terme permet de nommer les marchés publics en se référant à l'idée de compétition. L'entreprise proposant la meilleure offre selon les descriptifs indiqués par l'acheteur remportera le marché. Il s'agit donc du mérite de l'entreprise ayant proposé la meilleure offre.

28 BRISSON (J F.), *Les fondements juridiques du droit des marchés publics*, groupe Imprimerie nationale, 2004, p.8.

29 Concl. Sous CJCE, 7 octobre 2004, *Sintesi SpA*, aff. C-247/02, ECLI:EU:C:2004:593, point 33.

30 AYOLOLA (K.), *Le droit de la concurrence à travers les ententes et les abus de positions dominantes dans le cadre de l'UEMOA*, Thèse de doctorat en droit, Université de Cocody, Abidjan, 2001-2002 p.19.

lui incombe à savoir *« gagner le pari du développement et de la modernisation de leur pays»*[31].

A cet égard, l'UEMOA était consciente d'une part, de l'insécurité juridique liée à la diversité des textes nationaux en matière d'achat public et d'autre part, de l'évolution de la croissance économique des marchés publics dans l'espace communautaire. En 2010, les marchés publics au sein de l'UEMOA représentaient 1 559 milliards de francs CFA (environ 2,4 milliards d'euros), soit 4,6 % du PIB en moyenne, de 21 à 34 % des budgets nationaux[32].

Il convient ainsi de noter que le nombre et le volume des marchés ne cessent de progresser d'année en année. A titre d'illustration, en 2017 le nombre des marchés publics conclus au Mali était 4 883 marchés totalisant un montant de plus 741 milliards de francs CFA (environ 1,2 milliards d'euros)[33], soit 25% du budget national.

Au Sénégal, les marchés immatriculés en 2016 se chiffrent à 3 991 en nombre, soit 2 512 milliards de francs CFA (environ 3,8 milliards d'euros)[34]. Ces chiffres ont évolution de 2018 à 2019, 52 984 marchés était prévus pour un budget estimatif de 5 891,261 de francs CFA (environ 9 milliards d'euros)[35].

Au titre de l'année 2012, au Burkina Faso, 1884 marchés ont été approuvés pour un montant de 247 milliards de francs CFA (environ 337 millions d'euros)[36]. Ces chiffres ont été doublés au titre de l'exercice de 2017-2018, soit 4 769 marchés conclus pour une valeur supérieure de 419 milliards de francs CFA[37].

---

31 KAMTO (M.),, note sous CS/CA jugement du 26 mai 1984, Dame veuve Ongono Régine, Penant 1989, n°801, p. 519.

32 Etude de l'APEX-CI, in, *« L'accès à la commande publique en Afrique de l'ouest : Nos recommandations en faveur des PME ouest-africaines »,* Le projet AMADE Pro€Invest, p.10 ;

33 Rapport d'activités de l'ARMDS, 2017, p.11. Toutefois, en 2018, ce nombre est baissé à 4602 marchés conclus pour un montant de 535 milliards de francs CFA.

34 Rapport d'activités de l'ARMP du Sénégal, 2016, p.16.

35 Rapport anuuel 2018-2019, l'ARMP du Sénégal, p.9,

36 Rapport d'activités de l'ARCOP du Burkina Faso, 2012, p. 26.

37 Rapport d'activités de l'ARCOP du Burkina Faso, 2019, p.1, file:///C:/Users/USER/Downloads/RAPPORT-DACTIVITES-2019-DE-LARCOP_web.pdf, consulté le 30 décembre 2020.

Pour la seule année 2018, en Côte d'Ivoire, le nombre des marchés publics conclus est totalisé à 1 469 pour un montant de plus de 1 350 milliards de francs CFA (environ 2,1 milliards d'euros)[38].

Ces chiffres permettent de mettre en évidence la part importante que représentent les marchés publics dans la sous-région ouest africaine.

En effet, l'achat public par mérite est une catégorie de *« dépense publique et applique, par conséquent, les règles de la comptabilité publique »*[39]. Ces règles de comptabilité publique sont indispensables afin de valider tout engagement contractuel de l'administration. Le code des obligations des administrations sénégalaises affirme d'ailleurs que « *la conclusion d'un contrat susceptible d'engager les finances de la personne administrative contractante est soumise à l'existence de crédits budgétaires suffisants et au respect des règles d'engagement des dépenses publiques* »[40]. La violation des règles de la comptabilité publique nationale entraîne ainsi la nullité absolue du contrat[41]. Cela nécessite donc une matérialisation des relations étroites entre les règles budgétaires comptables et celles des marchés publics. Cette exigence vise *« essentiellement à protéger les intérêts financiers des partenaires contractuels de la personne publique et à lutter contre les dépenses irrégulières »*[42]. C'est dans cette logique que Saër NIANG considérait qu'on « *ne peut pas être responsable et dire : je n'arrive pas à réaliser mes projets parce qu'il y a les procédures qui m'empêchent d'aller de l'avant. On doit composer avec les procédures et savoir que ce sont les ressources publiques et qu'il y a des critères pour dépenser les ressources publiques* »[43].

Ainsi, l'encadrement du droit des marchés publics vise à protéger les deniers publics contre la corruption, le népotisme, le favoritisme mais aussi face à *« des entreprises qui essaieraient de contourner le jeu de la concurrence et contre les agents publics qui du fait de l'ignorance de*

---

38 https://www.anrmp.ci/statistiques-11021/file/521-statistiques-sur-les-marches-publics, consulté le 13 décembre 2019.

39 DUVAL (J.C), *L'essentiel du droit des marchés publics*, Paris, Ellipses 2010. p.107.

40 Art.17 de la loi sénégalaise n° 65-51 du 19 juillet 1965, portant *Code des Obligations de l'Administration* (COA) modifiée par la loi n°2006-16 du 30 juin 2006.

41 Voir, en ce sens, Tribunal Régional de Dakar, 30 Juillet 1986, *COTOA*, Cour d'appel de Dakar, 19 décembre 1985, *Etat du Sénégal/Société Aron.*

42 ISSOUFOU (A), *op., cit.* p.13.

43 NIANG (S.), DG de l'ARMP du Sénégal, *RMP* n°18, Septembre 2014, p. 14.

l'économie ou de la cupidité pourraient ne pas choisir le cocontractant qui sied mieux à l'intérêt public »[44].

De sorte que l'intervention de l'UEMOA constitue *« autant un acte juridique qu'un acte économique »*[45] car la garantie de la libre prestation des services et des principes fondamentaux des contrats publics était urgente. C'est pourquoi l'UEMOA a estimé que *« la réalisation des objectifs qu'elle s'est assignée suppose l'instauration d'une discipline financière rigoureuse qui passe par la création d'un cadre juridique harmonisé dans lequel vont désormais évoluer les finances nationales »*[46]. Au demeurant *« les Etats et autres organismes publics concluent des millions de contrats avec des entreprises qui, pour nombre d'entre elles dépendent uniquement de ces contrats »*[47]. Dès lors, les contrats des marchés publics sont considérés comme permettant aux personnes publiques de transférer vers les entreprises des ressources monétaires en contrepartie de biens ou de services. La garantie des règles de concurrence, de transparence, de libre circulation et d'égalité de traitement était donc urgent dans ce domaine.

On peut ainsi considérer que le droit de l'UEMOA est un droit à développement progressif. C'est dans cette perspective qu'au début des années 2000, le Conseil des ministres de l'UEMOA a adopté des mesures de renforcement de la transparence et de la mise en concurrence dans le processus des contrats publics notamment en matière des marchés publics. Cela a permis non seulement le renouvellement de certains dispositifs, mais aussi l'adoption de nouvelles règles en la matière. A cet égard, un projet de réforme au sein de l'Union a été initié par le Conseil[48] à Dakar, à travers la décision n°01/2000/CM/UEMOA[49] portant adoption du

---

44 LICHERE (F.), « L'influence du droit communautaire sur le droit des contrats publics », *in* Jean-Bernard AUBY et Jacqueline DUTHEL DE LA ROCHERE, *Droit administratif européen*, Bruxelles, Bruylant, 2007, p.945-968.

45 SCHUILTZ (P.), *Eléments du droit des marchés publics*, Paris, LGDJ, 2002, 2e éd. p.21. Voir. aussi BOCKEL (A), « Les contrats des personnes publiques et les règles de la comptabilité publique », Annales africaine, 1974, p.

46 FALL (M.), « La loi de règlement dans le droit des finances publiques des Etats membres de l'UEMOA : l'exemple du Sénégal », *in* Sénégal, *Finances publiques, Décentralisation et transparence budgétaire, (sous la direction de J. H. SY), Aide Transparence,* 2005 p. 536.

47 RICHER (L.), *L'Europe des marchés publics, marchés publics et concessions en droit communautaire », op., cit.* p.7.

48 Il s'agit du conseil des ministres de l'UEMOA. Quant au Conseil des ministres de l'UE, il fera toujours l'objet de précisions.

49 Décision n°01/2000/CM/UEMOA du Conseil des ministres, relative à l'adoption du document de conception du projet de réforme des marchés publics dans les Etats membres de l'Union.

document de conception du projet de réforme des marchés publics dans les Etats membres de l'Union et la directive n°02/2000/CM/UEMOA du 29 juin 2000[50], abrogée par celle de 2009[51], portant code de transparence dans la gestion des finances publiques au sein de l'Union. Ces deux textes avaient pour objectif principal de pallier certaines lacunes du mécanisme d'achat public. Le Conseil a d'ailleurs considéré que le système de passation des marchés publics au sein de l'Union « *présente des faiblesses telles qu'il sied de les réformer en vue notamment, d'en accroître la transparence et l'efficacité* »[52].

Dans cette orientation, afin d'imposer aux Etats membres une harmonisation en vue d'une unification des droits nationaux des marchés publics, le Conseil de l'UEMOA a pris deux directives en 2005. Il s'agit de la directive n°04/2005[53] et la directive n°05/2005[54]. Ces directives ont pour objectif la mise en œuvre efficace des règles de l'achat public par mérite. C'est ce qu'affirment les préambules desdites directives[55]. A partir de ces dispositions communautaires, des nombreux textes ont vu le jour dans les droits nationaux.

Ce nouveau droit s'applique à l'ensemble des marchés conclus par les personnes publiques et aux personnes privées sous leurs contrôle direct[56]. L'application des directives de 2005 est obligatoire quant au résultat à atteindre dans l'ordre juridique de chaque Etat membre sur qui pèse une obligation de transposition. Cela a été « *l'occasion, tout à la fois d'une simplification et d'une rationalisation de l'architecture du droit interne des marchés publics* »[57].

L'initiative de modernisation du domaine des marchés publics n'est donc pas spontanée. En outre, la mutation des réglementations en matière des

---

50 Directive n° 02/2000/CM/UEMOA, portant code de transparence dans la gestion des finances publiques dans l'espace de l'Union (Abrogée).

51 Directive n° 01/2009/CM/UEMOA, portant code de transparence dans la gestion des finances publiques dans l'espace de l'Union.

52 Considérant 3 de la directive n° 01/2000/CM/UEMOA, *op., cit.*

53 Directive, n°4/2005/CM/UEMOA, du 9 décembre 2005, relative aux procédures de passation, d'exécution et règlement des marchés publics et des délégations de service public.

54 Directive n°5/2005/CM/UEMOA, du 9 décembre 2005, portant contrôle et régulation des marchés publics et des délégations de service public.

55 Deuxième considérant de la directive 2014/25/CE et auparavant préambule directives 2004/18 et 92/50 & 89/665.

56 En ce sens, voir article 4 de la directive, n°4/2005/CM/UEMOA, *op., cit.*

57 NOGUELLOU (R.), « Le nouveau champ d'application du droit des marchés publics », AJDA. 2015, p. 1789.

marchés publics permet aussi aux citoyens d'acquérir des informations relatives à la passation et à l'exécution des marchés publics. Un citoyen peut *« revendiquer légitimement le droit d'être tenu au courant non seulement de l'utilisation des fonds publics qu'il a contribué à mettre en place notamment par le biais de la fiscalité, mais aussi du résultat de leur affectation »*[58]. Le bénéficiaire de ce droit à travers le principe de primauté ne devrait avoir à se soucier que d'une seule législation, dès lors que l'ordre juridique communautaire est intégré au système juridique des Etats membres.

En outre, l'intervention de l'UEMOA dans le domaine des marchés publics semble aussi se justifiée pour la réalisation du marché intérieur qui nécessite une harmonisation des législations même en l'absence de directives[59].

Par ailleurs, la mondialisation et la libéralisation ont aussi fortement influencé le domaine des marchés publics. D'après Dominique BRAULT, *« l'adoption du libéralisme économique sur tous les continents est l'un des faits marquants de la fin du 20ème siècle »*[60]. Ceci explique aussi que l'UEMOA ait été contrainte de tenir compte des orientations prônées par les bailleurs de fonds multilatéraux, bilatéraux et de Partenaires Techniques et Financiers (PTF).

§.2 Les influences extérieures dans la réforme des marchés publics de l'UEMOA

Dans le vocabulaire des organisations internationales, la passation des marchés publics est considérée comme toute activité de commande de prestations réalisée par les autorités gouvernementales ou les organismes placés sous leur contrôle à leur profit ou à destination des usagers du service public[61]. Le droit prôné par les organisations internationales prévoit plusieurs enjeux, tels que le développement des échanges mondiaux, la bonne gestion des finances publiques, la construction des marchés

---

58 *Ibid.*

59 OUEDRAOGO (S.), *op., cit.* p.29.

60 BRAUL (D.), *Droit de la concurrence comparée (vers un ordre concurrentiel mondial* ?, Paris, Economica, 1995, p.1.

61 SAMB (S.), *Le droit de la commande publique en Afrique noire francophone : Contribution à l'étude des mutations du droit des contrats administratifs au Sénégal, au Burkina Faso, en Côte d'Ivoire et au Cameroun,* Thèse de doctorat en droit, Université Bordeaux Pessac, 2015, p.31.

communautaires, la concurrence à l'échelle planétaire, l'efficacité de l'aide publique au développement, la lutte contre la corruption[62]. Cette sphère de l'achat public *« représente 15% des échanges internationaux »*[63] et plus de 30% des budgets nationaux au sein de l'UEMOA. Dès lors, les droits nationaux ne pouvaient échapper à l'intervention des institutions extérieures.

A. Les initiatives extérieures

L'initiative de la convergence des droits des marchés publics de la communauté UEMOA a aussi été prise sous l'influence des bailleurs de fonds et de Partenaires Techniques et Financiers (PTF). Cette branche du droit public est ainsi devenue *« un droit globalisé fondé sur des paradigmes élaborés loin des Etats avec ou sans leur participation »*[64]. Dans les pays d'Amérique latine et africains, les institutions financières internationales comme le FMI et la Banque Mondiale ainsi que d'autres PTF ont encouragé systématiquement le capitalisme. Les crises financières et les dettes obligent ces pays à recourir au concours de ceux-ci. Or, ces bailleurs de fonds et PTF conditionnent le plus souvent leurs appuis financiers et techniques aux pays en développement à *« la mise en œuvre de réformes politiques économiques et institutionnelles dont l'objectif est la promotion de la logique de marché »*[65].

Dans cette logique, l'UEMOA était contrainte par les bailleurs de fonds et les PTF tels que la Banque Africaine de Développement (BAD)[66], la Banque Mondiale (BM), le Fonds monétaire international (FMI)[67], l'Union Européenne (UE), la Commission des Nations Unies pour le Droit Commercial International (CNUDCI)[68], le Centre du Commerce International

---

62 FOLLIOT LALLIOT (L.), « La globalisation du droit des marchés publics », *BJCP*, n°39, mars 2005, pp. 94-100.

63 AHOUTOU (K.), *« Understanding the political economy of procurement reforms for better results in Africa »*, Communication au Forum de haut niveau : *les réformes des marchés publics en Afrique – Soutien au développement économique et réduction de la pauvreté dans le contexte de la crise économique actuelle*, Banque africaine de développement, Tunis 16-17 novembre 2009, in SAMB (S.), *op., cit.* p.41.

64 SAMB (S.), *op., cit.* p.61.

65 DICKO (A), *op., cit.* p.32.

66 La Banque africaine de développement (BAD), fondée en 1964, siège à Abidjan.

67 Le Fonds Monétaire International (FMI) est né en juillet 1944 lors de la Conférence de *Bretton-Woods* afin de garantir la stabilité du système monétaire, un directeur désigné par les gouvernements européens.

68 Commission des Nations Unies pour le Droit Commercial International (CNUDCI), elle a été créée par la résolution 2205 (XXI) de l'Assemblée Générale des Nations

(CCI)[69], le Programme des Nations Unies pour le Développement (PNUD)[70]. L'objectif est de mettre en place un système de gestion des contrats de l'administration conforme aux normes internationales. La Banque Mondiale a d'ailleurs estimé que les réformes des systèmes nationaux de gestion des marchés devraient *« contribuer de manière significative à la réalisation des objectifs commerciaux, par le biais d'une plus grande ouverture. En adoptant des politiques équivalentes à celles de la banque pour tous les marchés publics (...) »*[71]. Dans l'approche des Partenaires techniques et financiers (PTF), *« l'usage efficace des budgets publics dans les contrats passe par le recours à des procédures concurrentielles »*[72]. Ainsi, les marchés publics se trouvent immerger dans un environnement juridique hétérogène qui prend ses racines dans l'ordre juridique international[73].

En définitive, l'idée première de la réforme remonte à la conférence d'Abidjan de 1998 sur les marchés publics en Afrique[74]. C'est le point de départ des réformes des droits des marchés publics sur le continent. A l'issue de cette conférence, les recommandations suivantes ont été adoptées[75] : *la mise en place d'un cadre juridique à rendre conforme à la loi type de la CNUDCI; la stratégie adoptée lors de cette conférence doit servir de point d'ancrage à tout projet de réforme des marchés publics entrepris à un niveau national ; la modernisation des structures juridiques des marchés publics vise plusieurs phases comme la planification, la sélection, la concurrence et la réalisation du contrat ainsi que les phases administratives ; l'harmonisation des règles relatives aux marchés publics ; l'adhésion à l'accord sur les marchés publics de l'Organisation*

Unies en sa session plénière en date du 17 décembre 1966. Elle est reconnue comme le principal organe juridique du système des Nations Unies dans le domaine du droit commercial international.

69 Le Centre du Commerce International (CCI) est l'agence centrale au sein de l'ONU qui fournit une assistance technique dans le domaine des marchés.

70 Programme des Nations Unies pour le Développement (PNUD), crée en 1966, il a pour objectif de créer un environnement de bonne gouvernance dans lequel les principes fondamentaux, de responsabilité et transparence sont respectés.

71 Banque Mondiale, *« Use of country procurement systems in Bank-supported Operations »*, Proposed pilotin program, Board Document R2008-0036/1, Washington DC, Banque Mondiale, 2009.

72 SAMB (S.), *op., cit.* p. 43.

73 BRACONNIER (S.), *Précis de droit des marchés publics,* Revue et corrigé éditions du Moniteur, Paris, 2009, 3e édition, p.13.

74 La Conférence d'Abidjan sur la réforme des marchés publics en Afrique a eu lieu du 30 novembre au 04 décembre 1998. Elle a réuni 30 pays dont le Mali, le Sénégal, le Bénin, la France, le Canada, les USA... L'objectif était de mettre en place un système performant des marchés publics dans les pays en voie de développement. La Banque mondiale a encouragé les pays emprunteurs à adopter des textes inspirés de la loi type de la CNUDCI sur la passation des marchés publics.

75 Rapport de la Conférence d'Abidjan sur la réforme des marchés publics, p.68.

Mondiale du Commerce (OMC) qui est volontaire pour les membres de l'OMC. L'idée de fond est d'inviter les pays en développement à réformer leurs systèmes des marchés publics en vue de mettre en œuvre les principes fondamentaux de la commande publique et de bonne gestion des finances publiques.

La conférence d'Abidjan a été suivie par la Déclaration de Paris (DP) ou le forum de haut niveau de Paris du 2 mars 2005[76]. Il s'agit d'une résolution des ministres des pays développés et des pays en développement chargés de la promotion du développement et des responsables d'organismes bilatéraux et multilatéraux d'aide au développement de mener des actions se prêtant à un suivi afin de réformer leurs modalités d'acheminement et de gestion de l'aide au développement.

La Déclaration de Paris (DP) semblait être l'occasion pour les bailleurs de fonds et les PTF d'accentuer leur pression sur les pays en voie de développement face à deux options : *faire le choix entre l'absence de réforme de leur droit des marchés publics, corollaire de la baisse de l'aide publique au développement et la réforme de leur droit des marchés publics, corollaire de l'accroissement de l'aide publique au développement*[77]. L'objectif du forum était de conditionner l'accroissement de l'aide publique aux pays en voie développement à la mise en place d'un système harmonisé des marchés publics conforme aux normes et standards internationaux. Les partenaires ont également estimé *« qu'il est impératif d'apporter la preuve que des progrès tangibles sont réalisés sur le terrain, nous procéderons, sous la conduite du pays partenaire, à une évaluation périodique tant qualitative que quantitative (...) »* [78]. Les pays partenaires à leur tour se sont engagés à *« redoubler d'efforts pour mobiliser des ressources nationales, consolider la viabilité des finances publiques et créer un environnement favorable à l'investissement public et privé (...) »*[79].

Les institutions d'aides financières exigent donc la refonte des systèmes de passation et d'exécution des marchés publics. Ainsi, les pays membres de la Communauté économique et monétaire de l'Afrique centrale (CEMAC), du marché commun de l'Afrique orientale et australe connu son acronyme

---

76 Le Forum de Haut-Niveau (FHN) a été organisé du 28 février au 02 mars 2005 à Paris, par le Comité d'Aide au Développement, (CAD/OCDE) sur l'efficacité, l'harmonisation et l'alignement de l'aide publique au développement.

77 DICKO (A), *op., cit.* p.43.

78 *Cf.* Déclaration de Paris sur l'efficacité de l'aide au développement et le programme d'action d'Accra, 2005, p.3.

79 Rapport de la déclaration de Paris, *op., cit.* p.6.

anglais COMESA et de l'UEMOA semblent être fortement influencés par des instructions extérieures.

En outre, dans la continuité du forum de haut-niveau de Paris, un plan d'action a été adopté pour le prochain forum de haut niveau d'Accra.

L'objectif principal de ce forum de haut-niveau d'Accra[80] était d'entériner la déclaration de Paris afin d'obtenir des résultats sur la voie du développement et de rendre compte desdits résultats. Ce forum consistait à examiner les efforts consentis et à trouver des moyens de relever les défis de la Déclaration de Paris.

Cependant, ce système d'aide au développement mis en place par les bailleurs de fonds et les partenaires techniques et financiers (PTF) semble modérément bénéfique aux Etats tiers. Dans les faits, les outils en place ne paraissent pas en mesure de remplir le rôle noble qui leur a été dévolu au moment de leur création. Le recul du temps peut en donner un commencement de preuve. Quantité de facteurs en rendent l'application difficile, malaisée, sinon impossible.

A la suite de ces différentes rencontres sur l'aide au développement, certains textes des bailleurs de fonds et des PTF ont été pris en compte par l'UEMOA. Il s'agit des textes pouvant servir de modèles aux pays partenaires. Toutefois, ces actes semblent parfois être imposés afin d'accélérer cette réforme.

B. Les actes extérieurs

Des initiatives internationales et communautaires dans le domaine de l'achat public *« militent pour l'émergence d'un droit nivelé, standardisé »*[81]. Les textes des bailleurs de fonds et des partenaires techniques et financiers (PTF), les solutions retenues dans le droit étranger ont fortement influencé le mouvement de transformation du *« droit de la*

---

80 Le Forum de Haut Niveau d'Accra est tenu du 2 au 4 septembre 2008, l'idée était de s'unir autour d'un objectif commun, : exploiter pleinement le potentiel que recèle l'aide au service de l'obtention de résultats durables sur le front du développement.

81 RIFFARD (J-F.), « Les mutations de la norme : l'avènement d'un droit nivelé ? Ou retour sur quelques aspects de la globalisation des droits », *in* MARTIAL-BRAZ (N.), RIFFARD (J F.), BEHAR-TOUCHAIS (M.) (sous la dir.de), *Les mutations de la norme : renouvellement des sources du droit*, Paris, *Economica*, 2011, p.93.

demande et de l'offre »[82] en Afrique. Il en résulte que le droit des marchés publics ne peut plus *« se penser au niveau étatique, ni s'élaborer sur la base de contingences nationales »*[83].

Dans le cadre de la mutation des droits des marchés publics, l'UEMOA en tenant compte des exigences extérieures a enclenché une modernisation du système communautaire des marchés publics.

En premier lieu, il est constant que le droit de l'Union européenne et le droit français ont fortement inspiré le droit communautaire ouest-africain. Certaines dispositions de l'UEMOA ressemblent beaucoup à celles des Traités européens. L'emprunt des normes européennes par l'UEMOA est évident de sorte que les considérations du marché commun ont poussé le législateur communautaire à intervenir dans le domaine des marchés publics comme l'a fait le législateur européen.

Certes, il ne s'agit pas d'un caractère permanent. Toutefois, l'un des partenaires essentiels de l'UEMOA est l'Union européenne. Au niveau des Etats membres, la France aussi joue un rôle important en matière de coopération et de renforcement institutionnel. De même, la plupart des projets de texte des pays francophones africains sont rédigés par des experts juridiques français. Ce sont ces raisons qui justifient d'ailleurs l'inspiration constante du droit de l'UEMOA et de ses Etats membres aux droits européen et français.

En second lieu, l'UEMOA a adopté des directives qui s'inspirent, sinon qui appliquent directement, des textes internationaux sur le droit des marchés publics. Ces directives ont été prises à l'instar des principes internationaux sur la passation des marchés publics, tels que la version du 15 juin 1994 de loi-type de la CNUDCI sur la passation des marchés publics qui proclame les principes fondateurs des marchés publics[84]. Il s'agit de *la transparence, l'efficacité, l'économie, l'égalité de traitement et la concurrence internationale*. L'objectif de telles dispositions est de proposer des orientations à vocation universelle, susceptibles d'être appliquées dans tous les ordres juridiques nationaux[85]. La première version

---

82 LICHERE (F.), *op., cit.* p. 947.

83 SAMB (S.), *op., cit.* p.61.

84 Loi-type de la Commission des Nations Unies pour le droit commercial international sur la passation des marchés de biens, de travaux et de services, devenue la loi type de la CNUDCI sur la passation des marchés publics le 1e juillet 2011.

85 POILLOT-PERUZZETTO (S.), « Les méthodes de la CNUDCI, le choix de l'instrument », *LPA* n°252, du 18 décembre 2003, p.47.

de loi type CNUDCI contenait six chapitres qui ont été pris en compte par la plupart des Etats fragiles, tels les pays du continent africain. Les directives du 17 mars 2003 de la COMESA rappellent d'ailleurs expressément la prise en compte de la loi-type de la CNUDCI. Les objectifs de cette réforme sont l'harmonisation du système de passation des marchés publics des Etats membres de la COMESA et l'utilisation du modèle de la CNUDCI[86].

En outre, la nouvelle version de la loi-type adoptée en 2011 a singulièrement été prise en compte par les Etats membres de l'UEMOA. Ils en ont appliqué expressément certaines dispositions, à savoir : les principes de l'appel d'offres notamment l'appel d'offres en deux étapes et l'appel d'offres restreint[87]. L'article 27 de la loi-type exige d'ailleurs que *« l'appel d'offres ouvert soit toujours incorporé dans le droit interne, ce qui montre que les principales caractéristiques de cette méthode de passation de marchés en font le moyen le plus efficace de promouvoir les objectifs de la loi type sous réserve de toute modification nécessaire pour assurer la cohérence de la législation de l'État adoptant »*[88].

En troisième lieu, les nouveaux dispositifs de l'UEMOA ont tenu compte des directives de la Banque Mondiale (BM) et de la Banque Africaine de Développement (BAD) en matière des marchés publics. Les Dossiers standards de l'UEMOA de 2012 affirment d'ailleurs qu'ils se sont inspirés de ceux de la Banque Mondiale et de la BAD[89]. Quant aux Etats membres, ils ont transposé ces règles communautaires conformément aux dispositions de l'article 14[90]. A titre d'exemple, les dossiers types du Mali

---

86 Voir. communiqué final des chefs d'Etats et de gouvernement du COMESA tenu à Khartoum le 17 mars 2003 ; lors de cette conférence, les participants ont noté que la loi-type de la CNUDCI a été utilisée par plusieurs Etats membres du COMESA, notamment l'Ethiopie, le Kenya, le Malawi, la Namibie, le Rwanda, l'Ouganda et la Zambie en vue de mettre en place leurs propres lois sur les marchés publics.

87 Voir. article 27.1 de la loi type CNUDCI ; cet article a été repris par l'article 28 de la directive 04/2005 de l'UEMOA qui précise que *« les marchés peuvent, à l'exclusion de toute autre procédure, être passés, soit, sur appel d'offres, soit, par entente directe (...) »*. Voir. aussi les articles 48.3 et 49 du CMP 2015 en vigueur au Mali et l'article 60 du décret n°2014/1212 du 2 septembre 2014, portant CMP au Sénégal…

88 Guide pour l'incorporation dans le droit interne de la loi type de la CNUDCI sur la passation des marchés de biens, de travaux et de services, p.152.

89 Voir. Dossier Standard UEMOA, p.3.

90 Voir. article 14 de la directive UEMOA n° 05, *op., cit.*

relatifs aux fournitures et aux services courants[91] et ceux de la Banque Mondiale[92] se ressemblent quant à la forme et au fond.

De même, certaines dispositions de l'UEMOA reflètent certains des standards et techniques juridiques des marchés publics établis par l'accord sur les marchés publics (AMP) du 15 avril 1994, révisé et entré en vigueur le 6 avril 2014. Or, ni cette dernière ni ses Etats membres n'en sont des signataires. Il n'existe pourtant aucune obligation juridique pour l'UEMOA de s'y conformer. En revanche, la question pourrait indirectement se poser à la faveur d'accords bilatéraux de commerce conclus par l'UEMOA ou ses Etats membres avec des Etats parties à l'AMP. La prise en compte dans le système ouest africain des marchés publics de certains principes fondamentaux de l'AMP, notamment les principes de non-discrimination et d'interdiction de toute forme de préférence nationale semble trouver sa source dans le cadre de relations bilatérales entre les Etats membres de l'UEMOA et certains Etats signataires de l'AMP.

L'AMP tire son origine dans d'autres accords plurilatéraux dans le cadre de l'OMC, ce qui signifie que tous les membres de l'OMC n'en sont pas signataires. L'AMP continue d'être amélioré au fil du temps. En effet, le code General Agreement on Tarifs and Trade (GATT), conclu le 30 octobre 1947 pour libéraliser le commerce international laissait de côté les courants d'échanges liés à la passation des marchés publics, domaine considéré comme politiquement trop sensible. L'AMP est l'un des accords « plurilatéraux » inclus dans l'annexe 4 de l'accord créant l'OMC[93]. Son objectif fondamental est l'ouverture mutuelle des marchés publics entre ses parties.

Section 3 : Le cadre conceptuel et l'orientation de l'étude

Pour analyser la construction progressive de l'intégration juridique et économique, notamment la construction d'un droit commun des marchés publics au sein de l'UEMOA, il serait opportun d'adopter une démarche

---

[91] Voir. annexes : II, III et IV relatifs respectivement aux extraits du Dossier-type d'appel d'offres DGMP du Mali d'août 2009 pour la passation des marchés de fournitures courantes, de services d'informatiques et de bureautiques p.348 et S.

[92] Annexes V, VI et VII relatifs aux extraits des dossiers standards de la Banque mondiale et de la BAD, p.351, p.352 et p.353.

[93] BRACONNIER (S.), *op., cit.* p.53.

classique en s'inspirant des orientations émises par les textes juridiques, la jurisprudence, les travaux doctrinaux ainsi que de sources informatiques.

Par ailleurs, il est important de rappeler que des nombreuses études ont démontré que le droit administratif des Etats francophones d'Afrique subsaharienne s'est construit en moitié sur la base du droit administratif français[94]. Tel semble être le cas du droit des marchés publics dans l'espace UEMOA.

Ce faisant, en raison de la faible littérature juridique africaine en la matière, la présente étude tient compte de quelques références du droit européen et du droit français afin de pouvoir éclaircir certaines notions par comparaison. Cela permet aussi de démontrer le degré d'influence de ces droits sur la règlementation ouest-africaine[95]. Dans cette orientation, au-delà de la jurisprudence africaine, de multiples solutions jurisprudentielles européennes et françaises sont convoquées pour étayer certains raisonnements qui ne revêtent toutefois pas un caractère de permanence. Ces solutions jurisprudentielles ne sont pas transposables d'un système à l'autre. Il s'agit simplement d'une méthode qui permet d'avoir un repère de modèles dont le droit de l'UEMOA s'approche de plus en plus.

Ainsi, d'un point de vue méthodologique et conceptuel, les emprunts au droit de l'Union européenne et au droit français ne sont que ponctuels. L'un peut être utilisé sans l'autre. La démarche entreprise n'est donc pas systématique sinon cela risque de déborder le cadre de la présente étude. En conséquence, l'utilisation du droit comparé n'est donc pas systématique.

Cependant, la modernisation recherchée par l'UEMOA et ses Etats membres a conduit parfois à l'adoption de certaines dispositions spécifiques et la création d'institutions d'origine africaine pour assurer l'efficacité de la sphère de la commande publique, particulièrement celle des marchés publics. Il ressort tout de même que ce domaine du droit public des affaires est laisn'a pas fait l'objet de beaucoup d'études dans la doctrine africaine, d'où l'intérêt de la présente étude.

---

[94] SY (D.), « L'évolution du droit administratif sénégalais », *Revue EDJA*, déc. 2005, p.39 - 68 ; Voir. Aussi. BOCKEL (A.), « Les contrats administratifs », *in* BOYE (A K.), *Encyclopédie juridique de l'Afrique*, vol. 9 Abidjan, Dakar, Lomé, les nouvelles éditions africaines, 1982, p.213 ; Voir, également. DIOP (S.), « Quelques remarques sur le code des obligations de l'administration », *RIPAS*, n°16, jan-juin 1987.

[95] *Cf. infra.* Première partie, p. 31 et s.

Dans la doctrine africaine, notamment la partie occidentale du continent, le droit des marchés publics dans son ensemble fait l'objet de bien peu d'attention en comparaison avec l'intérêt que suscitent d'autres disciplines du droit. Certes, quelques études existent sur le sujet. Néanmoins, les approches de ces différents travaux sont parfois limitées.

Il apparaît ainsi qu'aucune étude n'a jamais été entreprise d'une manière générale sur la théorisation du droit matériel des marchés publics de l'UEMOA à travers les dispositions communautaires elles-mêmes, le degré de convergence entre les Etats membres dans l'application des règles de la communauté de droit, les innovations et les insuffisances diverses de l'architecture des marchés publics. Il semble donc que déjà pour ces raisons, sur un plan académique et théorique, cet ouvrage important sur le *dynamisme et l'insuffisance de la construction d'un droit commun des marchés publics dans l'espace UEMOA* méritait d'être traité. Outre que cet ouvrage pallie un manque doctrinal certain, il est surtout utile pour les futures recherches. Ce travail permet également aux lecteurs étrangers, notamment ceux de la tradition romano-germanique de découvrir un système juridique en pleine mutation qu'ils ignorent.

En théorie, la communautarisation du régime des marchés publics contribue à encadrer progressivement les systèmes nationaux des marchés publics.

Pour décortiquer ainsi l'avènement et l'influence du droit communautaire de l'achat public par mérite sur les droits nationaux, il faut tout d'abord s'intéresser sur ses mutations. En mettant le droit communautaire en parallèle avec les réglementations internes, cela permet d'opérer un premier constat. Il faut d'abord évoquer le renouveau du cadre juridique des marchés publics. Ses origines sont multiples. Il y a d'abord l'intervention progressive des instances communautaires qui, depuis plusieurs années bousculent les normes internes et contraignent les rédacteurs nationaux à adapter le mécanisme d'acquisition et d'exécution des marchés publics.

Pour ces raisons, l'idée première de cette étude est d'effectuer une analyse des droits et des institutions des marchés publics au sein de l'UEMOA afin d'en souligner les éléments positifs et négatifs. Cela permet de mettre en exergue le degré de transposition des orientations communautaires dans les droits nationaux. Ainsi, de points convergents et divergents seront examinés. A travers cette technique, le but sera *« de purger, d'épurer des contradictions ou des dissonances entre les règlementations nationales* »[96]. L'objectif est de parvenir à un bilan entre les nouveaux textes, les objectifs recherchés par le droit communautaire et l'application de ces dispositions nouvelles par les « autorités contractantes »[97].

En outre, cet ouvrage veut rendre compte du dynamisme et l'insuffisance de nouvelles méthodes de conception du droit e la commande publique par l'UEMOA et ses Etats membres. Cela implique nécessairement des références comparatives et parallèles à la fois entre les Etats membres et entre le système communautaire et d'autres systèmes étrangers.

L'idée seconde se rattache à l'étude des nouvelles autorités de régulation et de contrôle des marchés publics, notamment les compétences de chaque organe intervenant dans le processus de passation et d'exécution des marchés publics, de même que l'importance des mesures prises au niveau communautaire et interne en matière de résolution des litiges[98]. Certes, l'innovation institutionnelle est intéressante. Toutefois certaines des attributions sont souvent inadaptées à la réalité de la relation entre l'administration et ses cocontractants. De sorte que le recours au juge devient quasi inexistant. A ce titre, une mutation matérielle des organes de régulation serait souhaitable[99]. Cela permettra de pallier certaines incertitudes, voire certains vides juridiques.

En définitive, le présent ouvrage révèle un certain nombre d'incertitudes quant aux modalités de passation, d'exécution et de contrôle administratif et judiciaire des dispositifs relatifs aux marchés publics au sein de l'espace UEMOA. Pour ne retenir à ce stade que quelques exemples, on peut penser à la question de savoir si le choix doit être laissé à chaque Etat membre de fixer ses seuils de passation. Aujourd'hui, le droit communautaire semble y répondre favorablement d'autant qu'il n'a pas fixé des seuils.

Outre, la nécessité de fixer les seuils communautaires de passation, il apparaît que certaines évolutions du cadre contentieux notamment l'office du juge sont souhaitables pour leur permettre de remplir efficacement leur rôle et d'assurer la bonne passation et exécution des contrats. A cet égard, certaines propositions seront formulées pour faire évoluer la matière de

---

96 SALL (A.), *Les mutations de l'intégration des Etats en Afrique de l'Ouest : approche institutionnelle*, Paris, Harmattan, 2006, p.172.

97 Cette notion fait référence à l' acheteur ou pouvoir adjudicateur, pour plus de details. *Cf.* *infra*. p. 78 et s.

98 Pour plus de détails sur les principales institutions compétentes en matière des marchés publics, voir. *infra*. p. 147 et s.

99 Pour plus de détails sur ces organes de régulation voir. *infra*. p. 171.

façon à la rendre plus dynamique, surtout conforme aux impératifs africains[100]. La remise en cohérence et les propositions d'évolutions d'un droit qui ne semble pas adapté aux besoins de la pratique est d'ailleurs sans doute l'un des rôles majeurs de la doctrine. Un ouvrage sur la convergence et l'insuffisance des droits des marchés publics de l'UEMOA s'avère donc pleinement concerné.

Cependant, une double méthode analytique et comparative sera adoptée pour la conduite du présent ouvrage : décortiquer les diverses sources juridiques pour mettre en évidence la combinaison des ordres juridiques mais aussi partir des processus en vigueur pour apprécier les incidences de la communautarisation des droits des marchés publics entre les Etats membres de l'Union.

A la lumière des directives de l'UEMOA sur les marchés publics et des dispositions nationales, ce travail comparatif et parallèle est fixé sur les réglementations nationales des Etats membres, principalement sur celles du Burkina Faso, de la Côte d'Ivoire, du Mali et du Sénégal. Ce choix se justifie par le fait que ces Etats sont un exemple en termes de transpositions des directives, mais souvent avec de particularités discutables. Cela permet ainsi de développer une activité d'application contentieuse importante qui offre de la matière incontournable à cette étude. Cette limitation est également justifiée du fait de la difficulté d'accès à la documentation qui est parfois impossible.

Néanmoins, le présent ouvrage s'efforce d'examiner les droits des autres Etats de l'UEMOA en tant que tel, dans leurs sources spécifiques constituées de manière succincte et pour étayer certains propos. En outre, l'étude fait parfois référence à d'autres droits africains, notamment celui de l'organisation sous-régionale de l'Afrique centrale qui est la Communauté économique et monétaire de l'Afrique centrale (CEMAC).

De la même manière, cet ouvrage permet d'opérer un rappel des éléments constitutifs et distinctifs des marchés publics avec les autres contrats publics, en particulier les conventions de délégations de service public et les contrats de partenariat public-privé. L'ouverture du règlement des litiges par voie de l'arbitrage de l'OHADA fera également l'objet d'analyse[101].

---

[100] *Cf. infra.,* notamment. la conclusion.

[101] *Cf. infra.* 333 et s.

Par ailleurs, les Etats membres de l'UEMOA font partie d'un espace plus large qui est la Communauté économique des Etats de l'Afrique de l'Ouest (CEDEAO). Cette dernière poursuit en quelque sorte les objectifs semblables à ceux de l'UEMOA. Il est clair que cette dernière a influencé le processus d'intégration de l'UEMOA et par conséquent constitue un ordre juridique concurrent dans le même espace géographique. En revanche, cette étude ne traitera pas des nuances entre ces deux organisations de l'Afrique de l'Ouest, ce qui déborde de son objectif.

L'ensemble de ce qui précède justifie ainsi le choix du sujet et ne manque pas de soulever de questions pertinentes pour sa compréhension.

A cet égard, au vu de l'accroissement des institutions et des règles du droit public des affaires sur le continent africain, l'on peut s'interroger d'une manière générale sur l'efficacité et les limites du droit UEMOA des marchés publics. Ce nouveau droit répond-il efficacement aux besoins réels de ce domaine ?

Il apparaît dès lors qu'à travers la refondation du domaine des marchés publics, le droit communautaire ouest africain a tenté de renouveler et converger les droits nationaux des marchés publics en partie à la lumière du droit européen et du droit français (Première partie). La mise en œuvre de cette nouvelle architecture des marchés publics a permis des avancées réelles, toutefois perfectibles dans plusieurs aspects (Deuxième partie).

PREMIÈRE PARTIE

LE RENOUVEAU ET LA CONVERGENCE DES DROITS NATIONAUX DES MARCHÉS PUBLICS

Tout comme le Traité de Rome, le Traité instituant l'UEMOA ne prévoit pas de dispositions expresses pouvant régir spécifiquement le domaine des marchés publics. Néanmoins, la volonté de construire un droit commun des marchés publics au sein de l'UEMOA a conduit au bouleversement de cette branche du droit.

En effet, la modernisation et la convergence des règles relatives aux marchés publics au sein de l'UEMOA passent par *« ses fondements »*[102]. C'est pourquoi au début des années 2000, il y a eu d'énormes évolutions textuelles. La directive n°02/2000[103] abrogée par la directive n°01/2009 [104] pose d'une part, la prise en compte de l'économie budgétaire et de l'efficacité de la dépense publique dans l'atteinte des objectifs de l'Union ainsi que de l'ouverture de la concurrence à toutes les entreprises communautaires. D'autre part, la décision n°01/2000 initie les bases d'une transformation des systèmes de passation et d'exécution des marchés publics.

A la suite des dispositions de 2000, les directives du 9 décembre 2005 sur les marchés publics ont été adoptées[105]. L'objectif principal de ces textes est d'empêcher les manquements aux principes fondamentaux de la commande publique. La transposition de ces nouvelles dispositions dans les droits nationaux a pris du temps du fait que l'UEMOA est en phase de construction. Néanmoins, les Etats membres ont par la suite enclenché une vaste réforme de leurs systèmes des marchés publics, tant sur le plan institutionnel que normatif conformément aux dispositions des articles 93 et 14 des directives[106], parfois avec des particularités différentes.

Dans cette logique, le rédacteur burkinabé a adopté un code des marchés publics (CMP) en 2008[107]. Ce code a été modifié par le décret du 2 mars

---

[102] DUGUIT (L.), *Les transformations du droit public*, Paris, A. Colin, 1913, réédition, Paris, la mémoire du droit, 1999, p.285.

[103] Voir. directive n°02/2000/CM/UEMOA du 29 juin 2000, portant adoption du code de transparence dans la gestion des finances publiques.

[104] Voir. directive N°01/2009/CM/UEMOA, portant code de transparence dans la gestion des finances publiques au sein de l'UEMOA.

[105] Voir. directives n° 04/CM/UEMOA, portant procédures de passation, d'exécution et de règlement des marchés publics et des délégations de services publics du 9/12/2005 et n°05/CM/UEMOA portant contrôle et régulation des marchés publics et des délégations de service public du 09 décembre 2005.

[106] Article 93 et 14 des directives UEMOA n° 04 et n° 05, *op., cit.*

[107] Voir. décret n° 2008-173 PRES/ PM/MEF du 16 avril 2008, portant réglementation générale des marchés publics et de délégation du service publics du Burkina Faso.

2012[108] qui a déterminé les seuils de passation. Ce CMP, par la suite a été ajusté par le décret de 2013 [109]. C'est le nouveau décret du 1er février 2017[110] qui a établi d'une manière précise les conditions de recours aux marchés publics. Ce souci de réalisme et de transparence a poussé également la Côte d'Ivoire a adopté son code des marchés publics en 2009 avant d'être abrogé par celui de 2019[111]. Ce code a été modifié par le décret en 2014 et le décret de 2015[112]. Par la suite, un nouveau code a été adopté par l'ordonnance n°2019-679 du 24 juillet 2019, portant code des marchés publics.

Pour le cas du Mali et du Sénégal, il existe de nombreuses règles communes. Cela semble être dû à leur histoire commune. Il s'agit de la fédération du Mali créée du 4 avril 1959 au 20 août 1960[113]. A la suite de l'éclatement de la fédération du Mali, le soudan français a proclamé sa propre république[114]. En droit malien, le CMP en vigueur date du 25 septembre 2015[115]. Au Sénégal, c'est le CMP du 22 septembre 2014[116] qui est applicable à ce jour.

Cette mutation des droits nationaux des marchés publics constitue *« une nouvelle arme »*[117] au profit de la personne publique contractante et des entreprises. La réforme a entrainé d'une part, une rupture en remaniant plusieurs des dispositions législatives et réglementaires sur les marchés publics. D'autre part, elle a permis l'émergence d'un nouveau bloc textuel bouleversant les anciens droits nationaux des marchés publics. Le cadre

---

[108] Voir. décret n°2012-123/PRES/PM/MEF modifiant le décret n°2008-173/PRES/PM/MEF du 16 avril 2008 portant règlementation générale des marchés publics et des délégations de service public au Burkina Faso.

[109] Voir. décret n°2013-1148/PRES/PM/MEF modifiant le décret n°2008-173/PRES/PM/MEF du 16 avril 2008 portant règlementation générale des marchés publics et des délégations de service public et son modificatif, le décret n°2012-123/PRES/PM/MEF du 02 mars 2012.

[110] Voir. décret n°2017/049/PRES/PM/MINEFID du 01 février 2017, portant procédure de passation, d'exécution et de règlement des marchés publics et de des délégations de service public.

[111] Voir. décret n° 2009-259 du 06 aout 2009, portant code des marchés publics de la Côte d'Ivoire (abrogé).

[112] Voir. décret n°2014-306 du 27 mai 2014 et le décret n°2015-525 du 15 juillet 2015 modifiant le décret n°2009-259 du 06 août 2009, portant code des marchés publics en Côte d'Ivoire (abrogés).

[113] Le 17 janvier 1959 la Constitution de la Fédération a été approuvée à l'unanimité, puis adoptée par le Soudan français (Mali) et le Sénégal les 21 et 22 janvier 1959.

[114] Le 22 septembre 1960, date de la proclamation officielle de la république du Mali.

[115] Voir. décret n°2015-604 / P-RM DU 25 septembre 2015, portant code des marchés publics au Mali.

[116] Voir. décret 2014-1212 du 22 septembre 2014, portant code des marchés publics au Sénégal.

[117] KEBE (A.), *La QPC en droit des collectivités territoriales,* Edilivre, 2018, p. 30.

normatif a ainsi été transformé. Cela a entrainé une réorganisation du schéma institutionnel. Des nouveaux organes de contrôles et de régulation ont vu les jours. Les premiers opèrent le contrôle *a priori* des marchés et les seconds, disposent à la fois, de fonctions de régulateur et de fonction de règlement amiable des litiges relatifs à la passation et l'exécution des marchés publics[118].

Cependant, eu égard au principe de primauté du droit communautaire, la prise en compte des dispositions supranationales ouest africaines, fortement influencées par le droit européen et le droit français a eu des conséquences non seulement sur le régime juridique des marchés publics nationaux (Titre 1), mais aussi sur les éléments distinctifs et institutionnelles de ces marchés (Titre 2).

[118] *Cf. infra*. p. 141 et s.

...ment à aussi été transformée ... la ... organisation ... institutionnelle ... nouveaux organes ... ont ... jour. Le premier ... le ... disposant à la fois ... fonctions de ... [illegible]

[illegible]

TITRE PREMIER : La transposition d'un droit communautaire influencé par d'autres droits extérieurs

L'objectif de l'UEMOA étant d'instaurer une identité juridique propre, intégrée dans le système juridique des Etats membres, son influence sur les droits nationaux est évidente. Le Traité de Dakar de 1994 précise d'ailleurs dans son article 6 que les actes de l'UEMOA sont d'application inconditionnelle. Ce principe d'application inconditionnelle des normes communautaires de l'Union dans l'ordre juridique nationale a été éclairci par la Cour de justice de l'UEMOA par un avis de 2003 puis par un arrêt de 2020[119].

En réalité, dans les droits nationaux, les divergences textuelles et de pratiques discriminatoires dans le processus de passation des marchés ont été reconnues comme un blocage faussant les règles fondamentales de la commande publique et du marché intérieur. Ces divergences et discriminations étaient à la fois implicites et explicites. Cela ne pouvait donc passer sous silence de la communauté de droit.

A cet égard, les influences exercées par le droit de l'UEMOA sur les droits nationaux sont relativement nombreuses. Les textes supranationaux exercent une influence déterminante dans l'arsenal juridique des Etats membres. Ce droit communautaire ouest africain est aussi en son tour influencé par d'autres droits étrangers. Cette influence a conduit la construction d'un droit commun des marchés publics qui a eu des conséquences sur les notions constitutives des marchés publics (Chapitre 2) mais aussi sur les règles fondamentales de la commande publique (Chapitre 1).

---

119 CJ-UEMOA, 18 mars 2003, avis 001/2003, demande « *d'avis de la communauté de l'UEMOA relative à la création d'une Cour de compte au Mali* » ; voir. egal. CJ-UEMOA, 08 juillet 2020, Commission c/Cour constitutionnelle du Bénin, n°005/2020

Chapitre 1 : Le cadre renouvelé des principes fondamentaux

Les divergences textuelles et discriminatoires étaient trop importantes. Telle était le cas de l'article 45 de l'ancien code des marchés publics du Sénégal qui réservait la participation aux marchés publics aux seules entreprises *« (...) installées au Sénégal, régulièrement patentées ou exemptées de la patente et inscrites au registre du commerce et du crédit mobilier ou au registre des métiers »*[120]. En définitive, ces dispositions même si elles n'interdisaient pas directement l'accès des entreprises étrangères aux marchés publics, visaient à favoriser les entreprises sénégalaises. De cette manière, les règles fondamentales de la commande publique se trouvaient amputées de leur idée directrice. Ces manquements étaient constatables à divers niveaux de la procédure de passation des marchés publics, tandis que certains bloquaient l'accès à la candidature, d'autres se situent en aval entraînant le traitement inégalitaire entre les opérateurs économiques[121]. Il s'agissait des procédés anti-marché unique.

C'est pourquoi les principes fondamentaux régissant la commande publique sont dorénavant insérés dans les droits nationaux. Ces principes ont une importance particulière. Cette consécration est une réelle avancée textuelle. Qu'il s'agisse de la liberté d'accès (Section 1) ou l'égalité de traitement et de transparence dans les marchés publics (Section 2).

Section 1 : La conclusion des marchés publics conditionnée au respect des règles de la concurrence

Le « contractualisme »[122] est conditionné au respect des règles de mise en concurrence. Ce principe permet à toute personne remplissant les conditions requises pour être soumissionnaire de se porter candidate à l'attribution d'un marché public. Il conditionne l'efficacité de la procédure de passation des marchés publics. Ce principe nécessite une parfaite définition des besoins par l'« autorité contractante »[123].

L'obligation de respect des règles de concurrence vise ainsi le respect de toute la procédure applicable. Ce principe est garanti par la publication d'un avis à la

---

120 Décret n° 2002-550 du 30 mai 2002, portant CMP du Sénégal (abrogé).

121 KY (E. P), L'intégration par la commande publique : La réforme du droit des marchés publics dans l'UEMOA, Thèse de doctorat en droit, Poitiers, 20 juillet 2004. p.64.

122 RICHER (L.), *Droit des contrats administratifs*, Paris, 8e édition, *op., cit.* p. 52.

123 Le terme Autorité contractante est utilisé par les textes africains. Il désigne l'acheteur.

concurrence. Or, avant les directives marchés publics de 2005, il n'existait aucune obligation de concurrence à l'échelle communautaire. Les autorités contractantes disposaient d'un choix discrétionnaire pour effectuer, soit une publication d'avis d'appel public à la candidature internationale qui pouvait aller au-delà de l'espace de l'Union, soit ne s'en tenir qu'à une publicité nationale[124].

Les conséquences de ces lacunes étaient concrètement, par exemple, qu'une entreprise malienne ne pouvait être informée des appels d'offres de la Guinée Bissau si elle n'y était pas installée. Autrement dit, le principe de mise en concurrence a été reconnu peu à peu (paragraphe 1) avant d'imposer certaines obligations aux autorités contractantes (paragraphe 2).

Paragraphe 1. La valorisation progressive du principe de mise en concurrence

La liberté de la concurrence est l'une des deux conditions fondamentales du marché intérieur, qui suppose la libre circulation des personnes, des biens, d'établissement et des capitaux. Elle est *« l'idée directrice autour de laquelle s'organise une discipline de rationalisation de l'action contractuelle des personnes publique »*[125]. En effet, les règles de concurrence constituent un élément du régime juridique des contrats administratifs. Dès lors, l'on peut affirmer que l'exigence de mise en concurrence a pour objet *« de garantir la bonne exécution du contrat dans l'intérêt général, en favorisant la stabilité contractuelle et la sécurité juridique pour les parties au contrat »*[126].

La régulation de la concurrence sur le marché de l'Union[127] est un principe général du Traité dont la mise en effective nécessite la prise en compte des contrats passés par les personnes publiques[128]. L'élargissement de cette règle dans la sphère des marchés publics commence nécessairement par l'admission des entreprises communautaires aux marchés publics des différents Etats de l'Union. La valorisation de ce principe dans le cadre des marchés publics était évidente. Au départ, ce principe a été proclamé par le droit communautaire sous forme de recommandation aux Etats membres de s'efforcer de garantir la concurrence dans toutes les procédures de conclusions des marchés publics

124 Directive n°02/2000/CM/UEMOA, *op. cit.* article A-2-1-2.2 ne prévoyait qu'une simple recommandation aux Etats membres plutôt qu'une obligation.

125 RICHER (L.), *Droit des contrats administratifs,* Paris, LGDJ, 2014, 9e éd. p.369.

126 HOEPFFNER (H.), *La modification du contrat administratif,* LGDJ, coll. Bibliothèque droit public, 2009, tome 1, p. 260.

127 Traité instituant l'UEMOA, *op., cit.* art.76, parag. C.

128 SAMB (S.), *op., cit.* p. 90.

[129]. Par la suite, la communauté de droit ouest africain a conforté cette règle de mise en concurrence à travers sa directive n°04/2005. Les nouveaux textes, *« animés de préoccupations concurrentielles marquées, procèdent à un encadrement plus strict du jeu de la concurrence dans les contrats publics mais poursuivent également des objectifs complémentaires de nature sociale et sociétale : efficacité de la dépense publique, accès facilité des PME aux marchés publics, croissance durable... »*[130].

Pour rappel, avant les nouveaux textes de l'UEMOA sur la réglementation de l'achat public par mérite, le principe de mise en concurrence était entravé par de nombreuses réglementations nationales sous forme de discriminations, parfois implicites ou explicites.

En premier lieu, certains Etats réservaient exclusivement certains marchés publics aux opérateurs économiques nationaux. Ainsi, qu'il a été précisé plus haut, l'ancien code des marchés publics de 2001 au Sénégal avait réservé les marchés négociés de fournitures ou de services aux seules entreprises installées au Sénégal[131].

En matière de production d'agrément par les candidats, l'article 57 de l'ancien code burkinabé des marchés publics de 2002 exigeait obligatoirement un agrément d'Etat préalable, délivré par le ministre chargé du budget sur justification d'un agrément technique avant toute admission à la participation aux marchés publics. Ces dispositions étaient excessives. Elles soumettaient non seulement l'autorisation de passer un marché public à un agrément délivré par l'Etat burkinabé mais aussi, elles conditionnaient cet agrément administratif à un agrément technique. Plus encore, dans le même code, l'article 92 disposait que *« l'attributaire d'un marché de travaux qui désire sous-traiter une partie des prestations ne peut s'adresser qu'aux entreprises soumises au droit burkinabé et titulaire d'un agrément technique ».* La sous-traitance était donc exclusivement réservée aux seules entreprises burkinabés. Ainsi, l'exigence d'un agrément administratif préalable, *« utilisée dans un but dévoyé peut aboutir à un protectionnisme des marchés publics nationaux au détriment des candidats étrangers dans la mesure où le refus d'agrément par une administration nationale les évincerait automatiquement des procédures de passation »*[132]. *In fine,* certaines réglementations prévoyaient des restrictions

---

[129] Voir. article A-2-1-2.2 de la directive n°02/2000/CM/UEMOA, *op., cit.*

[130] DELAUNAY (B.), *Droit public de la concurrence*, Paris, LGDJ, 2015, p. 335.

[131] Voir. article 45 de l'ancien code des marchés publics de 2001 au Sénégal.

[132] KY (E P.), *op., cit.* p.315.

expresses pour conserver l'exclusivité d'accès des entreprises nationales aux marchés publics nationaux.

En second lieu, concernant de discriminations expresses, en Côte d'Ivoire, le CMP de 1992[133] dans ses articles 11 et 12 avait donné la possibilité aux collectivités territoriales de réserver certains lots spécifiés dans le dossier d'appel à la concurrence aux candidats bénéficiant du droit de préférence. Il s'agit des candidats au sens de l'article 13 du même code. Cet article visait les entreprises fiscalement domiciliées sur le territoire ivoirien. Cependant, les opérateurs économiques qui ne se prévalaient pas du droit de préférence pouvaient tout de même présenter leurs offres. Mais ces offres ne pouvaient être acceptées qu'en l'absence d'offres émanant des candidats bénéficiant de la préférence nationale[134].

En outre, en matière de sous-traitance par exemple, au Sénégal, il n'était pas interdit aux prestataires étrangers d'être sous-traitants toutefois, les entreprises sénégalaises leur étaient préférées[135]. Cette obligation de choisir ou de privilégier une entreprise nationale dans la sous-traitance des marchés publics a pour conséquence de bloquer l'accès aux marchés publics des opérateurs économiques communautaires. Ces restrictions faussaient le libre jeu de la concurrence dans la sphère des marchés publics.

De ce fait, l'exercice lacunaire de cette liberté pouvait aboutir à la négation de la politique du marché unique en créant de situations conflictuelles. C'est pourquoi, le Traité de l'UEMOA interdit dans ses articles 88, 89 et 90 toute forme d'accords, associations et pratiques concertées entre les entreprises ayant pour but ou pour effet de fausser les règles de la concurrence à l'intérieur de l'Union. Sont interdites également les abus de position dominante, les aides publiques aux entreprises ou à la production, susceptibles de fausser le jeu de la concurrence par le favoritisme qu'elle entraîne[136]. Cela passe entre autres, par l'interdiction des ententes anticoncurrentielles, des abus de position dominante et de toute pratique négative au regard du jeu de la concurrence. Sans ces interdictions, les dispositions

---

133 Voir. décret n°92-08 du 8 janvier 1992, portant code des marchés publics de la Côte d'Ivoire (abrogé).

134 *Idem.*, article 12.

135 KY (E. P), *op., cit.* p.31.

136 Voir. article 4.1 du règlement n°2/2002/CM/UEMOA du 23 mai 2002, relatif aux ententes et abus de position dominante à l'intérieur de l'Union ; V. aussi. Règlement n°3/2002/CM/UEMOA du 23 mai 2002, relatif aux procédures applicables aux ententes et abus de positions dominantes à l'intérieur de l'Union.

nationales sur les marchés publics ne peuvent pas être défavorables à la construction d'un droit commun des marchés publics au sein de l'Union[137].

Ce faisant, l'instauration d'un environnement concurrentiel augmente la compétitivité de la sphère économique. Etant entendu que les entreprises ne restent dans le circuit économique que si elles sont capables d'offrir des prestations en quantité et en qualité correspondant aux besoins du marché. Un tel environnement permet aux petites et moyennes entreprises (PME) l'accès à l'achat public avec pour corollaire l'augmentation de la croissance économique et une redistribution plus équitable des produits de la croissance [138]. L'Union a compris ces avantages. C'est pour cela que les directives de 2005 sont apparues afin de compléter les dispositions de la directive de 2002 sur la transparence dans la gestion des finances publiques. Ainsi, depuis le 1er janvier 2006, au sein de l'espace UEMOA, les entorses au droit de la concurrence sont considérées comme des sources d'illégalité des contrats publics et sont donc interdites. Le droit communautaire précise que les entraves liées à l'accès et à l'existence de pratiques discriminatoires constituent des infractions susceptibles d'être sanctionnées.

Cependant, la mutation du cadre communautaire des marchés publics a permis la consécration effective des règles de la concurrence dans tout le processus de passation d'un marché public.

Paragraphe 2 : Les exigences du principe de mise en concurrence pendant la procédure de passation

Actuellement, le cocontractant privé n'est plus uniquement un preneur égoïste mais également un partenaire utile à l'administration du point de vue de la réalisation d'économies compétitives[139]. Pour ces raisons, il est impératif que les marchés publics nationaux de la zone d'intégration économique et monétaire de l'Afrique occidentale soient soumis aux règles de la concurrence communautaire. C'est d'ailleurs l'un des principes fondamentaux du droit communautaire des marchés publics. Ce faisant, l'article 2 de la directive n°04/2005 impose l'obligation de respect des principes fondamentaux de la commande publique, notamment celui de l'égalité d'accès à la concurrence.

---

137 Pour rappel, le terme « droit commun des marchés publics » désigne un rapprochement, une harmonisation, en vue d'une unification des droits nationaux des marchés publics.

138 Voir. livre vert de la Commission de l'UE : piste de réflexion pour l'avenir, COM, (96), 583 final du 27 novembre 1996 ; voir. aussi, résumé du livre vert sur SIMAP, 1997.

139 WESTRING (G.), « Marchés publics internationaux », *UNITAR* (Institut des Nations Unies pour la Formation et la Recherche), 1974, p.4.

Cet article a été transposé en droit interne. Tel est le cas de l'article 3 du code malien des marchés publics.

En effet, le procédé de mise en concurrence est nécessaire en ce qu'il permet de respecter les principes fondamentaux de la commande publique[140]. De surcroît, faire jouer un tel principe dans la procédure des marchés publics répond d'abord à un objectif d'efficacité économique comme le prévoit les directives marchés publics de l'UEMOA. La mise en concurrence est nécessaire pour susciter une diversité des offres. Elle permet également à l'administration d'accroître ses chances d'obtenir l'offre économiquement la plus avantageuse et de garantir un bon usage des finances publiques.

En ce sens, la Cour de justice de l'UEMOA, dans son avis de 2000, a précisé que *« le seul fait de restreindre la concurrence à l'intérieur de l'Union et quel que soit le marché en cause et ses limites constitue selon le Traité de l'UEMOA, une infraction communautaire au droit de la concurrence »*[141]. Dans cet avis, le juge de l'UEMOA applique les règles de la concurrence non seulement sur les marchés communautaires mais aussi dans les échanges nationaux. A cet égard, le Comité de règlement des différends (CRD) du Mali a sanctionné une autorité contractante qui avait établi dans son avis d'appel d'offres une clause stipulant qu'un *« même soumissionnaire peut postuler pour les deux lots, mais il ne sera attribué qu'un seul lot par soumissionnaire ».* Le CRD a considéré que cette exigence est incompatible avec le principe de libre accès aux marchés publics[142]. Dans une autre décision, le CRD a précisé que la limitation du nombre de lots à attribuer à un même soumissionnaire est contraire aux règles de mise en concurrence. Par exemple *« dans les marchés décomposés en plusieurs lots une obligation ne peut être faite à un soumissionnaire de postuler pour l'ensemble des lots»*[143]. En l'espèce, l'autorité contractante avait précisé dans son avis d'appel d'offres qu'un *« candidat soumissionne pour tous les quatre lots mais ne pourra se voir attribuer que deux lots »*. Le CRD a estimé que cette formulation est malheureuse et contraire au principe de libre accès aux contrats publics. Autrement dit, une fois que la procédure est engagée, le respect du principe de transparence exige que l'autorité contractante ne

---

140 Pour rappel, le terme « commande publique » est utilisé dans le vocabulaire du législateur de l'UEMOA depuis 2005.

141 Cour de justice de l'UEMOA, avis n°003/2000/CJ/UEMOA, 27 juin 2000, relatif à l'interprétation des 88, 89, 90 du Traité sur les règles de la concurrence dans l'Union, Recueil de la jurisprudence de la Cour, 1-2004, p.126.

142 Décision n°13-038/ARMDS-CRD du 6 novembre 2013, le CRD statuant en commission contentieuse sur le recours de la société GRAPHIQUE INDUSTRIE.

143 Décision n°10-004/ARMDS-CRD du 15 juin 2010, le CRD statuant en commission contentieuse sur le recours de SERHOS.

puisse remettre en cause les étapes essentielles de la procédure et les conditions de la mise en concurrence[144].

Par ailleurs, il est constant que les organes communautaires de l'Union et les Etats membres peuvent faire davantage pour garantir l'effectivité des règles de mise en concurrence afin de faciliter l'accès aux marchés publics et la bonne gestion des deniers publics.

L'objectif final de l'efficacité des marchés publics passe en effet par des objectifs plus immédiats à l'instar de la promotion de l'entrepreneuriat régional grâce au droit des marchés publics. Un renforcement de l'obligation de mise en concurrence permettrait de l'atteindre[145].

Il est en outre nécessaire de rappeler que le libre accès aux marchés publics seul ne suffit pas au respect des règles établies par le législateur communautaire. Les autorités contractantes doivent respecter également les principes de traitement égalitaire et de transparence tout au long de la procédure de conclusion d'un marché public.

Section 2 : La soumission de la procédure de passation des marchés publics aux principes d'égalité et de transparence

Avec le principe de la libre circulation, le principe d'égalité et celui de transparence sont au nombre des trois piliers de la constitution économique communautaire ouest africaine[146]. Ces principes sont reconnus par les Etats membres de l'Union.

Le principe de transparence se distingue du principe d'égalité, chacun d'eux renvoie à des exigences différentes. D'une part, les autorités contractantes doivent respecter le principe d'égalité (paragraphe 1). D'autre part, afin de permettre de vérifier que ce principe est respecté, l'administration est soumise à une obligation de transparence (paragraphe 2).

---

144 CE, 8 novembre 2017, *Société Transdev*, req. n° 412859.

145 KY (P E.), *op., cit.* p.365.

146 Ce terme est utilisé pour rappeler que malgré les diverses évolutions de l'UEMOA vers une organisation politique et juridique, les politiques économiques demeurent une partie centrale de ses objectifs.

Paragraphe 1. Les exigences liées au principe d'égalité dans la passation des marchés publics

Le principe d'égalité de traitement dans les marchés publics est un élément du principe général d'égalité. Il a pour objet de traiter de la même manière des situations identiques. Ce principe est un élément primordial dans le cadre de l'achat public quel que soit le mode de passation retenu.

Le principe d'égalité peut être rattaché à la catégorie des *« principes structurels qui reflètent en quelque sorte la structure économique et politique de la communauté »*[147]. Une règle nationale relevant de la compétence des Etats membres *« ne peut opérer une discrimination à l'égard de personnes auxquelles le droit communautaire confère le droit à l'égalité de traitement ni restreindre les libertés fondamentales garanties par le droit communautaire »*[148]. Cette interdiction ne joue qu'à l'égard de *« personnes se trouvant dans une situation régie par le droit communautaire »*[149].

Ce principe exige à la fois l'obligation de respect du libre accès aux marchés (A) et à la fois l'égalité dans l'attribution des marchés (B).

A. Le respect de l'égalité dans l'accès aux marchés publics

Dans l'espace UEMOA, avant les directives de 2005, le principe d'égalité d'accès aux marchés publics ne bénéficiait pas d'une affirmation généralisée dans les droits nationaux des marchés publics. A ce titre, les CMP burkinabé[150] et sénégalais[151] avaient fait une timide consécration de cette règle fondamentale. Néanmoins, l'article 45 de l'ancien code des marchés publics sénégalais excluait expressément les candidatures des entreprises étrangères aux marchés publics négociés de fournitures[152]. Cette lacune en matière d'application du principe d'égalité au profit de tous les candidats

147 SIMON (D.), *Le système juridique communautaire,* PUF, 1998, n° 249.

148 CJCE, 2 fév.1989, *Cowan,* préc., pt. 19.

149 *Ibid.* pt.10 ; voir. aussi CJCE, 24 nov. 1998, *Bickel et Franz,* aff. C-274/96, pt. 14.

150 Voir. article 1er al. 2 du décret du 27 mai 2003 (abrogé).

151 Voir. article 12 al.2 de l'ancien code des marchés publics du Sénégal de 2002, *op., cit.* Cet article précisait que *« sous réserve de dispositions contraires, ils bénéficient d'une égalité de traitement dans l'examen de leurs candidatures ou de leurs offres ».*

152 *Idem.,* article 45.

ressortissants de l'Union a été palliée par l'article 2 de la directive n°04/2005 qui impose désormais le respect de ce principe fondamental.

Ce principe impose l'ouverture des marchés publics à toutes les entreprises intéressées. Il est la première composante du principe d'égalité en matière de contrats publics. Tous les soumissionnaires doivent donc bénéficier des mêmes chances dans la formulation de leurs offres[153]. Le libre accès interdit la mise en place de discriminations empêchant ou rendant plus difficile l'accès aux contrats publics à certaines catégories d'opérateurs. Une réglementation nationale ne peut ainsi réserver l'accès aux marchés à des entreprises défavorisées du territoire ou à des entreprises établies dans la région où le marché devait être exécuté[154]. Il s'agirait dès lors d'une discrimination qui favoriserait les soumissionnaires nationaux.

Ce principe est consacré par les droits nationaux des marchés publics comme étant un principe fondamental de la procédure de passation des marchés publics. L'effectivité de ce principe a permis de garantir l'accès des PME aux marchés publics[155]. Le libre accès s'applique aussi dans les informations exigibles par l'autorité contractante et dans la possibilité pour ce dernier d'écarter *a priori* certaines entreprises[156]. Une autorité contractante ne peut ainsi écarter un candidat parce qu'il est en litige avec l'administration[157] ou qu'il a participé à la rédaction du cahier des charges sous réserve qu'il ne bénéficie pas d'informations privilégiées[158].

Néanmoins, cette liberté d'accès n'est pas absolue. Les autorités contractantes peuvent écarter les candidats qui ne répondent pas aux exigences d'informations parce qu'elles sont insuffisantes ou erronées. Le principe de liberté d'accès à la commande publique trouve ainsi ses limites dans le comportement même de l'entreprise candidate tant vis-à-vis de ses clients que de ses concurrents[159]. Dès lors, l'acheteur public ne peut retenir les

---

153 Voir. Décision n° 135/19/ARMP/CRD du 21 août 2019 du comité de règlement des différends faisant suite à la demande d'autorisation du Service d'Assistance Médicale d'Urgence (SAMU) sur la conduite à tenir par rapport à une erreur contenue dans le dossier d'appel d'offres.

154 CJCE, 20 mars 1990, *Pont Nemours Italiana SPA c/Unita Sanitaria locale*, aff. C-21/88, ECLI:EU:C:1990:121, Rec. P. I-889.

155 Voir. Décision n°19-07-ARMDS-CRD du 25 avril 2019 sur la dénonciation de l'entreprise émergence BTP SARL des irrégularités commises dans le cadre de l'appel d'offres international n°001 /d/EMACI/2019.

156 Dirickx (n.), *op., cit.* p.303.

157 CE, 23 juin 1976, *Cne de Bray-sur-Somme*, Dr. Adm. 1976, comm. n°303.

158 CE, 29 juillet 1998, *Gardes des Sceaux c/ sté Génicorp*, rec., p.1098. DR.adm. Octobre 1998, comm. N°304, p.15, note DELELIS (P.).

159 EMERY (C.), « passer un marché public », *Delmas*, 2004, 2e éd, p.41.

candidatures d'entreprises qui sont en situation de délit de prise illégale d'intérêts par la présence de liens entre des dirigeants et des élus ou des agents de la collectivité publique participant à la décision de passer le marché[160].

A titre d'exemple, le principe de liberté d'accès a été utilisé par la Cour de justice de l'Union européenne en tant que fondement pour imposer aux Etats membres de ne pas exclure les organismes publics lors des procédures de passation des contrats publics[161]. Il permet au juge de contrôler le bon déroulement de la procédure de mise en concurrence dans l'accès au marché. Il n'est pas par exemple possible d'exclure au stade des candidatures, une entreprise remplissant les conditions pour concourir[162] ni de retenir un candidat qui ne répond pas aux exigences du règlement de la consultation[163]. Le respect de ce principe interdit toute discrimination et s'étend à tous les stades de la procédure. La rédaction du cahier des charges doit être objective et ne pas orienter le choix. Toutes les offres arrivées dans le délai demandé doivent être examinée, quel que soit la nationalité ou l'implantation du candidat. Les soumissionnaires doivent disposer d'une information équivalente et si l'un d'entre eux pose une question complémentaire. L'acheteur public doit répondre à tous les candidats.

De plus, les autorités contractantes ne prennent pas en compte de la nature publique ou privée d'un organisme pour déterminer s'il peut ou non se porter candidat à l'attribution d'un contrat public. Cela renvoie à une égalité d'accès aux marchés entre les soumissionnaires publics et les soumissionnaires privés à la seule condition que le statut public de ces opérateurs ne leur permette pas de contrecarrer l'application normale des règles de concurrence.

Le libre accès aux marchés publics est rigoureusement encadré. Néanmoins, le droit communautaire ouest africain prévoit quelques motifs d'exclusions qui sont établis dans l'article 18 de la directive n°04/2005. En ce sens, les articles 22 et 23 de la même directive fixent des critères qui permettent à l'acheteur public de demander aux opérateurs économiques de justifier leur inscription au registre de la profession ou au registre du commerce ou de fournir une déclaration sous serment ou un certificat afin d'établir la preuve qu'ils sont bien habilités à fournir les prestations attendues lors de l'exécution du contrat public. En ce qui concerne la situation des candidats, l'autorité

---

160 TA Dijon, 26 mars 1991, *Piété*, rec. Tables, p.1041.

161 CJCE, 18 novembre 1999, aff - C-107/98, rec. p. I-8121 ; pour un rappel plus récent de ce principe, voir. CJCE, 23 décembre 2009, *CoNISMa*, préc. rec. p. I-12129.

162 TA Paris, 16 mars 1995, *Société entreprise de gestion et de services*, Rec. Tables, p.897.

163 CE, 13 novembre 2002, *Cne du Mans,* rec., p., p.814 ; *AJDA* 2003, p.32, note J-D DREYFUS ; RD imm. 2003, p.79.

contractante ne peut refuser l'accès aux marchés publics à un soumissionnaire pour aucun autre motif[164].

Dans cette perspective, pour justifier les capacités économiques et financières d'un opérateur économique, les autorités contractantes peuvent exiger la production de divers documents[165]. Il est également possible d'établir des critères de sélection fondés sur les capacités techniques et/ou professionnelles des candidats aux marchés. Ces capacités peuvent être démontrées au travers de différents moyens à la demande de l'administration[166]. On retrouve les mêmes dispositions dans les autres droits nationaux. Ces critères *« bénéficient d'une présomption de légalité vis-à-vis du principe d'égalité de traitement »*[167]. Toutefois, leur mise en œuvre a toujours pour objectif de différencier les candidats les uns par rapport aux autres. Ils peuvent donc être détournés par l'autorité contractante pour fausser le principe d'égalité. Cette prédétermination des critères ne suffit pas dans tous les cas à garantir l'absence de discrimination entre les candidats puisque *« les critères de sélection qualitative peuvent eux-mêmes être fixés de façon discriminatoire »*[168]. Ainsi, les organes de règlement des différends n'hésitent pas à sanctionner les autorités contractantes qui n'opèrent pas une bonne interprétation de ces critères. Les conditions d'aptitude des entrepreneurs exigées par les autorités contractantes *« doivent respecter toutes les dispositions pertinentes du droit communautaire et notamment les interdictions qui découlent des principes consacrés par le Traité »*[169], ce qui inclut le principe d'égalité dans l'accès aux contrats publics.

En ce sens, le Comité de règlement des différends (CRD) du Mali a considéré que la limitation du nombre de lots à attribuer à un même soumissionnaire est contraire au principe de libre accès aux marchés publics[170].

---

164 Voir. *Cf, supra*. p. 113 et s.

165 En ce sens, voir. article 23 de la directive 04/2005, *op., cit.*

166 En ce sens, l'article 21 de la directive 04/2005 précise que *« les autorités contractantes doivent inviter les candidats et soumissionnaires à justifier de leurs capacités techniques telles que définies par les dossiers d'appel d'offres, et de leur éventuelle inscription à un registre professionnel dans les conditions prévues par la législation du pays où ils sont établis ; d'autres justifications des capacités techniques peuvent être exigées à condition qu'elles soient dûment motivées par les caractéristiques du marché ou de la délégation et approuvées par l'entité administrative chargée du contrôle des marchés publics (...) »*.

167 AMILHAT (M.), *op., cit.* p.358.

168 CASSIA (P.), « Contrats publics et principe communautaire d'égalité de traitement », *RTDE* 2002, p. 413.

169 CJCE, 9 juillet 1987, *SA Construction, préc.*

170 Décision n°13-038/ARMDS-CRD du 6 novembre 2013, *op., cit.*

Par ailleurs, malgré l'interdiction de préférences nationales dans la passation des contrats des marchés publics, le code des marchés publics du Sénégal prévoit une restriction d'accès des entreprises communautaires à certain nombre de marchés. En ce sens, l'article 52 dispose que « *la participation aux appels à la concurrence et aux marchés de prestations et fournitures par entente directe dont le financement est prévu par les budgets des autorités contractantes est réservée aux seules entreprises sénégalaises et communautaires régulièrement patentées ou exemptées de la patente et inscrites au registre du commerce et du crédit mobilier ou au registre des métiers au Sénégal ou dans l'un des Etats membres de l'UEMOA ou aux entreprises des Etats appliquant le principe de réciprocité* ».

Pour bénéficier de la préférence prévue ci-dessus les candidats doivent joindre aux justifications prévues à l'article 44 du code, une déclaration par laquelle ils demandent à bénéficier desdites dispositions, en même temps qu'ils apportent toutes justifications sur la participation réservée aux seules entreprises sénégalaises et communautaires régulièrement patentées ou exemptées de la patente et inscrites au registre du commerce et du crédit mobilier ou au registre des métiers au Sénégal ou dans l'un des Etats membres de l'UEMOA ou encore aux entreprises des Etats appliquant le principe de réciprocité. Toutefois, il est dérogé à ces dispositions dans le cas où les marchés concernés ne peuvent être exécutés par les entreprises ci-dessus visées ou lorsque du fait de l'envergure financière du marché et/ou de la complexité technique des travaux, fournitures ou services, la faible concurrence locale ne garantit pas une compétition transparente ou une exécution économique et diligente du marché. L'accès aux marchés concernés *« est alors autorisé aux entreprises communautaires, aux groupements réunissant des entreprises communautaires, aux entreprises non communautaires. Dans ce cas, une préférence est obligatoirement accordée aux entreprises communautaires et aux groupements conjoints susvisés, proportionnellement à la participation des entreprises communautaires »*. Ces dispositions sénégalaises existaient déjà dans les anciens CMP de 2002, 2007 et 2011.

Néanmoins, dans un avis, le Comité de règlement des différends (CRD) a timidement écarté le critère de préférence seulement dans les procédures d'appel d'offres ouvert. Il a précisé qu'en *« considération du caractère hautement concurrentiel et égalitaire de l'appel d'offres auquel il ne peut être porté de dérogation que par application du droit de préférence, les dispositions de l'alinéa premier de l'article 52 qui limitent l'accès des marchés dont le financement est assuré par les ressources nationales aux seules entreprises nationales et communautaires, vont au-delà des prévisions de la directive communautaire et de la loi nationale. Par conséquent, en considération de la hiérarchie des normes (...) l'alinéa premier de l'article 52 n'est pas applicable à l'appel d'offres ouvert »*[171].

En outre, l'application du droit de préférence reconnu par l'article 52 du code sénégalais des marchés publics a suscité un problème d'interprétation entre l'organe de contrôle *a priori* des marchés publics qui est la Direction centrale des marchés publics (DCMP) et l'organe de règlement des différends. Dans une affaire de 2013, l'organe de règlement des litiges a été saisi d'un recours du ministère de l'éducation nationale qui contestait le rejet par la DCMP de sa demande de dérogation à l'article 52 du code des marchés publics pour passer un marché d'acquisition de manuels scolaires par l'appel d'offres international. Le Comité de règlement des litiges a opéré une interprétation à la lettre de l'alinéa premier de l'article 52 mais reconnaît que les motifs fournis par le ministère de l'éducation nationale justifient l'autorisation à titre exceptionnel d'un recours à des entreprises étrangères en dehors de tout regroupement avec les entreprises communautaires[172]. En l'espèce, le CRD a estimé que *« même si l'appel d'offres litigieux est financé à travers le budget consolidé d'investissement, il n'est pas certain d'avoir un nombre assez large d'éditeurs disposant d'une capacité technique et financière leur permettant de concourir efficacement au marché. Que pour cette raison, l'ouverture du marché à l'international ainsi que la faculté de se constituer en groupement entre les entreprises communautaires et les entreprises non communautaires sont justifiées ».*

Le même article 52 du CMP du Sénégal impose certaines contraintes injustifiées de l'accès des entreprises communautaires aux marchés publics. Le juge n'a pas encore eu l'occasion de se prononcer sur ces questions. Ce constant est tout de même regrettable d'autant plus que les textes des autres Etats membres se sont conformés aux dispositions communautaires.

Cependant, en raison de disparités persistantes entre les réglementations nationales sur les marchés publics, l'on peut considérer que l'effectivité de la liberté d'accès des entreprises aux marchés publics est remise en cause par certaines réglementations nationales.

---

171 Avis n°012/11/ ARMP/CRD du 07 septembre 2011, CRD statuant en commission litiges sur la demande d'avis de l'agence des travaux et gestion des routes (AGEROUTE).

172 Décision n°114/13/ARMP/CRD du 08 mai 2013 du CRD statuant en commission litiges sur la saisine du ministère de l'éducation nationale demandant l'autorisation d'ouvrir à l'international l'appel d'offres n° 14/13/BCI relatif à l'acquisition de manuels scolaires.

Par ailleurs, on observe également que le principe d'égalité s'impose à l'accès aux marchés publics mais aussi dans le choix des cocontractants.

B. Le respect de l'égalité dans le choix du cocontractant

Le respect du principe d'égalité dans le choix du partenaire de l'administration impose un traitement égal pour tous les candidats à un marché public. L'égalité de traitement en matière des marchés publics exige de traiter les situations des soumissionnaires les uns par rapport aux autres. A cet égard, les situations comparables ne peuvent pas être traitées de manière différente à moins qu'une différenciation ne soit objectivement justifiée[173]. Ce principe emporte plusieurs conséquences pour les autorités contractantes. Elles doivent établir des critères de choix non discriminatoires, définir objectivement les spécifications techniques et de bien analyser les offres en toute impartialité.

En premier lieu, la directive n°04/2005 précise que l'attribution du marché se fait sur la base de critères économiques, financiers et techniques mentionnés dans le dossier d'appel d'offres. Ces critères doivent être quantifiables et exprimés en termes monétaires. Si compte tenu de l'objet du marché, l'autorité contractante ne retient qu'un seul critère, celui-ci doit être le prix[174].

L'évaluation de ces critères est effectuée conformément à un rapport-type communautaire d'évaluation et de comparaison des offres. Le choix de l'offre économiquement avantageuse ou la moins-disante est analysé en fonction des prix des offres. Dans une affaire opposant un opérateur économique à une autorité contractante, la Cellule recours et sanctions (CRS) de l'ANRMP de la Côte d'Ivoire a jugé que même si l'offre financière de la Société requérante n'avait pas été déclarée anormalement élevée, sa soumission n'aurait pas pour autant été retenue du moment qu'elle n'était pas la moins-disante[175]. Ce principe interdit également aux autorités contractantes de fonder leurs choix sur des critères autres que ceux prévus par le règlement de la consultation[176] ou de retenir une offre qui ne correspond pas aux conditions fixées par ce règlement[177] .

---

173 CJCE, 21 juin 1958, *Groupement des hauts fourneaux*, aff. C-8/57, ECLI:EU:C:1958:9, Rec. P. 223 ; Voir. aussi, CJCE, 5 mars 1980, *Ferwda,* aff. C-256/78, ECLI:EU:C:1980:39.

174 Voir. article 61 de la directive 04/2005, *op., cit.*

175 Décision n°003/2013/ANRMP/CRS du 10 janvier 2013 sur le recours de la Société HUAWEI.

176 CAA Bordeaux, 6 juillet 1998, *Cne de Villefranche-de-Rouergue*, *BJCP* 1999, n°2, p.209.

177 CE, 3 juillet 1968, *Lavigne,* rec., p.1000 ; *AJDA* 969, p.253, concl. BRAIBANT.

En second lieu, les spécifications techniques doivent nécessairement être définies par référence aux normes, agréments techniques ou spécifications nationales ou communautaires, ou à défaut par référence à des normes ou agréments techniques ou spécifications internationaux. Les autorités contractantes ne peuvent introduire dans les clauses contractuelles propres à un marché déterminé des spécifications techniques mentionnant des produits d'une fabrication ou d'une provenance déterminée ou des procédés particuliers qui ont pour effet de favoriser ou d'éliminer certaines entreprises, à moins que de telles spécifications ne soient justifiées par l'objet du marché[178]. La neutralité absolue est exigée dans l'établissement des spécifications techniques. Or, cela est difficilement réalisable et surtout difficilement démontrable.

L'intérêt de la définition objective des spécifications techniques réside dans le fait que l'offre technique est la première examinée lors du dépouillement des offres. Elle constitue ainsi un élément très important dans l'évaluation des offres. Pour un candidat quel qu'il soit, il ne lui sera d'aucune utilité d'avoir l'offre financière la moins-disante s'il ne franchit pas l'étape d'évaluation des offres techniques[179]. Ainsi, il a été interdit à une autorité contractante d'établir des spécifications techniques qui renvoient implicitement à une marque de voiture[180]. Dans le même sens, il a été considéré que sont manifestement discriminatoires les spécifications qui exigent un moteur diesel atmosphérique alors que chez les concessionnaires installés au Sénégal, seuls deux types de véhicules de même marque en sont équipé[181].

En outre, une autorité contractante ne peut non plus modifier les critères de sélection après la remise des offres.

En effet, si de telles pratiques étaient admises, la procédure d'attribution serait complètement remise en cause. Cette procédure a pour but d'attribuer le contrat à l'entreprise qui est apte de satisfaire les besoins définis par l'acheteur public. Pour Mathias AMILHAT, si la définition de l'objet même du contrat *« était admise postérieurement à sa conclusion, rien ne garantirait que le cocontractant choisi serait toujours le meilleur pour réaliser les prestations attendue »*[182]. Cet auteur précise que les autres candidats à l'attribution se

---

178 Voir. article 48 de la directive 04/2005, *op., cit.*

179 Décision n°002/2011/ANRMP/CRS du 09 août 2011 sur le recours de la société KINAN.

180 Décision, n°197/ARMP/CRD du 18 mai 2011 du CRD statuant sur le recours du cabinet SCPA KAM & SOME pour le compte de la société MEGA TECH.

181 Décision n°201/2013/ARMP/CRD du 24 juillet 2013 du CRD statuant en commission litiges sur le recours de la Société africaine de l'automobile.

182 AMILHAT (M.), *op., cit.* p. 362.

trouveraient privés de la possibilité de se voir attribuer ce contrat et ne seraient donc pas placés dans une situation d'égalité vis-à-vis du cocontractant choisi[183].

Dans cette orientation, le Comité de règlement des différends (CRD) du Mali a sanctionné le ministère de l'administration territoriale et des collectivités locales pour rupture d'égalité de traitement entre les candidats[184]. En l'espèce, l'autorité contractante avait reporté la date et le lieu de l'ouverture des offres techniques sans les porter à la connaissance de l'ensemble des soumissionnaires. Le CRD a considéré que ce comportement du pouvoir adjudicateur porte atteinte au principe d'égalité de traitement.

En troisième lieu, le respect du principe d'égalité dans le choix des offres nécessite une analyse approfondie des différentes offres qui se présentent à la personne publique. L'analyse des offres est une étape importante qui, si elle n'est pas bien menée peut sérieusement compromettre l'égalité entre les soumissionnaires[185]. En ce sens, les organes de règlement des différends n'hésitent pas à rappeler l'obligation d'égalité de traitement. Le CRD du Burkina Faso a ainsi pu considérer que la Commission d'analyse des offres doit apprécier chaque offre au regard de l'ensemble des critères définis. Il a estimé aussi que lorsque le dossier d'appel d'offres exige la présentation des échantillons des produits d'entretien, la Commission d'attribution ne peut pas évaluer les offres et attribuer le marché sans tenir compte de ces échantillons[186]. Dans la même dynamique, la Cellule de recours et sanctions de la Côte d'Ivoire a jugé que le principe d'égalité de traitement nécessite une évaluation sérieuse des offres. Elle ne saurait être laissée au *« libre arbitre »* des autorités contractantes. Il faut obligatoirement une évaluation sincère qui garantit l'égalité de traitement des offres et qui repose sur de critères objectifs tels que prescrits par la réglementation en matière des marchés publics[187]. A ce titre, le CRD du Sénégal a rappelé que la Commission d'analyse des offres peut rejeter l'offre d'un soumissionnaire au motif que le modèle de véhicule qu'il propose possède un réservoir de 70 litres alors que dans le dossier d'appel d'offres, il est exigé un réservoir de 80 litres. En revanche, l'autorité contractante ne peut dans la même procédure, attribuer le marché à un

---

183 *Ibid.*

184 Décision n°10-004/ARMDS-CRD du 15 juin 2010, *op., cit.*

185 SAMB (S.), *op., cit.* p.457.

186 Décision n°191/ARMP/CRD du 16 mai 2011 du CRD statuant sur le recours des sociétés GBI et PRES-NET-SERVICE-PLUS.

187 Décision n°00/2012/ANRMP/CRS du 22 mars 2012 sur le recours de l'entreprise INTERCOR.

soumissionnaire qui propose un réservoir de 65 litres au motif qu'elle n'a pas vérifié le volume du réservoir dans l'offre de ce dernier[188].

Cependant, les obligations du principe d'égalité de traitement s'analysent à travers l'évaluation des offres mais aussi à travers le résultat de cette évaluation. A la fin de l'analyse des offres, les autorités contractantes doivent rejeter les offres non conformes. Dès lors, la Commission en charge de l'analyse des offres ne peut pas qualifier un soumissionnaire qui n'a ni fourni la garantie de soumission exigée par le CMP, ni signé la charte d'éthique et de transparence[189]. De la même manière, la Commission ne peut pas attribuer trois lots d'un marché à trois attributaires n'ayant pas fourni l'ensemble des pièces requises pour la qualification, notamment l'attestation du chiffre d'affaires alors que les données particulières d'appel d'offres sont très précises sur l'attestation en question et son contenu[190]. Ce principe interdit aux autorités contractantes de rejeter une offre déclarée conforme pour attribuer le marché à un soumissionnaire dont l'offre est substantiellement conforme[191].

En tout état de cause, toute forme de discrimination, de traitement de faveur, qu'il s'agisse de préférences locales ou nationales dans l'attribution des marchés publics n'est pas compatible avec le dynamisme de l'intégration communautaire. Un tel comportement anticoncurrentiel ne doit être toléré. Le principe d'égalité impose donc l'égalité dans tout le processus d'adjudication.

A côté de ce principe, il existe celui de la transparence qui s'applique aux autorités contractuelles pendant toute la phase d'attribution des marchés publics.

---

188 ARMP du Sénégal, Décision, n° 225/13/ARMP/CRD du 07 août 2013 du CRD statuant en commission litiges sur le recours de CCBM .

189 ARMP du Sénégal, Décision, n° 108/2010/ARMP/CRD du 18 août 2010 du CRD statuant en commission litiges sur le recours de la ARL Entreprise Générale et Transport.

190 ARMP du Sénégal, Décision, n°350/2013 /ARMP/CRD du 04 juin 2013, le CRD statuant sur le recours de l'entreprise MULTI TRAVAUX CONSULT.

191 ARMP Burkina Faso, Décision, 376/2013ARMP/CRD du 04 juin 2013 du CRD statuant sur le recours de WATTAM S.A contre les résultats provisoires de l'appel d'offres national n°2013-05/MENA/SG/DMP du 23 janvier 2013.

Paragraphe 2. Les exigences liées au principe de transparence dans le processus des marchés publics

La notion de transparence « *consiste à garantir en faveur de tout soumissionnaire potentiel, un degré de publicité adéquat permettant une ouverture des marchés à la concurrence ainsi que le contrôle de l'impartialité des procédures d'adjudication* »[192]. Ce principe se distingue du principe d'égalité, chacun d'eux renvoie à des exigences différentes. Toutefois, ce principe de transparence « *revêt une place au moins aussi importante que le principe d'égalité* »[193]. D'une part, les autorités contractantes doivent respecter le principe d'égalité. D'autre part, afin de permettre de vérifier que ce principe est respecté, l'administration est soumise à une obligation de transparence.

En matière des marchés publics, jusqu'en 2005, le respect de l'obligation de transparence n'était pas une formalité contraignante au sein de l'UEMOA. Néanmoins, certains CMP prévoyait cette hypothèse. C'était le cas du CMP burkinabé de 2003 qui consacrait, en plus des autres principes fondamentaux, la notion de transparence dans les marchés publics[194].

Par la suite, des efforts ont été consentis non seulement au niveau communautaire mais aussi au niveau interne[195] à travers la prise en compte des mesures de publicité adéquate (A) et d'information (B)[196].

A. L'obligation de publicité adéquate dans toutes les phases de passation des marchés

En matière des marchés publics, le respect du principe de transparence impose notamment la publication d'un avis de marché, sauf si l'autorité contractante fait recours à la procédure de gré à gré. Cette publicité impose aux autorités contractantes de porter à la connaissance du public l'ensemble des marchés

192 CJCE, 7 décembre 2000, *Telaustria*, préc.

193 VIDAL-NAQUET (A.), « La transparence », *in* J.-B Auby (dir.), *L'influence du droit européen sur les catégories du droit public*, Dalloz, 2010, p. 640.

194 Voir. article 14 al.2 du code des marchés publics de 2003 (abrogé).

195 C'est l'article 2 de la directive n°04/2005 qui impose « *la transparence des procédures, et ce à travers la rationalité, la modernité et la traçabilité des procédures* ». Ces dispositions sont transposées dans les droits nationaux des marchés publics.

196 BRUNELLI (P.), *Marchés publics et union européenne : les nouvelles règles communautaires*, Continent europe, Paris, 1995, p.92.

qu'ils envisagent de passer au cours d'une période donnée[197]. En droit de l'UEMOA, cette exigence débute par l'établissement d'un plan de passation des marchés[198].

La planification de l'ensemble des besoins est une obligation sur les autorités contractantes. Ces besoins sont ensuite définis en termes des marchés à passer au cours de l'exercice budgétaire[199]. L'ensemble de ces marchés est consigné dans un document appelé plan de passation. Ce plan de passation ne peut contenir que des marchés dont l'exécution est limitée à l'année budgétaire. Cette exigence est consacrée par les codes nationaux. Elle permet aux candidats potentiels, surtout ceux des autres Etats d'apprécier de manière assez précise l'importance des marchés susceptibles d'être lancés au cours de l'année.

C'est pourquoi, le principe de publicité adéquate nécessite d'informer le plus large possible tous les candidats potentiels à travers l'avis d'appel à la concurrence qui doit être publié sur le portail officiel des marchés publics, dans un journal quotidien habilité à recevoir des annonces légales. Cet avis permet à tous les opérateurs économiques d'être au courant de la passation. Cet avis d'appel à la concurrence doit nécessairement contenir tous les éléments devant éclairer les potentielles entreprises et leur permettre de bien se préparer. En effet, « *la publicité doit se référer non seulement à l'intention de conclure un contrat, mais aussi aux conditions subjectives et objectives de participation et aux critères de choix du cocontractant* »[200]. L'organe de règlement des différends de l'ARMP du Sénégal a d'ailleurs précisé qu'en « *vertu du principe de transparence, les règles de la compétition et en l'espèce, les conditions et formes de participation des candidats doivent être clairement définies au préalable, qu'à cet égard, l'information relative à l'éligibilité des candidats dans l'avis d'appel à manifestation d'intérêt pour leur permettre de dérouler des stratégies d'alliance lors de la préparation des soumissions afin d'accroitre leur capacité* »[201].

En matière de publication des avis d'appel à la concurrence, le droit de l'UEMOA exige une coordination de la publicité entre les marchés relevant du niveau communautaire et ceux relevant du niveau national. La première exigence vise à informer les entreprises communautaires de la passation du

---

197 MALHIERE (P.), « Le langage des marchés publics », éd, *Méthodes et stratégie*, Col. Connaitre et parler, Poitiers, 1995, p.84.

198 Pour plus de détails, *Cf. infra*, p. 202.

199 Voir. BOUVIER (M.), ESCLASSAN (M-C.) et LASSALE (J-P.), *Finances publiques*, Paris, LGDJ, 17e édition 2018.

200 CARANTA (R.), *op., cit.* p. 150.

201 Décision, n°376/13/ ARMP/CRD du 04 décembre 2013 du CRD statuant en commission litiges sur le recours introduit par le Groupe d'ingénierie et de construction (GIC).

marché. Quant à la seconde, elle vise à informer les opérateurs nationaux. L'absence de publication des marchés supérieurs ou égaux aux seuils de passation constitue donc un manquement à l'égard du droit communautaire des marchés publics[202].

A titre d'illustration, en droit communautaire européen, c'est la jurisprudence qui a fait évoluer peu à peu la valeur de la notion de transparence. Le juge européen avait dans un premier temps, implicitement dégagé ce principe au travers la notion de publicité adéquate[203] avant de l'imposer expressément dans son arrêt *Telaustria* de 2000[204]. Ainsi, pour la CJUE, la transparence s'applique à la fois dans l'obligation de publicité et dans l'exigence de clarté dans la formulation des critères choisis par le pouvoir adjudicateur. Dès lors, l'administration contractante doit établir une mesure de publicité suffisamment claire et dépourvue de toute ambigüité[205].

Cette exigence de publicité a permis non seulement d'abroger certaines réglementations nationales qui n'imposaient pas aux autorités contractantes l'obligation de publication des avis d'attribution des marchés publics, mais elle instaure aussi un principe d'information et d'impartialité dans toute la procédure de conclusion d'un marché public.

B. L'obligation d'information des candidats et d'impartialité dans la procédure d'adjudication

La transparence est cantonnée à son acception la plus simple comme désignant la *« parfaite accessibilité de l'information dans les domaines qui regardent l'opinion publique »*[206] et la « *qualité de ce qui laisse paraître la réalité toute entière, de ce qui exprime la vérité sans l'altérer* »[207]. Elle est ainsi envisagée comme un accès à l'information permettant de s'assurer que le principe d'égalité est bien respecté par l'administration lors de la passation des

202 CJCE, 26 sept. 2000, *Commission c/ France,* aff. C-225/98, ECLI:EU:C:2000:494, pt 91.
203 CJCE, 20 septembre 1988, *Beentjes et Pays-Bas,* aff. C- 31/87, préc.
204 CJCE, 7 décembre 2000, affaire *Telaustria, préc.*
205 CE, 19 octobre 2001, *Région Réunion, société Setec*, contrats marchés publics. 2001, comm. n°228.
206 Voir. définition dans le dictionnaire Larousse.
207 Selon la définition apportée par le dictionnaire Le Robert.

marchés. Ce principe permet « *le contrôle de l'impartialité des procédures d'adjudication* »[208].

Pour ces raisons, l'obligation de publicité trouve à s'appliquer également dans la phase d'attribution des offres[209]. Elle implique ainsi une publication des séances de la Commission d'appel d'offres dans le sens où tout candidat ayant un intérêt pour le marché en question puisse être admis au dépouillement. Ce procédé permet aux fournisseurs potentiels de connaître l'identité de leur concurrent et de s'assurer par eux-mêmes s'ils répondent aux critères qualitatifs prévus[210].

Cette exigence nécessite la publication des rapports d'attribution des marchés. L'ouverture des offres par la Commission doit être publique et accessible à toute personne intéressée[211]. Cette Commission d'ouverture des plis et d'évaluation des offres délibère ensuite à huis clos et ses débats sont revêtus du secret absolu[212]. Elle délibère dans le délai compatible avec le délai de validité des offres. Cette même Commission se livre à une analyse technique, financière et à un classement des offres suivant les critères édictés dans le dossier d'appel d'offres[213]. Le but du caractère public des instances de traitement des offres est de garantir le principe d'impartialité dans le processus de passation des marchés publics. La satisfaction de cette exigence ne saurait être pleinement établie par la précision des dates, heures et lieux d'ouverture des offres qu'au stade de l'envoi du dossier d'appel à la concurrence[214]. Cela suppose que ces précisions soient réalisées à l'avance afin que les candidats qui ont un intérêt puissent s'organiser en vue d'y participer. L'intérêt de cette technique n'est pas seulement de permettre aux candidats de connaître l'identité de leur concurrent et s'assurer par eux-mêmes s'ils répondent aux critères qualitatifs prévu[215]. Cet intérêt porte également sur le point de départ du possible recours juridictionnel par rapport à la constatation d'éventuelles fraudes et d'irrégularités au profit des candidats qui s'estimeraient léser[216]. Pour autant, cette technique ne permet pas d'assurer un minimum

208 CJCE, 7 décembre 2000, *Telaustria, op. cit.* pt 62.

209 En ce sens, l'article 57 de la directive n°04/2005 précise que « *la séance d'ouverture des plis est publique ; Les plis sont ouverts par la Commission d'ouverture des plis à la date qui a été fixée pour le dépôt des offres (...)* ».

210 Voir. Concl. De l'Avocat général TESAURO (G.), du 17 novembre 1994 dans l'affaire *Commission c/ Royaume des Pays-Bas*, CJCE 24 jan. 1995, aff. C- 359/93, pt. 8.

211 En ce sens, l'article 57 de la directive 04/2005 précise que « *la séance d'ouverture des plis est publique ; les plis sont ouverts par la Commission d'ouverture des plis à la date qui a été fixée pour le dépôt des offres (...)* ».

212 Voir. article 20.2 al 2 du CMP en vigueur au Mali.

213 Voir. article 59 de la directive 04/2005, *op., cit.*

214 Voir. article 67 du CMP du Sénégal.

215 Voir. concl. De l'Avocat général TESAURO (G.), du 17 nov 1994 sur CJCE, *op. cit.* pt 8.

216 *Ibid.*

d'indépendance des membres de la Commission d'ouverture des plis et une confidentialité garante du choix de la meilleure offre[217]. Dans cette hypothèse, il convient de ne pas confondre *« la séance d'ouverture des plis et leur évaluation, car seul ce dernier cas impose des exigences de confidentialité et d'indépendance »*[218].

En outre, selon l'article 65 de la directive n°04/2005, l'attribution du marché doit être *« notifiée au soumissionnaire retenu. Les autres soumissionnaires sont informés du rejet de leur offre »*. L'autorité contractante doit publier les avis d'attribution et communiquer par écrit à tout soumissionnaire écarté les motifs de rejet de son offre, le montant du marché attribué, le nom de l'attributaire, ainsi qu'une copie du procès-verbal d'attribution, dans un délai de cinq jours ouvrables à compter de la réception de sa demande écrite[219].

Ce faisant, au Burkina Faso, les résultats d'attribution provisoire des marchés sont publiés dans la revue des marchés publics et/ou sur le site internet de la structure chargée du contrôle de la commande publique. Cette publication doit faire paraître l'objet d'appel d'offres et l'allotissement s'il y a lieu, la source de financement, le nom de chaque soumissionnaire, les prix des offres tels que lus à haute voix lors de l'ouverture des plis, les motifs de rejet des offres, les montants évalués de chaque offre, le nom du soumissionnaire retenu, le montant de l'attribution, le délai d'exécution[220]. On retrouve les mêmes dispositions dans l'article 79 du CMP du Mali.

Les avis d'attribution doivent être publiés dans les mêmes conditions que les avis d'appel à la concurrence. A cet égard, le Comité de règlement des différends de l'ARMP du Sénégal a annulé une procédure d'attribution en invoquant le fait que l'autorité contractante avait publié l'avis à manifestation d'intérêt dans le journal *« Le pays »,* mais a fait paraître l'avis d'attribution provisoire dans l'hebdomadaire *« Le témoin »*. En l'espèce, une autorité contractante avait fait apparaître son avis d'appel à la concurrence et son avis d'attribution provisoire dans deux journaux différents au motif d'économie budgétaire. Ce motif invoqué par l'autorité contractante pour justifier l'insertion dans un journal hebdomadaire

---

[217] CAMBOURNAC (M.), *L'absence de caractère public des séances d'ouverture des plis*, Le Moniteur, 17 mai 2002, p. 69.

[218] *Ibid.*

[219] Voir. article 65 de la directive 04/2005, *op., cit.*

[220] Voir. article 125 du code des marchés publics au Burkina Faso.

avec lequel elle aurait signé un contrat, en lieu et place d'une publication dans un journal quotidien n'a pas été retenu par le CRD[221].

En revanche, les avis d'attribution définitive semblent ne pas engendrer de contentieux. Les candidats évincés ne peuvent pas les contester, au motif que les entreprises évincées n'interviendraient qu'après l'expiration du délai de recours contre la décision d'attribution[222]. En réalité, dans le contentieux des marchés publics de l'UEMOA, seuls les avis d'attribution provisoire du marché peuvent faire l'objet de contestation à travers un recours administratif préalable obligatoire exercé devant l'autorité contractante lui-même. C'est à l'issue de ce recours que le candidat évincé peut introduire un recours non juridictionnel devant l'organe de règlement des différends. Ce dernier recours est obligatoire avant la saisine du juge[223].

En ce qui concerne le droit ivoirien, dès que la décision d'attribution définitive est prise, l'administration informe tous les autres soumissionnaires du rejet de leurs offres et leur restitue leurs cautionnements provisoires. Elle a l'obligation de publier immédiatement l'avis d'attribution dans le Bulletin Officiel des Marchés Publics et par voie d'affichage dans ses locaux. Il doit également tenir à la disposition des soumissionnaires le rapport d'analyse de la Commission ayant guidé ladite attribution[224]. Le rédacteur ivoirien exige que les supports et adresses de publication des décisions d'attribution ainsi que le contenu minimum de ces décisions soient indiqués dans le dossier d'appel d'offres[225].

Cependant, l'obligation d'information des soumissionnaires non retenus a pour objectif de leur permettre de prendre connaissance du motif de rejet de leurs offres. En ce sens, dans un avis, l'Autorité nationale de régulation des marchés publics (ANRMP) de la Côte d'Ivoire a eu l'occasion de préciser les contours de cette exigence. L'ANRMP a précisé que cette obligation *« a pour objectif de permettre aux soumissionnaires évincés de disposer de tous les éléments utiles pour exercer valablement et en toute connaissance de cause, leurs recours éventuels tels que prévus aux articles 166 et suivants du code des marchés publics ».* Elle ajoute que pour la réalisation de cet objectif, *« l'expression tenir à la disposition des soumissionnaires, le rapport d'analyse de la Commission doit s'entendre du droit pour les soumissionnaires d'en obtenir copie, s'ils le demandent ».* Cela implique l'obligation pour les

---

221 Décision n°106/13/ARMP/CRD du 8 mai 2013 du CRD statuant en commission litige sur la dénonciation du cabinet GRANT THORNTON.

222 Décision n°276/13/ARMP/CRD du 11 septembre 2013 du CRD statuant en commission litiges sur le recours de la société Horizons industries S.A.

223 Pour plus de détails, *Cf. infra*, p. 309.

224 Voir. article 75.3 du CMP de la Côte d'Ivoire, *op., cit.*

225 *Ibid.*

administrations, en plus de mettre à la disposition des soumissionnaires évincés une copie consultable du rapport d'analyse des offres, de leur en délivrer une copie quand ils en font la demande et s'acquittent des frais de reprographie [226].

En revanche, l'Autorité de régulation des marchés publics (ARMP) du Sénégal ne semble pas être du même avis que celui de son homologue ivoirienne. L'ARMP a été saisi d'un manquement relatif à la non-transmission du rapport d'analyse des offres d'un marché. L'organe de règlement amiable a jugé que la non-transmission du procès-verbal *« n'a pas empêché le requérant d'exercer son droit de recours et qu'aucun fait lié à l'ouverture des plis n'a été contesté par ce dernier, il y a lieu de conclure que ledit manquement n'est pas suffisant pour motiver l'annulation de la procédure litigieuse »*[227].

Dans tous les cas, les nouvelles dispositions ont permis de pallier certaines lacunes des réglementations nationales qui n'étaient pas favorables à cette exigence de transparence. Tel était le cas de la réglementation sénégalaise de 2002 qui prévoyait simplement que *« l'autorité contractante avise immédiatement les autres candidats du rejet de leurs offres »*[228] sans préciser si cela devrait prendre la forme de notification en bonne et due forme. Aujourd'hui, les dispositions qui prescrivent une publication et une information des candidats à la suite de l'attribution du contrat *« inscrivent le droit des marchés publics dans un cadre qui donne une place très importante à la transparence des procédures »*[229].

---

226 ANRMP, avis n°01/2014/ANRMP/Conseil du 06 mars 2014.

227 Décision, n°206/14/ARMP/CRD du 06 août 2014, Comité de règlement des différends statuant en commission litiges sur le recours de l'entreprise TOUBA DAROU MINAME.

228 Article 87 al. 3 de l'ancien CMP du Sénégal (abrogé).

229 SAMB (S.), *op., cit.* p. 424.

Chapitre 2 : L'influence des nouvelles dispositions sur les éléments constitutifs des marchés publics

L'influence exercée par le droit de l'UEMOA sur les droits nationaux des marchés publics a entraîné des modifications « *dont l'importance ne doit pas être sous-estimée* »[230]. L'esprit des nouvelles dispositions communautaires est de garantir l'effectivité des droits que le Traité de Dakar confère aux opérateurs économiques. Ce renouveau du *« procédé contractuel »*[231] a conduit à la refonte de certains principes fondamentaux du droit des marchés publics. Ce renouvellement des dispositifs des marchés publics est synonyme de la modernité et de la démocratisation de l'action administrative[232].

En réalité, la masse des moyens financiers mobilisés, l'irruption d'entreprises étrangères parmi les candidats, l'opacité des critères de choix, les accusations sur les détournements de crédits à des fins de corruption, les informations contradictoires sur les retards et les malfaçons, la conviction que tout se résoudra en d'importants dépassements budgétaires font que « *le régime des marchés publics se situe, à toutes les époques et un peu partout dans le monde au centre de multiples controverses* »[233].

C'est pourquoi, la réforme communautaire a suscité la redéfinition du champ matériel des marchés publics (Section 1). Elle a aussi permis d'apporter des précisions sur les différents acteurs concernés par la conclusion des marchés publics (Section 2).

---

230 AMILHAT (M.), *L'influence du droit européen sur la notion de contrat administratif »*, Thèse de doctorat auten droit, Toulouse 1 Capitole, 3 avril 2013, p. 5.

231 CHEVALLIER J, « Vers un droit post moderne ? Les transformations de la régulation juridique », *RDP* n°3 1998, pp. 6776-678.

232 RICHER (L.), « La contractualisation comme technique de gestion des affaires publiques », *AJDA* 2003, p. 973. Pour plus de détails sur la contractualisation, voir. AMILHAT (M.), « Contractualisation, négociation, consensualisme : nouvelles approches du droit public », RFDA 2018, p. 1.

233 GUEYE (B), « Le nouveau code sénégalais des marchés publics : entre réponse aux attentes de la société civile et prise en compte des influences communautaires », *Revue droit sénégalais,* n° 7, novembre 2008 ; Presses de l'Université des sciences sociales de Toulouse, p. 257.

Section 1 : Le champ d'application matériel des marchés publics entièrement redéfini

Le nouveau droit ouest africain des marchés publics vise à moderniser le domaine des marchés publics nationaux dans toutes ses composantes.

Dans cette orientation, la *« communauté de droit »* a redéfinie le champ des marchés publics (paragraphe 1). Elle a aussi déterminé les différentes catégories des marchés publics non soumises au code des marchés publics (paragraphe 2).

Paragraphe 1 : Le renouveau de la notion des marchés publics

L'entrée en force du droit de l'UEMOA dans la sphère des achats publics a suscité la redéfinition du droit des marchés publics dans son ensemble (A) sans oublier de préciser ses différentes catégories (B). Les contours de la notion des marchés publics nationaux sont désormais plus clairs. Ils sont surtout identiques à ceux dessinés par les directives[234].

A. La nouvelle définition communautaire des marchés publics

L'arrêt Blanco de 1873 [235] a établi que les règles du droit civil ne s'appliquent pas en principe au droit administratif qui est régi par ses propres règles. Or, la notion de marché public confond une partie de ces deux droits notamment la notion contractuelle. En ce sens le professeur Laurent RICHER affirme que : *« par leur objet, les marchés publics sont semblables aux contrats que concluent entre eux des particuliers »* [236]. Cette catégorie de contrat peut donc être assimilée à ceux des contrats privés à travers la volonté de contracter l'objet du contrat. Ainsi, on peut considérer le droit des marchés publics comme étant l'ensemble des règles qui régissent les procédures d'acquisition à titre onéreux par l'Etat, les collectivités territoriales et des organismes de droit public ou des personnes morales de droit privé bénéficiant du concours

[234] NOGUELLOU (R.), « Le nouveau champ d'application du droit des marchés publics », AJDA. 2015, p. 1789.

[235] TC, 8 février 1873, *Blanco*, n°00012 rec Lebon.

[236] RICHER (L.), *Droit des contrats administratifs,* 3e éd, LGDJ 2001, p.319.

financier ou de la garantie de ces organismes publics, des biens, services et la conception-réalisation des travaux.

Cette définition des marchés publics seule paraît insuffisante pour prendre en compte les éléments essentiels de ce droit. Les marchés publics sont donc considérés comme *« des contrats administratifs par détermination de la loi, la terminologie des marchés publics s'est forgée à travers les différents codes des Etats membres »*[237]. La notion des marchés publics est « *avant d'être un acte économique d'achat et une opération financière mettant en œuvre des deniers publics, d'abord, un contrat* »[238]. Un marché public peut également être considéré comme « *un contrat particulier en raison de la présence quasi systématique d'une personne publique et des enjeux financiers qui s'en suivent. Il constitue le fruit de la rencontre de deux volontés : celle de la personne publique qui entend satisfaire les besoins d'intérêt général mis à sa charge et celle de l'entrepreneur, fournisseur ou prestataire de service qui entend développer son activité en élargissant sa clientèle* »[239].

Par ailleurs, une définition plus proche de celle de la directive n° 04/2005 de l'UEMOA retient que le « *marché public est un contrat par lequel une personne privée réalise pour le compte d'une personne publique, des travaux, des fournitures, des services en contrepartie d'un prix payé par l'administration* »[240]. Quant à l'article premier de la directive, il indique qu'un marché public est « *un contrat écrit conclu à titre onéreux par une autorité contractante pour répondre à ses besoins en matière de travaux, de fournitures ou de services* »[241].

Cette définition a été reprise à la lettre par le code ivoirien et le code malien des marchés publics. A cet égard, l'article 1er de l'ordonnance n°2019-679-du-24-juillet-2019, portant code des marchés publics de la Côte d'Ivoire, modifié par le décret de 2015[242] dispose que le marché public est un *« contrat écrit conclu à titre onéreux par une autorité contractante pour répondre à ses besoins en matière de travaux, de fournitures ou de services au sens du présent code »*. Au Mali, c'est l'article 1er du nouveau code des marchés publics du 25 septembre 2015 qui reprend cette définition ».

---

237 DIALLO (A.), *op., cit.* p.31.

238 GUIBAL (M), *La réduction des risques juridiques par la simplification, ACCP*, juillet-août 2001, n°2 p.8 cité par EMERY(E.), *op., cit.* p.173.

239 ISSOUFOU (A.), *op., cit.* p.16.

240 CLIQUENNOIS (M), *Droit public économique*, Paris, Ellipses 2001, p.238.

241 Article 1 de la directive 04/2000, *op., cit.*

242 Voir. décret ivoirien n°2015/525 du 15 juillet 2015, portant code des marchés publics.

Quant au code burkinabé, il opte pour une définition large. Il dispose que les marchés publics sont « *des contrats administratifs écrits conclus à titre onéreux par une autorité contractante visée au point 4 du présent article avec des entités privées ou publiques pour répondre à leurs besoins en matière de travaux, de fournitures ou de services* »[243]. En effet, les dispositions burkinabés ne font pas de distinction entre marché de droit privé et marché de droit public. Les marchés publics sont qualifiés de contrat administratif.

Au Sénégal, l'ancien CMP de 2002 avait défini les marchés publics comme étant « *un moyen à la disposition de l'Etat, ses démembrements et les collectivités locales en vue de l'achat de fourniture ou la réalisation de prestation de services ou de l'exécution de travaux* »[244]. Tout comme les autres Etats membres de l'espace UEMOA[245], au Sénégal, ce sont les codes de 2007[246] et de 2011[247] qui ont préalablement tenu compte du vocabulaire communautaire reprenant une terminologie standard internationalement utilisé. Il s'agit de l'introduction du caractère « onéreux »[248] des marchés publics en distinguant clairement les contrats des entités publiques qui demeurent du droit privé. Le code sénégalais considère que le marché public est un « *contrat écrit, conclu à titre onéreux par une autorité contractante pour répondre à ses besoins en matières de travaux, de fournitures ou de services ou des besoins combinant les différentes catégories* » il ajoute que « *les marchés publics sont des contrats administratifs à l'exception de ceux passés par les sociétés nationales et les sociétés anonymes à participation publique majoritaire qui demeurent des contrats de droit privé* »[249].

Les mêmes termes sont donnés par le règlement de l'Union Economique des Etats de l'Afrique centrale (UEAC)[250]. On retrouve les mêmes termes dans le

243 Article 2.26 du décret n°2017/049/PRES/PM/MINEFID du 01 février 2017, portant procédure de passation, d'exécution et de règlement des marchés publics et de des délégations de service public.

244 Article 4 du décret n°2002-550 du 30 mai 2002 portant code des marchés publics.

245 Voir. article 2 de la loi n° 2009-02 du7 août 2009 portant CMP du Benin ; article 2 du décret 2013-569/PRN/PM du 20 déc. 2013 portant CMP du Niger.

246 Voir. décret sénégalais n° 2007-545 du 25 avril 2007 portant code des marchés publics modifié.

247 Voir. décret sénégalais n°2011-1048 du 27 juillet 2011, portant code des marchés publics.

248 CE, ass, 4 novembre 2005, *Société Jean-Claude Decaux-Commune de Villetaneuse,* admet l'extension du caractère onéreux au-delà de l'aspect financier, même si le caractère onéreux ne suffit pas à la qualification d'un marché public.

249 Article 4.24 du décret 2014/1212 du 22 septembre 2012, portant code des marchés publics au Sénégal.

250 Aux termes des dispositions du règlement n°o6/09-UEAC-201-CM-20, le marché public est un contrat écrit conclu à titre onéreux par une autorité contractante pour répondre à ses besoins en matière de travaux, de fournitures ou de services.

droit européen[251]. Quant au code de la commande publique française, il précise qu'un « *marché est un contrat conclu par un ou plusieurs acheteurs soumis au présent code avec un ou plusieurs opérateurs économiques, pour répondre à leurs besoins en matière de travaux, de fournitures ou de services, en contrepartie d'un prix ou de tout équivalent*»[252]. De plus, en droit français, la jurisprudence a longtemps dégagé trois critères pour qualifier un contrat de contrat administratif. Un critère permanent qui est la présence d'une personne publique au contrat, un critère alternatif à savoir la présence dans le contrat d'une clause exorbitante de droit commun[253] et ou l'exécution d'une mission de service public[254].

En revanche, il n'existe pas de jurisprudence significative ouest africaine relative à la définition des marchés publics. La lecture de la jurisprudence ne permet pas non plus d'avoir des indices permettant de distinguer les marchés publics des autres types de contrats de la commande publique.

Cependant, il résulte des différentes définitions des marchés publics que l'idée des prestations gracieuses ou risquées pour le cocontractant est écartée. Un marché public est donc obligatoirement *« un contrat écrit »* ayant un caractère *« onéreux »*. A cet égard, d'une part, le caractère *« écrit »* du contrat peut designer *« tout ensemble de mots ou de chiffres qui peut être lu, reproduit puis communiqué »*[255]. Quant au critère de « contrat », il est considéré comme étant le *« concours de deux volontés autonomes qui représentent des intérêts légitimes distincts »*[256]. Néanmoins, cette liberté du consentement parait insuffisante.

A titre d'exemple, dans l'arrêt *ASMFO*[257], le juge européen a précisé que l'absence de liberté de choisir le prestataire exclut l'existence d'un contrat, mais il n'est pas possible de généraliser ce raisonnement. En l'espèce, le critère retenu dans cet arrêt n'est valable à lui seul que dans le contexte d'une relation exclusive entre le pouvoir adjudicateur et le prestataire qui est placé dans la dépendance la plus totale. Il en va différemment lorsque le prestataire intervient sur un marché en s'adressant à une clientèle indifférenciée. D'autre part, le titre *« onéreux »* fait appel à l'obligation pour l'administration de

---

251 Voir. article 2.5 de la directive européenne n°2014/24 du 26 février 2014 abrogeant la directive 2004/18/CE.

252 Article L.1111-1 du code de la commande publique.

253 CE, 31 juillet 1912, *Société des granits porphyroïdes Des Vosges,* GAJA n° 25 ; voir. aussi CE, Sect, 15 fév 1935 *Stein.*

254 CE, 20 avril 1956, *épx Bertin, c. consorts Grimouard,* GAJA n° 72.

255 RICHER (L.), *L'Europe des marchés publics, op., cit.* p.146.

256 Concl. De l'avocat général COSMAS, sur C-107/98, ECLI:EU:C:1999:562,

257 CJCE 19 avril 2007, *ASEMFO,* aff. C-295/05 *Teckal,* ECLI:EU:C:2007:227.

verser une contrepartie au titulaire du marché pour la fourniture de ses prestations.

Sur cette question, la jurisprudence française a longtemps considéré que le titulaire d'un marché public tire sa rémunération du versement d'un prix par l'administration[258]. Un tel critère permet de distinguer les marchés publics d'autres types de contrats souscrits par les personnes publiques. Ainsi, un contrat prévoyant une rémunération principale du titulaire sur les usagers ne peut être qualifié de marché public. En définitive, un marché public comporte un coût qui prendra la forme d'un versement par l'acheteur public à l'opérateur privé. Cependant, il arrive qu'un contrat prévoie un versement à un opérateur privé sans être un marché ou encore un contrat de marché public qui ne prévoit pas de versement au profit de l'opérateur économique. Dans le premier cas, *« le caractère onéreux du contrat se réfère à la contreprestation à laquelle procède l'autorité publique concernée »*[259]. Il s'ensuit que si une personne publique verse une somme pour contribuer à l'exercice d'une activité sans que ledit exercice puisse être analysé comme une contrepartie, le contrat concerné n'est pas un marché public. Dans le second cas, le caractère onéreux peut résulter du paiement par un tiers ou de l'existence d'une charge financière pour le pouvoir adjudicateur sans paiement[260].

Par ailleurs, en ce qui concerne l'expression *« droit des marchés publics »*, selon Amadou DICKO *« il n'existe pas une définition légale de l'expression. C'est à la doctrine qu'est revenue la définition du droit des marchés publics »*[261]. Il explique que la définition qui découle de l'analyse doctrinale paraît plus complète. Elle donne un ensemble d'éléments nécessaires à une définition pouvant cerner tous les contours du domaine des marchés publics à partir d'une combinaison d'éléments ou de critères essentiels et indispensables[262]. En ce sens, le regard croisé sur la définition doctrinale permet de voir les mutations conceptuelles de cette branche du droit public des affaires. La doctrine proche de l'idée d'efficacité économique définit le droit des marchés publics comme *« un ensemble de règles aménageant des concepts et décrivant des procédures qui s'inscrivent dans une double logique d'efficience de la dépense publique et de compétitivité économique »*[263]. Ce droit est placé entre deux logiques analogues sinon complémentaires, l'efficacité

---

[258] CE 11 décembre 1963 Ville de Colombes, Rec.612 , voir. aussi. CE 10 avr. 1970, *Beau et Lagarde,* Lebon 243.

[259] CJCE, 12 juillet 2001, *Ordinedegli Architetti delle Province di Milano e Lodi*, aff. C-399/98, point 77.

[260] CJCE, 18 janvier 2007, *Jean Auroux e.a.*, aff. C-220/05, ECLI:EU:C:2007:31, pt 57.

[261] DICKO (A.), *op. cit.* p.3.

[262] *Idem.* p.4.

[263] KY (E P.), *op. cit.* p.63.

administrative et la performance économique. Les marchés publics constituent donc *« l'un des leviers majeurs de l'action publique »*[264]. Ceci n'est qu'une traduction de la théorie économique de l'offre et de la demande qui trouve à s'appliquer aux activités économiques publiques permettant ainsi de ménager les finances publiques[265]. Dès lors, l'on peut considérer que le droit des marchés publics est un ensemble des règles, des lois, des règlements régissant le processus de passation, d'exécution et de contrôle des marchés publics. En ce sens, la doctrine[266] majoritaire définit le droit des marchés publics comme un ensemble des règles qui régissent les procédures de passation, d'exécution, de règlement, de contrôle, de contentieux et de régulation des acquisitions de biens, de fournitures, de services et d'exécution des travaux des autorités contractantes[267] ou pouvoir adjudicateur (acheteur en France)[268]. La définition doctrinale des marchés publics parait ainsi plus concise.

En revanche, une doctrine non moins majoritaire, permet de définir les marchés publics suivant cinq critères. Ces critères sont : le *critère organique*, c'est-à-dire, les marchés passés par les personnes publiques ou autorités contractantes, le *critère de la nature de la procédure* qui renvoie à la catégorie des marchés à procédure formalisée et celle des marchés à procédure adaptée (MAPA), le *critère matériel* qui concerne l'objet du marché, le *critère fonctionnel* qui est le paiement d'un prix et *les conditions de forme et de fond* des marchés publics[269].

Cependant, en faisant référence à la définition retenue par l'article premier de la directive n°04/2005, on distinguera que le régime ordinaire s'applique à trois catégories des marchés publics à savoir : les marchés de fournitures, de services et de travaux, auxquels il faut ajouter le cas des marchés publics de type mixte. Il faudrait donc analyser successivement le contenu de chacune de ces prestations.

---

264 BRACONNIER (S.), *Droit des marchés publics*, Imprimerie nationale, Ed. Techniques, col. Essentiels experts, marchés publics locaux, 2002, p.10.

265 MILLET (T.), « Les marchés publics en droit communautaire », *Revue du marché commun et de l'union européenne*, n° 452, oct, nov, 2001, p.623.

266 ALLAIRE (F.), *L'essentiel du droit des marchés publics,* 7ème édition 2014-2015, Gualino, p. 10 à 40 ; N'DIAYE (I.), *Guide de la passation des marchés publics au Sénégal,* L'Harmattan, 2011, paris, p. 47 à 184 ; SY (D.), *Droit administratif,* 2ème édition, revue corrigé et augmentée 2014, L'Harmattan Sénégal, p. 329 – 352.

267 Pour rappel, l'expression autorité contractante est utilisée en droit UEMOA pour désigner un acheteur public. Pour plus de détails, *Cf. infra*. p. 82.

268 L'expression pouvoirs adjudicateurs est utilisée par les Etats membres de l'Union européenne, sauf en France qui depuis ses nouveaux textes sur la commande publique, font apparaitre une nouvelle appellation : « *l'acheteur* ».

269 LAJOYE (C.), *Droit des marché publics,* 5e édition 2012, Gualino Lextenso, p.216.

B. Le nouveau du cadre communautaire des différentes catégories des marchés

Pour répondre à leurs besoins, les administrations peuvent recourir aux marchés publics qui se répartissent en trois grandes catégories : *marchés de fournitures, de services et des travaux.* Toutefois, ces différents marchés peuvent être combinés sous certaines conditions (marchés mixtes). Ces catégories de marchés publics sont redéfinies par les nouvelles dispositions.

1. La nouvelle définition des marchés de fournitures et de services sous l'influence communautaire

Les marchés de fournitures sont, selon leurs objets, différents des marchés de services. Les premiers ne portent en principe que sur les biens meubles et les seconds visent exclusivement des prestations de service.

a. le nouveau visage des marchés de fournitures

L'article premier de la directive n°04/2005 prévoit qu'un marché de fournitures est un *« marché qui a pour objet l'achat, le crédit-bail, la location ou la location-vente avec ou sans option d'achat de biens de toute nature y compris des matières premières, produits, équipements et objets sous forme solide, liquide ou gazeuse, ainsi que les services accessoires à la fourniture de ces biens ».* Cette définition a été reprise sans aucune difficulté dans les codes des Etats membres. Les fournitures au sens de ces textes doivent être entendues comme recouvrant tous les biens, toutes les marchandises pouvant faire l'objet d'une transaction commerciale. Il convient par ailleurs de souligner que ni les dispositions de la communauté de droit, ni la jurisprudence ne viennent préciser cette définition des marchés publics de fournitures.

Néanmoins, cette notion de fourniture a fait l'objet de précisions dans un avis[270] du Comité de règlement des différends (CRD) de l'ARMP du Sénégal[271]. En l'espèce, le CRD a été saisi d'une demande d'avis sur la qualification d'un contrat d'acquisition de 800 camions que l'Etat du Sénégal

270 Avis n° 001/14 /ARMP/CRD du 19 février 2014 du CRD statuant en commission litiges sur la saisine du ministère des infrastructures, des transports terrestres.

271 Ce sont des organes administratifs chargés de trancher les litiges relatifs aux marchés publics. Pour plus de détails relatifs au CRD. *Cf. infra.* p. 179 et s.

envisageait de signer avec une société chinoise sur demande des transporteurs sénégalais (opérateurs privés réunis en syndicat et association) qui ont donné mandat à l'Etat d'agir pour leur compte et en leur nom dans le cadre de la signature dudit contrat. La question soulevée était celle de savoir si ce type de contrat est soumis ou non au code des marchés publics.

Pour analyser la nature de ce contrat, le CRD a, d'un côté souligné qu'il ressort des éléments du dossier que les transporteurs sénégalais ont donné mandat à l'Etat de signer le contrat en leur place ; que le financement obtenu au nom du Sénégal permettra à l'Etat de mettre ses ressources à la disposition des transporteurs sénégalais en leur permettant de bénéficier de prêts devant servir à l'acquisition de gros porteurs auprès d'une institution financière de la place ; que ces prêts seront remboursés par le syndicat des transporteurs. D'un autre côté, le CRD a rappelé que le marché public est un contrat conclu à titre onéreux par une autorité contractante pour répondre à ses besoins en matière de travaux, de fournitures ou de services ; qu'au *« vu de cette définition, le marché public est caractérisé par un besoin propre, exprimé et défini par l'autorité contractante, auquel répondent des prestataires pour sa satisfaction ; qu'il y a lieu de noter que l'objet du marché est un élément fondamental qui doit être précisément défini en vue de répondre à un besoin de la personne publique »*. Le CRD a dès lors dissocié l'opération de recherche de financement de l'opération d'achat de camions dont les bénéficiaires sont les transporteurs. Le CRD explique que certes, l'Etat intervient dans le montage financier à travers l'emprunt auprès de la Chine, mais il n'a pas défini les besoins. Il précise que ces besoins d'acquérir des nouveaux camions émanent des transporteurs qui ont eux-mêmes défini leurs besoins et discuté des caractéristiques techniques y compris le modèle et les spécifications des diverses pièces des véhicules. Dès lors, l'Etat agit pour le compte des transporteurs.

Dans cet avis, le CRD exclut la qualification de marché de fournitures en estimant que l'Etat a simplement agi pour le compte des transporteurs car l'acquisition de ces biens n'est pas destinée à l'Etat mais aux transporteurs qui sont des opérateurs économiques privés. En d'autres termes, est exclu du champ des marchés publics de fournitures, un contrat dans lequel ni les fournitures n'étaient destinées à la personne publique qui a passé la commande, ni le prix directement payé par elle. Ce positionnement du CRD sénégalais est très salutaire. Il confirme la conception rigoureuse des marchés publics.

En ce qui concerne, le droit ivoirien, le marché de fournitures a pour objet principal l'achat, le crédit-bail, la location ou la location-vente avec ou sans option d'achat de biens de toute nature y compris des matières premières, produits, équipements et objets sous forme solide, liquide ou gazeuse, ainsi que les services accessoires à la fourniture de ces biens[272]. Cette notion, au sens de la réglementation ivoirienne est tout de même extensive. Le cahier des clauses administratives générales (CCGA) dispose que tous les produits, matières premières, machines, matériels et/ou tous autres matériaux que le cocontractant est tenu de livrer à l'autorité contractante sont des marchés de fournitures[273]. Dans le droit ivoirien, l'administration contractante doit également prendre en compte les services connexes qui désignent *« les services afférents à la fourniture des biens, tels que l'assurance, l'installation, la formation et la maintenance initiale ainsi que toute obligation analogue du titulaire dans le cadre du marché »*[274]. Cela renvoie à un marché global.

Or, le droit de l'UEMOA reste silencieux sur la qualification d'un tel marché. Ni les textes ni la jurisprudence ne donnent des précisions sur un mélange de marché dont la valeur des fournitures dépasse par exemple, celle de services.

En revanche, le droit français donne de précisions en matière de ce type de marché. La référence à ce droit permet de mieux appréhender cette notion. Il s'agit donc d'une méthode purement prospective sans que les emprunts aux droits étrangers soient systématiques.

Ainsi, en droit français, les marchés publics portant à la fois sur des travaux et sur des fournitures ou des services sont qualifiés des marchés de travaux si leurs objets principaux visent la réalisation des travaux[275]. Le mélange d'un marché de fournitures et de services dans un même marché global serait qualifié de marché de services si sa valeur dépasse celle des fournitures achetées[276]. En ce sens, un marché de fournitures peut être considéré comme un contrat par lequel une autorité contractante se procure des biens mobiliers. A titre d'illustration, le juge administratif français a considéré qu'un contrat souscrit par une commune pour l'achat d'un fauteuil de chirurgie dentaire et de petit matériel de dentisterie destinés à un centre de santé communal constitue un marché de fourniture et non un marché de travaux dès lors qu'il ne porte pas sur un travail de caractère immobilier et que les équipements en question ne sont pas incorporés à l'immeuble dans lequel ils sont installés[277]. Ainsi, dans le silence des textes réglementaires, on ne peut exclure que la location d'un bien immobilier par une collectivité publique soit qualifié de

---

272 Voir. article 45 du CMP ivoirien.

273 ANRMP, Dossier type d'appel d'offres, passation des marchés de fournitures et services connexes, section 5, Cahier des Clauses Administratives Générales, p. 69.

274 ANRMP, Dossier type d'appel d'offres, *prec,* p. 69.

275 Article L. 1111-5 du code de la commande publique de 2019.

276 *Ibid.*

277 CAA. Lyon, 30 mars 1993, *Commune de Miramas,* n° 91LY01049.

marché public de fournitures[278]. A ce titre, il convient de souligner que l'article L. 1111-3 du code de la commande publique française qualifie comme tels les contrats ayant pour objet l'achat, la prise en crédit-bail, la location ou la location-vente de produits ou matériels. En outre, cette définition ne paraît pas inclure les biens immobiliers qui ne sauraient être rangés dans la catégorie des produits ou matériels[279]. Ce raisonnement est confirmé par le juge administratif français qui estime qu'un *« contrat de location-vente, même s'il se présente comme un contrat de crédit-bail, demeure un accord conclu par une personne publique en vue de la livraison de fournitures. Ce contrat administratif entre dans le champ d'application du code des marchés publics »*[280].

Par ailleurs, les achats d'immeubles existants par les autorités contractantes ne relèvent en principe pas de la qualification des marchés publics. L'avenir nous dira si toutefois les instances communautaires et nationales de l'UEMOA préciseront les contours des marchés de fournitures.

Néanmoins, le nouveau droit des marchés publics ouest africain a précisé la notion des marchés publics de services et de prestations intellectuelles.

b. le nouveau visage des marchés de services et le cas de prestations intellectuelles

Les Etats membres ont adopté une logique similaire à celle du droit communautaire qui définit un marché de services comme étant un *« marché qui n'est ni un marché de travaux ni un marché de fournitures. Il comprend également le marché de prestations intellectuelles, c'est-à-dire le marché de services dont l'élément prédominant n'est pas physiquement quantifiable »* [281]. Il résulte expressément de ces dispositions que la catégorie des marchés de prestations intellectuelles relève des marchés de services. Ces marchés publics de prestations intellectuelles sont aussi appelés marchés d'études. L'article 34 de la directive n°04/2005 précise que le marché de prestations intellectuelles « *inclut les services d'assistance informatique et de maîtrise d'ouvrage déléguée* ». On retrouve la même définition sans aucune différence

[278] PEYRICAL (J-M.), « La notion de marché public », folio n°3007, *Dalloz, encyclopédie des collectivités locales*, septembre 201, point 145.

[279] *Ibid.*

[280] TA Versailles n°0606773 du 4 avril 2008, *Société BNP Paribas Lease Group.*

[281] Article 1 de la directive 04/2005, *op., cit.*

dans l'article premier du règlement portant procédure de passation et règlement des marchés publics de la CEMAC[282].

Cette définition a été transposée dans les droits nationaux. Le droit malien des marchés publics définit par exemple le marché de prestations intellectuelles comme étant un marché qui a pour objet *« l'acquisition des prestations à caractère principalement intellectuel dont l'élément prédominant n'est pas physiquement quantifiable »*[283].

En Côte d'Ivoire, les marchés de prestations intellectuelles ont pour objet des prestations à caractère principalement intellectuel, dont l'élément prédominant n'est pas physiquement quantifiable. Il inclut notamment les études, les services d'assistance, la maîtrise d'ouvrage déléguée, l'assistance à maîtrise d'ouvrage et la maîtrise d'œuvre[284]. Il peut donc s'agir du gardiennage, la restauration, l'entretien des locaux, la gestion ou la location de main d'œuvre ou encore les études et conseils etc [285].

En définitive, la gamme des marchés de services est en fait très étendue. Ce type de marchés publics constitue une catégorie résiduelle en raison de son développement constant visant de prestations matérielles (l'entretien, la réparation, le transport, le nettoyage de bâtiments, la publication, l'impression ou le traitement informatique, ramassage des ordures ménagères...) qu'intellectuelles (études, consultations juridiques, les travaux de recherche, assistance...). L'objet d'un marché de services n'est pas un travail à caractère immobilier. Pour le professeur Laurent RICHER, la catégorie des marchés de services *« est définie de façon négative puisque les marchés publics de services sont des marchés autres que les marchés publics de travaux ou de fournitures »*[286]. Il précise qu'à la différence de la définition des marchés de fournitures, celle des marchés de service ne comporte pas de référence à des types juridiques de contrats, la notion de service est de nature économique et englobe toutes sortes de contrats, tels que le contrat d'entreprise, de mandat, d'assurance, de prêt...

---

282 Règlement n°06/09 –UEAC-201-CM-20, portant procédure de passation et règlement des marchés publics de la CEMAC.

283 ARMDS, Revue de la régulation des marchés publics : Collectivité Territoriales, intégralité du manuel de procédures de passation des marchés publics, 3e trimestre, 7e numéro, p. 32.

284 Voir. article 62.1 du CMP Ivoirien.

285 Ministère auprès du premier ministre chargé du budget, Manuel de procédures des marchés publics, décembre 2014, p.7.

286 RICHER (L.), *L'Europe des marchés publics, op. cit.* p.162.

C'est pourquoi, les marchés de services et les prestations intellectuelles se distinguent clairement des marchés de fournitures. Ces deux catégories de marchés sont parfois confondues. On retrouve le même constat entre les marchés de services et les marchés de travaux. La jurisprudence française a par exemple qualifié de marchés publics de services un marché de maintenance portant sur des éléments non dissociables d'un ouvrage public[287] et un marché d'entretien d'espaces verts[288].

En outre, le législateur de l'UEMOA précise que ces marchés sont conclus après une mise en concurrence sur la base d'une liste restreinte des candidats pré-qualifiés en raison de leur aptitude à exécuter les prestations à la suite d'un avis à manifestation d'intérêt. L'hypothèse d'une négociation est envisageable avec un candidat dont la proposition est retenue[289].

Par ailleurs, en matière d'ouvrage, l'achat des personnes publiques vise les prestations de travaux, parfois de marchés mixtes.

2. La nouvelle définition des marchés publics de travaux et de marchés mixtes sous l'influence communautaire

La législation supranationale a expressément établi une différenciation entre la catégorie des marchés publics des travaux avec les autres catégories. Elle a aussi tenu compte de la problématique des marchés de type-mixtes. A cet égard, si le contrat porte sur des objets qui sont dissociables, il convient d'appliquer à chacun les règles qui lui sont spécifiques. Si ces objets ne sont pas dissociables, il faut considérer l'objet principal du contrat.

a. la définition renouvelée des marchés publics des travaux

La notion des marchés publics de travaux n'a pas fait l'objet d'une définition claire et précise dans le droit ouest africain des marchés publics. La règlementation de la *« communauté de droit »* précise simplement qu'un marché de travaux est un *« marché qui a pour objet soit, l'exécution, soit conjointement,*

---

287 TA Lille 28 mars 2000, *Préfet du Nord* c/ *Commune de Marquette-Lez-Lille*, *BJCP* 2000. 321, concl. PELISSIER (G.) et obs. SCHWARTZ (R.).

288 TA Lille 11 juill. 2000, *Préfet du Nord* c/ *Commune de Gravelines*, *LPA* 29 nov. 2002, p. 19, concl. PELISSIER (G.).

289 Article 34 de la directive 04/2005, *op. cit.*

la conception et l'exécution de travaux ou d'un ouvrage »[290]. La même définition a été retenue par le droit communautaire de l'Afrique centrale[291].

Cette définition a été transposée à la lettre en droit malien ainsi qu'en droit burkinabé des marchés[292]. En revanche, elle n'a pas fait l'objet de transposition dans les codes des marchés publics de la Côte d'Ivoire (RCI) et du Sénégal. Dans le premier pays, les marchés des travaux ont été définis comme étant des marchés qui ont pour objet principal la construction, la reconstruction, la démolition, la réparation ou la rénovation d'un bâtiment ou d'un ouvrage, telles que la préparation du chantier, les travaux de terrassement, l'érection de tout ou partie d'un ouvrage, l'installation d'équipements ou de matériels, la décoration et la finition, ainsi que les services accessoires ou connexes[293]. Le second pays semble maintenir la définition retenue par la loi type de la CNUDCI sur la passation des marchés publics. L'article 4 du code sénégalais des marchés publics définit les marchés de travaux comme étant des « *opérations de construction, reconstruction, démolition, réparation ou rénovation de tout bâtiment ou ouvrage, y compris la préparation du chantier, les travaux de terrassement, l'installation d'équipements ou de matériel, la décoration et la finition, ainsi que les services accessoires aux travaux si la valeur de ces services ne dépasse pas celle des travaux eux-mêmes* ».

Par ailleurs, il résulte de la définition communautaire des marchés publics de travaux l'existence de trois types de contrat visant des prestations de travaux : *contrat ayant pour objet d'exécuter, concevoir des travaux relatifs à certaines activités ; contrat ayant pour objet d'exécuter, concevoir un ouvrage et le contrat ayant pour objet de réaliser un ouvrage répondant aux besoins de l'autorité contractante.*

Le premier cas vise des travaux tels que, la construction de bâtiments, démolition et terrassement, forages et sondages, travaux de constructions, travaux d'installation électrique, plomberie etc.

Le second cas, porte sur l'exécution, la conception d'un ouvrage. La notion *« d'ouvrage »* est définie par les directives communautaires comme étant *« le résultat d'un ensemble de travaux de bâtiment ou de génie civil destiné à remplir par lui-même une fonction économique ou technique. Il peut comprendre notamment des opérations de construction, de reconstruction, de*

---

290 Article 1 de la directive 04/2005, *op., cit.*
291 Article 1 du règlement °06/09 –UEAC-201-CM-20, *op., cit.*
292 Voir. article 1 du CMP du Mali et article du CMP du Burkina Faso.
293 Voir. article 44 du CMP de la Côte d'Ivoire ; la Côte d'Ivoire semble rester fidèle aux dispositions de l'article 2 de son ancien code des marchés publics du 24 février 2005.

démolition, de réparation ou rénovation, tel que la préparation du chantier, les travaux de terrassement, l'érection, la construction, l'installation d'équipement ou de matériel, la décoration et la finition ainsi que les services accessoires aux travaux si la valeur de ces services ne dépasse pas celle des travaux eux-mêmes »[294]. On retrouve la même définition en droit burkinabè et en droit malien. Toutefois, cette définition n'a pas été reprise par la réglementation sénégalaise. Quant au code des marchés public ivoirien, il reprend dans son article premier, la définition communautaire mais avec quelques différenciations. Or, cette définition impose aux acheteurs publics d'identifier les marchés qui peuvent être regroupés dès lors qu'ils portent sur un même ouvrage. L'ouvrage doit nécessairement être réalisé pour l'autorité contractante.

Le troisième cas, vise la réalisation d'un ouvrage qui a pour but de déterminer les marchés d'ouvrages qui ne sont ni réalisés par l'administration, ni destinés à devenir sa propriété. Ainsi, la n°04/2005 couvre des contrats dont l'objet n'est pas seulement la réalisation de travaux mais la conception, le financement, la promotion ou la gestion de l'ouvrage. Du même coup, *« elle rapproche des situations contractuelles plus ou moins étrangères à la notion habituelle de marchés publics de travaux »*[295].

En outre, la nouvelle architecture du processus d'attribution et d'exécution des marchés publics n'a pas écarté l'hypothèse des marchés qui peuvent brasser à la fois deux types de marchés.

b. la définition renouvelée des marchés de type-mixte

La directive n°04/2005 s'est contentée de donner une définition ambigüe des marchés mixtes qui relèvent *« d'une des trois catégories mentionnées ci-dessus qui peut comporter, à titre accessoire, des éléments relevant d'une autre catégorie (...) »*[296]. Il ressort de ces dispositions qu'un marché de type-mixte peut intégrer à la fois un marché de fournitures et de services mais aussi un marché public de travaux. Cette définition a été reprise par les codes des marchés publics du Burkina Faso[297] et du Mali[298]. Là encore, les normes sénégalaises s'adossent à la définition communautaire de marchés mixtes. Le rédacteur ivoirien n'avait pas

[294] Article 1 de la directive 04/2005, *op. cit.*

[295] BRECHON-MOULENES (C.), « La nouvelle directive communautaire sur la passation des marchés publics de travaux », *RFD adm.* 1989, p.836.

[296] Article 1 de la directive 04/2005, *op., cit.*

[297] Voir. article 2 du code des marchés publics en vigueur.

[298] Voir. article 1 du décret du 25 septembre, portant CMP du Mali, *op. cit.*

aussi tenu compte de cette définition dans ces premières dispositions. C'est le dernier code du 24 juillet 2019 qui en tient compte.

Dans l'hypothèse des marchés publics de type-mixtes, la qualification est liée à la valeur des prestations dominantes du marché. Le régime du marché est déduit de la valeur des prestations ou fournitures dominantes et non de l'objet principal du marché[299]. Par exemple, en France, lorsqu'un marché porte à la fois sur des prestations informatiques et des prestations d'interprétariat ou de traduction, si ces dernières prestations sont majoritaires, le marché sera légalement passé selon les règles de ces dernières[300]. Le professeur LINDITCH estime que *« la notion de marché mixte a été inventée pour tenter de régler les questions de qualification juridique qui peuvent se poser à l'occasion de l'application des différentes dispositions relatives aux marchés publics »*[301].

En ce sens, le juge européen a pu retenir que *« lorsqu'un contrat contient à la fois des éléments ayant trait à un marché public de travaux ainsi que des éléments ayant trait à un autre type de marché, c'est l'objet principal du contrat qui détermine quelle directive communautaire relative à des marchés publics trouve en principe à s'appliquer »*[302]. Ainsi, un contrat portant à la fois sur la construction et la jouissance pour trente ans de quatre halls d'exposition est qualifié de marché de travaux dès l'instant où sa raison d'être repose davantage sur l'édification rapide desdits ouvrages plutôt que sur la cession de la jouissance des halls d'exposition[303]. A l'inverse, est qualifié de marché de fournitures, s'agissant de marchés de protection anti-agression dont l'objet principal est la fourniture de guichets anti-hold-up et de sas de sécurité, les travaux de pose et d'installation de ces équipements ne constituant qu'un élément accessoire[304].

En fait, l'application des règles relatives aux marchés publics varie selon que le marché relève ou non de la catégorie exceptionnelle non soumise aux exigences du code.

---

299 CJCE, 14 novembre 2002, *Félix Swoboda*, aff. C-411/100, ECLI:EU:C:2011:865 ; voir. Aussi, CJCE 24 septembre 1998, *Togel*, aff. C-76/97.

300 CE, 29 mai 2013, *Société Delta Process*, req. n° 365954.

301 LINDITCH (F.), « Les marchés mixtes », *Revue contrats et marchés publics*, juin 2014, n°6.

302 CJCE 21 février 2008, *Commission / Italie*, aff. C-412/04, ECLI:EU:C:2008:102.

303 Concl. Avocat général dans l'affaire du 29 octobre 2009, *Commission c/ Allemagne*, C-536/07, ECLI :EU:C:2009:664.

304 DAJ, rapport d'activité 2009, p. 67.

Paragraphe 2 : L'éclaircissement de la catégorie des marchés non soumis aux règles des marchés publics

La rénovation de la sphère des marchés publics a précisé la catégorie des marchés exclue de l'application des règles de mise en concurrence en raison de leurs spécificités diverses. La conséquence de ces exclusions *« est l'absence d'obligation de publicité et de mise en concurrence préalable pour l'attribution de ces catégories de marché, et ce quel soit leur montant »*[305]. Selon le professeur François COLLY, *« cette formulation générale de non-applicabilité est trop réductrice car il convient de distinguer entre d'une part des contrats ou situations qui par la nature de leur objet sont étrangers à la notion de commande publique et d'autre part des contrats qui, en raison de leur objet ou de la nature des entités adjudicatrices sont exclus du champ d'application »*[306] des marchés publics. Ces exclusions sont soit liées à l'objectif ou le montant du marché (A), soit liées à l'existence d'un droit exclusif (B).

A. L'exclusion de certains marchés publics en raison de l'objet ou du montant du marché

Parmi les marchés exclus en raison de leurs objets on retrouve la catégorie des marchés de défense et de sécurité (1). En ce qui concerne la catégorie des marchés exclus en raison de leurs montants, cette hypothèse vise les marchés d'un montant peu élevé qui ne sont pas soumis aux exigences du code (2).

1. Les marchés exclus en raison de leurs objets : le cas de marchés de défense et de sécurité

En reprenant le terme utilisé par le professeur Laurent RICHER, *« la législation communautaire de droit commun »*, ne s'applique pas aux achats publics couverts par le secret de défense ou de sécurité. L'article 9 de la directive n°04/2005 de l'UEMOA prévoit que les dispositions communautaires sur les marchés publics ne s'appliquent pas *« aux marchés de travaux, de fournitures*

---

305 DREYFUS (J D.) et MOKTHAR (F.), « L'applicabilité des nouvelles directives marchés à certains secteurs particuliers », *Revue Contrats publics*, n°143, mai 2014, p.30.

306 COLLY (F.*)*, *« Périmètre et contenu de la commande publique*, communication », *in* actes de colloque, *Exécution des contrats administratifs*, BOUHIER (V.) et RICCARDI (D.), (dir.), Editions Le Moniteur, 2018, p. 230.

et de services lorsqu'ils concernent des besoins de défense et de sécurité nationales exigeant le secret ou pour lesquels la protection des intérêts essentiels de l'Etat est incompatible avec des mesures de publicité ». Il ressort de ces dispositions que les marchés exclus de la procédure de passation des marchés publics doivent être justifiés par l'exigence de secret ou lorsque la protection des intérêts essentiels de l'Etat est incompatible avec les principes fondamentaux des marchés publics. Cette réglementation communautaire vise uniquement les marchés de défense et de sécurité.

D'une part, sont considérés comme secrets défenses, les marchés de fournitures, services et travaux passés pour assurer les besoins de la défense nationale tels que les marchés de fournitures et de services qui ont pour objet la conception, l'essai, l'expérimentation, la réalisation, l'acquisition, le maintien opérationnel, l'utilisation ou la destruction des armes, munitions et matériels de guerre ; les marchés de fournitures qui ont pour objet la réalisation de démonstrateurs ou de prototypes d'armes, munitions ou matériels de guerre ; les marchés de fournitures qui ont pour objet les composants, les outillages, les consommables et les moyens d'évaluation et d'essais spécifiquement conçus pour la fabrication, l'emploi ou le maintien en condition opérationnelle des armes, munitions et matériels de guerre ou l'emploi des armes, munitions et matériels de guerre ou concourant à leur efficacité militaire ; les marchés de service qui présentent un lien direct avec la stratégie militaire ou l'emploi des armes et qui ont pour objet soit les études exploratoires et les études technico-opérationnelles relatives aux équipements futurs, les études biologiques, médicales, hydrographiques, soit les études prospectives. Quant aux marchés de travaux ces dispositions visent les travaux directement liés à la réalisation, l'emploi, le maintien en condition opérationnelle et l'évaluation des armes, munitions et matériels de guerre[307].

D'autre part, les marchés de sécurité visent les marchés portant sur des fournitures, services et travaux destinés à des fins de défense civile. Ces marchés portent sur des prestations visant à assurer l'ordre public, la protection matérielle et morale des personnes et la sauvegarde des installations et ressources d'intérêt général ainsi que l'appui au maintien ou au rétablissement de la liberté d'action des autorités militaires sur l'ensemble du territoire. Cette catégorie concerne également les marchés relatifs à la sécurité nationale passés en vue de prévenir une menace, notamment terroriste et plus généralement, de prestataires qui, du fait de leurs prestations accèdent à des informations ou

[307] Voir. article 76.2 du code des marchés publics au Sénégal.

domaines sensibles dont la divulgation pourrait porter atteinte à la sécurité et la sûreté de l'Etat et à son potentiel scientifique et économique etc [308].

En revanche, dans le droit burkinabé et contrairement aux autres réglementations des Etats membres, le rédacteur du nouveau code de 2017 semble ne pas exclure les marchés de défense et de sécurité à l'application du code des marchés publics. En clair, il n'existe plus de disposition expresse qui exclut cette catégorie de marchés des exigences de la réglementation d'achat. Or, l'article 11 de l'ancien code de 2008 prévoyait que les règles des marchés publics ne s'appliquent pas aux marchés qui concernent des besoins de défense et de sécurité exigeant le secret ou pour lesquels la protection des intérêts essentiels de l'Etat est incompatible avec des mesures de publicité.

Par ailleurs, le droit ouest africain étant moins développé sur le sujet, le recours au droit européen, sans tomber dans une comparaison, permettra de mieux comprendre cette exception.

En effet, la dérogation des marchés de défense et/ou de sécurité est très ancienne en droit européen. Le Traité de Rome prévoit que *« tout Etat membre peut prendre les mesures qu'il estime nécessaires à la protection des intérêts essentiels de sa sécurité et qui se rapportent à la production ou au commerce d'armes, de munitions et de matériels de guerre, à la condition toutefois que ces mesures n'altèrent pas les conditions de la concurrence dans le marché commun (...) »*[309].

Pour une bonne application de ces dispositions, le juge européen se réserve néanmoins le pouvoir de contrôler si les conditions d'un marché secret ou les mesures particulières de sécurité existent[310]. Ainsi, face aux interprétations extensives des Etats membres, le juge a considéré que *« ne peut être négocié directement un marché pour l'achat d'hélicoptères dont la destination militaire n'est qu'éventuelle »*[311]. Il s'agit là de biens à double usage civil et/ou militaire, d'où le problème. De plus, le juge administratif français a considéré que le marché relatif au dispositif d'interception et d'exploitation des données prévues pour la plate-forme nationale des interceptions judiciaires présente une grande proximité avec celui des interceptions de sécurité et que, plus généralement, la plate-forme nationale des interceptions judiciaires constitue une application devant s'intégrer à celles, déjà existantes, au sein des ministères ayant

---

308 *Ibid.*

309 Article 346 du TFUE.

310 CJCE, 16 oct. 2003, *Commission c/ Belgique,* aff. C-252/01, ECLI:EU:C:2003:547, Rec. I. 11859, points 29-37.

311 CJCE, 8 avril 2008, *Commission c/ Italie – Agusta,* aff. C-337/05, ECLI:EU:C:2008:203.

vocation à y recourir. Le juge en déduit que ce marché qui comporte par suite, des éléments communs ou analogues aux systèmes touchant directement à la sécurité publique et à la sûreté de l'Etat, au-delà du fonctionnement du service public de la justice en cause, porte sur un projet sensible. Un tel marché n'est pas soumis aux règles des marchés publics[312].

En définitive, le champ d'application de la dérogation est exclusivement limité aux marchés de l'Etat justifiant le secret ou la protection des informations sensibles qui seraient incompatibles avec les règles de passation des marchés publics. Les collectivités territoriales et les établissements publics locaux ne peuvent donc pas recourir aux dispositions de l'article 9 de la directive UEMOA de 2005 relative à la passation des marchés publics.

Il existe d'autres marchés qui, en raison de leurs montants, ne sont pas soumis aux exigences du code des marchés publics.

2. Les exceptions excluant certains marchés en raison de leur montant

Les marchés dont la valeur estimée est inférieure aux seuils nationaux de passation des marchés publics ne sont pas soumis aux obligations des règles encadrant la conclusion des marchés publics. Ces marchés publics sont soumis à un régime souple de passation des marchés publics. Toutefois, dans de tels cas, l'autorité contractante a l'obligation d'organiser une concurrence informelle[313]. Si la valeur du marché dépasse les seuils, le marché doit être conclu dans le respect des règles communautaires. Cette exception ne délie pas les parties de l'obligation de respecter les règles fondamentales de la commande publique lors de la passation des marchés publics. En effet, bien que ces contrats soient exclus du champ d'application des directives communautaires dans le domaine des marchés publics, les autorités contractantes les concluant sont néanmoins tenues de respecter les règles fondamentales du Traité[314]. La Cour de justice de l'UEMOA n'a pas encore eu l'occasion de statuer sur cette question, contrairement au juge européen. La référence à la jurisprudence européenne facilitera ainsi la compréhension de cette dérogation.

---

312 CAA Paris, 17 mars 2014, *les Sociétés Elektron et Foretec*, n° 12PA00199.

313 Voir. article 7 du code des marchés publics de la Côte d'Ivoire.

314 Voir, en ce sens, arrêt du 7 déc. 2000, *Telaustria et Telefonadress,* aff. C-324/98, ECLI:EU:C:2000:669, Rec. p. I-10745, point 60.

La CJUE a précisé les contours de ce principe[315]. Elle précise que même si le montant du marché est inférieur aux seuils de passation, l'acheteur est tenu de respecter les principes fondamentaux de l'achat public. En l'espèce, un organisme public danois d'habitation avait lancé un appel d'offres pour la réalisation de logement en exigeant dans une clause du cahier des charges, l'utilisation d'une certaine marque de fenêtres sans ajouter la mention *« ou équivalent »*. Le soumissionnaire retenu qui avait émis une réserve à la signature du contrat relative à la fourniture des fenêtres en question, introduisit un recours contre la décision de refus du maître de l'ouvrage de prendre en charge la différence de coût entre les fenêtres exigées et celles fournies. La Cour danoise a donc saisi le juge européen d'une question préjudicielle sur la compatibilité de ce type de clause avec le droit communautaire.

En outre, dans son arrêt du 3 décembre 2001[316], le juge de Luxembourg rappelle que si les directives marchés publics ne s'appliquent pas en deçà du seuil communautaire, les pouvoirs adjudicateurs restent tenus au respect des règles fondamentales du Traité. La CJUE précise que la légalité de la clause litigieuse doit être examinée au regard de la libre circulation des marchandises posée par les règles communautaires. Or la clause présente un caractère discriminatoire dans la mesure où l'absence de la mention *« ou équivalent »* peut entraver les courants d'importation dans le commerce communautaire et dissuader les opérateurs économiques de soumissionner à un appel d'offres. Le fait d'imposer l'utilisation d'un produit de marque déterminée sans mention d'équivalence est une violation du droit communautaire.

En complément des exclusions en raison de l'objet et le montant du marché, le nouveau droit des marchés publics a prévu d'autres types d'exclusions.

---

[315] CJCE, 3 déc. 2003, *Commission c/Pays-Bas,* aff. C-59/00, ECLI:EU:C:2001:654.

[316] CJCE, ord., 3 décembre 2001, *BentMoustenVestergaard c/Spottrup Boligselkab*, aff. 59/00, ECLI:EU:C:2001:654, rec., p. I-9505

B. L'inapplicabilité des nouvelles règles à l'égard d'autres catégories des marchés publics

Les exceptions relatives à l'applicabilité du code des marchés publics visent aussi les autorités contractantes disposant des droits spéciaux ou exclusifs (1) et d'autres marchés divers (2).

1. La détermination des règles applicables aux marchés passés en vertu des droits exclusifs ou spéciaux

L'octroi du droit exclusif ne concerne que le domaine des marchés publics de services. Le droit exclusif peut être défini comme étant un acte par lequel une autorité contractante confie une prestation de service à une personne publique ou privée sans formalité de publicité et de mise en concurrence. Ce droit est ainsi qualifié de droit spécial dès lors qu'il est accordé à plusieurs opérateurs. Il a été admis qu'une même solution ne peut être retenue pour ces deux types de droits. Quand une seule entité est concernée, nous sommes en présence d'un droit exclusif. S'il y en a plusieurs, il s'agit d'un droit spécial [317]. On peut alors confirmer qu'un droit exclusif correspond à une situation de monopole alors que le droit spécial met une entité dans une situation privilégiée. La distinction de ces deux notions a pour but *« d'utiliser une expression susceptible de couvrir de façon la plus large possible, l'ensemble des entreprises se trouvant dans une situation de dépendance vis-à-vis des pouvoirs publics »*[318].

L'attribution d'un tel droit doit résulter d'un texte législatif ou réglementaire. Ce texte doit être légalement pris, doit nécessairement être compatible avec les normes juridiques qui lui sont supérieures et avoir fait l'objet des mesures de publicité appropriées[319]. L'administration doit définir les missions d'intérêt général confiées au bénéficiaire et préciser les obligations qui lui sont imposées. L'attribution de ce droit doit être antérieure à la conclusion d'un contrat de marché public. Le droit exclusif doit être nécessaire et proportionné à l'exercice d'une mission d'intérêt général confiée au contractant.

---

[317] CJCE, 19 mars 1991, *France c/ Commission*, aff. C-202/88, ECLI:EU:C:1991:120, rec., p.I-1223 ; *CJEG* 1991, p.299.

[318] DIRICKX (N.), *L'influence du droit communautaire des marchés publics sur les éléments de définition du marché public en France,* Thèse de doctorat en droit, Université d'Angers, 2005, p.59.

[319] CE, 28 avril 2003, *fédération française des entreprises gestionnaires de services aux équipements à l'énergie et à l'environnement,* n° 233402 .

La jurisprudence européenne a, par exemple, retenu que *« la notion de droits exclusifs et spéciaux renvoie à des droits accordés à un nombre limité d'entreprises par des décisions qui ne répondent pas à des critères d'objectivité, de proportionnalité et de non-discrimination mais restreignent sensiblement les possibilités des autres opérateurs. Si les autorisations sont accordées systématiquement, si leur nombre est limité, ou qu'une situation de monopole résulte d'une mise en concurrence, il n'y a aucun droit exclusif et spécial »* [320].

En droit UEMOA, l'article 6 de la directive 04/2005 prévoit que *« lorsqu'une autorité contractante octroie à une autre entité des droits spéciaux ou exclusifs d'exercer une activité de service public, l'acte par lequel ce droit est octroyé prévoit que l'entité concernée doit, pour les marchés publics qu'elle passe avec des tiers dans le cadre de cette activité, respecter les dispositions de la présente directive ».* Il résulte de cet article deux régimes distincts. D'une part, les marchés conclus dans l'accomplissement du service public sont assujettis aux règles de passation des marchés publics. Cette obligation doit figurer dans le texte qui octroie les droits exclusif ou spéciaux. D'autre part, les marchés ne rentrant pas dans le champ de la première hypothèse ne sont pas soumis au code des marchés publics. En clair, le droit communautaire soumet les marchés des autorités contractantes bénéficiaires de droits spéciaux ou exclusifs aux règles du processus de passation des marchés publics dès que les textes d'attribution de ce droit les prévoient. Malheureusement, ces dispositions communautaires n'ont pas été reprises par les droits nationaux, excepté celui du Mali qui les transpose dans l'article 5 de son CMP.

En définitive, les personnes bénéficiant un tel droit sont soumises au principe de non-discrimination dans le cadre des marchés publics. Cette catégorie de personne *« doit être titulaire de droits exclusifs ou spéciaux relatifs à une mission de service public, cela ne concerne qu'une catégorie de ces droits et le titulaire ne doit être soumis qu'à une obligation de non-discrimination imposée spécifiquement, cela ne renvoie pas forcément à l'application de la réglementation communautaire dans son ensemble »*[321].

La jurisprudence européenne nous permet de comprendre ce point. Il doit être exigé du titulaire du droit exclusif de respecter, *« pour les marchés publics de fournitures qu'elle passe avec des tiers dans le cadre de cette activité, le principe de non-discrimination en raison de la nationalité. Il ressort donc d'une interprétation systématique de cette disposition que le pouvoir*

---

[320] CJCE, 12 décembre 1996, *The Queen c/ Secretary of State for trade and industry ex parte British telecommunications plc*, aff. C-302/94, ECLI:EU:C:1996:485, rec. p.I-6417.

[321] DIRICKX (N.), *op., cit.* p.74.

adjudicateur n'est pas tenu d'exiger de l'entité en question qu'elle respecte les procédures d'adjudication prévues par la directive »[322].

En effet, dans le droit européen, les secteurs spéciaux couvrent les activités dans les secteurs de l'eau, de l'énergie, des transports et des services postaux. La réglementation relative à ces secteurs établit un régime de passation et d'exécution des marchés publics moins rigide dans l'objectif de répondre aux impératifs commerciaux qui s'imposent aux personnes exerçant dans ce type de secteurs. De ce fait, le juge précise que l'utilisation d'un tel droit est justifiée si, en son absence, son bénéficiaire ne serait pas en mesure d'accomplir la mission particulière qui lui a été confiée[323]. A cet égard, le juge administratif français précise que le droit exclusif ne peut être accordé qu'à un organisme déterminé, pour l'accomplissement d'une mission de service d'intérêt économique général, justifiant l'exclusion ou la restriction de concurrence sur les marchés de services en question[324].

Par ailleurs, en dehors des exclusions liées à l'obtention d'un droit exclusif ou spécial, il existe d'autres dérogations spécifiques qui excluent l'application des règles des marchés publics.

2. L'existence d'autres dérogations spécifiques à l'application du code des marchés publics

Les marchés qui ne sont pas soumis aux obligations des règles encadrant la passation et l'exécution des marchés publics n'ont pas fait l'objet d'une clarification adéquate par les rédacteurs des directives n°04/2005 et n° 05/2005. De ce fait, certains droits nationaux ont établi plusieurs types de marchés qui sont exclus de l'application du code des marchés publics.

---

322 CJCE, 18 novembre 1999, *Unitron Scandinavi A/S*, aff.C-275/98, ECLI:EU:C:1999:567, rec. pI-8291 ; *BJCP* 2000, n°8, p.63, concl. S. ALBER.

323 CJCE 19 mai 1993, *Corbeau,* aff-C-320/91, la Cour a jugé que le droit exclusif octroyé à l'administration des postes belges sur les secteurs rentables de son activité lui permet d'assurer certaines de ses missions de service public non rentables. Dans les autres cas, la dérogation à l'application des règles du Traité CE de libre concurrence, de libre prestation de services, de liberté d'établissement et de libre circulation des marchandises doit être justifiée par une nécessité impérieuse d'intérêt général et à la double condition que les restrictions à ces règles soient propres à garantir l'objectif qu'elles visent et qu'elles n'aillent pas au-delà de ce qui est nécessaire pour l'atteindre.

324 CE, 26 janvier 2007, *Syndicat professionnel de la géomatique*, n° 276928.

A cet égard, dans le droit nigérien des marchés publics, certains marchés peuvent donner lieu à un paiement sur facture sans aucune mise en concurrence. Il s'agit entre autres, des marchés d'abonnement d'eau, d'électricité et de téléphone, les marchés d'achat de carburant et de gaz butane, les marchés d'achat de combustibles destinés à l'exploitation des centrales électriques, les marchés de transport liés aux missions des agents d'Etat. Il faudrait ajouter le cas des marchés qui ont pour objet l'acquisition, en cas de rupture de stocks, des médicaments essentiels utilisés dans la médecine d'urgence et des marchés de services juridiques, de conciliation et d'arbitrage[325]. Les règles relatives aux marchés publics ne sont donc pas opposables à cette catégorie de marchés.

Dans le droit sénégalais, le rédacteur du code des marchés publics de 2014 consacre, d'une part, un principe d'exception et d'autre part, une série de dérogation à l'application du code des marchés publics[326].

En premier lieu, les dispositions du code sénégalais ne sont pas applicables aux contrats de travail et aux prestations de services d'arbitrage, de conciliation, d'assistance et de représentation juridiques, aux services financiers relatifs à l'émission, à l'achat, à la vente et au transfert des titres ou d'autres instruments financiers, en particulier les opérations d'approvisionnement en argent ou en capital et les services fournis par des banques centrales.

En second lieu, le CMP sénégalais permet à l'organe en charge du mobilier national de faire des acquisitions aux enchères publiques sans limitation de prix et sans appliquer les procédures prévues par le code des marchés publics.

De plus, au Sénégal, les missions diplomatiques et consulaires peuvent, sans appliquer les procédures prévues par la réglementation des marchés publics, acquérir les carburants destinés à l'usage des véhicules administratifs ainsi que le gaz butane à usage domestique. L'administration peut aussi ne pas tenir compte du code lors de la conclusion des contrats relatifs aux titres de transport aérien et maritime pour les besoins des missions de leurs agents et assurer l'hébergement et la restauration des participants, dans les établissements hôteliers ou dans les structures ayant une telle vocation, a l'occasion de l'organisation de sommets officiels, de séminaires ou ateliers. Les autorités contractantes peuvent également conclure des contrats qui ont

325 Voir. article 7 du décret n°2016-641 PRN/PM du 1er décembre 2016, portant code des marchés publics au Niger.

326 En ce sens, voir, article 3 du décret de 2014, *op., cit.*

pour objet l'acquisition de certains médicaments et produits pharmaceutiques essentiels sans aucune mise en concurrence.

Il est donc constant que le droit sénégalais prévoit un nombre important de dérogations à l'application des règles relatives aux marchés publics. Cela ne semble pas contribuer à l'efficacité et la transparence recherchées par le nouveau droit ouest africain de l'achat public.

Par ailleurs, on observera que la modernisation communautaire des marchés publics ne saurait se limiter qu'au champ d'application. Elle détermine aussi la nouvelle configuration des personnes pouvant se manifester dans le cadre de la conclusion des marchés publics.

Section 2 : La nouvelle configuration des acteurs liés aux marchés publics

Les acteurs relatifs à la conclusion d'un marché public sont nombreux et divers. Il peut s'agir des personnes publiques ou privées, des personnes physiques ou morales. Ces personnes sont identifiées en fonction des rôles respectifs qu'elles jouent dans la procédure de passation et non pas selon leur nature ou leurs qualités juridiques[327]. Il y a celles qui seront parties aux contrats, c'est-à-dire qui continueront les relations contractuelles dans le cadre des obligations inscrites au marché. Autrement dit, la communautarisation de la notion des personnes pouvant lancer des appels d'offres relatifs aux marchés publics (paragraphe 1) et ses cocontractants (paragraphe 2) a caractérisé un nouveau dynamisme du régime applicable à ces acteurs.

Paragraphe 1 : La notion d'autorité contractante dans le droit UEMOA

Le terme autorité contractante (AC) être propre au droit africain. Cette notion est utilisée pour désigner la personne responsable d'un marché public. Il s'agit de l'autorité compétente pour conclure un contrat de marché public. C'est l'équivalence du pouvoir adjudicateur que prévoit le droit européen ou de

---

[327] LEMOINE (A.), « Le cadre général des marchés publics : les principes fondamentaux, les acteurs, la notion de besoin et leur évaluation », in *commande publique/marchés publics*, 25/06/2013.

l'acheteur en droit français[328]. Cette notion se décompose en plusieurs catégories : l'Etat, les collectivités publiques, les établissements publics, les organismes de droit public, les associations et certaines personnes privées [329].

On peut ainsi distinguer deux grands types d'autorités contractantes : les personnes publiques à vocation générale (A), les personnes morales spécialisées et les personnes relevant du droit privé (B).

A. Le maintien des personnes publiques stricto sensu

En principe, le code des marchés publics ne s'applique qu'aux personnes publiques avec quelques exceptions. Le terme personne publique au sens strict vise l'Etat (1) et les collectivités territoriales (2).

1. La pérennité de l'Etat acheteur en matière des marchés publics

L'article 4 de la directive n°04/2005 qualifie l'Etat comme faisant partie des autorités contractantes. L'Etat est une personne publique unique en son genre car il dispose de la souveraineté sur l'ensemble du territoire national et d'une compétence générale. Lorsqu'un marché est passé par un ministère, un service déconcentré, une autorité administrative indépendante, une assemblée parlementaire, il l'est au nom de l'Etat. Les dispositions de l'achat public par mérite s'appliquent donc sur toutes les structures rattachées à l'Etat, mêmes celles établies à l'étranger.

Néanmoins, les nouveaux textes sénégalais vont à l'encontre de ces dispositions et font apparaître une singularité par rapport aux textes des autres Etats membres. Dans ce pays, les missions diplomatiques et consulaires à l'étranger peuvent faire des acquisitions sans appliquer les procédures prévues par le code des marchés publics [330]. Cette dérogation sénégalaise est fortement

---

328 Article L.1111-1 du code de la commande publique de 2019. Cet article consacre le terme *« acheteur»* en tant que qualificatif global des pouvoirs adjudicateurs et entités adjudicatrices.

329 Articles 3,4, 5 et 6 de la directive n°04/CM/UEMOA ; articles 4, 5 et 6 du CMP 2015 du Mali, *op. cit ;* articles 2 et 4 du code ivoirien ; article 2 du décret sénégalais de 2014 relatif aux marchés publics ; articles 5 et 6 du CMP Burkinabè, *op., cit.*

330 Voir. article 3.4 du code des marchés publics au Sénégal, *op., cit.*

contestable dans la mesure où l'esprit du droit communautaire est la convergence des textes sur l'achat public.

Or, dans les autres Etats, les représentations diplomatiques sont soumises au CMP. Au Burkina Faso, le rédacteur de l'ancien code, ainsi que celui du code des marchés publics de 2017 ont précisé que les exigences relatives au processus de conclusion des marchés publics s'appliquent aux *« ministères et institutions, les autorités administratives indépendantes, le parlement, les missions diplomatiques et consulaires »*[331]. En Côte d'Ivoire, les marchés passés par les institutions, structures ou organes de l'Etat créés par la Constitution, la loi ou le règlement sont soumis au code pour tout ce qui est de leurs dépenses de fonctionnement et d'investissement. Il s'agit notamment de la présidence de la République, de l'Assemblée nationale, du Conseil Economique et Social et de toute autre institution similaire[332].

Quant au droit malien, les missions diplomatiques et consulaires sont implicitement soumises au code des marchés publics. L'article 9.1 du CMP prévoit que la règlementation en matière des marchés publics s'applique aux marchés publics qui ne sont pas expressément exclus par le code et dont la valeur estimée est égale ou supérieure aux seuils de passation.

Cependant, en raison de l'insuffisance de la jurisprudence ouest africaine et de travaux doctrinaux, la seule lecture des dispositions communautaires et nationales ouest africaines ne permet pas la compréhension de cette notion. En revanche, le droit de l'Union européenne et le droit français donnent une bonne illustration de la notion d'Etat d'où la nécessité d'y faire recours.

Dans le droit européen, la notion d'Etat désigne *« l'ensemble des autorités et organismes susceptibles d'être rattachés à l'Etat »*[333]. La notion de rattachement se caractérise le plus souvent par un défaut de personnalité juridique, mais aussi par le biais de leurs fonctions, de leur composition ou de l'origine de leur financement »[334]. Pour la CJUE, la notion d'Etat est une notion fonctionnelle[335]. Le juge européen a précisé que la notion d'Etat à laquelle se réfère le droit des marchés publics *« recouvre nécessairement tous les organes qui exercent les pouvoirs législatifs, exécutifs et judiciaires. Il en est de même des organes qui, dans un Etat à structure fédérale, exercent ces pouvoirs au*

---

331 Article 1 du CMP de 2017.

332 Article 2.2 du CMP en vigueur en RCI.

333 HECQUARD-THERON (M.), « La notion d'Etat en droit communautaire », *Rev, trim. Dr. Euro.*, 1969, p.30.

334 DIRICKX (N.), *op., cit.* p.59.

335 Voir. arrêt *Beentjes* de 1988, *op., cit.*

niveau des entités fédérées »[336]. En définitive, est soumis au code des marchés publics, un marché, qu'il soit passé par les services centraux, les services à compétence nationale, les services déconcentrés ou des organismes ne possédant pas de la personnalité juridique[337]. Ainsi, il a été considéré qu'un marché de travaux passé par une assemblée parlementaire doit faire l'objet d'un appel d'offres européen au motif que *« la notion d'Etat (...) recouvre nécessairement tous les organes qui exercent les pouvoirs législatif, exécutif et judiciaire »*[338].

Dans cette orientation, le Conseil d'Etat français après avoir reconnu sa compétence pour se prononcer sur la légalité des marchés passés par les assemblées parlementaires, a admis l'application du CMP sur ces marchés publics. Il a considéré que *« les marchés conclus par les assemblées parlementaires en vue de la réalisation de travaux publics ont le caractère de contrats administratifs ; que, dès lors, et sans qu'y fassent obstacle les dispositions de l'article 8 de l'ordonnance du 17 novembre 1958 susvisée, il appartient à la juridiction administrative de connaître des contestations relatives aux décisions par lesquelles les services de ces assemblées procèdent au nom de l'Etat à leur passation ; qu'il en va de même des décisions relatives aux marchés conclus en vue de l'exploitation des installations des assemblées lorsque ces marchés ont le caractère de contrats administratifs »*[339]. Cette position du juge administratif français a été rappelée dans un arrêt de 2013. Le Conseil d'Etat a jugé que les dispositions du CMP s'appliquent *« aux marchés conclus par l'Etat, ses établissements publics, les collectivités territoriales et leurs établissements publics »*[340]. En outre, l'acheteur public peut aussi ne pas avoir la personnalité morale[341]. En ce sens, dans l'arrêt *Beentjes* de 1988, la CJUE a raisonné que *« la notion d'Etat doit (...) recevoir une interprétation fonctionnelle (...) un organisme peut être considéré comme relevant de l'Etat (...) s'il n'en fait pas formellement partie »*. En l'espèce, il a été jugé qu'une Commission non personnalisée placée en dehors de la hiérarchie administrative relève de l'Etat, dès lors que sa composition et ses fonctions sont prévues par la loi et qu'elle dépend de l'Etat à travers la nomination des membres, de son financement...

En revanche, un tel raisonnement a été écarté en droit sénégalais. L'autorité sénégalaise de régulation des marchés publics (ARMP) a refusé de reconnaître la qualité d'autorité contractante à la Direction Générale de l'Enseignement

336 Sur la notion d'État, voir. CJCE, 17 septembre 1998, *Commission contre Royaume de Belgique*, aff. C-323/96, ECLI:EU:C:1998:411, cons. 27 à 29.

337 CE, 30 décembre 2013, *Conseil économique, social et environnemental*, n° 358826.

338 CJCE, aff. C-323/96, *préc.*

339 CE, 5 mars 1999, *le Président de l'Assemblée Nationale*, n°163328.

340 CE, 30 décembre 2013, *préc.*

341 RICHER (L.), *L'Europe des marchés publics »*, *op., cit.* p.79.

Supérieur (DGES) au motif qu'elle ne dispose que de l'autonomie financière. L'ARMP déplore le fait d'avoir l'autonomie financière *« au lieu d'une autonomie de gestion qui sied mieux, l'autonomie financière supposant qu'une entité puisse dégager des ressources propres et en disposer librement, alors que dans le cas d'espèce, la DGES bénéficie d'un budget de transfert inscrit dans le budget du ministère de l'Enseignement Supérieur et fait du Directeur Général l'ordonnateur du budget, ces seuls critères ne sauraient lui conférer la qualité de personne morale de droit public et donc d'autorité contractante »* [342]. De cet avis, il semblerait que l'ARMP du Sénégal ne pouvait reconnaître la qualité de l'autorité contractante qu'à une structure disposant d'une autonomie financière et de gestion.

Pourtant, dans un autre avis, elle a refusé de reconnaître la qualité d'autorité contractante à des organismes dotés d'une autonomie de gestion mais dépourvus de la personnalité juridique[343]. En l'espèce, l'Autorité de Régulation des Télécommunications et des postes (ARTP) avait saisi l'ARMP pour savoir si elle pouvait confier à sa Cellule de passation et à sa Commission des marchés la conduite des procédures de passation des marchés d'une entité nouvelle qu'elle avait créée. L'ARMP a considéré que, certes, cette nouvelle entité *« jouissant d'une autonomie de gestion, ne dispose pas d'une personnalité morale puisque cette dernière ne peut être conférée qu'expressément par un texte ; que par conséquent, n'étant pas une autorité contractante au sens des dispositions de l'article 2 du code des marchés publics, et étant sous l'autorité de gestion du Directeur général de l'ARTP, la Commission des marchés et la Cellule de passation sont chargées de la conduite des procédures d'acquisition des travaux, biens et services ».*

Dans cet avis, l'ARMP aurait dû respecter les dispositions du code des marchés publics qui prévoient que les organismes non dotés de la personnalité morale sont soumis au code[344]. Selon ce principe, les marchés passés par une personne morale de droit public ou privé pour le compte d'une autorité contractante sont soumis aux règles qui s'appliquent conformément aux marchés passés directement par ladite autorité contractante[345].

Par ailleurs, il existe une différence entre l'Etat et les autres collectivités publiques en matière de fournitures et de services. Ce système semble être

---

342 Avis n° 003/13/ARMP/CRD du 12 juin 2013, statuant en commission litiges sur la saisine de la Direction Générale de l'Enseignement Supérieur (DGES).

343 Voir. avis n°002/13/ARMP/CRD du 8 mai 2013, statuant en en commission litiges sur la saisine de l'Autorité de Régulation des Télécommunications et des postes (ARTP).

344 Voir. article 2.1.a) du CMP en vigueur au Sénégal, *op., cit.*

345 *Idem.,* article 2.2.

inspiré du droit européen. Le seuil est différent selon qu'il s'agit ou non d'un organisme relevant de l'Etat central. Toutefois, contrairement au droit européen, le droit UEMOA laisse le choix aux Etats membres de fixer les seuils nationaux de passation des marchés publics[346].

2. La pérennité de compétences des collectivités territoriales en matière des marchés publics

Les collectivités territoriales, à côté de l'Etat, ont toujours fait partie du premier cercle d'autorités contractantes. L'obligation de soumettre les marchés publics locaux au code des marchés publics est largement affirmée par les réglementations supranationales et nationales des marchés publics. Le droit des marchés publics s'applique donc non seulement aux marchés des collectivités locales mais aussi à leurs établissements publics, qu'ils revêtent un caractère administratif ou industriel et commercial[347].

En effet, si les collectivités territoriales exercent leurs compétences sur un ressort territorial bien défini, elles s'administrent librement par des conseils élus et disposent d'un pouvoir réglementaire pour l'exercice de leurs compétences. Elles sont dotées de la personnalité morale. La vocation des collectivités territoriales est de gérer l'ensemble des besoins collectifs des habitants de la circonscription, grâce à une organisation, des biens, un personnel et des ressources affectées à des services publics. C'est sur ce principe qu'elles détiennent leurs compétences de conclure des contrats des marchés publics. Au Mali, il s'agit des régions, des cercles, des communes et le district de Bamako[348]. Au Sénégal, le code général des collectivités locales détermine les collectivités territoriales comme étant les régions, les départements et les communes[349].

Cependant, dans le droit de l'UEMOA, le nombre des marchés publics locaux est assez faible comparativement aux marchés publics étatiques. Au sein des Etats membres, l'on constate que les marchés publics des collectivités locales occupent une place accessoire par rapport à ceux des administrations centrales. Ce phénomène est peut-être lié à l'absence d'une véritable décentralisation. Pour autant, le principe de la libre administration

---

346 *Cf. infra*. p. 223 et s.

347 Article 4 de la directive 04/2005, *op., cit.*

348 Loi n° 96-050 du 16 octobre 1996 portant principe de constitution et de gestion du domaine des collectivités territoriales au Mali.

349 Loi n° 2013-10 du 28 décembre 2013, portant code des collectivités locales Sénégal.

des collectivités territoriales est proclamé par toutes les Constitutions des Etats membres. Ainsi, au Burkina Faso, au Mali et au Sénégal, les articles 101[350], 70[351] et 67[352] de leurs Constitutions reconnaissent le *« principe de libre administration des collectivités territoriales, leurs compétences et de leurs ressources »*. La liberté contractuelle est clairement indispensable de la liberté d'administration des collectivités locales. C'est un principe qui domine la matière contractuelle. Il est *« le même en droit administratif qu'en droit privé »*[353]. Dès lors, le droit communautaire doit imposer aux Etats membres l'instauration d'une véritable politique de décentralisation afin de donner plus d'autonomie aux collectivités territoriales d'exercer pleinement leur liberté contractuelle à travers la passation des marchés publics.

Dans cette perspective, l'intervention de l'UEMOA serait justifiée, d'une part, de l'obligation d'harmonisation des règles de mise en concurrence dans le cadre de la passation des marchés publics locaux. D'autre part, une telle intervention donnera plus de lisibilité à la réglementation des marchés publics qui était constamment violée. Elle permet aussi l'accroissement du champ de la concurrence du point de vue des acteurs qui y sont soumis.

Cependant, la soumission des marchés publics locaux aux règles du CMP ne peut qu'avoir un apport positif en matière d'ouverture des marchés communautaires ouest africains.

De ce point de vue, l'étude de l'approche européenne est nécessaire pour la compréhension de la notion. D'une part, le juge européen précise que les collectivités territoriales sont rattachées à l'Etat[354], mais en matière des marchés publics en tant que personnes morales, elles sont expressément distinguées de l'Etat. Elles sont par définition, des pouvoirs adjudicateurs[355]. D'autre part, la jurisprudence européenne établit qu'il n'existe pas de distinction fonctionnelle *« entre les marchés passés par un pouvoir adjudicateur pour accomplir sa mission de satisfaire des besoins d'intérêt général et ceux qui n'ont pas de rapport avec cette mission et qu'il est sans*

---

350 Voir. la Constitution burkinabè du 02 juin 1991.

351 Voir. la Constitution malienne du 27 février 1992.

352 Voir. la Constitution sénégalaise du 7 janvier 2001.

353 LLORENS (F.), « Le recours des personnes publiques à la VEFA », *CJEG*, 1991, p.253..

354 CJCE, 18 juin 1985, *Stenhauser c/ ville de Biarritz*, aff. C-197/84, ECLI:EU:C:1985:260, Rec., p.1819.

355 CJCE, 18 novembre 2004, *Commission des communautés européennes c/ République fédérale d'Allemagne*, aff. C-126/03, ECLI:EU:C:2004:728.

importance que le pouvoir adjudicateur entende opérer lui-même comme prestataire de service »[356].

En la matière, la possibilité de fusion entre collectivités territoriales n'est pas exclue, il convient de relever que la collectivité ayant été fusionnée avec une autre disparaît et ne conserve en principe aucune existence administrative. Dès lors, elle perd la personnalité juridique et n'a plus la qualité de pouvoir adjudicateur [357].

En outre, on observera qu'au-delà des acheteurs publics relevant de la catégorie des personnes publiques stricto sensu, il existe d'autres acheteurs publics dont leur appartenance à la sphère publique résulte d'un lien de pouvoir.

B. L'éclaircissement de la catégorie subsidiaire d'acheteurs liés aux exigences des marchés publics

Le droit communautaire ouest africain indique que *« les établissements publics, les agences et organismes, personnes morales de droit public bénéficiant du concours financier ou de la garantie de l'Etat, les sociétés d'Etat, les sociétés à participation financière publique majoritaire et les associations formées par une ou plusieurs de ces personnes morales de droit public »* [358] sont soumis à la réglementation des marchés publics. Cette catégorie d'acheteurs vise en principe des organes qui sont dotés d'une mission déterminée. Il s'agit principalement des établissements publics auxquels s'y ajoutent les groupements d'intérêt public et les autorités administratives indépendantes (1). Les entreprises publiques ainsi que certaines personnes morales de droit privé sont également concernées (2).

1. L'application de la réglementation des marchés publics aux établissements publics

Traditionnellement, il existe trois types de personnes publiques, à savoir, l'Etat, les collectivités territoriales et leurs établissements publics. Cette

---

356 *Idem,* point 18.

357 CE, Avis, 4 novembre 2013, n° 369356 et 369389.

358 Article 4 de la directive 04/2005, *op., cit.*

dernière catégorie semble être une catégorie résiduelle[359]. L'article 4 de la directive n°04/2005 indique ainsi que les dispositions communautaires sont applicables aux établissements publics. En ce sens, tout organe public crée par un règlement et chargé de la gestion des deniers de l'Etat est assujetti aux obligations des marchés publics[360].

A cet égard, les Etats membres ont soumis leurs établissements publics, sans distinction ni par rapport à la nature de leur activité ni par rapport à leur autorité de rattachement, aux règles et procédures des marchés publics[361]. Cette soumission des établissements publics aux règles des procédures des marchés publics n'est toutefois pas nouvelle dans les droits nationaux[362]. Il s'agit des personnes administratives spécialisées, appelées à satisfaire des intérêts spéciaux. Un établissement public est *« un organisme public ; il est doté de la personnalité morale ; il a une vocation spéciale ; tous les organismes publics à vocation spéciale et dotés de la personnalité morale sont des établissements publics »*[363].

En principe, tous les établissements publics ont une spécialité fonctionnelle, parfois largement étendue. Ces établissements publics constituent un procédé efficace de gestion décentralisée ou déconcentrée d'un service public. On peut donc distinguer les établissements publics administratifs (EPA) et des établissements publics industriels et commerciaux (EPIC). Le choix du caractère administratif ou industriel et commercial d'un établissement public peut être opéré de manière explicite dans le texte législatif ou réglementaire qui le crée, mais dans le silence des textes, en pratique, il revient au juge de déterminer la nature réelle de l'activité exercée par l'établissement. Par exemple, en France, le juge vérifie l'objet de la mission de l'établissement, de l'origine de ses ressources et des modalités de son fonctionnement[364].

Pour la catégorie des EPIC, étant donné qu'ils disposent d'un modèle de fonctionnement d'entreprise, on peut s'interroger au regard des règles de la

---

359 VEDEL (G.) et DELVOLVE (P.), *Droit administratif*, tome 2, PUF, 12e éd. 1992, p.596.

360 Décision n°021/2019/ANRMP/CRS du 08 juillet 2019 sur le recours de l'entreprise ELIO GROUP.

361 SAMB (S.), *op., cit.* p.220.

362 L'application des règles relatives aux marchés publics sur les établissements publics ne date pas de la réforme de 2005. Par exemple, au Sénégal, la loi n°90-07 du 26 juin 1990, relative à l'organisation et au contrôle des personnes morales de droit privé bénéficiant du concours financier de la puissance publique, soumettait déjà les contrats des EPIC aux règles des marchés publics.

363 CANNOIS (R.), *La notion d'établissement public en droit administratif*, LGDJ, 1958, p.6.

364 CE, ass, 16 novembre 1956, *Union syndicale des industries aéronautiques* ; dans certains cas, le juge ne tient pas compte de la qualification textuelle.

concurrence, sur la soumission de ces établissements aux règles des marchés publics[365]. Ils bénéficient des prérogatives qui s'attachent à la personnalité morale de droit public, telles que « l'immunité d'exécution »[366]. Cette catégorie d'établissements publics n'est pas dispensée de l'application des règles de passation des marchés publics. Il appartient à l'autorité contractante lorsqu'elle examine la recevabilité de la candidature d'une personne morale de droit public, de s'assurer que *« l'exécution du contrat en cause entrerait dans le champ de sa compétence et, s'il s'agit d'un établissement public, ne méconnaîtrait pas le principe de spécialité auquel il est tenu »*[367].

Ce faisant, la plupart du temps les textes se prononcent sur la nature publique ou privée de l'établissement en question. Cette exigence n'est pas nécessaire pour le cas des organismes de droit privé. Dans le silence des textes, il revient au juge de trancher la question. Tout établissement public doit avoir un lien de rattachement qu'il revête un caractère administratif ou industriel et commercial. Ils sont en principe soumis aux règles applicables à leur personne publique de rattachement. Ce critère est fondamental pour la qualification des établissements publics. Cette dépendance peut résulter soit d'une situation de subordination, soit de celle d'un pouvoir d'autorisation pour distinguer les organismes de droit public à ceux du droit privé[368].

De plus, la qualification d'un établissement public doit être en relation avec le caractère de l'activité exercée. Néanmoins, la qualification donnée à un établissement ne lui interdit pas d'exercer des activités de caractère différent[369]. Il dispose également de l'existence de prérogatives de puissance publique.

a. le critère de lien de rattachement

Dans le droit UEMOA, la notion d'établissement public n'a pas fait l'objet de définition. Les directives communautaires et les dispositions nationales

---

365 BIDJA NKOTTO (T.), *Les contrats de l'administration au Cameroun,* Thèse de doctorat en droit, Université Panthéon-Sorbonne, Paris, 2000, p.130.

366 SAWADOGO (F M.), « L'immunité d'exécution des personnes morales de droit public dans l'espace OHADA », Actes du Colloque tenu à Yaoundé, les 14 et 15 janvier 2008, sur le thème, *L'arbitrage en Afrique : questions d'actualité, Revue Camerounaise d'arbitrage*, n° spécial, fév. 2010, p. 136-159.

367 ROMBAUTS-CHABROL (T.), « Référé précontractuel et compétence de la personne publique candidate », *AJDA* 2016. P.153.

368 CJCE, 15 janvier 1998, *Mannesmann Anlagenbau Austria AG e.a c/ Strohal Rotations druck Gesmb H*, aff. C-44/96, ECLI:EU:C:1998:4, concl. LEGER (P.), rec., p. I-73.

369 TC, 23 nov. 1959, *Société de meunerie* : Rec. 870 .

prévoient simplement que cette catégorie de personne publique est soumise aux exigences de la réglementation relatives aux marchés publics[370]. Ces textes distinguent les établissements publics des organismes de droit publics[371]. Néanmoins, en retenant la définition donnée par le législateur communautaire sur la notion d'organisme public, on peut considérer que cette définition explique partiellement la notion d'établissement public[372]. Aux termes de l'article 1er de la directive 04/2005, un organisme de droit public se définit à partir de trois critères. *En premier lieu*, c'est un organisme créé pour satisfaire spécifiquement des besoins d'intérêt général ayant un caractère autre qu'industriel ou commercial. *En second lieu*, il doit être doté de la personnalité juridique. *Enfin*, soit l'activité est financée majoritairement par l'Etat, les collectivités territoriales ou d'autres organismes de droit public, soit la gestion est soumise à un contrôle par ces derniers, soit l'organe d'administration, de direction ou de surveillance est composé de membres dont plus de la moitié sont désignés par l'Etat, les collectivités territoriales ou d'autres organismes de droit public. Pour le droit communautaire, un organisme de droit public est une personne morale qui est placée sous l'autorité d'une personne publique.

Cette définition exclut clairement de la catégorie d'organisme de droit public, les organismes ayant un caractère industriel et commercial. Or, la notion d'établissement public regroupe à la fois les organismes satisfaisant des besoins d'intérêt général administratif et aussi industriels et commerciaux. Dès lors, le droit communautaire de l'UEMOA établit une distinction entre un établissement public et un organisme de droit public.

En effet, il n'existe pas de principe constitutionnel de libre administration des établissements publics comme il en existe au profit des collectivités territoriales. En conséquence, les établissements publics sont soumis à un

---

370 Voir. article 4 de la directive 04/2005, *op., cit.* ; article 1er du CMP de 2017 du Burkina Faso.; article 4 du CMP en vigueur au Mali, *op., cit.* ; Article 2.1 c) CMP sénégalais.

371 Le droit communautaire et les droits nationaux distinguent clairement la notion d'établissement public de la notion d'organisme de droit public. En effet, l'article 4 de la directive 04/2005 prévoit que les règles de passation des marchés publics s'appliquent aux *« établissements publics, les agences et organismes, personnes morales de droit public bénéficiant du concours financier ou de la garantie de l'Etat »*. Il relève de ces dispositions que le décideur UEMOA a établi une différence entre les établissements publics et les organismes de droit public.

372 La notion d'organisme de droit public est abordée différemment dans les droits nationaux. En Côte d'Ivoire, le code des marchés publics ne fait pas référence à cette notion. Il utilise simplement la notion de *« personne morale de droit public »* sans aucune autre précision (article 2.1 du CMP en vigueur). Cette notion d'organisme de droit public a fait l'objet d'une transposition différente en droit sénégalais, l'article 1er d) prévoit que les agences ou organismes personnes morales de droit public ou privé autres que les établissements publics sont soumis aux règles des marchés publics. En réalité, seuls les droits burkinabè et malien ont transposé la notion d'organisme de droit public.

certain nombre de principes, tels que le principe de rattachement et le principe de spécialité. Chaque établissement public est rattaché à une personne publique qui le contrôle en exerçant un pouvoir de tutelle. Il existe ainsi des établissements publics nationaux rattachés directement à l'Etat et des établissements publics locaux rattachés aux collectivités territoriales. La tutelle exercée sur les établissements publics est ainsi la contrepartie et la limite de l'autonomie qui leur est consentie[373]. Cette tutelle comporte classiquement des pouvoirs d'annulation, d'approbation, d'autorisation et plus exceptionnellement, de substitution. Sont en revanche exclus les pouvoirs d'instruction et de réformation[374]. Il ne s'agit pas de s'immiscer dans la gestion interne de l'établissement[375].

Par ailleurs, le développement insuffisant de cette notion d'établissement public en tant qu'autorité contractante dans le droit de l'UEMOA, implique le recours au droit étranger pour une bonne compréhension de cette notion.

De ce fait, on peut distinguer deux grands types de rattachement des établissements publics : *« un rattachement par nature, impliqué par l'objet de certains de ces établissements et un rattachement technique qui a pour raison d'être de permettre de connaître le droit applicable à chaque catégorie d'établissement public »*[376]. Le premier point a été confirmé par le juge du Palais Royal qui souligne par exemple l'importance du rattachement pour la détermination du statut applicable au personnel des établissements publics[377]. Dès lors, on peut considérer qu'il ne saurait exister d'établissement public sans un lien de rattachement à une personne publique[378]. Celui-ci constitue d'ailleurs, un élément essentiel permettant de ranger un établissement public dans une catégorie déterminée[379] .

A cet égard, pour le professeur René CHAPUS, du fait qu'une *« institution spécialisée est rattachée à une collectivité publique territoriale, elle se présente comme un prolongement personnalisé de cette collectivité, du fait qu'elle exerce une activité qui entre dans les attributions de cette dernière »*[380]. Ce principe de dépendance des établissements publics est la contrepartie

---

373 CE, Rapport d'étude sur les établissements publics, étude adoptée en assemblée générale plénière du 15 octobre 2009, p. 56.

374 CE, 8 novembre 1962, *Coutarel*, R. p. 632.

375 CE, 4 mai 1988, *Centre hospitalier de Lannion*, R. p. 179.

376 FATOME (E.), *Mélanges en l'honneur Jacques Moreau*, Economica, 2002, p.139, p. 153.

377 CE Sect. 29 novembre 1991, *Crépin*, Lebon p. 411.

378 CE, Sect. Finances, avis du 16 juin 1992.

379 CC, 18 juillet 1961, *IHEOM*, D. 1961, p. 541, note HAMON (L.).

380 CHAPUS (R.), *Droit administratif général*, Montchrestien, tome I, 14e éd., 2000, p. 338. Voir. aussi GAUDEMET (Y.), *Droit administratif*, Paris, LGDJ, 22e édition, 2018.

nécessaire de l'autonomie qui leur est conférée. Ce principe contribue aussi largement aux incertitudes de la théorie des établissements publics [381]. Pour le juge européen, plus les rapports entre l'établissement et l'administration sont étroits, plus l'établissement a de chances d'avoir une nature publique. En ce sens, dès lors que *« les règles de gestion sont très détaillées, la simple surveillance de leur respect peut, à elle seule, aboutir à conférer une emprise importante aux pouvoirs publics »*[382].

Néanmoins, le principe de rattachement n'est pas toujours évident. Dans la jurisprudence française, c'est le cas des ordres professionnels ; dans un premier temps, a été admis qu'un ordre professionnel ne puisse être rattaché localement [383] ni nationalement[384]. Cette situation a évolué peu à peu. En 1976, le juge a admis l'application du CMP à une chambre de commerce[385], puis à une chambre d'agriculture[386]. Par la suite, le législateur français de 1994, consacre la soumission des chambres de commerce et d'industrie au code des marchés publics en les qualifiant d'établissement publics économiques[387]. Le législateur les assimile à des établissements publics industriel et commerciaux. Le juge du Palais Royal a ainsi confirmé dans son arrêt du 19 octobre 2001, la soumission de ces chambres aux dispositions du code des marchés publics[388].

Par ailleurs, pour définir un établissement public, il existe d'autres principes. Il faut l'exercice d'une activité d'intérêt général et des prérogatives de puissance publique.

b. le critère de spécialité et des prérogatives de puissance publique

Les établissements publics sont classiquement gouvernés par le principe de spécialité et des prérogatives importantes. Toutefois, la seule lecture du droit de l'UEMOA ne permet pas d'éclaircir cette notion. Il convient de se référer

---

[381] DOUENCE (J-C.), « Le rattachement des établissements publics à une collectivité territoriale : Le cas des établissements publics locaux », *AJDA,* 1971, p. 4.

[382] CJCE, 1er février 2001, *Commission c/ France*, aff. C-237/99, ECLI:EU:C:2001:70, pt 52.

[383] CE, avis, 18 juillet 1950, reproduit in L. Constans, *Le dualisme de la notion de personne morale administrative en droit français*, Dalloz 1966, p.21.

[384] CE, 21 février 1936, *Retail,* S.1936, 3, p.121.

[385] CE, 4 juin 1976, *Desforets*, n° 96356.

[386] CE, 9 décembre 1987, *Chambre d'agriculture des Deux Sèvres,* n°70836.

[387] Voir. Loi française n°94-679 du 8 août 1994, portant diverses dispositions d'ordre économique et financier, JORF n°184 du 10 août 1994, p.11668, art.84.

[388] CE, 19 oct 2001, *Chambres françaises de commerce et d'industrie,* n° 217623.

aux droits européen et français afin de donner plus de précisions à cette notion importante du droit administratif.

En effet, les établissements publics poursuivent des activités d'intérêt général bien précises et circonscrites. Pour la CJUE, il convient donc *« de donner aux termes susmentionnés une interprétation autonome et uniforme dans toute la communauté »*[389]. Le juge européen a considéré qu'il y a satisfaction de besoins d'intérêt général lorsque sont en cause des organismes qui assument des activités relevant de *« missions essentielles dévolues aux pouvoirs publics »*[390], comme la fabrication de passeports et autres imprimés officiels[391] ou la gestion d'une Université [392].

Néanmoins, les établissements publics peuvent toutefois prendre en charge d'autres missions à condition qu'elles soient connexes ou annexes à leur mission principale[393]. La jurisprudence française interprète de manière très souple ce principe de spécialité. Il a été considéré, notamment pour les EPIC, qu'une interprétation trop stricte du principe de spécialité serait peu adaptée aux logiques financières du monde économique qui exigent la création de filiales et des prises de participation. Ainsi, le Conseil d'Etat, dans son avis de 1994[394], a admis que ces entreprises, qui, à l'époque constituaient des établissements publics pouvaient se livrer à des activités annexes à côté des missions strictement liées à leur spécialité. Pour peu toutefois qu'elles soient techniquement et commercialement le complément normal de la mission principale et que ces activités soient d'intérêt général et directement utiles à ces établissements publics. Dans le même sens, il a été jugé conforme au principe de spécialité le fait pour les établissements publics de l'enseignement supérieur d'assurer des prestations de service en vue de valoriser les résultats d'une recherche[395].

Par ailleurs, il a aussi été admis qu'aucun *« texte, ni aucun principe, n'interdit, en raison de sa nature, à une personne publique de se porter candidate à l'attribution d'un marché public ou d'une délégation de service public »*[396].

---

389 CJCE, 27 février 2003, *Adolf TruleyGmbH*, C-373/00, ECLI:EU:C:2003:110, *CP-ACCP* juin 2003, n°23, p.50, com. RICHER (L.), *AJDA* 2003, 1228, note J-D. Dreyfus.

390 LEGER (P.), Concl sur CJCE, 15 janvier 1998, *Mannesmann*, aff. C-44/96, ECLI:EU:C:1998:4, Rec.173.

391 *Idem.*, CJCE 15 janvier 1998.

392 CJCE, 3 octobre 2000, *The University of Cambridge*, aff. C-380/98, ECLI:EU:C:2000:529, Rec. 8035.

393 TIFINE (P.), *Droit administratif français*, éditions, Juridiques FA, 2014, p. 142.

394 CE, avis du 7 juillet 1994, *Diversification des activités d'EDF-GDF*, n° 356089.

395 CE, 5 septembre 2001, *M. Guiavarch* .

396 CE, avis, 8 novembre 2000, *Société Jean-Louis Bernard consultants*, req. n° 222208.

Néanmoins, les établissements publics doivent respecter le principe de spécialité[397].

Ce faisant, au vu des développements qui précèdent, il regrettable de constater que ni le législateur communautaire ni les rédacteurs nationaux et encore moins le juge de l'UEMOA ne sont intervenus pour apporter de précisions à cette notion d'établissement public.

Par ailleurs, au-delà, des établissements publics, l'application des obligations relatives aux procédures des marchés publics concerne également d'autres personnes morales connexes.

2. L'application de la réglementation des marchés publics aux personnes assimilées à l'administration

En principe, les activités de l'administration sont exercées par des personnes morales de droit public. Cependant, elles peuvent parfois être exercées par des personnes morales de droit privé. Il existe par exemple le procédé du mandat et de la gestion déléguée. Ce procédé consiste à confier la gestion d'un service public par contrat, par une loi ou par une décision de l'autorité administrative, à un organisme privé ou une personne physique[398]. Cette catégorie de personne est soumise aux règles de passation des marchés publics.

En définitive, l'extension de la notion d'autorité contractante concerne les entreprises publiques, les personnes morales de droit privé qui bénéficient des financements publics, certaines associations (a) et ainsi que les mandataires des autorités contractantes (b).

a. la soumission aux règles des marchés publics des sociétés publiques et des entités privées bénéficiant de financements publics

L'application de la réglementation des marchés publics aux sociétés publiques n'est pas une pratique nouvelle dans les législations internes. Bien avant la construction du droit commun des marchés publics, les droits nationaux prévoyaient déjà la soumission des entreprises publiques aux exigences des

[397] CE Ass., 30 décembre 2014, *Société Armor SNC*, req. n° 355563 .
[398] CE, sect., 20 avr. 1956, *Épx Bertin* : Rec. 167.

marchés publics[399]. Désormais, c'est l'article 4 de la directive n°04/2005 qui soumet les entreprises publiques aux exigences de la réglementation sur les marchés publics. Cet article précise que les marchés conclus par les sociétés d'Etat et les sociétés à participation financière publique majoritaire sont soumis aux règles des marchés publics. En effet, les sociétés nationales se distinguent des personnes qui bénéficient du concours financier ou de la garantie financière d'une personne publique.

En premier lieu, il est considéré que seules les entreprises publiques qui ont la qualité d'établissement public sont des personnes publiques. Dans tous les cas, toutes les entreprises publiques, qu'elles soient étatiques ou locales doivent respecter les mêmes règles de passation et d'exécution des marchés publics.

En second lieu, les personnes privées bénéficiant du soutien financier des personnes morales de droit public sont assujetties aux règles du code des marchés publics. C'est l'article 5 b) de la directive n°04/2005 qui prévoit cette obligation qui a été transposée par les Etats membres. Le législateur communautaire ne s'intéresse pas aux statuts de la personne morale. Il tient compte seulement du lien entre l'organisme privé bénéficiaire des finances publiques et la personne publique, notamment les deniers publics[400]. Cet objectif permet d'éviter la mauvaise gestion des finances publiques et les pratiques frauduleuses telle que la corruption.

En ce sens, le Comité de règlement des différends (CRD) du Mali a considéré que « *la participation de l'Etat du Mali à la Compagnie Malienne pour le Développement des Textiles (CMDT) est supérieure à 90% ; qu'il s'ensuit que la CMDT est une société à participation publique majoritaire ; qu'elle est soumise au code des marchés publics et que comme telle, le Comité de règlement des différends est compétent pour connaître des décisions prises par elle dans le cadre des procédures de passation des marchés publics* » [401]. Ce faisant, un critère de financement majoritaire est nécessaire pour la détermination de cette catégorie d'acheteurs publics.

Ce faisant, au-delà de cette catégorie d'autorité contractante, dans la zone UEMOA, les règles des marchés publics sont également opposables à un

---

399 Par exemple, voir. l'article 2 de l'ancien CMP du Burkina Faso ; au Sénégal, l'article 1er de l'ancien CMP de 2002.

400 GUIBAL (M.), « Commentaire de la loi n°93-3 du 3 janvier 1991, relative à la transparence et à la régularité des procédures de marchés et soumettant la passation de certains contrats à des règles de publicité et de mise en concurrence », *AJDA,* 1991, n°4, p. 296-321.

401 Décisionn°15-039/ARMDS-CRD du 22 octobre 2015, le CRD statuant en commission litiges sur le recours non juridictionnel de la Société continental.

certain nombre de personnes morales de droit privé agissant pour le compte des personnes morales de droit public.

b. la soumission des associations et les mandataires des autorités contractantes aux règles des marchés publics

Par principe, les associations ne sont pas visées par le code des marchés publics. Seules, les associations des collectivités locales sont visées qu'elles soient de droit public ou de droit privé. L'article 4 de la directive n° 04/2005 de l'UEMOA relative aux marchés publics énonce que *« (...) les associations formées par une ou plusieurs de ces personnes morales de droit public »* sont soumises au droit des marchés publics. Cet article fait référence aux associations créées pour satisfaire spécifiquement des besoins d'intérêt général ayant un caractère autre qu'industriel ou commercial dont, soit l'activité est financée majoritairement par une autorité contractante, soit la gestion est soumise à un contrôle par une autorité contractante ou encore, soit l'organe d'administration, de direction ou de surveillance est composé de membres dont plus de la moitié sont désignés par une autorité contractante. La directive vise ces associations en tant qu'autorités contractantes, en tant que regroupement d'organismes de droit public ou de regroupement de collectivités locales. Les Etats membres ont transposé ces dispositions communautaires mais sans donner plus de détails comme l'a fait aussi le législateur de l'UEMOA. En réalité, cette catégorie inclut également les syndicats intercommunaux, les districts et autres communautés urbaines… Selon Nicolas DIRICKX ces associations sont généralement créées par les collectivités *« pour leur permettre d'échapper aux règles du droit public, parce qu'elles revêtent le caractère de personne morale de droit privé »*[402].

Cependant, compte tenu de l'absence de précisions relatives à cette notion d'association par le droit de l'UEMOA, le recours à la jurisprudence européenne et française permet de mieux comprendre cette catégorie d'autorité contractante.

En droit européen, la discussion sur le principe des associations a permis au juge de préciser qu'il s'agit *« des associations de pouvoirs adjudicateurs qui ne jouissent pas de personnalité juridique »*[403]. Pour le juge européen, la notion d'association de pouvoir adjudicateur aurait *« une fonction résiduelle »*[404] en ce sens qu'elle *« concerne en définitive toutes les formes de coopération publique qui donnent naissance à des entités non dotées de la*

---

[402] DIRICKX (N.), *op., cit.* p.124.

[403] Concl, LA PERGOLA, affaire *BFI holding*, C-360/96, ECLI:EU:C:1998:525, pt 40-41.

[404] CJCE, 10 novembre 1998, aff. *BFI Holding*, préc. point 27.

personnalité juridique, mais qui ne sont toutefois pas des collectivités locales et ne relèvent par ailleurs pas non plus de la notion d'organisme de droit public »[405]. En outre, aux termes des conclusions de Marco DARMON dans l'affaire *Beentjes*, rentre dans cette catégorie, toute entité qui exécute une mission relevant normalement de l'Etat, placée en dehors des structures classiques de l'administration. Ce principe concerne également une entité non dotée d'une personnalité juridique propre, mais surtout qui ne rentre pas dans le champ des autres catégories de pouvoirs adjudicateurs. Dès lors, la distinction semble moins compliquée par rapport aux établissements publics puisqu'il suffit tout simplement de vérifier la présence ou non des critères susmentionnés.

Plus particulièrement, le terme d'« association » en droit des marchés publics vise des groupements d'établissements publics, il peut viser aussi l'hypothèse de mandat. Ainsi, une association dirigée par des élus ou des fonctionnaires communaux, chargée des actions décidées par l'administration municipale dont les ressources proviennent majoritairement des subventions municipales[406] ou de contrats avec des entreprises exploitant des services municipaux [407] réunit un faisceau d'indices et traduit l'absence d'autonomie juridique vis-à-vis de la collectivité. Les contrats conclus par une telle association sont passés en principe pour le compte de la collectivité locale à laquelle elle est rattachée.

En droit français, en principe, une association est soumise aux règles de la passation des marchés publics dans trois cas :

En premier lieu, une association est qualifiée d'acheteur public si elle est formée par une ou plusieurs de personnes morales de droit public, comme imposé dans les articles 4 et 5 de la directive n°04/2005 de l'UEMOA. Dans l'affirmative, cette association doit respecter les dispositions de la procédure de passation des marchés publics.

En second lieu, toute association doit appliquer les règles visant la passation des marchés publics si elle constitue une association transparente au sens de la jurisprudence. Le juge français a considéré *« qu'une association qui a été créée à l'initiative d'une personne publique qui en contrôle l'organisation et*

405 Concl, de l'Avocat général, LA PERGOLA, *op., cit.* points 40-41.
406 CE, 11 mai 1987, *Diver c/ association pour l'information municipale*, n° 62459.
407 CE, 10 juin 1996, *Elections cantonales de Toulon*, n°162481 et 162679.

le fonctionnement et qui lui procure l'essentiel de ses ressources est soumise au code des marchés publics »[408].

En troisième lieu, toute association qui agit comme mandataire d'une personne elle-même soumise au CMP doit appliquer la réglementation relative aux marchés publics. Elle doit, pour les marchés passés en exécution de ce mandat, respecter obligatoirement les dispositions du code des marchés publics[409].

Sur ce dernier point, la directive n°04/2005 de l'UEMOA indique que les marchés publics conclus *«a.) par les personnes morales de droit privé agissant pour le compte de l'Etat, d'une collectivité territoriale, d'une personne morale de droit public, d'une société d'Etat, d'une société à participation financière publique majoritaire, ou d'une association formée par une ou plusieurs de ces personnes morales de droit public ; b.) aux marchés passés par des personnes de droit privé, ou des sociétés d'économie mixte, lorsque ces marchés bénéficient du concours financier ou de la garantie de l'Etat ou d'une des personnes morales de droit public mentionnées »*[410] sont soumis aux exigences de la procédure de passation des marchés publics. Autrement dit, c'est la règle relative au mandat qui s'applique. La personne morale de droit privé est le mandataire qui agit au nom et pour le compte de l'autorité contractante mandante. Sur ce point, on peut établir une distinction entre les contrats passés *« au nom et pour le compte »* d'une personne publique et ceux passés seulement *« pour son propre compte »*. Dans le premier cas, c'est la règle du mandat qui s'applique[411]. Il s'agit du critère organique traditionnel du marché public[412]. Ce principe n'est pas applicable dans le second cas[413].

Pour ailleurs, il existe un autre type de représentation de la personne publique en dehors du mandat. Il peut s'agir des délégataires des personnes morales de droit public qui sont soumis aux règles des marchés publics.

---

408 CE, 21 mars 2007, *Cne de Boulogne-Billancourt*, n° 281796.

409 CE, Ass., 5 mars 2003, *Union nationale des services publics industriels et commerciaux*, n° 233372. Le juge a pu rappeler qu'une *« société ne tire pas de sa qualité de mandataire du groupement conjoint et solidaire un intérêt à engager au nom de celui-ci une action quasi-délictuelle à l'encontre d'autres constructeurs »*..

410 Article 5 de la directive 04/2005, *op. cit.* Voir. aussi, CE, sec, 30 mai 1975, *Société d'équipement de la région montpelliéraine*, Recueil lebon, 1975, p.369.

411 Voir. LLORENS (F.), « Mandat et code des marchés publics », *in Mouvement droit public : du droit administratif, au droit constitutionnel, du droit français aux autres droits* : Mélanges en l'honneur de Franck MODERNE, Paris, Dalloz, 2004, p.583.

412 LICHERE (F.), « La définition contemporaine du marché public », *Revue du droit public et de la science politique*, 1997, p. 1759.

413 TC, 8 juill. 1963, *Société Entreprise Peyrot*, n° 01804.

Un organisme privé peut, par exemple, être chargé d'une mission de service public qu'il détienne ou non des prérogatives de puissance publique. Il s'agit donc de la maîtrise d'ouvrage déléguée. Dans les droits burkinabé et ivoirien des marchés publics, le maître d'ouvrage délégué est défini comme étant la personne morale de droit public ou de droit privé qui est le délégataire du maître d'ouvrage dans l'exécution de ses missions[414]. Au Sénégal, l'article 31 du code des marchés publics détermine que l'autorité contractante peut déléguer tout ou partie de ses attributions relatives à la passation et à l'exécution des marchés concernant la réalisation. En définitive, les marchés conclus par les personnes privées rentrant dans ce champ d'application sont soumis au code des marchés publics.

A titre d'illustration, au Mali, l'article 14.2 du code des marchés publics soumet expressément les marchés des maîtres d'ouvrage délégués aux règles de passation des marchés publics. Tel était également le cas dans le droit ivoirien (l'article 37 de l'ancien CMP soumettait aux règles des marchés publics les contrats conclus par un maître d'ouvrage délégué) jusqu'à l'adoption du nouveau code des marchés publics de 2019 qui est resté silencieux sur le sujet. Ce choix est regrettable. Il aurait été plus judicieux de soumettre de manière expresse les maîtres d'ouvrage délégués aux exigences du code.

En outre, en dehors des précisions apportées à la notion d'autorité contractante. La communauté de droit n'a pas laissé dans l'ombre les exigences en matière de candidature pour un marché public.

Paragraphe 2 : Les obligations liées à la candidature des opérateurs économiques

La participation aux marchés publics est en principe ouverte à toute personne morale ou physique de droit privé quel que soit son statut (société civile ou commerciale, entrepreneur individuel, association...) ou tout groupement. En plus, de cette catégorie de personnes privées s'ajoute le cas des personnes publiques. Ces dernières ont été progressivement admises à répondre aux appels d'offres[415]. Il s'agit donc d'un *« droit inhérent à toute personne juridique »*[416].

---

414 Voir. article 2 du CMP de 2017 du Burkina Faso et article 1er du CMP ivoirien.

415 Voir. Par exemple, article 2 al 2 de l'ancien décret n°2003-269/PRES/PM/MFB du 27 mai 2003 au Burkina Faso.

416 BOURDON (P.), *Le contrat administratif illégal,* Dalloz Nouvelles bibliothèque des thèses, vol. 131, p. 92.

Par ailleurs, le législateur UEMOA, pour désigner les opérateurs qui peuvent répondre aux avis d'appel d'offres, utilise le terme *« candidats et soumissionnaires »*. Il s'ensuit qu'il existe une différence entre un candidat et un soumissionnaire. D'une part, le premier est *« une personne physique ou morale qui manifeste un intérêt à participer ou qui est retenue par une autorité contractante pour participer à une procédure de passation des marchés »* [417]. D'autre part, le second renvoie à *« une personne physique ou morale qui participe à un appel d'offres en soumettant un acte d'engagement et les éléments constitutifs de son offre »*[418].

En outre, tous les opérateurs économiques disposent d'une liberté contractuelle. En revanche, la liberté contractuelle de certains d'entre eux peut être restreinte. C'est ce qu'on appelle les incapacités (A). L'accès aux marchés publics est aussi interdit ou impossible pour certaines catégories de candidats qui ne remplissent pas un certain nombre de conditions d'accès aux marchés (B).

A. L'exigence des critères de capacités requises

Les textes communautaires en matière des marchés publics indiquent que *« tout candidat qui possède les capacités techniques et les capacités financières nécessaires à l'exécution d'un marché public, ainsi que l'expérience de l'exécution de contrats analogues doit pouvoir participer aux procédures de passation des marchés »*[419]. Il ressort de ce texte que l'accès aux marchés publics est strictement encadré.

---

417 Article 1 de la directive 04/2005, *op., cit.*

418 *Ibid.*

419 Article 20 de la directive 04/2005 ; le principe de liberté d'accès à la commande publique signifie que l'administration ne peut pas interdire à un candidat de soumissionner du moment qu'il remplit les conditions requises par le code.

1. Les conditions relatives aux capacités techniques et financières

Tout opérateur qui souhaite soumissionner à un marché public doit avoir la capacité juridique[420]. En ce sens, les entreprises souhaitant présenter leurs offres aux marchés publics doivent remplir nécessairement certaines conditions.

Ainsi, les dispositions de l'article 20 de la directive n°04/2005 imposent aux autorités contractantes d'inviter les opérateurs économiques concernés par un marché public à justifier de leurs capacités économiques et financières[421] ainsi que de leurs capacités techniques telles que définies par les dossiers d'appel d'offres et de leur éventuelle inscription à un registre professionnel dans les conditions prévues par la législation du pays où ils sont établis[422]. Ce faisant, pour attester de leur capacité à présenter des offres, les entreprises doivent apporter la preuve de la régularité de leur situation au regard des règles nationales. A cet égard, les opérateurs économiques sont tenus de produire divers documents relevant de l'administration fiscale. Dans cette perspective, l'arrêté du ministre malien de l'économie et des finances dans son article 5.1 B. f exige du soumissionnaire « *la présentation des états financiers (bilans, extraits des bilans et comptes d'exploitation), certifiés par un expert-comptable agréé ou attestés par un comptable agréé inscrit à l'Ordre pour au maximum les trois (03) dernières années desquels les chiffres d'affaires considérés peuvent être tirés. Sur ces bilans, doit figurer la mention suivante apposée par le service compétent des impôts « bilans ou extrait de bilans conformes aux déclarations souscrites au service des impôts* » [423]. A cet égard, seule la mise en cause de l'authenticité d'un document peut constituer un motif valable de rejet de l'offre d'un candidat[424].

En ce sens, le Comité de règlement des différends (CRD) du Mali a admis la conformité de « *la justification des capacités techniques et financières exigeant un chiffre d'affaires moyen des trois dernières années pour un montant au moins égal à la moitié de l'offre ; avoir réalisé deux (02) travaux de construction de CSREF ou d'hôpitaux au cours de 2007 à 2013 ; un ingénieur et deux techniciens génie civil ayant chacun au moins deux projets de construction ou de réhabilitation de CSREF* ». En l'espèce, L'Agence Nationale d'Investissement des Collectivités Territoriales (ANICT) avait

---

420 OLIVIER (F.), « Accès aux marchés publics », *JurisClasseur Contrats et Marchés Publics*, fasc, 60-40, actualisé par Joseph BON, 5 septembre 2014.

421 Voir. article 23 de la directive 04/2005.

422 Voir. article 21, *idem.*

423 Article 5.1 B tiré 5 de l'arrêté n°2014-1323/MEF-SG du 25 avril 2014.

424 Décision n°027/2019/ANRMP/CRS du 29 aout 2019 sur le recours de l'entreprise ELIO GROUP. Voir. égal. Décision n°2019-L0233/ARCOP/ORD sur recours de SBPE SARL.

lancé un appel d'offres pour les travaux de mise à niveau du centre de santé de référence de Mopti. La Société Générale de Construction (SOGECO-SARL) a estimé que les critères de ce dossier d'appel d'offres sont discriminatoires et sont contraires aux articles, 3, 21 et 23 du CMP de 2008 transposant les dispositions communautaires précitées. Le CRD a considéré que « *la mesure du risque pour la réalisation des travaux dans le respect du coût, du délai et des règles de l'art relève de la responsabilité de l'autorité contractante ; que par conséquent il lui revient de fixer raisonnablement le seuil de liquidité ou de ligne de crédit ; qu'il en est de même pour le critère relatif au chiffre d'affaires* »[425].

En matière de justification de capacité financière, comme dans la réglementation malienne le code du Burkina Faso détermine que la justification de la capacité économique et financière du candidat peut être constituée par des déclarations appropriées de banques ou organismes financiers habilités, le cas échéant, la preuve d'une assurance des risques professionnels, soit par la présentation des bilans ou d'extraits des bilans, soit par une déclaration concernant le chiffre d'affaires global certifié et, le cas échéant, le chiffre d'affaires certifié du domaine d'activités faisant l'objet du marché pour au maximum les trois (3) derniers exercices en fonction de la date de création de l'entreprise ou du début d'activité du soumissionnaire, dans la mesure où les informations sur ces chiffres d'affaires sont disponibles[426]. L'appréciation de ces critères de la capacité se fait sur la base du chiffre d'affaires annuel moyen de la période considérée[427].

Dans cette perspective, les autorités contractantes doivent préciser dans les avis d'appel à concurrence les documents qui leur faut pour la justification de la capacité financière. Si, pour une raison justifiée, un soumissionnaire n'est pas en mesure de produire les références demandées par l'autorité contractante. Il est autorisé à prouver sa capacité économique et financière par tout autre document considéré comme approprié par l'autorité contractante [428].

En revanche, dans le droit ivoirien, l'ordonnance de 2019 se borne reprendre les dispositions de l'article 50 de l'ancien code de 2009 qui précisait que l'autorité contractante doit exiger tout document ou pièce lui permettant d'apprécier la capacité technique des candidats, leur solvabilité, la régularité de leur situation fiscale et sociale ainsi que les pouvoirs des personnes

---

[425] Décision n°14-030/ARMDS-CRD du 6 avril 2014, le CRD statuant en commission contentieuse sur le recours de la Société générale de construction (SOGECO-SARL).

[426] Voir. article 39 du nouveau code des marchés publics, *op., cit.*

[427] *Ibid.*

[428] *Ibid.*

habilitées à engager le candidat et à passer des marchés avec l'autorité contractante[429]. L'autorité contractante ne peut ainsi exiger que les déclarations financières faisant apparaître le chiffre d'affaires, les comptes de résultats et les tableaux de financement[430].

Dans le code des marchés publics du Sénégal, la justification de la capacité financière peut être justifiée par la garantie de soumission et éventuellement, tout autre document permettant de juger de sa capacité financière[431]. A cet égard, le CRD précise que la capacité de financement doit être établie de la situation financière telle que décrite dans les livres de l'établissement financier qui délivre l'attestation[432].

En termes d'appréciation des critères financiers, la Cellule de recours et sanction (CRS) de l'ANRMP de la Côte d'Ivoire a précisé que lors de la passation d'un marché public, l'autorité contractante ne peut recourir uniquement à des capacités purement financières. En clair, la mesure de la capacité des soumissionnaires à exécuter l'intégralité du contrat doit être appréciée sur la base des critères techniques et professionnels[433]. La même Cellule a considéré que l'exigence d'attestation prouvant que les candidats disposent d'un chiffre d'affaires de 500 millions de FCFA ne favorise pas l'accès des PME aux marchés publics. La Cellule recours et sanctions (CRS) a estimé que l'exigence de chiffre d'affaires est trop importante d'autant plus que le montant de la majorité des lots soumissionnés est largement inférieur au montant exigé[434].

De plus, le droit communautaire ouest africain permet aux autorités contractantes d'inviter les opérateurs économiques à justifier de leurs capacités techniques telles que définies par les dossiers d'appel d'offres et de leur éventuelle inscription à un registre professionnel dans les conditions prévues par la législation du pays où ils sont établis. Les acheteurs publics peuvent aussi exiger d'autres justifications des capacités techniques à condition qu'elles soient dûment motivées par les caractéristiques du marché et approuvées par l'entité administrative chargée du contrôle des marchés

---

429 Voir. article 41.1 de l'ordonnance de 2019, *op. cit.*

430 *Ibid.*

431 Voir. article 44 du code des marchés publics au Sénégal, *op. cit.*

432 Décision n° 120/18/ARMP/CRD/DEF du 29 aout 2018 du CRD statuant en commission litiges sur le recours de GALAXY Group.

433 Décision n°16/2012/ANRMP/CRS du 31 juillet 2012, portant appréciation de la régularité des critères de sélection contenus dans le dossier d'appel d'offres n°F-178/2012 relatif à l'achat et à la distribution de kits scolaires.

434 *Ibid.*

publics[435]. Il résulte donc de la législation communautaire l'exigence d'appréciation des capacités techniques et financières des candidats sur la base des pièces justificatives exigées par les documents de la consultation. Il s'agit en effet de la toute première étape d'analyse des offres.

Ainsi, en droit malien, le CMP précise que *« chaque candidat à un marché, quelle que soit la procédure de passation des marchés employés, doit justifier qu'il dispose des capacités juridiques, techniques et financières requises pour exécuter le marché en présentant tous documents et attestations appropriés »*[436]. En application de ces dispositions, l'article 25.2 du code malien donne pouvoir à l'autorité contractante d'exiger de tous les candidats, à l'appui des des offres faites par eux, tout document ou pièce lui permettant d'apprécier leur capacité technique, leur solvabilité, la régularité de leur situation juridique et fiscale et sociale, ainsi que les pouvoirs des personnes habilitées à engager l'entreprise et à passer des marchés avec l'autorité contractante.

Dans cette orientation, dans une décision du Comité de règlement des différends (CRD) du Mali, il a été jugé que *« la non fourniture en bonne et due forme de la caution de soumission, entre autres pièces, entraîne le rejet immédiat de l'offre »*[437]. En l'espèce, dans cette affaire le dossier d'appel d'offres querellé prévoyait, plusieurs lots qui ont été rassemblés pour former une offre. L'autorité contractante avait exigé dans le dossier d'appel d'offres une caution de soumission au moins égale à 2,5% du montant de l'offre. Or, le candidat évincé avait présenté une caution de soumission qui s'est révélé insuffisante pour l'offre mais suffisante pour un lot de l'offre.

Par ailleurs, en matière fiscale, le code sénégalais prévoit que les opérateurs économiques qui, au 31 décembre de l'année précédant celle au cours de laquelle a eu lieu le lancement de la consultation, n'ont pas souscrit les déclarations leur incombant en matière fiscale et sociale ou n'ont pas effectué le paiement des impôts, taxes et cotisations exigibles à cette date, ne peuvent pas être candidats à une procédure de passation des marchés publics [438]. En définitive, les entreprises qui ne se conforment aux règles fiscales qu'après le lancement d'une procédure de passation des marchés publics sont exclues de la procédure de passation. Ce positionnement du rédacteur sénégalais est très

---

435 Voir. article 21 de la directive 04/2005, *op., cit.*

436 Article 25.1 du code des marchés publics du Mali ; on retrouve les mêmes dispositions dans l'article 44 du code des marchés publics en vigueur au Sénégal ; le CMP Burkinabé prévoit cette exigence dans ses articles 39 et 40.

437 Décision n°10-010/ARMDS-CRD du 29 juin 2010, le CRD statuant en commission contentieuse sur le recours de la société BEE SAGO.

438 Voir. article 43 du CMP en vigueur au Sénégal, *op. cit.*

salutaire dans la mesure où il contraint les opérateurs privés à se conformer exigences fiscales et sociales.

En revanche, selon l'organe de règlement des litiges sénégalais, il est inadmissible qu'une autorité contractante exige des attestions fiscales qui sont en cours de signature au moment de l'ouverture des offres. Du moment que la date de validité des attestations administratives fiscales ou sociales est postérieure au 31 décembre de l'année précédant celle au cours de laquelle a eu lieu le lancement de la consultation, elles doivent être considérées comme valides[439].

Par ailleurs, le nouveau droit ouest africain des marchés publics ne se prononce pas sur la possibilité pour une entreprise de faire valoir les capacités d'une autre entreprise. C'est l'étude de la jurisprudence européenne qui en donne de précisions.

Dans tous les cas, en matière de détermination des capacités techniques et financières, une autorité contractante ne peut prendre des dispositions discriminatoires, notamment celles visant à faire obstacle à l'accès des petites et moyennes entreprises à la commande publique[440]. D'une part, les autorités contractantes doivent veiller à ce que leurs exigences ne soient pas discriminatoires, d'autre part, elles doivent se garder d'imposer aux soumissionnaires des conditions de qualification qui ne figurent pas dans le dossier d'appel d'offres[441].

Néanmoins, l'autorité contractante peut demander aux entreprises candidates de produire un certificat de qualification.

2. Les conditions relatives à l'expérience professionnelle

En droit malien, l'arrêté de 2014 précise que l'autorité contractante peut exiger la justification des *« (...) expériences similaires attestées par les attestations de bonne exécution, les procès-verbaux de réception provisoire ou définitive et les copies des pages de garde et des pages de signatures des marchés correspondants ou tout document émanant d'institutions publiques ou para publiques ou internationales permettant de justifier de sa capacité à exécuter*

439 Décision n° 164/12/ARMP/CRD du 19 décembre 2012 du CRD statuant en commission litiges sur le recours de la société OCTA SARL.
440 Voir. article 39 du décret du 1er février 2017, portant CMP au Burkina Faso, *op., cit.*
441 ARMP du Burkina Faso, Décision n° 09/ARMP/CRD du 12 janvier 2011 du CRD statuant sur le recours de la Société DATASYS.

le marché dans les règles (...) »[442]. Ce justificatif d'expériences similaires doit être établi sur la base des principes objectifs et transparents. Il doit être reconnu par les autorités des autres Etats membres de l'UEMOA[443]. Néanmoins, ce critère est souvent mal interprété par les autorités contractantes.

Sur l'appréciation de la « *notion de marchés similaires* », les organes de règlement amiable des litiges des différents Etats membres semblent opérer des interprétations variables qui sont parfois rigide, parfois souple.

Dans cette hypothèse, le Comité de règlement des différends (CRD) du Mali semble être rigoureux sur ce principe. Il a affirmé la non-conformité d'une offre qui ne respecte pas les critères des Données Particulières de l'Appel d'Offres (DPAO) en exigeant que *« les soumissionnaires devront justifier l'exécution d'au moins un marché similaire de fournitures de pièces de rechange durant les cinq dernières années. Ces prestations, pour être prises en compte, devront être accompagnées par les attestations de bonne exécution, les procès-verbaux de réception provisoire ou définitive et les copies des pages de garde et des pages de signature des marchés correspondants »*[444]. En l'espèce, dans cette affaire, le concurrent évincé avait pourtant justifié des marchés similaires mais n'a pu soutenir à l'appui de son offre que des attestations de bonne exécution. Pour le CRD, les attestations de bonne exécution, en elles seules sont insuffisantes au sens de l'article 5.1B (e) de l'arrêté n°2014-1323 du 25 avril 2014 relatif aux documents à caractère éliminatoire concernant les fournitures et services courants qui dispose que le soumissionnaire doit fournir des *« expériences similaires attestées par les attestations de bonne exécution, les procès-verbaux de réception provisoire ou définitive et les copies des pages de garde et des pages de signature des marchés correspondants ou tout document émanant d'institutions publiques ou para publiques ou internationales permettant de justifier de sa capacité à exécuter le marché dans les règles de l'art ».*

Dans une autre affaire, le CRD du Mali a sanctionné un candidat qui ne pouvait justifier que des attestations de bonne exécution sans les procès-verbaux de réception provisoire ou définitive ni les copies des pages de garde et des pages de signatures des marchés correspondants ou tout document émanant d'une autorité contractante permettant de justifier de sa capacité à exécuter le marché

---

442 Article 5.1 B tiré 5 de l'Arrêté n°2014-1323/MEF-SG du 25 avril 2014, *op., cit.*

443 Voir. article 22, *idem.*

444 Décision n°15-014/ARMDS-CRD du 17 avril 2015, le CRD statuant en commission litiges sur le recours non juridictionnel de MES INTERNATIONAL.

dans les règles[445]. A cet égard, dans le cadre d'un marché de fourniture de voitures, l'autorité contractante peut exiger des candidats la présentation d'une autorisation de distribution du fabriquant. Le CRD a considéré que cette exigence *« a pour objectif de rassurer l'autorité contractante pour la fourniture dans les délais contractuels des véhicules fabriqués par le constructeur concerné, proposés dans l'offre du candidat ; que tout distributeur agréé peut donner cette assurance à l'autorité contractante »*[446].

Par ailleurs, contrairement, au CRD du Mali, les structures de conciliation amiables du Burkina Faso et du Sénégal semblent être plus souples sur l'appréciation des critères de la notion de marchés similaires. D'une part, dans une décision du Comité de règlement des différends de l'ARCOP du Burkina Faso, il a été constaté qu'un marché similaire renvoie à des projets de même nature et complexité similaires et non à un marché identique (matériel pour matériel). Le CRD a conclu qu'une attestation prouvant *« l'exécution d'un marché d'habillement pour les préfets suffit pour prouver l'exécution d'un marché similaire à celui ayant pour objet la confection de toges pour les magistrats et que c'est à tort qu'une autorité contractante écarte l'offre d'un candidat »*[447]. D'autre part, le CRD du Sénégal a jugé que la similarité du marché doit être appréciée par rapport à la complexité, les moyens et la technologie utilisée pour réaliser les travaux. Dès lors, les divergences pouvant exister entre les conditions tenant aux capacités professionnelles et les attestations fournies par le cocontractant ne doivent pas entrainer le rejet de l'offre de ce dernier du moment, qu'elles ne sont pas de nature à remettre en cause de façon substantielle la capacité du candidat à exécuter le contrat[448].

Dans une autre décision de 2013, le CRD du Sénégal a annulé la passation d'un marché qui prévoyait un montant minimum que devait atteindre chaque marché. Il a considéré que *« le fait de fixer un montant minimum par rapport à la taille du marché, quoiqu'observé dans la pratique, risque néanmoins de restreindre la concurrence aux seules entreprises qui ont été dans le passé, titulaires des marchés de cette envergure et pour longtemps encore »*[449].

---

445 *Ibid.*

446 Décision n°14-016/ARMDS-CRD du 23 avril 2014, le CRD statuant en commission contentieuse sur le recours de CFAO MOTORS-MALI.

447 Décision n°2013-321/ARMP/CRD du 30 mai 2013, sur le recours de l'entreprise JC'THEO.

448 Décision, n°227/2013/ARMP/CRD du 07 août 2013 du CRD statuant en commission litiges sur le recours introduit par l'entreprise GENITE.

449 Décision n° 200/2013/ARMP/CRD du 24 juillet 2013 du CRD statuant en commission litiges sur le recours introduit par l'entreprise DELTA.

En réalité, il arrive que les autorités contractantes abusent des critères de marché identique. C'est ce qui a été sanctionné par l'organe de règlement des différends de l'ARMP du Sénégal. Il a considéré que l'exigence d'une attestation portant sur l'exécution de deux marchés similaires au cours des cinq dernières années *« n'est pas justifiée par l'objet et la nature du marché et peut avoir pour conséquence de restreindre la concurrence en excluant d'office un grand nombre d'entreprises notamment les PME »*[450].

Par conséquent, l'appréciation des autorités contractantes sur la justification des capacités professionnelles, techniques et financières *« peut conduire à une limitation arbitraire de la liberté d'accès des opérateurs économiques à la commande publique »* [451]. Pourrait par exemple être écarté d'office un opérateur économique de taille modeste ou qui, en toute opportunité et en toute légalité, aurait fait le choix de ne pas détenir de certification professionnelle. Cette exigence pourrait potentiellement limiter le nombre de candidature pour un marché public.

A titre d'exemple, en droit français, ces mesures sont bien encadrées par le juge. Un acheteur ne peut réclamer la production d'un certificat professionnel que si elle est nécessaire à l'appréciation des capacités des candidats. Le juge du Palais Royal précise que *« ne peuvent donc être exigées des capacités professionnelles ou références disproportionnées au regard de l'objet du marché et de la nature des prestations à réaliser »*[452]. En outre, le juge a considéré que l'acheteur est tenu, *« lorsqu'il précise dans l'avis d'appel public à la concurrence ou dans le règlement de la consultation ceux des renseignements et documents qu'il invite les candidats à produire, de permettre à ces derniers d'apporter la preuve de leur capacité professionnelle par tout moyen ; que cette obligation est satisfaite lorsque l'acheteur public a précisé, dans les documents de la consultation, que la capacité professionnelle peut être attestée par des certificats de qualification ou d'autres justificatifs regardés comme équivalents»*[453]. Dans le même arrêt, le juge admet que *« tous les modes de preuve d'une qualification professionnelle doivent pouvoir être admis »*. Plus encore, les pouvoirs adjudicateurs *« n'ont ni à établir eux-mêmes ces*

---

[450] Décision n°236/13/ARMP/CRD du 14 aout 2013 du CRD statuant en commission litiges sur le recours de la société WADE TRADING COMPANY.

[451] Voir. Rép. Française, min. n°11666 : JO Sénat Q, 6 mai 2010, p.1144, Contrats et marchés publics n°8, août 2010, comm. 307.

[452] CE, 30 juin 2004, *Ministre de l'Équipement,* n°261919 ; Voir. aussi CE, 29 avril 2011, *Garde des sceaux,* req. n°344617.

[453] CE, 25 janvier 2006, *Département de la Seine-Saint-Denis,* req. n°278115.

référentiels ni à s'assurer qu'ils sont respectés par les candidats. Ils n'ont donc qu'à constater que les candidats sont ou non titulaires de ces certificats »[454].

Il semblerait que le regard du juge soit moins rigide en la matière. L'exigence des justificatifs relatives aux capacités requises n'ont ni pour objet, ni pour effet de prévoir que la mention selon laquelle la preuve de la capacité de l'entreprise peut être apportée par tout moyen doit obligatoirement figurer dans l'avis d'appel public à la concurrence ou dans le règlement de la consultation[455]. En effet, il doit simplement ressortir des documents de la consultation que la preuve des capacités des opérateurs économiques peut être apportée par tout moyen autre que ceux des renseignements expressément visés. Porte donc atteinte aux règles de mise en concurrence, l'acheteur public dont le règlement de la consultation ne permet pas la présentation de références équivalentes et qui fonde l'exclusion d'un candidat sur l'absence de certificat de qualification [456]. Il en va de même lorsque les documents de la consultation exigent la production de certificats de capacité délivrés par des maîtres d'ouvrage ou maîtres d'œuvre dans un énoncé trop restrictif, alors que la preuve des capacités professionnelles des candidats doit pouvoir être apportée par tous moyens[457].

Aux côtés de ces incapacités légales, il existe des incapacités sanctionnatrices prononcées par le juge pénal, voire parfois, par l'administration elle-même.

B. L'impossibilité de candidature liée aux sanctions pénales et administratives

Certaines situations économiques et/ou de condamnations pénales peuvent entraîner une interdiction de soumissionner à une procédure de passation d'un marché public. Les autorités de régulation des marchés publics peuvent aussi exclure certaines entreprises aux marchés publics. Cette exclusion peut résulter soit de la résiliation au tort de l'entreprise soit d'une autre violation des règles des marchés publics. Rappelons que *« l'interdiction de soumissionner s'entend comme une interdiction de candidater, de présenter une offre au marché public qui permet au pouvoir adjudicateur d'écarter purement et simplement le candidat qui ne satisfait pas aux*

---

454 Dossier Cabinet Seban & associés, « Les garanties techniques et financières exigées des cocontractants », *Contrats Publics* – n°111 – juin 2011, p.1.
455 CE, 25 janvier 2006, *Département de la Seine-Saint-Denis,* req. n°278115.
456 CAA Marseille, 6 décembre 2004, *Cne de La Grande-Motte*, req. n° 02MA01129.
457 CAA Versailles 21 février 2006, *Sté Du bix ESB*, req. n° 03VE03765.

conditions énoncées »[458]. L'exclusion d'une entreprise aux marchés publics entraîne celle de ses dirigeants. Cette exclusion restera valable pour toute nouvelle personne morale candidate, affichant certes une raison sociale différente, mais ayant les mêmes dirigeants sociaux ou les mêmes actionnaires majoritaires que ceux de la personne morale précédemment sanctionnée [459].

Ces interdictions se concilient clairement avec le principe fondamental de liberté d'accès à la commande publique. A cet égard, la réglementation de la communauté de droit prévoit qu'un certain nombre d'entreprises et personnes physiques ne sont pas admises à participer aux procédures de passation des marchés :

- Les opérateurs économiques qui sont en état de faillite personnelle, de cessation d'activités, de liquidation, de redressement judiciaire ou dans toute situation analogue de même nature existant dans les législations et réglementations nationales, sauf le cas des entreprises en état de redressement judiciaire autorisées à poursuivre leurs activités par une décision de justice ;

- Les opérateurs économiques qui font l'objet d'une procédure de déclaration de faillite personnelle, de redressement judiciaire, sauf à avoir été autorisées à poursuivre leurs activités par une décision de justice, de liquidation ou de toute autre procédure de même nature existant dans les législations et réglementations nationales ;

- Les sociétés qui auront été reconnues coupables d'infraction à la réglementation des marchés publics ou qui auront été exclues des procédures de passation des marchés par une décision de justice définitive en matière pénale, fiscale, ou sociale ou par une décision de l'organe de régulation des marchés publics[460]. Cela concerne par exemple des personnes ayant été condamnées pour corruption, violation du secret professionnel, escroquerie, abus de confiance, ainsi que discrimination et méconnaissance de l'égalité professionnelle, etc.

Dans la législation communautaire, les textes limitent aussi la participation aux marchés publics en raison des règles relatives au conflit d'intérêt. Cela

---

458 JACQUEMOIRE (P.), « Interdictions de soumissionner, état des lieux au lendemain de l'ordonnance du 23 juillet 2015 », *AJCT* 2015. p. 637.

459 Voir. article 39.1.e du CMP de la Côte d'Ivoire.

460 Voir. article 18 de la directive 04/2005, *op., cit.*

concerne des *« entreprises dans lesquelles les membres de l'autorité contractante, de l'entité administrative chargée du contrôle des marchés publics, la personne responsable du marché ou les membres de la Commission d'ouverture des plis et d'évaluation des offres possèdent des intérêts financiers ou personnels de nature à compromettre la transparence des procédures de passation des marchés publics ; les entreprises affiliées aux consultants ayant contribué à préparer tout ou partie des dossiers d'appel d'offres ou de consultation »*[461]. Il résulte expressément des dispositions de l'article 17 de la directive n°04/2005 qu'une entreprise qui a participé à la préparation d'un marché public ne peut être candidate à ce même marché. Cet article vise une participation préalable directe ou indirecte à la préparation de la procédure de passation du marché public. On peut ici penser, par exemple, à la situation dans laquelle un titulaire de marché public en cours de renouvellement aiderait l'autorité contractante à établir les termes de ce nouveau marché. En réalité, au vu du principe d'égalité de traitement des candidats, le risque est double. D'un côté, il réside tout d'abord dans la circonstance que l'entreprise qui a participé à l'étude d'un marché, a pu obtenir à cette occasion certaines informations privilégiées susceptibles de l'avantager pour l'élaboration de son offre. D'un autre côté, cette entreprise pourrait également profiter de sa participation à la préparation du marché pour influencer les conditions de dévolution de celui-ci dans un sens qui lui soit favorable. L'existence de telles situations serait de nature à fausser la concurrence entre les soumissionnaires.

Par ailleurs, pour faciliter la compréhension de cette notion et en raison de la faiblesse du droit de l'UEMOA, la référence à la jurisprudence européenne permet de comprendre la possibilité pour une entreprise de participer à la préparation d'un marché et de se porter candidate pour ce même marché ne soulève pas de difficultés à la condition que l'acheteur public et l'entreprise concernée démontrent la preuve que cette dernière n'en a pas tiré un avantage [462]. Cette condition semble bien difficile à apporter. Quant au juge administratif français, il avait déjà affirmé cette hypothèse dans un arrêt de 1998, qu'il *« relève de l'appréciation souveraine des juges du fond de déterminer si un candidat ayant participé à un précédent marché a pu bénéficier d'informations susceptibles de l'avantager par rapport à ses concurrents »* [463]. Il est donc clairement admissible pour un prestataire de participer à la fois à un marché d'étude préalable et de candidater à l'appel d'offres pour ce même marché. En définitive, sur ce fondement, ni l'autorité

---

461 Article 17, *idem*.

462 CJCE du 3 mars 2005, *Fabricom SA c/État belge*, aff. C-21/03 et C-34/03ECLI:EU:C:2005:127.

463 CE, 7/10 SSR, du 29 juillet 1998, *Société Génicorp*, n°177952.

contractante, ni les candidats évincés ne pourront agir pour obtenir l'annulation du marché devant le juge.

Au demeurant, l'influence du renouvellement des droits des marchés publics des Etats de l'ancien empire du Ghana[464] ne se limite pas qu'aux seuls éléments fondamentaux et constitutifs. Cette influence joue également quant aux éléments distinctifs de cette branche du droit public des affaires et les autres contrats publics, mais aussi son cadre organique.

---

[464] L'empire du Ghana est un ancien Royaume ouest-africain qui a existé entre le 3e et 13e siècle. Communément appelé l'empire *« Ouagadou »* par ses habitants. Il a été fondé par les Soninkés. Il est le premier des trois grands empires marquant la période impériale ouest-africaine.

TITRE SECOND : Le renforcement des notions distinctives et institutionnelles des marchés publics

Les influences exercées par le droit de l'UEMOA sur les droits nationaux sont relativement nombreuses. Les textes supranationaux exercent une influence déterminante dans l'arsenal juridique des Etats membres, notamment les éléments distinctifs et institutionnels.

De plus, pour répondre aux recommandations de la loi type sur les marchés publics de la Commission des Nations Unies pour le Droit du Commerce International (CNUDCI) et à la convention de l'ONU sur la lutte contre la corruption. L'UEMOA a renforcé le champ des marchés publics, non seulement en renforçant les mécanismes de distinction des contrats administratifs (Chapitre 1), mais aussi le renforcement institutionnel de contrôle et de régulation (Chapitre 2).

TITRE SECOND : Le renforcement des options distinctives et [illegible]

[illegible]

Chapitre 1 : L'influence des nouvelles dispositions sur les éléments distinctifs des contrats administratifs

Par détermination de la loi, les marchés publics sont des contrats administratifs[465]. Tel est le cas de certaines législations nationales[466]. Pour rappel, un contrat administratif est qualifié de « *tout accord conclu par une personne morale de droit public, soit contenant des clauses exorbitantes de droit commun, soit en vue de satisfaire un besoin de service public* »[467].

En revanche, tous les contrats administratifs ne sont pas nécessairement des marchés publics. Les autorités contractantes peuvent conclure des conventions, non pas pour satisfaire leurs propres besoins, mais pour aider financièrement d'autres activités dont elles n'ont pas l'initiative. Cette catégorie des contrats n'est pas qualifiée de marché public. En outre, les marchés publics se distinguent également des contrats domaniaux qui permettent de confier à une personne privée l'occupation temporaire du domaine public.

Par ailleurs, si la plupart des contrats publics obéissent aux mêmes règles procédurales, aux mêmes principes fondamentaux, il n'en demeure pas moins qu'ils s'en distinguent dès lors que l'on s'intéresse à leur objet, à leur durée et aux critères financiers[468]. Ce sont ces éléments qui permettent de distinguer les marchés publics des concessions ou des délégations des services publics (DSP) et des partenariats public-privé[469] (Section 1). En revanche, le droit de l'UEMOA ne tranche pas le débat sur les marchés publics de droit privé (Section 2).

---

465 DE LAUBADERE (A.), *Traité de droit administratif*, T1, Paris, 13e éd, LGDJ 1994, p. 689.

466 Voir. article 4 al. 24 du décret n°2014-1212 du 22 Septembre 2014, portant CMP au Sénégal. On trouve la même définition dans l'article 2 du décret nigérien n°2013-569/PRN/PM du 20 décembre 2013 portant CMP.

467 CHAPUS (R.), *Droit administratif général*, Paris, 15e édition, Montchrestien 2001, p.551. Voir. aussi. WALINE (J.), *Droit administratif*, Paris, Dalloz, 27e édition, 2018.

468 ISSOUFOU (A.), *op., cit.* p.19.

469 Pour information, le terme « marché de partenariat » n'est pas utilisé par les textes ouest africains. Le terme « DSP » vise aussi les concessions.

Section 1 : La clarification des critères d'identification des marchés publics avec les DSP et les PPP

La refonte communautaire a conduit au renouvellement des catégories notionnelles de la commande publique[470]. C'est à l'occasion de cette mutation que l'UEMOA a fait référence pour la première fois à la notion de délégation de service public (DSP) à travers sa directive n°04/2005. Elle adopte une approche qui distingue expressément les marchés publics et les DSP. Ces dernières sont définies par le droit communautaire comme étant *« le contrat par lequel une des personnes morales de droit public (...) confie la gestion d'un service public relevant de sa compétence à un délégataire dont la rémunération est liée ou substantiellement assurée par les résultats de l'exploitation du service (...) »*[471]. Cette définition a été reprise par les législateurs nationaux[472]. En effet, pendant longtemps, à la différence des marchés publics, les DSP n'ont pas fait l'objet de réglementation au sein des Etats membres.

Quant aux partenariat public-privé, il apparaît que ni les directives ni les codes des marchés publics[473] ne les encadrent. Cette catégorie de contrat n'a pas encore fait l'objet d'encadrement harmonisé.

Toutefois, les textes et la jurisprudence ont permis de déterminer certains critères de distinction entre les marchés publics, les DSP (paragraphe 1) et les PPP (paragraphe 2).

---

[470] HUBRECHT (H G.) et MELLERAY (F.), « L'évolution des catégories notionnelles de la commande publique, retour sur les contrats de service publics », in *Contrats publics : mélanges en l'honneur du Professeur Michel GUIBAL*, Montpellier, Presses de la faculté de droit de Montpellier, 2006, vol. 1, p. 809-823. En droit français, ce sont les ordonnances de 2015, 2016 et 2017, transposant les directives de 2014 et 2015 qui ont modifié les catégories des contrats publics. Ces textes ont été abrogés le 1er avril 2019 pour laisser la place au code de la commande publique.

[471] Article 1 de la directive 04/2005, *op. cit.*

[472] Voir. article 1er du décret 2015-0604 du 25 septembre 2015, portant CMP et DSP du Mali ; voir. aussi art. 2 du CMP du Niger qui opte pour une transposition à la lettre du texte communautaire.

[473] Au Mali, le décret n°2015-0604 du 25 septembre 2015, portant CMP ne définit pas les PPP, il énonce simplement dans son article 128-3.

Paragraphe 1 : Les critères de distinction des marchés publics avec les conventions de délégation de service public

En droit de l'UEMOA, les contrats des marchés publics et les concessions sont régis dans le même code. Cette technique renforce le dépassement de la distinction fondée sur les régimes de passation entre ces deux contrats. En effet, une DSP doit porter sur une activité de service public et confier sa gestion à un délégataire avec les risques qui vont avec. Ce sont là, les critères primordiaux d'une DSP, à défaut desquels même la rémunération substantielle par les résultats d'exploitation est impuissante à entraîner cette qualification [474]. A ce titre, le délégataire ne peut de façon ponctuelle participer à la gestion du service public[475]. Il faut nécessairement un réel transfert de risques d'exploitation[476]. Pour le professeur François COLLY, ce principe est non seulement « *la caractéristique des contrats de concession, mais il est, de plus, l'élément essentiel de la définition même de ces contrats* »[477].

Cependant, dans le cadre de la distinction entre les marchés publics et les DSP, il convient de rappeler que leurs aspects organiques et procéduraux se rapprochent. Les objets des deux contrats (A), leurs rémunérations et risques (B) constituent des critères essentiels de distinction.

A. Un régime différencié en fonction de l'objet du contrat

Pour rappel, la législation communautaire ouest africaine définit les marchés publics comme étant des contrats qui visent la satisfaction des besoins de la personne publique, pas forcément les besoins des usagers du service public. En ce qui concerne, la délégation de service public, c'est un « *contrat par lequel une personne morale de droit public confie la gestion d'un service public relevant de sa compétence à un délégataire* »[478]. Cette définition reprend celle consacrée dans le droit français. Ainsi, selon le professeur François COLLY, les délégations de service public « *n'auraient pas pour*

---

[474] LLORENS (F.), « Unité et pluralité des délégations de service public », *Contrats et marchés publics*, 2003, n°5 p.9-16.

[475] En ce sens, voir. GUGLIELMI (G, J.) et KOUBI (G.), *Droit du service public*, Paris, Montchrestien-Lextenso, 2011, 3e éd. p.411.

[476] MAUGÜE (C.) et TERNEYRE (P.), « Les délégations de service public en question », *Cahiers juridiques de l'électricité et du gaz,* 1997, n° 531, p.131-146.

[477] COLLY (F.), « Périmètre et contenu de la commande publique », *op., cit.* p. 226. Voir. aussi. UBAUD-BERGERON (M.), « Le champ d'application organique des nouvelles dispositions », *RFDA* 2016. p 218.

[478] Article 1er de la directive 04/2005, *op., cit.*

objet la satisfaction d'un besoin d'une personne publique, mais par essence la satisfaction de besoins des usagers »[479]. Toutefois, la différence entre le service public en Afrique et en France ne réside pas dans la définition de la notion mais dans les missions car à la conception française ont été ajoutés les impératifs redoutables du développement[480]. En outre, le droit communautaire de l'UEMOA « *est plus dans une démarche de définition fonctionnelle des contrats de la commande publique que dans une entreprise de déstabilisation d'un critère particulier »*[481]. Cela dit, la première démarche peut aboutir à la seconde[482].

La distinction selon l'objet du contrat est un critère primordial. C'est ce qui a été confirmé par le Comité de règlement des différends (CRD) de l'ARMP du Sénégal. Ce dernier a rejeté la qualification de marché public d'un contrat au motif que l'autorité contractante n'a pas elle-même déterminé librement ses besoins. Il a précisé que l'objet du contrat litigieux était confié au cocontractant qui devrait mettre en place un système de contrôle et de tarification des communications téléphoniques internationales entrants au Sénégal. Le CRD qualifie donc le contrat litigieux de délégation de service public[483].

En principe, la DSP est liée à une activité d'intérêt général qui doit être assurée ou contrôlée directement ou indirectement par une personne morale de droit public, accompagnée des prérogatives exorbitantes. L'identification de ce principe d'intérêt général ne pose pas de problèmes s'il s'agit des *activités régaliennes, le chemin de fer, le transport de lettres...* En revanche, son identification est difficile dans certaines activités. C'est une notion évolutive en fonction des besoins et des lieux. Par exemple, en France, l'expansion de la notion de délégation de service public a pu contribuer à l'élargissement du principe d'intérêt général à certaines activités qui auparavant relevaient du secteur privé[484].

En réalité, le critère de distinction selon l'objet du contrat repose sur l'exécution réelle d'un service public. La doctrine estime que *« les contrats de délégation de service public étaient ceux qui confient à une personne, sous sa responsabilité, l'exécution même d'une mission de service public, rendant*

479 COLLY (F.), *op., cit.* p. 8. Il s'agit de la vision classique de la DSP.

480 GALLETTI (F.), *Les transformations du droit public africain francophone : entre étatisme et libération*, Bruylant, Bruxelles, 2004, p. 456.

481 SAMB (S.), *op., cit.* p. 259.

482 *Ibid.*

483 Décision n°127/10/ARMP/CRD du 15 septembre 2010 le CRD statuant en commission litige sur la dénonciation de la Société Nationale des Télécommunications (SONATEL).

484 Voir. CE, 3 mars 2010, *Département de la Corrèze,* n° 306911.

service directement à des usagers du service, et non à l'administration contractante, quelle que soit la forme de sa rémunération. La délégation de service public se distingue ainsi du marché public, contrat conclu pour les besoins de la personne publique contractante et ne rendant pas service aux usagers »[485]. Ainsi, selon le professeur DELVOLVE, *« dans un marché public, le bénéficiaire de la prestation est la personne publique. (...) au contraire, dans une délégation de service public, les prestations sont réalisées au bénéfice, non de la collectivité contractante, mais des administrés auxquels ils vont bénéficier directement »*[486]. Toutefois, en l'absence d'intérêt direct de la personne publique contractante, le contrat n'est ni une délégation, ni un marché[487].

Cependant, faisant abstraction aux critères d'identification, on peut considérer qu'un contrat qui confie à un cocontractant la gestion réelle d'un service public doit être qualifié de délégation de service public. Et, le contrat qui permet à l'administration d'obtenir des prestations nécessaires à l'exécution du service public (des travaux, fournitures et services) est qualifié de marché public[488].

A titre d'exemple et pour faciliter notre compréhension, en droit français, la distinction selon l'objet du contrat a été timidement précisée par la loi n° 93-122 du 29 janvier 1993, relative à la prévention de la corruption et à la transparence de la vie économique et des procédures publiques. Le législateur s'est basé sur de critères jurisprudentiels pour établir que *«la différence entre les marchés et les délégations de service public est justifié communément (...) par deux raisons : un délégataire se rémunère sur les usagers et exécute le contrat à ses risques et périls, la protection des deniers publics n'est donc pas en cause*[489]. En fait, avant les nouvelles précisions apportées par les nouvelles dispositions récentes sur les contrats de concession, la notion de rémunération a fait l'objet d'une précision par la jurisprudence qui devient le critère majeur de distinction des marchés et des DSP. A cet égard, la professeure Rozen NOGUELLOU a rappelé à juste titre que les concessions sont de *« contrats de longue durée, dont l'exécution peut, plus que pour les marchés, connaître des aléas »*[490]. Pourtant au sein de

---

485 SYMCHOWICZ (N.), « La notion de délégation de service public », *AJDA*, 1996, p.195.

486 DELVOLVE (P.), « Les contradictions de la délégation de service public », *AJDA*, 1996, p.681.

487 CE, 15 mai 2013, *Ville de Paris*, n°364593 ; Voir. aussi. CE, 12 mars 1999, *Sté L'orée du bois*, n°186085.

488 DIRICKX (N.), *L'influence du droit communautaire des marchés publics sur les éléments de définition du marché public en France, op., cit.* p.196.

489 Rapport de Yves DURAND, au nom de la commission des lois à l'Assemblée Nationale, n°2941, 1993.

490 NOGUELLOU (R.), « L'exécution des contrats de concession », *AJDA* 2016, p.1008.

l'UEMOA, les directives et les textes nationaux ont fait le choix de traiter de la même manière l'exécution des marchés publics et celle des DSP.

B. L'opposition des régimes de rémunération du cocontractant

Le principe de rémunération renvoie au critère financier qui est la contrepartie donnée par l'autorité contractante en échange des prestations fournies par son cocontractant. Il ressort du droit communautaire ainsi que des droits nationaux qu'un contrat de marché public est conclu à titre onéreux. Cela signifie que la contrepartie n'est pas exclusivement un prix. Par exemple, une autorité contractante peut rémunérer son cocontractant en lui octroyant le droit de percevoir à sa place des recettes publicitaires de la prestation. Elle peut aussi rémunérer son cocontractant en nature ou de l'exonérer de certaines contributions[491].

Dans la pratique, ce critère de rémunération n'a pas fait l'objet de précisions complètes ni par les textes ni par la jurisprudence au sein de l'UEMOA. On peut ainsi se référer à la jurisprudence française pour mieux l'appréhender.

En réalité, en France pendant longtemps la jurisprudence avait établi un critère de rémunération du cocontractant pour distinguer les marchés publics et des DSP[492]. Dans une délégation de service public, la personne publique est tenue de donner les moyens nécessaires à l'exploitation du service à son cocontractant. C'est une condition *sine qua non* à l'existence de ce type de contrat[493]. Dans l'arrêt *Préfet des Bouches-du-Rhône*[494], le juge administratif précise qu'un contrat dans lequel la rémunération du cocontractant n'est pas substantiellement assurée par les résultats de l'exploitation est un marché public. Une rémunération effectuée sous forme de redevance ou de résultats d'exploitation de la part des usagers exclut la qualification de marché public. Cela signifie que la seule rémunération possible dans le cadre d'un marché public est la contrepartie à titre onéreux. Avant cet arrêt, le juge avait retenu une solution similaire en jugeant que le cocontractant doit trouver une partie au moins de sa rémunération dans les résultats de l'exploitation du service[495]. Ce point a été précisé par Olivier DUTHEILLET de LAMOTHE dans ses conclusions sous l'arrêt *Compagnie luxembourgeoise de télédiffusion*. Il a

---

[491] LLORENS (F.), « La CJCE adopte une conception extensive de la notion de marché public de travaux », *Contrats et Marchés publics,* 2001, n°9, comm. 154, p.10-12.

[492] CE, 30 mars 1916, *Compagnie d'éclairage de Bordeaux*, rec., p.125.

[493] CE, 29 avril 1987, n° 51022, *Cne d'Elancourt.*

[494] CE, 15 avril 1996, *Préfet des Bouches-du-Rhône c/ Commune de Lambesc*, n°168325.

[495] CE, 8 nov 1963, *Compagnie des entrepôts et magasins généraux de Paris*, rec., 534.

souligné que la perception des redevances sur les usagers n'est pas un critère absolu du contrat de concession... Le véritable critère paraît être que le concessionnaire tire sa rémunération, sous une forme ou sous une autre, de l'exploitation du service[496]. En ce sens, l'arrêt *Préfet des Bouches-du-Rhône* est venu préciser qu'il peut y avoir une délégation de service public si les résultats d'exploitation sont substantiellement liés à la gestion du service. La redevance versée par les usagers n'est qu'un aspect du critère financier plus large c'est-à-dire il n'y a DSP que lorsque le délégataire assume le risque d'exploitation et « *que le contrat ne peut être en équilibre financier sans les recettes liées directement à l'exploitation* »[497]. Cette jurisprudence est venue concilier l'évolution des pratiques contractuelles et le maintien de la logique qui a toujours animé la jurisprudence[498]. A ce propos *« substantiellement »* ne signifie pas *« majoritairement »* et ne conditionne pas de supporter les risques d'exploitation à 100% par le délégataire. A défaut de ce risque, le contrat ne peut être qualifié de DSP.

En effet, le critère d'absence de risque lié à l'exploitation est d'ailleurs celui qui se dégage actuellement en droit européen pour définir les marchés publics[499]. Le juge considère que la rémunération est substantiellement assurée par le résultat d'exploitation à partir du moment où le prestataire supporte une réelle responsabilité dans la gestion du service et que l'équilibre financier dépend des recettes d'exploitation du service. Dans cette orientation, le juge admet, même si la majorité de la rémunération provient du versement d'une subvention par le délégant cela ne remet pas en cause la qualification de DSP[500]. C'est ce qui a été confirmé par la Cour de justice de l'UE. Elle considère *« qu'il ne faut pas qualifier de marché tout contrat dont le financement serait majoritairement assuré par la collectivité publique. Nous vous proposons d'admettre qu'il y a délégation de service public dès lors qu'une partie au moins de la rémunération dépend des résultats d'exploitation »*[501]. En définitive, est suffisant pour qualifier une DSP, un financement à hauteur de 30% de l'ensemble des recettes et 70% restant sont assurés par l'administration sous forme de subvention, aide, participation,

---

496 CE, ass., 16 avril 1986, *Compagnie luxembourgeoise de télédiffusion*, rec. P.96 ; *AJDA* 1986, p.286.

497 CE, 15 avril 1996, *préfet des Bouches-du-Rhône, prec.*

498 UBAUD-BERGERON (M.), « Loi MURCEF, la définition législative des délégations de service public », *JCP Générale*, 2002, n°14, p. 649-656.

499 Voir. article 5.1 de la directive 2014/23/UE du 26 février 2014 sur l'attribution de contrats de concession ; cet article indique que *« (...) l'attribution d'une concession de travaux ou d'une concession de services implique le transfert au concessionnaire d'un risque d'exploitation lié à l'exploitation de ces travaux ou services, comprenant le risque lié à la demande, le risque lié à l'offre ou les deux (...) »*.

500 Voir. Concl, LA PERGOLA, *aff. Gemente Arnhem c/ BFI Holding, op., cit.*

501 *Ibid.*

contribution... Cet élément est essentiel, son non-respect entraîne l'inexistence du contrat[502]. Le critère du risque est un élément intrinsèque du critère financier[503].

A l'inverse, dans un marché public, le caractère onéreux réside dans le versement d'un prix par l'acheteur public en contrepartie de la prestation. Le cocontractant ne supporte pas de part de risque économique, l'exploitation du service ne se fait pas à ses risques et périls.

Par ailleurs, il apparaît qu'au Sénégal, la transposition de la définition communautaire des délégations de service public a créé une contradiction entre les dispositions du code des obligations de l'administration (COA)[504] et le code des marchés publics. Dans le premier code, un contrat de délégation de service public est considéré comme étant un contrat dans lequel *« une personne morale de droit public confie, pour une période déterminée, la gestion d'un service public dont elle a la responsabilité, à un délégataire public ou privé. La rémunération du délégataire est totalement ou essentiellement liée aux résultats provenant des revenus de l'exploitation du service »*[505]. Ces dispositions mettent l'accent sur le fait que la rémunération est « totalement ou essentiellement » liée aux résultats provenant des revenus de l'exploitation du service. Or, le second code reprend la définition communautaire des délégations de service public qui exige que la rémunération soit substantiellement liée aux résultats d'exploitation[506]. Cette attitude du rédacteur sénégalais a créé de distorsions dans l'appréhension de cette catégorie des contrats publics. Dans cette hypothèse, selon Moustapha NGAIDE, l'analyse doit porter sur les dispositions du code des obligations de l'administration (COA) qui ont une autorité supérieure sur celles du code des marchés publics[507]. Cette analyse est fondée sur le fait que le COA émane d'une loi et le CMP relève d'un décret.

Ce constant impose donc de savoir si les instances internes sénégalaises appliqueront la définition communautaire des délégations de service public

---

502 L'inexistence est la plus grande sanction qui puisse frapper un acte administratif. Celle-ci est prévue en l'espèce car le prix constitue l'objet ou la raison d'être du contrat pour le partenaire de l'administration. Du coup, son absence ou son indétermination implique la disparition du contrat.

503 CE, 7 novembre 2008, *Département de la Vendée,* n° 291794.

504 Le COA est considéré comme la loi fondamentale en matière des contrats administratifs au Sénégal, il a été adopté en 1965 et modifié par la loi n°2006/16 du 30 juin 2006.

505 Article 10 de loi n° 65-51 du 19 juillet 1965, portant code des obligations de l'administration.

506 Voir. article 4 du CMP de 2014 en vigueur.

507 NGAIDE (M.), *op., cit.* p. 106.

malgré sa non-transposition dans le COA qui est la loi fondamentale des contrats administratifs au Sénégal.

Néanmoins, en tenant compte du principe de primauté du droit communautaire, les organes de contrôle et de régulation des marchés publics ainsi que les instances judiciaires doivent systématiquement écarter la définition retenue par le COA qui n'a pas de valeur supérieure aux directives relatives aux marchés publics.

En outre, en droit UEMOA, en réglementant les marchés publics et ceux des délégations de service public dans le même code, les décideurs communautaires et nationaux semblent être plus dans l'optique d'uniformisation des contrats de la commande publique dans un même texte. Une telle option est pertinente si le corpus textuel est bien établi. Dans le cas contraire, elle pourrait être déstabilisatrice sur la distinction entre les marchés publics et les contrats de délégation de service public et rendre difficile la réalisation de nouvelle classification[508]. A cet égard, une ordonnance du tribunal de commerce d'Abidjan a donné une bonne illustration de cette assimilation des délégations de service public aux marchés publics.

En effet, dans le cadre d'une procédure d'appel d'offres international avec présélection pour la mise en concession de la réalisation et de l'exploitation du deuxième terminal à conteneurs du port d'Abidjan, l'un des soumissionnaires a saisi le Tribunal de Commerce d'Abidjan. Le requérant a demandé au tribunal de faire injonction au Port Autonome d'Abidjan de lui communiquer le rapport d'analyse de la Commission d'ouverture des plis et de jugement des offres.

A l'examen de sa décision, le juge du commerce a admis sa compétence pour connaître ce litige. Il a déclaré la requête du soumissionnaire recevable en la forme, mais l'a débouté au fond. Il s'est fondé sur les dispositions de l'article 75.3 du code des marchés publics qui imposent à l'administration *« l'obligation de publier immédiatement, dans le Bulletin Officiel des marchés publics et par voie d'affichage dans ses locaux, la décision d'attribution et de tenir à la disposition des soumissionnaires, le rapport d'analyse de la Commission ayant guidé ladite attribution ».* En l'espèce, le Tribunal, sur le fondement de cet article, a considéré que les actions exigées ne mettent pas à la charge de l'autorité contractante une obligation de communiquer le rapport d'analyse de la Commission d'analyses des offres, mais plutôt de permettre au soumissionnaire d'en prendre connaissance sur place.

---

[508] SAMB (S.), *op., cit.* p. 332.

Pourtant, la procédure de passation litigieuse portait sur la conclusion d'un contrat de délégation de service public, plus précisément la mise en concession de la réalisation et de l'exploitation du deuxième terminal à conteneurs. Or, ni le juge, ni les parties n'ont établi une distinction entre les délégations de service public et les marchés publics. En clair, ce contrat de concession a été assimilé aux marchés publics. Il n'a donc pas été question de déterminer la nature réelle du contrat contesté.

Cette affaire montre le risque de confusion que peut entraîner l'alignement des délégations de service public et les marchés publics aux mêmes régimes de passation si les textes ne sont pas bien élaborés.

L'observation de la distinction des marchés publics des conventions de délégation de service public exige d'opérer la même observation pour la distinction des marchés publics avec ceux des PPP.

Paragraphe 2 : Les contrats de partenariat, une catégorie distincte des marchés publics

En Afrique de l'Ouest l'adoption d'un cadre harmonisé du système des marchés publics et des délégations de service public n'a pas tenu compte de la catégorie des PPP ou marchés de partenariat. Dès lors, l'encadrement des contrats de partenariat public-privé appartient exclusivement aux droits nationaux. Néanmoins, les législateurs nationaux semblent tenir compte des principes fondamentaux de la commande publique garantis par le droit communautaire.

Le contrat de partenariat public-privé est l'illustration juridique d'un mouvement de long terme, celui du partenariat économique de l'Etat[509]. Les PPP sont qualifiés de nouveaux contrats de développement en Afrique [510]. Ce sont des contrats assez complexes, ils s'analysent comme une notion générique, voire vague qui comprend l'ensemble des formes contractuelles possibles visant à une participation du secteur privé dans la conception, le financement, la construction et l'exploitation d'un service public[511]. Cette

[509] DEBOUZY (O.) et GUILLOT (P.), « Le contrat de partenariat public-privé et la réforme de l'achat public », *Recueil Dalloz*, D. 2005. P. 319.

[510] Pour une étude exhaustive, voir. BALOGOUN (I K.), *Les nouveaux contrats de développement en Afrique : Etude juridique des projets Construction-Exploitation-Transfert*, Thèse de doctorat en droit, Dakar, Université Cheikh Anta Diop, 2010, p. 481.

[511] ISSOUFOU (A.), *op., cit.* p. 21.

problématique du financement privé d'ouvrages publics n'est pas totalement nouvelle dans les pays de l'UEMOA. Les contrats de concession représentent sans doute le cadre juridique de ce mécanisme de financement privé d'ouvrages publics.

Le régime juridique de la notion de partenariat public-privé permet de distinguer ce type de contrat par rapport aux autres contrats administratifs, notamment le cas des marchés publics.

En Côte d'Ivoire, les PPP sont toutes les formes de contractualisation entre des partenaires publics-privés conclus dans le cadre de la mise en œuvre des projets de développement à réaliser tant sur le domaine public que le domaine privé de l'Etat ou des collectivités locales ayant pour objet la conception, la construction, la transformation, la réhabilitation, le financement, l'exploitation, l'entretien, la maintenance ou gestion d'infrastructure ou d'ouvrage d'utilité publique, de bâtiments, d'équipements ou de biens immatériels et de prestation de service afférentes, ainsi que le développement ou l'exploitation des domaines publics ou privés, des programmes ou des projets d'intérêt général[512]. Au Sénégal, ils sont régis par la nouvelle loi n°2021-23 du 02 mars 2021. Cette loi a abrogé celle du 20 février 2014 relative aux contrats de partenariat[513]. L'encadrement de ces types de contrats est récent au Mali[514].

Cette catégorie de contrats publics est considérée comme *« une troisième voie »*[515]. De sorte que le marché public et les PPP appartiennent à la même famille juridique des contrats. Ils répondent aux besoins des personnes publiques en matière de travaux et de services moyennant paiement d'un prix[516]. Nonobstant, les marchés publics doivent être distingués des PPP. Le contrat de partenariat public-privé est centré sur le financement privé d'activités publiques et d'ouvrages publics comme l'implique l'appellation générique « *Private Finance Initiative* »[517].

---

512 Voir. décret, n°2012-1151 du 19 décembre 2012, relatif aux contrats de partenariats public-privé de la RCI.

513 Sur le régime juridique de ce contrat, voir, la loi sénégalaise n°2014-09 du 20 février 2014 relative aux contrats de partenariat, J.O n°6781 du 25 Mars 2014, pp. 293-306.

514 Au Mali, les PPP sont régis par la loi n°2016-061 du 30 décembre 2016, relative au partenariat public-privé. Elle vise à permettre à l'Etat de bénéficier du financement privé pour la réalisation de projets structurants.

515 BRACONNIER (S.), « L'apparition des contrats de partenariat dans le champ de la commande public-privé : étude historique et critique », *BJCP,* 2004, n°6, p.331-339.

516 Sur ce point, voir. DELVOLVE (P), « Le partenariat public-privé et les principes de la commande publique », *RDI,* 2003, p. 481.

517 BRACONNIER (S), « Les contrats de Private Finance Initiative », *BJCP,* 2002, n° 22, p. 174.

En revanche, au sens du droit de l'Union européenne, le contrat de partenariat est un marché public dès lors que les directives marchés ne font pas de la maîtrise d'ouvrage un critère de qualification du contrat et que le titulaire du contrat est rémunéré durant toute la durée du contrat par un prix versé par l'administration. Ce raisonnement a été confirmé par le Conseil d'Etat. Il affirme que le contrat de PPP constitue un marché public au sens du droit communautaire, dès lors qu'il s'agit d'un *« contrat à titre onéreux conclu par écrit entre un ou plusieurs opérateurs économiques et un ou plusieurs pouvoirs adjudicateurs et ayant pour objet l'exécution de travaux, la fourniture de produits ou la prestation de services*[518].

Néanmoins, le contrat de partenariat public-privé se distingue des marchés publics à travers son objet (A), ses critères financiers, ainsi que sa durée (B).

A- Un objet dissemblable à celui des marchés publics

Au regard de l'objet des contrats de partenariat et de celui des contrats des marchés publics, l'on se rend compte que celui des PPP est global. Il comprend tous les aspects de l'opération envisagée : *financer, construire et transformer, entretenir et exploiter.* Le partenaire privé peut même concevoir ces aspects et fournir certaines prestations, ce qui n'est pas envisageable dans le cadre d'un marché public où la mission du cocontractant se limite à mettre à la disposition de l'autorité contractante le moyen de faire fonctionner ses services.

La globalité de l'objet du contrat de partenariat public-privé est la première caractéristique et la plus sûre pour le distinguer d'un autre contrat de la commande publique. C'est le critère le plus objectif pour le distinguer d'un marché public ou d'un contrat de délégation de service public[519].

Au Sénégal, le législateur précise que l'objet du partenariat entre les personnes publiques et les personnes privées est de réaliser *« une mission globale ayant pour objet la construction ou la transformation, l'entretien, la maintenance, l'exploitation ou la gestion d'ouvrages, d'équipements ou de biens immatériels nécessaires au service public dont l'autorité contractante a la charge, ainsi que tout ou partie de leur financement. Il peut également avoir pour objet tout ou partie de la conception de ces ouvrages, équipements ou biens immatériels ainsi que des prestations de services concourant à*

---

518 CE 29 oct. 2004, *Sueur*, *AJDA* 2004, p. 2383, chron. LANDAIS (C.) et LENICA (F.) ; *RFDA* 2004, p. 1103, concl. D. Casas.

519 SAMB (S.), *op., cit.* p.300.

l'exercice, par l'autorité contractante, de la mission de service public dont elle est chargée »[520].

On retrouve aussi cette notion de globalité dans la loi burkinabè de 2013 portant sur les contrats de partenariat public-privé[521]. L'article 4 de cette loi dispose qu'un contrat de partenariat est un contrat qui a pour objectif la conception des ouvrages ou équipements nécessaires au service public, le financement, la construction, la transformation des ouvrages ou des équipements, l'entretien ou la maintenance, l'exploitation ou la gestion.

En revanche, au-delà de la globalité, le droit malien, ainsi que le droit ivoirien se démarquent du système établi au Burkina Faso et au Sénégal. Par exemple au sens de la loi malienne, un contrat de partenariat englobe toutes les catégories de contrats de concessions, l'affermage, régie intéressée et les contrats mixtes [522]. Il existe les mêmes dispositions dans le décret ivoirien sur les contrats de partenariat. Au sens de l'article 1er de ce décret, le PPP est une notion qui englobe *« la régie intéressée, l'affermage, la concession de service public, le contrat de conception construction, financement et exploitation, le contrat de partenariat sur le financement public, les partenariats institutionnels développés sous la forme d'une société à participation financière publique minoritaire »*[523].

Dans tous les cas, il est bien établi dans les différentes réglementations nationales de l'espace UEMOA que le contrat de partenariat public-privé à travers son objet se distincte des marchés publics et des conventions de délégation de service public. Pour Alain MENEMENIS *« le rôle du partenaire se limite à apporter un concours multiforme au service public »*[524].

Malgré l'établissement par les législations nationales des lois portant exclusivement sur les contrats de partenariat public-privé, la qualification de cette catégorie de contrat peut susciter de difficultés. Par exemple, au Sénégal, avant l'adoption de la loi du 20 février 2014, relative aux contrats de partenariat public-privé. Les PPP étaient soumis au régime de passation des

---

520 Article 1er de la loi sur les PPP, *op., cit.*

521 Voir. loi n°20-2013/AN du 23 mai 2013, portant régime juridique du partenariat public-privé au Burkina Faso.

522 Voir. article 2 de la loi du 30 décembre 2016, *op., cit.*

523 Article 1er du décret n° 2012-1151 du 19 décembre 2012, relatif aux contrats de partenariat public-privé en Côte d'Ivoire.

524 MENEMENIS (A.), « L'ordonnance sur les contrats de partenariat : heureuse innovation ou occasion manquée ? », *AJDA*, 2004, p. 1745.

marchés publics. Ainsi, dans une affaire de 2013[525], la Direction Générale des Marchés Publics (DCMP), organe de contrôle *a priori*, a été sollicitée par une autorité contractante qui souhaitait passer un marché par entente directe pour la construction et l'exploitation d'une centrale à charbon. L'organe de contrôle a été confronté à des difficultés de qualification de la nature du contrat en question. Il a estimé que la demande n'était fondée sur aucune disposition du code des marchés publics. Il a dès lors envisagé deux hypothèses.

D'un côté, selon l'organe de contrôle *a priori*, l'examen du dossier sous l'angle du contrat de partenariat, plus probable au regard de la durée et des modalités de mise en œuvre se ferait en considération des dispositions de l'article 81 du code des marchés publics qui était la disposition applicable aux contrats de PPP (abrogé en 2014) et que dans ce cas, une procédure d'entente directe n'est pas envisageable.

D'un autre côté, si la demande est analysée sous l'angle des marchés publics, la DCMP estime que le contrat serait apprécié en référence aux dispositions de l'article 3 du CMP. Dans ce cas, également, la demande ne rentre dans aucun des cas prévus par le code des marchés publics.

Par la suite, le Comité de règlement des différends (CRD) a été saisi de cette affaire. Il a qualifié le contrat litigieux de marché public. Le CRD a considéré « *qu'en outre, compte tenu de l'envergure du projet, l'opportunité d'investissement offerte par le partenaire est d'autant plus nécessaire que le contexte économique est marqué par la mise en place de mesures de facilitation pour capter les investissements ; qu'en effet, le financement apporté par le partenaire pour réaliser la centrale assure une valorisation maximale des ressources publiques et constitue un avantage certain au regard de la date de mise en service projetée au premier trimestre 2016 ; qu'en considération de ce qui précède, il y a lieu d'autoriser la SENELEC à conclure le contrat par entente directe* »[526]. Le CRD s'est donc basé sur des considérations économiques pour qualifier le contrat litigieux de marché public.

Cette affaire illustre que la différence établie entre un contrat de partenariat et un contrat de marché public réside dans leurs régimes juridiques et non dans leurs natures puisque les prestations qui peuvent être réalisées dans le cadre d'un partenariat public-privé peuvent aussi l'être dans le cas d'un marché public. Il peut s'agir des marchés publics globaux qui ont la même finalité

---

[525] Décision n° 173/13/ARMP/CRD du 10 juillet 2013 du CRD statuant en commission litiges sur la demande de SENELEC.

[526] *Ibid.*

qu'un contrat de partenariat[527]. Dès lors, l'on peut considérer que les contrats de partenariat selon leur objet et leur économie ont bien la nature des marchés publics[528]. En définitive, l'objet de certains contrats de partenariat peut être réalisé par une procédure de marché public. Il ressort également que certains objets du contrat de partenariat peuvent être exécutés par une procédure de délégation de service public.

Cette situation peut être expliquée du fait qu'en Afrique les PPP sont centrés sur les besoins de financement, de développement économique et social. Dès lors, on peut observer une différence entre les PPP africains et les marchés de partenariat français. Ceux derniers ne sont pas forcément fondés sur des besoins de développement économique et social.

En outre, la distinction textuelle selon l'objet d'un contrat de partenariat public-privé et celui d'un marché public est à la fois confirmé par leur régime de rémunération et de leur durée.

B- Un critère financier distinct accompagné d'une longue durée

Le contrat de partenariat public-privé exige d'une part, de faire porter le préfinancement de l'opération par le partenaire privé de la personne publique, c'est-à-dire de différer le paiement dans le temps et d'autre part, le fait d'étaler la charge de l'investissement sur une période relativement longue afin de pouvoir adosser l'investissement. Ce mécanisme permet aux partenaires d'échapper à l'application du principe d'annualité auquel les marchés publics sont soumis.

La particularité des PPP est fondée sur le fait que l'autorité contractante rémunère son partenaire durant toute la période du contrat d'une manière échelonnée. Cette rémunération n'est pas liée à l'exploitation de l'ouvrage comme le cas des conventions de DSP. La rémunération des investissements réalisés, de l'entretien et du fonctionnement des équipements construits peut être liée à des objectifs de performance assignés au cocontractant. C'est ce qui ressort de la loi malienne du 30 décembre 2016. Cette loi précise que *« la rémunération fait l'objet d'un paiement par la personne publique, pendant*

---

527 Voir. BRENET (F.) « Les marchés de partenariat de l'ordonnance du 23 juillet 2015 : un nouveau départ pour les partenariats public-privé ? », *Dossier, DA* 2015 n° 12. 18 ; CHAMMING'S (V.) et SCIALOM M.), « Le régime juridique du marché de partenariat : nouveau paradigme ou simple inflexion de style ? », Dossier, CMP. Mai 2016. p. 27.

528 *Idem.*, p.1558.

toute la durée du contrat, laquelle est liée aux objectifs de performance »[529]. Il est permis au partenaire privé de percevoir des revenus sur la base d'activités annexes[530].

Dans le contrat de conception construction financement, exploitation, le partenaire recouvre ses investissements grâce aux redevances des usagers et le paiement versé par l'autorité contractante. Dans le contrat de construction, exploitation, transfert, le cocontractant se rémunère sur les tarifs perçus par l'exploitation du service. Enfin, seul dans le contrat de partenariat sur financement public que l'opérateur privé est rémunéré directement par l'autorité contractante pendant toute la durée du contrat[531].

Dans certains droits africains, la rémunération du cocontractant est assurée par tout moyen, le partenaire privé peut être rémunéré par l'administration. En clair, le cocontractant peut tirer ses revenus directement de l'autorité contractante, soit sur l'exploitation du service. Parfois, c'est la combinaison des deux. C'est-à-dire, « *la rémunération du partenaire privé peut aussi dans certaines limites, provenir à la fois des deniers publics et des usagers du service public. Tout dépend du montage contractuel »*[532]. Tel est le cas par exemple de la législation camerounaise qui prévoit que *« la rémunération du cocontractant, aux conditions dans lesquelles sont pris en compte et distingués, pour son calcul, les coûts d'investissement, de fonctionnement et de financement et, le cas échéant, les recettes que le cocontractant peut être autorisé à se procurer en exploitant les ouvrages ou les équipements pour répondre à d'autres besoins que ceux de la personne publique contractante (...) »*[533].

Cette modalité de rémunération du partenaire privé par les usagers est autorisée également dans le droit ivoirien [534]. Toutefois, cette rémunération ne peut être liée substantiellement aux résultats d'exploitation, ce qui éloigne ces contrats de la catégorie des conventions de délégation de service public, mais permet au cocontractant de diversifier sa rémunération, la rémunération propre devant rester accessoire[535].

---

529 Article 2 de la loi n°2016-61, *op., cit.* Au Sénégal, on retrouve la même définition dans l'article 6 de la loi n°2014-09, abrogée par la loi loi n° 2021-23.

530 Voir. article 6 de la loi du 20 février 2014, les PPP au Sénégal, *op., cit.*

531 Voir. article 1er du décret de 2012 sur les PPP en Côte d'Ivoire, *op., cit.*

532 ISSOUFOU (A.), *op., cit.* p.22.

533 Article 5 de la loi n°2006-12 du 29 décembre 2006, fixant le régime général des contrats de partenariat au Cameroun.

534 Voir. article 1er du décret de 2012 sur les PPP en Côte d'Ivoire, *op., cit.*

535 PEYRICAL (J-M.), « Notion des marchés publics », *folio Dalloz,* n°3007, mars 2017.

Cette hypothèse de rémunération du partenaire privé par la personne publique n'est pas exclue dans le droit sénégalais. L'article 6 de la loi de 2014 sur les partenariats public-privé prévoit que la rémunération du cocontractant *« provient essentiellement de versements par la personne publique pendant toute la durée du contrat ».* Il ressort par ailleurs que l'utilisation du terme *« essentiellement »* ne s'oppose pas à d'autres sources de rémunération de l'opérateur privé qui ne proviennent pas de l'administration. Néanmoins, l'on peut confirmer que la plupart des PPP africains est proche de la convention de service public du droit français d'après 2015.

En effet, le critère financier est indispensable dans la distinction entre les marchés publics et les partenariats public-privé. Ce critère doit être bien déterminé dans le contrat. En matière des marchés publics, les soumissionnaires sont tenus de préciser le prix dans leurs offres sous peine d'irrecevabilité. C'est ce qui ressort de l'arrêt de la Cour suprême du Sénégal de 2012[536].

En l'espèce, il s'agissait d'un avis d'appel à la concurrence lancé par une autorité contractante pour la réalisation des travaux d'équipements de salles de classe et de blocs administratifs. Un concurrent évincé a saisi le Comité de règlement des différends (CRD) après avoir été débouté par l'autorité contractante. Pour rejeter ce recours, à son tour, le Comité de règlement des différends (CRD) a retenu que le concurrent évincé n'a pas indiqué le montant de son offre dans la lettre de soumission. Pour le CRD « *ce manquement constitue une omission substantielle* ». A la suite de cette décision du CRD, l'entreprise évincée a formé un recours devant la section administrative de la Cour suprême.

Pour rejeter cette contestation, le juge suprême sénégalais exige des soumissionnaires de remplir toutes les rubriques de manière à fournir les renseignements nécessaires aux autorités contractantes. Il conclut que cette exigence tend à donner à « *l'offre un caractère précis et ferme* ». Ces mentions « *revêtent, à cet égard, un caractère substantiel* ». En conséquence, le juge suprême rejette le recours du requérant et confirme la décision du CRD en réaffirmant le fait que « *l'obligation de mention du montant de l'offre sur la lettre de soumission est une formalité substantielle dont l'inobservation entraine le rejet de l'offre* ». Cet arrêt était l'occasion pour la Chambre administrative de la Cour suprême de confirmer l'importance et la place qu'occupe l'un des critères d'identification des marchés publics par rapport aux partenariats public-privé, à savoir le prix. Ce critère de rémunération en matière des marchés publics est fondé sur la contrepartie donnée par l'autorité

[536] CS, chambre administrative, Arrêt n°01 du 09 février 2012, *Complexe International Thiaré Guèye (CITG) C/ARMP.*

contractante en échange des prestations fournies par son cocontractant. C'est le critère essentiel des contrats des marchés publics.

Cette question de rémunération soulève une autre question qui est la durée du contrat en ce qui concerne les contrats de marché public et les contrats de partenariat public-privé. Il apparaît que les contrats de partenariat nécessitent une longue durée d'exécution du contrat. Dans la fixation de cette durée, il est nécessaire de tenir compte de l'importance de l'investissement et du temps nécessaire pour l'amortissement des installations. L'organe de règlement de différends de l'ARMP du Sénégal a d'ailleurs considéré que la durée d'exécution de 5 ans est trop courte pour la qualification d'un contrat de partenariat[537]. Quant aux marchés publics, en principe, la durée est relativement courte.

La notion de rémunération et la durée sont très importantes pour distinguer les contrats de partenariat des autres catégories de la commande publique. La décision du 15 septembre 2010 de l'ARMP du Sénégal donne une bonne illustration de l'importance du critère de rémunération dans la distinction des différents contrats administratifs[538]. En l'espèce, la Direction Générale des Marchés Publics (DCMP), organe de contrôle *a priori* de la passation des marchés publics a été sollicitée par l'Agence de Régulation des Télécommunications et des Postes (ARTP) d'une autorisation de conclure un contrat de partenariat public-privé par entente directe. A cet égard, l'organe de contrôle *a priori* a délivré un avis de non-objection pour la passation dudit contrat. Cet avis de non-objection a été contesté par le Directeur de la Société nationale des Télécommunications (SONATEL) devant le Comité de règlement des différends (CRD).

Le CRD a rejeté l'avis de l'organe de contrôle *a priori* en considérant que le contrat litigieux n'est ni un marché public, ni un partenariat public-privé. Il se fonde d'abord sur le fait que dans l'objet du contrat contesté, il ne peut être identifié aucune mission globale de réalisation, de financement, d'investissements matériels ou immatériels, ainsi que leur entretien et leur exploitation.

Ensuite, le CRD se réfère aux critères de financement du contrat contesté. En analysant la méthode de rémunération du cocontractant, il relève que celle-ci n'est pas un prix versé par l'autorité contractante et n'est pas non plus liée à des objectifs de performance qui lui sont assignés. Le CRD a donc écarté à la

---

[537] Décision n°127/10/ARMP/CRD du 15 Sep 2010, aff. *ARTP, op., cit.*
[538] *Ibid.*

fois, la qualification de contrat des marchés publics et de contrat de partenariat public-privé.

Enfin, en analysant la durée du contrat en cause qui est une durée de cinq ans. Le CRD en conclu que cette durée *« de cinq ans du contrat n'est adossée ni à la durée d'amortissement des investissements ni aux modalités de leur financement »,* ce qui renforce l'exclusion de la qualification d'un contrat de partenariat public-privé.

En s'appuyant sur l'avis de l'organe de contrôle *a priori* qui soulignait que les modalités de rémunération sont fixées en fonction des redevances perçues sur les usagers parce que, directement indexées sur le trafic international à travers une grille de répartition de celui-ci entre les opérateurs, l'Etat et le cocontractant. Dès lors, le contrat litigieux a donc été qualifié de délégation de service par le CRD.

Dans cette décision, le Comité de règlement des différends a mis l'accent sur l'importance à la fois de la durée du contrat et de la rémunération du cocontractant dans la qualification de contrat de PPP. C'est surtout le mode de rémunération qui lui a permis de déterminer la nature du contrat litigieux. Il apparaît donc que le mode de financement du contrat peut parfois être bien plus qu'un critère complémentaire, mais un critère principal. D'ailleurs, il a été déjà préconisé, face au caractère fluctuant et incertain de la nature du service public de mettre en avant le critère du mode de rémunération, plus précisément celui du transfert de risques économiques découlant directement des modalités de rémunération du cocontractant[539].

Certes, il n'existe pas encore un cadre communautaire relatif aux contrats de partenariat public-privé dans la zone UEMOA. Néanmoins, la question que l'on se pose est de savoir si toutefois, la future architecture supranationale des PPP verra le jour, va-t-elle soumettre aux mêmes régimes de passation les contrats de partenariat et les marchés publics ?

En tout cas, dans la communauté de droit de l'UEMOA, c'est ce qui relève du régime de passation des délégations de service public qui est soumis au même régime que les marchés publics[540]. D'ailleurs, pour le professeur François COLLY, *« désormais les marchés de partenariat sont soumis à la plupart des*

[539] SAMB (S.), *op., cit.* p. 281.

[540] Pour rappel, dans les Etats membres de l'UEMOA, la réglementation de la DSP et celle des marchés publics sont consacrées dans les textes.

dispositions générales sur les marchés publics »[541]. Cet auteur indique qu'en outre les objets du marché de partenariat ont été étendus par rapport au contrat de partenariat antérieur.

Par ailleurs, la répercussion des nouvelles dispositions communautaires sur les droits nationaux a eu des conséquences également sur la notion des marchés publics de droit privé.

Section 2 : L'étendue de la problématique des marchés publics relevant du droit privé

La communauté de droit de l'UEMOA a redéfini la notion des marchés publics. En revanche, les nouvelles dispositions sont silencieuses sur la nature des contrats passés conformément au code des marchés publics. Or, l'application des règles des marchés publics dans un contrat ne lui garantit pas forcement son caractère de contrat administratif. Les marchés publics peuvent être aussi des contrats de droit privé soumis aux règles du droit privé[542].

Cette problématique des contrats de droit privé n'est pas tranchée par le droit ouest africain des marchés publics. Dans certains droits nationaux des marchés publics, ce débat reste ouvert. En principe, un contrat conclu entre deux personnes privées relève des règles du droit privé et n'est pas administratif[543].

Par ailleurs, la question des marchés publics de droit privé a été longuement discutée par la jurisprudence et la doctrine. Cette question des marchés publics de droit privé a fait l'objet de divergence doctrinale avant d'être tranchée puis maintenue dans certains droits internes.

---

541 COLLY (F.) *op., cit.* p.229.

542 MARTINEZ (B.) et SERR (F.), *Exécution des marchés publics*, Editions Le Moniteur, paris 2013, p.9.

543 CE, 13 déc. 1963, *Syndicat des praticiens de l'art dentaire,* n° 53-973 ; TC, 3 mars 1969, *Société Inter lait.*

Paragraphe 1 : La confrontation doctrinale relative aux marchés publics de droit privé

L'idée d'un marché public relevant du droit privé a suscité le débat au sein de la doctrine juridique. Une partie de la doctrine était opposée à cette hypothèse (A) face à la doctrine qui était propice à cette thèse (B).

A. La doctrine hostile au concept des marchés publics relevant du droit privé

En principe, au sein de certains Etats membres de l'UEMOA, la soumission d'un contrat aux exigences du code des marchés publics peut lui conférer systématiquement le caractère de contrat administratif[544]. Dans d'autres législations nationales l'alignement d'un contrat au code des marchés publics ne lui confère pas la qualité de contrat administratif et par conséquent, n'entraîne pas sa soumission à un régime exorbitant du droit commun et de la compétence du juge administratif[545].

Ainsi, concernant ces deux hypothèses la doctrine est divisée. La doctrine opposée à la notion des marchés publics de droit privé se défend en estimant que cette pratique perturbe la notion traditionnelle des marchés publics. Elle précise qu'il est incompatible d'envisager l'hypothèse des marchés publics de droit privé. Selon Roland DRAGO, cette question peut sembler *« bouffonne »*[546]. Il précise qu'admettre la notion des marchés publics de droit privé n'est que complication. Cette doctrine précise que si le contrat est conclu dans les conditions du droit privé, c'est le code civil qui s'applique et si un tel contrat est conclu dans les conditions du droit public c'est le code des marchés publics qui s'applique. En définitive, pour le professeur DRAGO, si les marchés publics sont tous des contrats administratifs, leur régime sera applicable à tous les contrats des travaux, services, fournitures passées par les administrations qui sont de nature administrative.

Pour d'autres auteurs, ce débat est un faux problème. Telle est la vision de J KHAN. Il estime que le problème ne se pose pas, *« les règles de passation*

---

544 En ce sens, voir. l'article 2 du CMP du Burkina Faso qui prévoit expressément que le marché public est un contrat administratif écrit, conclu à titre onéreux.

545 PIVETEAU (D.), « Quelle portée doit être donnée à l'article 2 de la loi MURCEFF », Concl. Sur CE avis du 29 juillet 2002, société MAJ Blanchisserie de Pantin, req. n°246.921, *Bulletin juridique des contrats publics,* n°25, 2002, p. 427-432.

546 DRAGO (R.), « Règlement et pratique des marchés publics », *ADPE*, Dalloz, 1985, p.11.

prévues par le code sont impératives, les marchés publics se réfèrent à des cahiers des charges qui contiennent des clauses exorbitantes du droit commun, ce qui a pour effet de toujours leur donner un caractère administratif »[547]. La dissociation des marchés publics de contrat administratif ne peut donc exister[548]. Si cette vision est exacte dans la majorité des cas et a le mérite d'être simplifiée selon François LLORENS[549]. Or, il est constant que les marchés publics ne se référent pas toujours aux cahiers des charges ou seulement partiellement et contenant des clauses exorbitantes du droit commun si ce n'est pas un cahier dit « type »[550].

Le droit des marchés publics est un droit multidisciplinaire partagé entre les règles du droit public et celles du droit privé[551]. Le rapprochement entre les contrats de droit privé et les contrats relevant du droit public s'opère d'une manière naturelle sous l'influence du législateur communautaire qui ne se préoccupe pas forcement des conceptions nationales relatives à la distinction du droit public et du droit privé. A cet égard, une partie de la doctrine est favorable à l'idée des marchés publics qui relèvent de la réglementation privée.

B. La doctrine favorable à la notion des marchés publics de droit privé

Cette doctrine admet la thèse des marchés publics de droit privé. En effet, cette notion serait tout aussi simplificatrice puisque le code des marchés publics s'applique sitôt que sont remplies les conditions d'objet, de parties, conditions exigées d'un contrat de marché public sans prendre en compte la nature du contrat[552]. Ainsi, un marché public *« n'est pas nécessairement et ne doit pas être obligatoirement un contrat administratif »*[553]. Il s'agit donc d'un contrat qui ne peut nécessairement relever de la nature de contrat administratif. C'est peut-être l'une des raisons pour laquelle Olivier FROT affirme que *« l'achat public se trouve à la croisée de plusieurs logiques juridiques nationales : droit public*

547 KHAN (J.), « La notion de marché public », *Contrats marchés publics*, oct 1968, p.37.

548 DIRICKX (N.), *op., cit.* p.213.

549 LLORENS (F.), note de jurisprudence administrative sur les arrêts : TC, 5 juillet 1999, *Commune de Sauve c/ Société Gestetner*, et TC, 5 juillet 1999, *Union des groupements d'achats publics* (UGAP) *c/ Societé SNC activ CSA,* RD publ. 2000, n°1, p.247.

550 RICHER (L.), « Le marché public : problèmes actuels de définition », *CJEG,* fév 1986, p.38.

551 DICKO (A.), *op., cit.* p.214.

552 DIRICKX (N.), *op., cit.* p.214.

553 GUIBAL (M.), « Codification et simplification du droit des marchés publics », *AJDA* n° spécial, 1994, p.11.

et droit privé »[554]. D'ailleurs, d'après certains auteurs, le droit des marchés publics *« relève en effet, pour partie du droit des obligations civiles »*[555].

A la question de savoir si le droit des marchés publics relève du droit public ou du droit privé, il convient de dire simplement qu'aucun droit n'est autonome. Cette répartition de la matière du droit des marchés publics entre les droits varie suivant les systèmes de droit. A la question de savoir si un contrat soumis au code des marchés publics peut être de droit privé, certes, une partie minoritaire de la doctrine avait considéré que les marchés publics étaient nécessairement des contrats administratifs. Mais selon la majorité des auteurs, il n'existait pas d'incompatibilité entre le code des marchés publics et le droit privé[556].

Pour cette doctrine, l'admission d'un marché public de droit privé ouvre une grande porte aux cocontractants qui veulent échapper aux règles du code des marchés publics, en évitant de rentrer dans les critères des contrats administratifs[557].

Par ailleurs, l'acceptation des marchés publics de droit privé a permis à d'autres auteurs de dénommer cette catégorie de contrat privé des *« marchés semi-publics »*[558]. Selon Rémi ROUQUETTE, l'appellation des marchés publics de droit privé peut viser les marchés, contrats privés des personnes publiques soumis au code des marchés publics. Selon cet auteur, la dénomination de *« marché semi public »* décrit le mieux le mouvement tendant à augmenter la prégnance du droit public. Il est défini comme *« tout marché, contrat administratif ou non qui n'est pas totalement public ni totalement privé »*[559].

Dans d'autres systèmes juridiques, il y a autant de particularités que de pays. En Allemagne, les marchés publics de travaux, de fournitures et de services sont des contrats de droit privé, mais les juridictions administratives sont compétentes en matière des litiges nés de l'exécution du contrat ainsi que sur la réparation des dommages causés par l'inexécution[560]. En Belgique, la juridiction judiciaire est compétente en matière des contrats malgré l'existence

---

554 FROT (O.), « Marchés publics : Comment choisir le mieux disant ? La détermination des critères et leur pondération », AFNOR, 2ème édition révisée, 2008, p. 34.

555 LINDITCH (F.), *Le droit des marchés publics,* Dalloz, 5ème édition, 2009, p. 8.

556 DICKO (A.), *op., cit.* p. 215.

557 DIRICKX (N.), *op., cit.* p.215.

558 ROUQUETTE (R.), « Les marchés semi publics », *AJDA* 1994, n° spécial, juillet-août, p. 21.

559 *Ibid.*

560 RICHER (L.), *Droit des contrats administratifs,* 8e édition, LGDJ, 2012, p. 798.

des contrats administratifs[561]. En droit italien les contrats de l'administration sont en principe régis par le code civil et le juge judiciaire est compétent. Toutefois, le juge administratif connaît de la légalité[562].

La question est de savoir si les marchés publics posséderaient une nature administrative du seul fait de leur soumission au code des marchés publics ou s'il faudrait encore satisfaire aux critères des contrats administratifs.

En droit français, si la doctrine était divisée. Cela a permis au juge de prendre part au débat. Par la suite, dans un premier temps, la loi MURCEF de 2001 a bouleversé l'ordre des choses en instaurant une qualification légale des contrats administratifs. Dans un second temps, l'article L. 6 du code de la commande publique énonce que les marchés soumis au code sont des contrats administratifs.

En revanche, la question de qualification des marchés publics relevant du droit privé n'a pas encore été définitivement tranchée par le droit UEMOA des marchés publics.

Paragraphe 2 : La confrontation entre les régimes des marchés publics de droit privé et les marchés publics de droit public

Dans le droit UEMOA des marchés publics tandis que certaines réglementions nationales ont opté pour une qualification textuelle de la nature des contrats (B), le débat reste ouvert dans d'autres règlementations (A).

A. Le maintien de la notion des marchés publics de droit privé par certains droits nationaux

Les textes communautaires ouest africains sont silencieux à la fois sur la détermination de la nature des contrats des marchés publics, mais aussi sur les compétences des juridictions qui doivent intervenir en cas des litiges.

Dans le contexte où le contrat est devenu un outil multifonctionnel permettant tout à la fois de recruter du personnel, de gérer des biens ou une activité, de délivrer des prestations, de piloter l'action administrative mais aussi et surtout

---

561 *Ibid.*

562 *Ibid.*

d'édicter de véritables normes juridiques, il importe de connaître les enjeux qui s'attachent à la qualification juridique du contrat[563]. Cela suppose au préalable de régler deux questions : l'acte présenté comme un contrat est-il un véritable contrat et si tel est le cas possède-t-il une nature administrative ou privée ? Selon le professeur François BRENET, « *il n'est pas toujours aisé de répondre à la première interrogation en raison de la multiplication d'actes qui ne sont que de faux ou de pseudo-contrats* »[564]. Une fois le contrat identifié, il faut dès lors déterminer s'il possède la nature administrative ou privé.

Dans le droit des marchés publics au sein de la communauté de droit, certains Etats membres maintiennent implicitement la notion des marchés publics de droit privé. C'est le cas du Benin, du Mali, du Niger et du Togo. D'autres Etats membres prévoient explicitement que les marchés publics sont des contrats administratifs mais établissent une exception pour les marchés de certaines catégories d'autorités contractantes qui relèvent du droit privé. C'est le cas par exemple du Sénégal.

Ce faisant, il existe des droits nationaux qui reconnaissent implicitement les marchés publics de droit privé. Pour rappel, les marchés publics sont des contrats écrits conclus à titre onéreux par une autorité contractante pour répondre à ses besoins en matière de travaux, de fournitures ou de services [565]. En d'autres termes, le rédacteur du code des marchés publics du Togo précise qu'il s'agit des marchés, par lesquels un entrepreneur, un fournisseur ou un prestataire de service s'engage envers l'une des personnes morales de droit public ou de droit privé, soit à réaliser des travaux, soit à fournir des biens ou des services moyennant un prix[566]. Il ressort de la règlementation togolaise, l'acceptation implicite de la notion des marchés publics relevant du droit privé.

En matière de qualification de la nature administrative ou privé des marchés publics, le Mali et le Niger opèrent de la même façon sans aucune différence. Par exemple, concernant les litiges relatifs aux marchés publics, leurs codes des marchés publics proclament deux types de contentieux[567]. Ils disposent

---

563 BRENET (F.), « Contrats administratifs par détermination de la loi », *JurisClasseur Administratif,* fasc 602, 13 janvier 2009, p.3.

564 *Ibid.*

565 Voir. article 1 du CMP du Mali.

566 Voir. article du décret n°2009-277/PR du 11 novembre 2009, portant code des marchés public au Togo.

567 Voir. article 172 décret n°2016-641/PRN/PM du 1er décembre 2016, portant code des marchés publics au Niger ; au Mali, c'est l'article 123 du CMP qui établit ce principe. En matière de contentieux des marchés publics, le droit sénégalais, le droit malien et le droit nigérien établissent tous les trois la différence entre les marchés passés par les personnes publiques *stricto sensu* et les autres catégories d'autorités contractantes. En

d'une part que *« les litiges relatifs aux marchés publics passés par l'Etat, les collectivités territoriales et les établissements publics sont portés devant les juridictions compétentes pour connaître du contentieux des contrats administratifs »*. D'autre part, les mêmes dispositions précisent que *« les litiges relatifs aux marchés passés par les sociétés nationales et des sociétés anonymes à participation publique majoritaire sont soumis aux tribunaux du droit commun »*. Cette distinction des juges compétents en fonction des litiges empêche l'hypothèse toute forme d'interprétation unique du contentieux des marchés publics de la part du juge. C'est ce qui a été rappelé par la Cour suprême du Mali dans son arrêt de 2014[568]. Le juge administratif a précisé qu'en matière des contentieux relatifs aux marchés publics, il existe deux ordres de juridictions compétentes pour trancher les litiges, les juridictions administratives pour les contentieux des contrats administratifs et les juridictions de droit commun pour les marchés des sociétés nationales, des sociétés anonymes et autres personnes de droit privé. Dans cette orientation, la Cour a considéré qu'une autorité contractante qui *« n'est pas une entreprise de droit public et son administration ne saurait être assimilée à une administration publique »*, qu'une décision de cette entité *« n'est pas un acte de droit public justiciable d'un recours pour excès de pouvoir devant la section administrative de la Cour suprême »*. Elle a dès lors, soulevé l'exception d'incompétence de la section administrative de la Cour pour connaître du recours contre les décisions de cette structure.

En revanche, au Benin tout comme au Togo, le silence des textes sur la détermination de la nature des contrats et le juge compétent selon les litiges ouvre la possibilité au juge d'opérer une qualification jurisprudentielle de la nature administrative ou privée des contrats. Il ressort de la réglementation des marchés publics de ces pays que *« tout litige qui a fait préalablement l'objet d'un recours gracieux ou hiérarchique et qui n'a pas été réglé à l'amiable est porté, conformément au droit et aux stipulations contractuelles applicables, devant les juridictions ou les instances arbitrales compétentes »*[569]. Ainsi, dans ces droits nationaux, il ne faut pas être surpris si un juge judiciaire

---

revanche, la différence entre les dispositions nigériennes, maliennes et celles du Sénégal réside du fait que dans le code des marchés publics au Sénégal, il est expressément prévu que *« les marchés publics sont des contrats administratifs, à l'exception de ceux passés par les sociétés nationales et les sociétés anonymes à participation publique majoritaire, qui demeurent des contrats de droit privé »*. Or, le code nigérien ne qualifie pas la nature des contrats des marchés publics.

568 CS, sect. Adm. 09 octobre 2014, *Salif BOCOUM c/ CMDT*, n°269.

569 Voir. article 148 de la loi n° 2009-02 du 07 aout 2009, portant code des marchés publics et des délégations de service public en République du Bénin ; Voir. aussi. article 130 du code des marchés publics du Togo, *op., cit.*

se saisit de la compétence de trancher les litiges des marchés publics, ou encore, qu'un juge administratif décline sa compétence en la matière.

Il existe donc des différences selon les Etats. D'une part, on observe la catégorie des réglementations nationales qui disposent que les marchés publics sont des contrats administratifs. D'autre part, la catégorie des systèmes dans lesquels les contrats passés par les personnes morales de droit privé, à savoir les sociétés d'Etat ou les sociétés à participation financière publique majoritaire ne sont pas des contrats administratifs[570]. Cependant, la qualification de contrat administratif justifie la compétence du juge administratif pour en connaître en cas de litige et l'application d'un régime juridique, que l'on considère traditionnellement comme étant exorbitant du droit commun. Inversement, l'identification d'un contrat privé entraîne la compétence du juge judiciaire et l'application du droit commun des contrats privés.

D'ailleurs, au Sénégal, l'idée des marchés publics de droit public et des marchés publics de droit privé a été confirmée par l'organe de règlement des différends. Cet organe a considéré que tous les marchés publics conclus par des personnes morales de droit public, qu'ils soient des contrats administratifs ou non, demeurent soumis au code des marchés publics [571]. La question de la compétence du juge en matière des litiges a été tranchée par le rédacteur du code de 2014. Il ressort de l'article 139 du code des marchés publics sénégalais, d'une part que *« les litiges relatifs aux marchés constituant des contrats administratifs sont soumis aux juridictions compétentes pour connaître du contentieux des contrats administratifs, dans les conditions prévues par le code des obligations de l'administration* », d'autre part, le même texte précise que *« les litiges relatifs aux marchés des sociétés nationales et sociétés anonymes à participation publique majoritaire sont soumis aux tribunaux de droit commun »*.

Dans le droit sénégalais, le procédé de détermination des juridictions compétentes pour connaître les litiges relatifs aux marchés publics n'a rien d'étonnant. Le rédacteur a juste été cohérent car il a bien établi une distinction

---

[570] C'est le cas du Sénégal, l'article 4 du CMP dispose qu'un marché public est un « *contrat écrit conclu à titre onéreux par une autorité contractante pour répondre à ses besoins en matière de travaux, de fournitures ou se services ou à des besoins combinant ces différentes catégories. Les marchés publics sont des contrats administratifs, à l'exception de ceux passés par les sociétés nationales et les sociétés anonymes à participation publique majoritaire, qui demeurent des contrats de droit privé* ».

[571] Décision n° 093/12/ARMP/CRD du 21 août 2012 du CRD statuant en commission litiges sur la demande de la SICAP.SA.

entre la nature des marchés publics des autorités contractantes naturelles et ceux des marchés publics des personnes relevant du droit privé.

Néanmoins, d'autres Etats membres de l'UEMOA ont tout simplement opté pour une qualification textuelle à l'égard de toutes les catégories des marchés publics qui sont des contrats administratifs. Cette qualification est à la fois explicite et implicite selon les Etats.

B. La solution de la qualification textuelle des contrats par certains codes des marchés publics

La typologie de la qualification textuelle des contrats administratifs prime sur la qualification jurisprudentielle qui renvoie aux critères organiques et matériels liés à l'existence d'éléments exorbitants ou aux liens entretenus par le contrat avec une mission de service public. Le juge ne peut intervenir que dans le silence des textes. Tel est le cas du droit communautaire ouest africain. L'article 12 de la directive n°05/2005 prévoit simplement que *« les Etats membres s'engagent à ce que les décisions de l'autorité de recours non juridictionnels puissent faire l'objet d'un recours à bref délai devant un organe juridictionnel »*[572]. Aucune précision n'est apportée sur la question de qualification des contrats.

Cependant, le principe de qualification textuelle de la nature des contrats peut être divisé en deux catégories. D'un côté, en fonction de la nature du texte intervenu puisque la qualification peut relever du domaine de la loi ou du domaine réglementaire. D'un autre côté, en fonction de la qualification opérée par le texte. Certaines dispositions qualifient indirectement le contrat des marchés publics en précisant que le contentieux des marchés publics revient au juge administratif, ce qui signifie en réalité qu'il est aussi un contrat administratif. Cette méthode est utilisée par les droits ivoiriens et maliens des marchés publics. D'autres dispositions procèdent plus directement en précisant explicitement sa nature administrative ou privée. Tel est le cas par exemple du décret du 1er février 2017, portant procédure de passation, d'exécution et de règlement des marchés publics au Burkina Faso[573].

Dans le premier cas, notamment dans la réglementation ivoirienne, bien qu'elle ne détermine pas expressément que les marchés publics sont des contrats administratifs, reconnaît indirectement la nature administrative des

---

[572] Voir. article 12 de la directive n°05/2005.
[573] Voir. décret n°2017-49 PRES/PM/MINEFID, *op., cit.*

marchés publics à travers le cadre contentieux. L'article 170 de l'ancien code ivoirien des marchés publics, prévoyait qu'après *« l'épuisement des voies de recours non juridictionnels, les litiges relatifs aux marchés publics sont soumis aux juridictions compétentes pour connaître du contentieux des contrats administratifs »*. Dès lors, dans le droit ivoirien des marchés publics, la détermination de la nature administrative des marchés publics résulte du fait que le texte attribue la compétence pour connaître des litiges relatifs aux marchés publics aux juridictions administratives. En d'autres termes, les dispositions de l'article 170 précité indiquait que les marchés publics sont des contrats administratifs. En revanche, la nouvelle rédaction de cet article dans l'ordonnance n°2019-679, portant code des marchés publics en Côte d'Ivoire suscite des interrogations en ce qu'elle ne soumet, aux compétences du juge administratif, que les litiges relatifs *« l'exécution ou règlement des marchés publics »*[574]. On peut ainsi s'interroger du sort des litiges relatifs à la passation des marchés publics qui selon l'article 148 de l'ordonnance précitée sont soumis à la *« juridiction compétente »* sans aucune précision.

Dans le second cas, le rédacteur burkinabè a coupé court en considérant qu'un marché public est un contrat administratif écrit[575]. Le rédacteur burkinabè a déterminé la nature administrative des marchés publics d'une manière directe. En définitive, le droit burkinabè des marchés publics a posé le principe de présomption naturelle d'administrativité des marchés publics. Il revient donc naturellement au juge administratif de trancher les litiges relatifs aux marchés publics. Il serait sans doute excessif de soutenir que la qualification textuelle d'un contrat administratif écarte toute intervention du juge administratif. Bien souvent, c'est au juge qu'il revient de fixer les contours du contrat qui a été qualifié par le législateur ou le pouvoir réglementaire[576].

Par ailleurs, la qualification textuelle de la nature administrative ou privée des marchés publics est très opportune. Elle permet par exemple, aux parties de ne pas s'interroger sur le régime juridique applicable à leurs contrats et sur la détermination du juge compétent pour en connaître en cas de litige[577].

En outre, il faut reconnaître que la qualification textuelle a joué un rôle important dans la construction de la notion des contrats administratifs dans d'autres systèmes juridiques étrangers. À l'époque où la répartition des compétences entre le juge administratif et le juge judiciaire était réglée par la

574 Voir. article 149 de l'ordonnance n° 2019-679, portant CMP en Côte d'Ivoire.

575 Voir. article 2 du CMP en vigueur au Burkina Faso.

576 BRENET (F.), *Recherches sur l'évolution du contrat administratif*, Thèse de doctorat en droit, Poitiers, 2002, t. 1, p. 192 suivantes.

577 BRENET (F.), « Contrats administratifs par détermination de la loi », *op., cit.* point. 4.

théorie des actes d'autorité et de gestion, les qualifications textuelles ont permis de rapatrier certains contrats (qui étaient considérés comme des actes de gestion relevant en principe de la compétence du juge judiciaire) dans le champ de compétence du juge administratif[578].

Par ailleurs, dans le droit UEMOA des marchés publics, l'on se demande si l'unification de l'ensemble des marchés publics en un seul régime juridique ne serait pas simplificatrice.

A titre d'illustration, l'attribution à la juridiction administrative d'un bloc de compétence en matière des marchés publics permettrait de garantir une bonne administration de la justice et par la même d'assurer la sécurité juridique [579]. Nonobstant, si la concentration de l'ensemble des litiges peut être confiée au juge administratif dans le système où le contentieux est reparti entre deux ordres distincts[580], sa pertinence est difficilement perceptible dans des systèmes où ce sont les juridictions de première instance qui sont compétentes pour connaître du contentieux des contrats de droit privé et de droit public[581]. Dès lors, il est impérieux de remédier cette lacune fonctionnelle de l'appareil judiciaire.

---

578 *Idem.,* point. 5.

579 SAMB (S.), *op., cit.* p. 339.

580 C'est le cas, du Mali, Niger et Sénégal, voir. *Cf, supra.* p. 165.

581 Tel est le cas de la Côte d'Ivoire, pour plus de détails voir. AMBEU (A V-P.), *La fonction administrative contentieuse en Côte d'Ivoire »,* Thèse de doctorat en droit, Université Jean Moulin Lyon 3, 2011.

Chapitre 2 : La redynamisation du cadre institutionnel de contrôle et de régulation des marchés publics

La recherche de l'efficacité des marchés publics impose la mise en place d'un mécanisme efficace de surveillance, de contrôle et de régulation de cette sphère économique[582]. Dans cette orientation, les nouveaux textes communautaires imposent le principe de séparation et d'indépendance des fonctions de contrôle et de régulation[583]. La restructuration du cadre institutionnel a ainsi abouti à la séparation des fonctions de contrôle *a priori* des fonctions de contrôle *a posteriori*[584].

Cette technique passe par le renforcement des organes existants et la création des nouveaux organes de contrôle et de régulation des marchés publics. Une telle perspective est intéressante au vu de la croissance des marchés publics qui présente plus de 5% du PIB en moyenne, soit de 21 à 34 % des budgets nationaux[585].

Cette exigence communautaire a eu pour conséquence la réorganisation institutionnelle du contrôle des marchés publics (Section 1) et la consécration des nouveaux organes de régulation des marchés publics (Section 2).

582 Voir. considérant 6 de la directive n°5/2005, *op. cit.*

583 Voir. articles 3 et 13 de la directive n°05/2005.

584 Contrairement à certains Etats qui centralisent le système de contrôle des marchés publics. L'UEMOA a fait le choix de confier le contrôle des marchés publics à deux entités différentes. C'est le cas, par exemple, du Cameroun qui a confié cette compétence au ministère en charge des marchés publics qui est compétent à la fois pour le contrôle *a priori* et *a posteriori*. Il dispose de ses propres agents pour mener ses missions de contrôle. Il peut participer au contrôle à travers la désignation des observateurs indépendants pendant la phase d'analyse des offres. L'organe de régulation dispose de compétences très limitées. Pour plus de détails sur le contrôle des marchés publics au Cameroun ; voir. Thèse de SAMB (S.), *op., cit.* p. 544.

585 Etude diligentée par l'APEX-CI, in, *« L'accès à la commande publique en Afrique de l'ouest : Nos recommandations en faveur des PME ouest-africaines »,* Le projet AMADE Pro€Invest, p.10 ; https://www.francophonie.org/IMG/pdf/pme_et_marches_publics.pdf, consulté le 27/01/2021.

Section 1 : Le réaménagement des organes chargés de contrôle des marchés

La réforme des marchés publics s'adapte aux mécanismes internationaux. Les contrôles ne visent plus simplement à protéger les intérêts des autorités contractantes face aux opérateurs économiques, mais aussi les droits de ces mêmes operateurs dans l'accès aux marchés.

Ce faisant, dans le cas de l'UEMOA, l'attribution des missions de contrôle des marchés publics est très ancienne. Il existait des organes chargés de ces missions dans certains Etats. C'est le cas par exemple du Mali qui avait créé, en 1990[586], la Direction Générale des Marchés Publics (DGMP). La même ambition avait permis au Burkina Faso de créer en 1991 l'Office national des marchés publics (ONMP) [587]. Au Bénin, la Commission nationale des marchés publics (CNMP) a été créée 2004[588]...

Toutefois, ces organes ont été décriés en raison de nombreuses lacunes. Désormais, l'Union les organise autour d'entités administratives centrales et déconcentrées ainsi que décentralisées[589]. Cette méthode responsabilise et garantit l'efficacité des marchés publics.

Cette modernisation du système de contrôle des marchés publics s'est ainsi traduite par le renouvellement des organes nationaux de contrôle (paragraphe 2) et à la mise en place d'un système communautaire de contrôle des marchés publics (paragraphe 1).

---

586 Voir. loi n° 90-06/AN-RM du 19 février 1990, portant création de la Direction Générale des Marchés Publics (DGMP), abrogée par la loi n°08-2008-022/ du 23 juillet 2008, portant création de la Direction Générale des marchés publics et des DSP.

587 Etablissement public administrative, placé sous la tutelle du ministère des finances, l'ONMP avait pour compétence d'assurer le contrôle des marchés publics. Par la suite, la Direction centrale des marchés publics a été créée par le décret du 7 mars 1996, pour remplacer l'ONMP. Puis, la réforme de 2003 va doter la Direction centrale des marchés publics d'un véritable pouvoir de contrôle des marchés publics.

588 Voir. Loi abrogée n°2004-18 du 27 août 2004 portant modification de l'ordonnance n°96-04 du 31 janvier 1996 portant code des marchés publics.

589 Voir. article 4 de la directive 05/2005, *op., cit.*

Paragraphe 1 : Le mécanisme de contrôle des marchés publics à l'échelle supranationale

Le système communautaire de contrôle des marchés publics tient sa source de la surveillance multilatérale de l'intégration économique. C'est le mécanisme communautaire de définition et de contrôle des politiques économiques entre les Etats membres[590]. L'objectif est d'harmoniser, voire d'unifier les droits nationaux des marchés publics. Ce système de contrôle permet aussi de lutter contre les pratiques frauduleuses et de garantir l'effectivité des règles fondamentales.

A travers ce mécanisme, l'UEMOA arrive à contrôler le degré d'harmonisation et à comparer les données nationales. De sorte qu'elle impose le principe du droit d'information de la Commission (A.). Elle a également mis en place des organes de surveillance et de contrôle des marchés (B).

A. L'obligation d'information et de surveillance de la Commission de l'UEMOA

Les Etats membres sont tenus d'informer la Commission de l'UEMOA des dispositions de leur droit interne déjà adoptées ou qu'ils envisagent d'adopter dans le domaine des marchés publics[591]. A cet égard, lorsque les Etats membres adoptent de nouvelles dispositions en application des directives marchés publics. Ces dispositions ne peuvent en principe contredire les directives[592].

Dans l'application du principe d'obligation d'information, le législateur communautaire impose par exemple l'obligation de publicité des marchés supérieurs ou égaux aux seuils communautaires de publicité.

Pour cette catégorie des marchés publics, les Etats membres informent la Commission. A ce titre, la Commission publie les avis des marchés douze jours ouvrables au plus tard après son information. En cas d'urgence, ce délai est réduit à cinq jours ouvrables[593]. Ce faisant, la publication des avis, en application des dispositions des réglementations nationales ne doit intervenir

590 Voir. article 1 du Traité modifié de l'UEMOA, *op., cit.*
591 Voir. article 93 de la directive 04/2005, déjà citée, reprise par l'article 14 de la directive 05/2005, *op., cit.*
592 *Ibid.*
593 Voir. article 41 de la directive 04/2005, *op., cit.*

avant la publication effectuée par la Commission de l'UEMOA[594]. L'objectif de cette exigence *« est d'amener les Etats membres à réaliser des critères de convergence à une échéance précise et à faire des efforts importants »*[595] en matière des marchés publics.

En revanche, en l'état actuel, aucun seuil communautaire n'existe. L'article 40 de la directive n°04/2005 prévoit simplement que la Commission *« définira en concertation avec les Etats membres, un seuil communautaire de publication (...) »*. Or, dans la pratique chaque Etat membre a déterminé ses propres seuils de passation des marchés publics[596].

Par ailleurs, pour réaliser la surveillance multilatérale dans le secteur des marchés publics, la Commission de l'UEMOA se propose de mettre en place des indicateurs de performance. L'indicateur est une variable qui permet de mesurer un aspect d'un phénomène dans le but de vérifier l'atteinte d'un objectif, de comparer des entités différentes ou une entité dans le temps ou qui permet de mettre en contexte l'interprétation d'autres mesures. A cet égard, on peut distinguer trois sortes d'indicateurs[597].

En premier lieu, les indicateurs de base permettent d'évaluer les facteurs qualitatifs des systèmes nationaux de passation des marchés en définissant les points forts et les points faibles. Ils portent sur l'ensemble du système national.

En second lieu, il existe des indicateurs de suivi qui permettent de collecter et de transmettre les données de base pour analyser la performance du système des marchés publics.

En troisième lieu, concernant les indicateurs de performance, ils consistent à définir des cibles à atteindre et à mesurer les résultats. Ils portent sur les activités clés pour lesquelles les données peuvent être recueillies.

En outre, les indicateurs proposés par l'organe exécutif de l'UEMOA prennent en compte toute la chaîne de la dépense publique faite par le biais des marchés publics. L'idée est de les regrouper selon les phases du marché et les structures

---

594 *Ibid.*

595 SAWADOGO (F.), *op., cit.* p. 72.

596 *Cf, infra*, p. 336 et s.

597 ORMP, rapport annuel de la surveillance multilatérale des marchés publics dans l'espace UEMOA, 2010, p. 32.

qui interviennent. Il s'agit de la phase de passation et d'exécution des marchés ainsi que de la phase contentieuse et le renforcement des capacités.

La mutation du droit communautaire des marchés publics a également imposé un principe de reconnaissance mutuelle dans le processus de passation.

B. Les organes communautaires de surveillance et de contrôle des marchés publics

La surveillance communautaire des marchés publics est fondée sur le principe de la surveillance multilatérale. Cette *« idée semble séduisante et réaliste face aux volontés de préserver le plus possible les souverainetés nationales »*[598]. En ce sens, dans le domaine des marchés publics, l'Union a mis en place un organe spécifique chargé du contrôle et de la surveillance (1). Le nouvel ordre juridique des marchés publics a aussi ouvert la possibilité pour les organes de régulation, de saisir la Commission dans le cadre d'un recours non juridictionnel (2).

1. La création de l'observatoire régional des marchés publics

Pour atteindre ces objectifs de surveillance de la sphère des marchés publics, l'Union a mis en place l'Observatoire régional des marchés publics (ORMP)[599]. Cet organe est placé auprès de la Commission de l'UEMOA. Il est composé de 28 membres dont trois représentants par Etat membre, trois représentants de la Commission et un représentant de la Banque Ouest Africaine de Développement (BOAD)[600]. Il se réunit deux fois par an[601]. Lors de ces rencontres, les Etats membres font le bilan de la transposition des textes communautaires.

L'ORMP surveille la bonne transposition du droit communautaire. Il analyse la qualité et la performance des réformes au niveau national. Il veille au bon fonctionnement des agences de recours non juridictionnel placées auprès de

---

598 DEVOLUY (M.) et KOVAR (R.), « Union économique et monétaire », *Répertoire de droit européen*, avril 2015, p.200.

599 Décision 01/2010/COM/UEMOA du 02 février 2010, portant création, composition et modalité de fonctionnement de l'ORMP.

600 *Idem.*, article 3.

601 *Idem.*, article 4.

chaque autorité de régulation. Il peut émettre des avis relevant du domaine d'achats publics. Il veille à la réalisation des objectifs de renforcement de capacités des ressources humaines chargées de la passation des marchés publics dans l'espace UEMOA et coordonne la bonne exécution des programmes annuels d'activités des organes nationaux de régulation. En réalité, le rôle de l'ORMP consiste *« à appuyer la Commission dans sa mission de surveillance de la mise en œuvre du droit des marchés publics en offrant un cadre institutionnel pour l'exercice de la surveillance multilatérale. Il constitue ainsi un cadre d'impulsion et d'orientation des réformes communautaires »*[602].

Les missions confiées à l'observatoire régional des marchés publics permettent de garantir la construction d'un droit commun des marchés publics et aussi de faire pression sur les Etats membres afin qu'ils établissent des institutions conformes aux exigences communautaires.

L'observatoire joue un rôle d'avant-garde dans la dynamique de l'appréhension par les droits nationaux des meilleures pratiques en matière de passation des marchés publics et surtout des questions de contrôle et de régulation. A cet égard, lors de sa 16e session, il a pris deux recommandations à l'endroit de la Commission de Ouagadougou et des Etats membres.

En premier lieu, l'ORMP a demandé à la Commission d'impliquer les organes de contrôle et de régulation de la commande publique dans la suite du processus d'élaboration du cadre juridique du partenariat public-privé (PPP) et de sa mise en œuvre dans l'Union et d'améliorer les dispositions des directives permettant de renforcer l'implication du secteur privé communautaire dans l'exécution de la commande publique.

En second lieu, l'observatoire a demandé aux Etats membres d'accélérer la transposition des textes communautaires en vue de leur mise en œuvre, de poursuivre les efforts de vulgarisation des « numéros verts » afin de renforcer la transparence et la lutte contre la corruption, de poursuivre les efforts en vue de la mise en œuvre effective des mesures urgentes telles que prescrites par la

---

602 SAKHO (EL, H A), « Mécanisme de contrôle par les pairs des marchés publics, surveillance régionale multilatérale et leur rôle dans le renforcement du marché commun et commerce régional : le cas de l'UEMOA », Communication à l'occasion du forum de la BAD : *les réformes des marchés publics en Afrique-soutien au développement économique et réduction de la pauvreté dans le contexte de la crise économique actuelle,* Tunis du 16 au 17 novembre 2009.

décision n°3 du 28 juin 2014. Cette décision exige aussi l'accélération de la mise en place d'un cadre juridique communautaire du PPP[603].

En dehors du contrôle que peut exercer l'ORMP, le droit occidental africain des marchés publics a prévu l'hypothèse de recours non juridictionnel devant la Commission de l'UEMOA.

2. Le système de contrôle et de règlement des marchés devant la Commission de l'UEMOA

Le nouveau droit des marchés publics a confié à la Commission de l'UEMOA la compétence de contrôler les actes des organes nationaux de règlement des litiges. Ce faisant, l'article 12 de la directive n°05/2005 pose deux principes. D'une part, les organes nationaux chargés des recours non juridictionnels peuvent d'office adresser à la Commission ou à la demande de cette dernière, copie des procédures et décisions rendues en matière de la résolution amiable des litiges. Il ressort de ces dispositions que la Commission peut intervenir à tout moment de la procédure de résolution amiable devant les structures nationales qui en ont la charge. D'autre part, le même article prévoit que la Commission peut saisir une structure nationale de règlement des conflits *« aux fins de procéder pour le compte de cette dernière à des investigations sur des pratiques frauduleuses ou des infractions dont elle peut avoir eu connaissance et qui rentrent dans le champ de sa compétence »*. Dès lors, ces dispositions donnent la possibilité à la Commission d'exiger d'une entité de règlement amiable des différends, de lui fournir les documents nécessaires pour effectuer son contrôle.

En revanche, cette procédure n'a pas fait l'objet de précisions en droit communautaire ouest africain. On pourrait ainsi considérer que ce mécanisme de recours communautaire dans les marchés publics semblerait être une technique suspensive de la procédure de passation des marchés publics afin de permettre à la Commission de l'UEMOA de prendre une décision en vue de résoudre le litige à la place des organes nationaux qui en ont la charge. Il pourrait s'agir aussi d'une simple procédure visant les marchés ayant fait l'objet d'une publicité à l'échelle communautaire et nécessitant un règlement de leur contentieux par des instances communautaires.

---

603 Recommandations de la 16e session de l'ORMP, tenue à Cotonou du 23 au 27 mai 2016, file:///C:/Users/User/Downloads/article_26718.pdf, consulté le 16/10/2017.

Dans tous les cas, il s'agit d'une exigence du respect des règles relatives aux marchés publics sous le contrôle de l'organe exécutif de l'UEMOA.

De surcroit, il existe d'autres types de contrôle et de surveillance d'origine communautaire mais effectués au plan interne. Autrement dit, le droit communautaire fait obligation aux Etats membres de mettre en œuvre des processus de contrôle garantissant la séparation et l'indépendance des fonctions de contrôle et de régulation des marchés publics.

Paragraphe 2 : Le mécanisme de contrôle des marchés publics à l'échelle nationale

Le dynamisme du nouveau droit des marchés publics n'a pas voulu se contenter du mécanisme de contrôle qu'existait avant la refonte. Pour rappel, les anciennes structures de contrôle présentaient d'énormes insuffisances. Les nouveaux textes ont dès lors fait émerger un véritable changement institutionnel du contrôle des marchés publics. D'une part, les institutions nationales de contrôle ont été renforcées (A). D'autre part, des nouveaux organes de contrôle interne placés auprès des autorités contractantes ont été créés (B).

A. Le renouveau des structures chargées de contrôle des marchés publics

En matière de contrôle des marchés publics, le droit communautaire a imposé aux Etats membres la mise en place des structures de contrôles efficaces. Cette obligation a entrainé, pour certains Etats, la création des nouvelles institutions de contrôle, pour d'autres, le réaménagement des entités existantes.

Les Etats membres ont donc procédé par l'amélioration du champ d'application du contrôle existant (1) afin de pouvoir mettre en place un véritable système de contrôle qui répond aux obligations communautaires (2).

1. La régénération des organes de contrôle préexistants

Les Etats membres n'ont pas attendu les textes communautaires pour mettre en place des organes centraux chargés du contrôle des marchés publics [604]. Mais ces organes comportaient des insuffisances organisationnelles et d'efficacité du contrôle. Pour le droit communautaire, il est inadmissible qu'une entité exerce à la fois le contrôle et la régulation des marchés publics. A cet égard, les Etats membres ont ajusté les systèmes de contrôle *a priori* afin de s'adapter aux exigences communautaires.

a. l'évolution des organes de contrôle du Mali et du Burkina Faso

Au Mali, la Direction générale des marchés publics (DGMP) a été créée en 1990. Elle avait pour objectif de garantir à la fois la mise en œuvre de la politique des marchés publics et de sauvegarder les intérêts de l'Etat face aux entreprises. La DGMP exerçait la fonction de contrôle et la fonction de régulation des marchés publics. Pour mettre fin à cette pratique, le droit positif malien a fait émerger une nouvelle structure qui répond aux exigences communautaires. Il s'agit de la Direction Générale des Marchés Publics et des Délégations de Service Public (DGMPDSP) créée par la loi de 2008[605].

Concernant le Burkina Faso, il s'inscrit dans le même dynamisme de restructuration des structures de contrôle qui doivent être séparées des structures de régulation. A cet égard, l'Office National des Marchés Publics (ONMP), créé en 1991, a été remplacé par la Direction Centrale des Marchés Publics (DCMP) en 1996[606]. Les réformes de 2003 et de 2008 ont apporté quelques changements qui seront complétés un peu plus tard. Le code des marchés publics 2017 précise dans son article 27 que les fonctions de contrôle *a priori* des procédures de passation et d'exécution des marchés publics sont assurés par une structure du ministère chargé du budget[607]. Il s'agit de la Direction Générale du Contrôle des Marchés Publics et des Engagements Financiers (DG-CMEF)[608], issue de la

---

604 SAMB (S.), *op., cit.* p.537.

605 Voir. Loi n° 08-022/ du 23 juillet 2008, *op., cit.*

606 Voir. Décret du 7 mars 1996, portant réglementation générale des marchés publics.

607 Voir. Décret n°2017/49/PRES/PM/MINEFID, portant procédure de passation, exécution et règlement des marchés publics du Burkina Faso.

608 La DG-CMEF a été créée le 3 septembre 2012, selon son Directeur Monsieur KY Abraham, elle est organisée *« autour de quatre grandes structures. Il y a d'abord la direction générale et les structures d'appui dont une inspection technique de contrôle des marchés publics et des engagements financiers. Il y a ensuite, les structures centrales et déconcentrées aussi bien qu'horizontales, c'est-à-dire auprès des*

fusion de la Direction Générale des Marchés Publics (DGMP) et de la Direction Générale du Contrôle Financier (DGCF).

La DG-CMEF a pour mission principale de veiller à l'application de la réglementation relative aux marchés publics, de donner son avis et éventuellement apposer son visa sur tous les actes ayant un caractère financier ou pouvant avoir des répercussions sur les finances publiques, y compris les marchés publics, d'assurer la collecte des données et des informations relatives à la passation et à l'exécution des marchés publics etc.

Cependant, les autres Etats membres aussi n'ont pas fait exception à l'aménagement de leurs systèmes de contrôle des marchés publics.

b. l'évolution des organes de contrôle de la Côte d'Ivoire et du Sénégal

Le mécanisme de contrôle des marchés publics en Côte d'Ivoire est loin d'être nouveau. Ce pays est doté d'une structure compétente depuis 1968 [609]. A cette époque, c'est la Direction Centrale des Marchés (DCM) qui avait la charge de la mise en œuvre de la politique d'achat public dans le double respect des intérêts de l'Etat et de ceux des entrepreneurs nationaux et d'élaborer la réglementation en matière des marchés publics[610]. Ces premières missions s'apparentaient à celles d'un régulateur et non un contrôleur. Par la suite, le décret de 1969 lui a confié les compétences de contrôle juridique des marchés[611]. Dans sa quête d'amélioration du processus des marchés publics, le droit interne ivoirien a créé en 1989 la Direction des Marchés Publics

---

ministères, des institutions et des établissements publics de l'Etat. Ainsi que verticales auprès des collectivités territoriales, des régions et des communes. Les attributions de cette nouvelle direction sont basées sur le principe basique du nouveau dispositif institutionnel (...)» ; Interview réalisée par KINI Alban, publiée sur le faso.net (site d'actualité burkinabè) http://lefaso.net/spip.php?article50307, consulté le 29/04/2020.

609 Il s'agit de la Direction Centrale des Marchés (DCM), créée par le décret n°68-604 du 26 déc 1968 qui était placée sous tutelle du Ministère de l'Economie et des Finances ; Ses attributions ont été déterminées par un arrêté de 1968 et par le décret de 1969.

610 Voir. arrêté n°8841/AEF/CAB du 27 décembre 1968 (abrogé), fixant les attributions de la DCM ; aux termes de cet arrêté, la DCM a pour mission de mettre en œuvre une politique d'achats publics dans le double respect de l'intérêt de l'Etat et de ceux des entrepreneurs nationaux, d'élaborer la réglementation en matière de marchés publics.

611 Voir. décret n°69-416 du 16 septembre 1969 (abrogé) ajoute aux missions de la DCM, les missions de contrôle juridique, technique et économique des marchés et conventions.

(DMP) [612] qui succède la DCM. La DMP été réaménagée en 2012 [613] puis en 2015[614]. Elle a pour compétences générales, l'assistance technique et juridique aux autorités contractantes, le suivi de l'obligation de passation des marchés, le contrôle *a priori* des marchés, l'encadrement et le contrôle des Cellules de passation des marchés publics etc[615].

Face aux mêmes exigences du droit de l'UEMOA et à l'ambition *« d'adopter les mesures propres à renforcer l'autorité de l'organe chargé du contrôle en modifiant son positionnement institutionnel, en éliminant les cas de conflit d'intérêts constatés dans la conduite des procédures et en accroissant ses moyens d'interventions »*[616], au Sénégal, le code des obligations de l'administration (COA) a été ajusté en 2006 afin de préciser les fonctions de contrôle et de régulation des marchés publics. Ce code exige le contrôle *a priori* des marchés publics par une structure administrative spécialement mise en place à cet effet [617]. Cette même structure a pour missions de collecter et de diffuser les informations sur l'attribution et les conditions d'exécution des marchés, ainsi que le conseil aux autorités contractantes et à leurs agents [618]. C'est dans ce cadre qu'en 2007, la Direction Centrale des Marchés Publics (DCMP)[619] a vu le jour. Cette nouvelle entité *« n'est pas la première instance de contrôle des marchés créée au Sénégal, mais elle est sans doute la première qui marque une véritable institutionnalisation de la fonction de contrôle »*[620]. Elle succède à la Commission Nationale des Contrats de l'administration (CNCA). Selon l'article 140 du CMP sénégalais, le contrôle des dépenses publiques est assuré par la DCMP. Elle a pour fonctions principales, d'assurer le contrôle *a priori* des procédures de passation des marchés publics, d'émettre

---

612 Voir. arrêté n° 51/89/MB du 29 août 1989 (abrogé), portant attribution de la Direction des marchés publics et organisation de ses services ; son organisation et ses attributions actuelles sont issues de l'arrêté n°465/MPMB/DGBF/DMP du 23 juin 2015.

613 Voir. arrêté n°473/MEF/DGBF/DMP/ du 22 octobre 2012 (abrogé), relatif aux attributions et fonctionnement de la DMP.

614 Voir. arrêté n°465/MPMB/DGBF/DMP du 23 juin 2015, portant attributions, organisation et fonctionnement de la DMP.

615 *Idem*, article 2.

616 Rapport de présentation, projet de décret portant création de la Direction centrale des marchés publics, Direction générale des finances, n°1576/MEF/DGF/BM du 26 février 2007, Voir. Aussi. MBOUP (A.), *« Direction centrale des marchés publics, un instrument du contrôle a priori des procédures »*, revue des marchés publics, n°2, mai 2011, p. 14-15.

617 Voir. article 30 II de la loi n° 65-51 du 19 juillet 1965, modifiée par la loi n°2006-16 du 30 juin 2006, portant code des obligations de l'administration.

618 *Ibid.*

619 Voir. décret n°2007-547 du 25 avril 2007, portant création de la Direction Centrale des Marchés Publics (DCMP).

620 SAMB (S.), *op., cit.* p.538.

des avis, d'accorder les autorisations et dérogations nécessaires à la demande des autorités contractantes[621].

Les différents ajustements du cadre institutionnel de contrôle des marchés publics au sein des Etats membres ont permis de redéfinir le rôle des structures en charge de cette mission.

2. Le renforcement des compétences des structures chargées de contrôle des marchés

Le démarrage d'une procédure de passation des marchés publics est soumis au respect de certaines obligations, notamment la transparence, l'établissement d'un plan de passation, la publication des avis d'appel à la concurrence. Dans ce cadre, l'organe chargé de contrôle s'assure de la bonne application des textes et émet des avis pour les marchés supérieurs aux seuils de passation.

Par ailleurs, le nouvel ordre communautaire ouest africain des marchés publics exige aussi la création des entités de contrôle déconcentré ainsi que décentralisé pour l'atteinte des objectifs communautaires de transparence, d'efficacité de gestion des finances publiques.

a. l'exercice du contrôle a priori par les entités de contrôle

Le contrôle *a priori* est, pour les directions chargées des marchés publics, un instrument de politique économique, mais aussi de bonne gouvernance économique et de régularité juridique. En ce sens, il favorise l'égalité d'accès aux ressources financières publiques, la transparence et la disponibilité de l'information. Un tel contrôle vise à renforcer l'équité entre les candidats aux marchés publics et l'efficacité économique comme, entre autres, la satisfaction optimale des besoins publics, la compétitivité des candidats[622]...

L'organe chargé de contrôle exerce ses compétences de contrôle *a priori* en donnant un avis préalable sur l'utilisation d'une procédure autre que l'appel

621 Voir. article 141 du CMP en vigueur, *op., cit.*
622 MBOUP (A.), « Direction centrale des marchés publics, un instrument du contrôle a priori des procédures », *Revue sénégalais des marchés publics*, n°2, mai 2011, p. 14-15.

d'offres[623]. En cas d'avis défavorable, l'autorité contractante ne peut poursuivre la procédure qu'en saisissant l'organe de règlement des différends[624].

Dans la pratique chaque organe de contrôle des marchés effectue un examen juridique et technique des dossiers de pré-qualification, d'appel d'offres et de consultation relatifs aux marchés qui répondent aux conditions de nature et de montants égaux ou supérieurs aux seuils de passation des marchés. Il analyse également les dossiers d'appel d'offres (DAO) avant leurs publications[625]. Dans cette perspective, l'organe de contrôle vérifie que les clauses du DAO sont conformes aux règles de l'achat public. A ce stade, il vérifie que l'avis d'appel est conforme, que les spécifications techniques sont neutres, que les critères d'évaluation et qualification ne sont pas orientés, ainsi que ces mêmes critères ne sont pas discriminatoires (capacité financière, capacité technique, expériences). Il s'assure également que les formulaires de candidature sont insérés tout en tenant compte du respect du taux de la garantie de bonne exécution et le respect des délais de réception et d'ouverture des offres.

La même structure de contrôle peut émettre des avis relatifs à l'analyse des offres et du choix de l'attributaire provisoire. En ce sens, pour les marchés supérieurs aux seuils nationaux, les avis sont émis sur présentation du rapport d'analyse des offres transmis par la Commission d'ouverture des plis et d'évaluation des offres[626]. Pour ce faire, l'organe de contrôle identifie au préalable le type de marché auquel il fait face, avant de s'assurer du respect des règles de procédure. En d'autres termes, il vérifie que tous les critères préalables au lancement du dossier appel d'offres (DAO) sont respectés, tels que l'existence et la conformité d'une Commission d'appel d'offres, la validation du plan de passation du marché et de sa publication, ainsi que les informations relatives au montant du marché.

Dans le cas où l'autorité contractante n'accepte pas un avis défavorable ou des réserves accompagnant un avis favorable qui, le cas échéant, auront été formulées par l'organe chargé du contrôle des marchés publics. Cette autorité contractante peut saisir le Comité de Règlement des Différends près de l'organe chargé de la régulation des marchés publics[627].

---

623 Voir. article 114.1 du CMP du Mali ; Voir. aussi article 29 du nouveau CMP de 2017 au Burkina Faso ; voir. également article 141 du CMP en vigueur au Sénégal .

624 *Idem.,* code sénégalais article 142 et code malien article 114.2.

625 Voir. article 115.1 du CMP 2015 du Mali.

626 *Voir.* article 116 u CMP malien.

627 Voir. article 115.2 du CMP malien.

Ainsi, dans le cas d'un avis de non-objection de l'organe en charge de contrôle, l'autorité contractante lance sa procédure. En fonction du délai fixé, la Commission d'ouverture des plis analyse les offres et propose à l'administration contractante une attribution provisoire. A ce stade, les documents de réception des offres, d'ouverture des plis, d'évaluation et d'attribution provisoire sont transmis à l'organe de contrôle des marchés publics. Le contrôle *a priori* à cette étape se traduit par le contrôle du rapport d'analyse et du procès-verbal d'attribution. Ce contrôle est obligatoire pour les marchés atteignant les seuils nationaux.

A titre d'illustration en 2013[628] au Sénégal, la DCMP a rejeté l'attribution provisoire d'un marché au motif que cette attribution n'a pas respecté les dispositions des articles 140 et 63.4 du CMP en vigueur à cette époque. Le premier prévoyait que les marchés à commande, quel que soit leur montant, sont soumis à l'avis préalable de l'organe de contrôle *a priori*, le second accordait une réduction de cinq jours maximums du délai de réception des offres, lorsque l'autorité contractante offre, par moyen électronique et à compter de la publication de l'avis, l'accès libre direct et complet au dossier d'appel d'offres. En l'espèce, la Pharmacie Nationale d'Approvisionnement (PNA) avait lancé un avis d'appel d'offres sans le soumettre au contrôle de la DCMP. La PNA soutient que ce choix est justifié par l'insuffisance de ses stocks de fournitures et elle a attribué le marché pour ensuite soumettre l'ensemble du dossier pour avis à la DCMP. Ces arguments n'ont pas été accueillis par la DCMP. Elle a soulevé *« des manquements liés au non-respect, d'une part, du délai de préparation des offres de 30 jours, d'autre part, de la revue a priori du dossier d'appel d'offres »*.

Cette décision de la DCMP a été par la suite confirmée par le Comité de règlement des différends (CRD) qui a d'abord rappelé que la DCMP assure le contrôle *a priori* des procédures de passation des marchés. A ce titre, elle émet un avis sur les dossiers d'appel à la concurrence avant le lancement de la procédure. Le CRD ajoute que le non-respect des règles de forme prescrites pour les marchés qui rentrent dans cette catégorie entraîne leur nullité. Le CRD sénégalais a ainsi jugé que la PNA *« n'a pas respecté les formalités de publicité prescrites en termes de délai de préparation des offres, ce qui doit entraîner la nullité de la procédure de passation, en référence à l'article 24 du code des obligations de l'administration »*[629].

---

628 *Cf.* lettre du 15 mai 2013 de la DCMP, portant avis sur le rapport d'analyse et sur le procès-verbal d'attribution provisoire de la PNA.

629 Décision n°205/13/ARMP/CRD du 24 juillet 2013, relative à la demande d'autorisation à titre exceptionnel, de poursuivre la procédure de passation du marché d'acquisition

Cette affaire démontre l'importance et l'efficacité du système de contrôle préalable des marchés publics exercé par les organes de contrôle des marchés publics. Elle témoigne aussi des pratiques douteuses que les autorités contractantes sont susceptibles d'opérer quand leurs passations ne sont soumises au mécanisme de contrôle.

En outre, les procédures dérogatoires font, non seulement l'objet d'encadrement mais aussi soumises à l'examen de l'organe de contrôle des marchés publics. En clair, lorsqu'une autorité contractante souhaite utiliser une procédure autre que l'appel d'offres ouvert, elle doit adresser un rapport motivé à l'organe chargé du contrôle des marchés publics qui donne son avis[630]. C'est le cas par exemple des appels d'offres restreint, les ententes directes… A cet égard, dans l'affaire *Conseil sénégalais des chargeurs* (COSEC), l'organe de contrôle avait rejeté la demande d'autorisation du COSEC de recourir à la procédure d'entente directe au motif que l'urgence impérieuse invoquée n'était pas fondée. Il a précisé que le COSEC savait depuis longtemps qu'il lui fallait passer ce contrat. Cette décision a été annulée par le Comité de règlement des différends (CRD) sénégalais. Il a d'abord reconnu que *« dans le cas d'espèce, l'urgence invoquée par le COSEC ne répond pas aux conditions décrites dans le CMP puisque la date d'expiration du contrat était connue d'avance »*. Néanmoins, pour l'autoriser à passer le marché par entente directe, le CRD fonde sa décision sur des éléments factuels tenant au fait que l'autorité contractante a essayé de passer des offres mais qui se sont révélés infructueuses et que le temps restant au COSEC pour passer un nouveau contrat est réduit[631].

Une telle interprétation indulgente de l'organe de règlement amiable des litiges pourrait fragiliser le mécanisme de contrôle voire constitue un frein au dynamisme de l'achat public par mérite dans l'espace UEMOA.

Par ailleurs, le renforcement des compétences des organes de contrôle des marchés publics a été l'occasion de créer d'autres organes déconcentrés et décentralisés de contrôle.

---

d'imprimes de bureau, de fournitures de bureau et de consommables informatiques au profit de la Pharmacie Nationale d'Approvisionnement (PNA).

630 Voir. article 114.1 du CMP du Mali, *op., cit.*

631 Décision n°327/13/ARMP/CRD/ du 30 octobre 2013 du CRD, affaire, Conseil Sénégalais des chargeurs (COSEC).

b. la création des organes locaux de contrôle des marchés publics

La réglementation supranationale impose aux Etats membres la mise en place des entités centrales et locales de contrôle des marchés publics[632]. A cet égard, les directions régionales de contrôle des marchés publics ont été créées, dotées de pleines compétences en matière de contrôle.

A titre d'illustration, en droit interne malien, avant le bouleversement du cadre institutionnel des marchés publics, il n'existait pas de structures déconcentrées relatives au contrôle des marchés publics, rattachées à l'organe central en la matière. Le contrôle *a priori* des marchés publics était *« assuré au niveau régional et subrégional par les Directions Régionales du Contrôle Financier (DRCF) tant-dis que les Directions Régionales du Budget (DRB) assuraient la passation lorsque le seuil ne dépassait pas 50 millions de FCFA »*[633]. Il était évident que ces entités ne satisfaisaient pas totalement aux besoins du contrôle *a priori* des marchés publics. Leurs compétences techniques et humaines étaient limitées pour l'accomplissement de ces missions de contrôle. C'est ainsi que les directions régionales et sous régionales ont vu le jour.

Ce changement organisationnel a permis de décentraliser certaines fonctions aux régions, cercles et communes. Par exemple, les procès-verbaux de dépouillement peuvent être approuvés par les directions régionales de contrôles, le chef-lieu des régions pour les marchés passés dans les cercles.

En définitive, le contrôle *a priori* des marchés publics a fait l'objet de beaucoup d'évolution depuis la transformation des droits des marchés publics sous l'impulsion de l'UEMOA. Certaines insuffisances ont fait l'objet de révisions et ont laissé place à une maîtrise des procédures et des règles de contrôle de la sphère des marchés publics.

En outre, le renforcement des attributions des organes en charge du contrôle des marchés publics a permis de doter ces structures d'une réelle capacité de contrôle. Cette évolution marque l'accroissement de l'efficacité et de la transparence du mécanisme de conclusion des marchés publics.

Par ailleurs, il appert que les délais d'examen du contrôle *a priori* sont relativement courts. Les autorités ivoiriennes ont fixé ce délai à cinq jours ouvrables[634]. En cas d'absence de réponse au-delà de l'échéance de ce délai,

---

632 Voir. article 4 de la directive 05/2005, *op., cit.*

633 DICKO (A.), *op., cit.* p. 151.

634 Voir. Ord. N°2019-679, portant codes des marchés publics, article 63.

les dossiers sont considérés comme étant rejetés par l'organe en charge du contrôle *a priori*[635]. En cas de rejet explicite ou implicite, l'autorité contractante disposait d'un délai de trois jours ouvrables[636] qui a été ajusté à cinq jours par le nouveau CMP de 2019 pour se conformer aux observations de la direction chargée de contrôle ou contester cette décision devant l'organe de règlement des différends[637].

Au Burkina Faso, l'article 33 du code des marchés publics de 2017 précise que les structures en charge du contrôle *a priori* disposent d'un délai de trois jours ouvrables pour examiner les dossiers. Quant aux autorités maliennes, elles précisent que ces délais sont fixés par arrêté du ministre en charge des finances suivant la réception de la demande accompagnée du rapport motivé[638].

Au Sénégal, le délai d'examen imparti à la Direction centrale des marchés publics (DCMP) pour examiner les dossiers qui lui sont soumis et rendre ses avis sont fixés par décision de l'organe chargé de la régulation des marchés publics[639]. Ces délais sont fixés entre cinq et dix jours ouvrés selon les cas[640]. Pourtant ces délais impartis à l'organe de contrôle ne sont souvent pas respectés. Ainsi, le non-respect par l'organe de contrôle des marchés publics des délais de traitement des dossiers a donné lieu à un avis de l'Autorité de régulation des marchés publics en 2009[641]. En l'espèce, saisi par la Caisse des dépôts et des consignations, le Comité de règlement des différends (CRD) a considéré que *« l'objectif visé à travers la décision n° 01/CRMP du 06 mars 2008 est d'éviter des lenteurs dans le traitement des dossiers soumis ; que l'introduction de nouvelles remarques est contraire à l'objectif d'efficacité et de diligence recherché par la réglementation des marchés publics ; qu'il appartient dès lors à la DCMP de se conformer au délai imparti, en procédant dès sa première saisine, à un traitement exhaustif de tous les points de contrôle répertoriés sur les dossiers qui lui sont soumis »*. Or, les codes sénégalais des marchés publics de 2011 et de 2014 auraient pu être l'occasion d'inclure et d'élargir les délais d'examen.

---

635 *Ibid.*

636 Article 62 de l'ancien code des marchés publics.

637 La Commission Administrative de Conciliation en Côte d'Ivoire est l'équivalent du Comité de Règlement des Différends (CRD) au Mali et au Sénégal.

638 Voir. article 114.1 du CMP, *op., cit.*

639 Voir. article 142 du CMP de 2014, *op., cit.*

640 Décision n°01/CRMP du 6 mars 2008, fixant les délais impartis à la DCMP ; file:///C:/Users/User/Downloads/173973854647fb67eac5902.pdf, consulté le 09/12/2017.

641 Avis n° 009/ARMP/CRD du 16 juillet 2009 du CRD statuant en Commission litiges sur la demande d'avis portant sur le non-respect par la Direction centrale des Marchés publics (DCMP) ; http://www.armp.sn/spip//IMG/pdf/Avis_No_009_-_CDC_c_DCMP.pdf.

Par ailleurs, contrairement au droit ivoirien, au Mali[642] et au Sénégal[643], en l'absence d'une réponse dans le délai imparti, l'avis de la Direction chargée du contrôle des marchés publics est réputé favorable et la procédure de passation du marché peut se poursuivre. Ces divergences textuelles pourraient être résolues par la communauté de droit de l'UEMOA qui semble laisser beaucoup de champ de manœuvre libre aux Etats membres. Ces divergences peuvent être des obstacles à la construction d'un droit commun des marchés publics.

Dans la même orientation, l'observatoire régional des marchés publics avait considéré que *« si les structures existent conformément aux directives communautaires, il faut cependant reconnaître que leurs attributions ne sont pas toujours conformes auxdites directives »* [644] dans certains droits nationaux. De ce fait, les attributions des organes de contrôle devraient être revues pour être mises en cohérence avec les directives communautaires.

De même, pour plus de transparence et d'indépendance fonctionnelle, il a été reproché au Togo de vouloir abriter dans les mêmes locaux l'organe de contrôle et l'organe de régulation des marchés publics[645].

A la lumière de ce qui précède, pour comprendre davantage le système de contrôle des marchés publics, il faut s'intéresser aux nouvelles institutions de contrôle placées directement auprès des acheteurs publics.

B. L'apparition des nouveaux organes de contrôle interne

La quête d'un mécanisme performant des marchés publics a abouti à la mise en place des organes de contrôle interne des marchés publics au sein de chaque autorité contractante. Ces organes n'interviennent que pour les marchés inférieurs aux seuils nationaux. Ceux supérieurs aux seuils nationaux sont contrôlés par les organes centraux de contrôle.

Ces nouvelles entités internes de contrôle doivent *« s'assurer de façon permanente du respect rigoureux des dispositions légales et règlementaires*

---

642 Voir. article 114.1 al 2 du CMP, *op., cit.*

643 Voir. article 142.1 du CMP en vigueur au Sénégal.

644 ORMP, rapport annuel de la surveillance multilatérale des marchés publics dans l'espace UEMOA, 2010, p.22.

645 *Idem.*, p. 30.

applicables aux marchés publics »[646]. Cette démarche a suscité la création des organes spécifiques au sein de chaque autorité contractante.

1. La création des Cellules de passation des marchés au sein de chaque autorité contractante

Les Cellules de passation des marchés publics sont l'une des grandes innovations de la construction du droit commun des marchés publics au sein de l'UEMOA. Ce sont des organes créés auprès des autorités contractantes, chargés de l'appui-conseil en matière des marchés publics et du contrôle *a priori* des dépenses en dessous des seuils de passation[647].

A ce sujet, le droit burkinabè des marchés publics semble être un peu ambigu en ce qui concerne la place des organes internes de contrôle. Ainsi, l'article 27 du nouveau code des marchés publics de 2017 dispose seulement que *« la structure administrative chargée de contrôle a priori est placée auprès de chaque ordonnateur »* sans aucune précision complémentaire.

En revanche, l'article 13 du code des marchés publics en vigueur en Côte d'Ivoire prévoit qu'au niveau de chaque ministère ou entité assujettie au code des marchés publics, est mise en place une Cellule de passation des marchés chargée des missions de préparation, de planification, de gestion du processus de passation et du suivi évaluation des marchés publics. La composition de chaque Cellule dépend donc de la spécificité et de la charge de travail de l'autorité contractante. Cette entité est composée *« d'un responsable, fonctionnaire de catégorie A ou équivalent ayant des connaissances avérées en marchés publics, aidé par un personnel technique dont deux assistants chargés respectivement de la passation et de l'approbation et du suivi des marchés publics »*[648]. A ce titre, le responsable de la Cellule est chargé de veiller à l'organisation et au bon fonctionnement de la Cellule. Il coordonne les activités de ses assistants et celle de son représentant en région. Il rédige les rapports d'activité en collaboration avec l'autorité contractante ou maitre d'œuvre, qu'il transmet régulièrement à la direction des marchés publics et à l'Autorité nationale de régulation des marchés publics (ANRMP). Il est également chargé de l'organisation et la gestion des archives de la passation

---

[646] Voir. article 143 du CMP en vigueur au Sénégal.

[647] Voir. article 1 du CMP du Mali.

[648] Voir. arrêté n° 325/MPMB/DGBF/DMP du 23 mai 2014, portant composition et fonctionnement des Cellules de passation des marchés publics ivoiriens, article 4.

et l'approbation des marchés publics[649]. Quant aux deux assistants, celui en charge de la passation, planifie la commande publique, prépare les documents de passation des marchés, gère les demandes de procédures dérogatoires, s'assure du bon fonctionnement de la Commission d'ouverture des plis [650]. L'assistant chargé de l'approbation et du suivi des marchés publics assure la gestion et le suivi des dossiers d'approbation, il élabore et met à jour la fiche de suivi de l'exécution physique et financière des marchés publics[651].

Contrairement au droit ivoirien, le rédacteur malien a préféré encadrer le rôle, le fonctionnement et la composition des Cellules de passation par décret[652]. Ce texte précise que le personnel d'une Cellule de passation des marchés publics comprend : un chef de cellule, un ou trois chargés de dossiers au plus et un secrétaire. Le chef de la Cellule et les chargés de dossiers sont des fonctionnaires de catégorie A ayant des connaissances avérées en marchés publics [653].

Par ailleurs, s'agissant de la nomination des membres des Cellules, le droit malien dispose que le chef de la Cellule de passation des marchés publics soit nommé par arrêté du ministre chargé des finances après avis de l'autorité contractante. Quant au chargé de dossiers, il est nommé sur décision du ministre en charge des finances après avis de l'autorité contractante [654]. Il résulte de l'architecture de l'achat public malien que les membres des Cellules peuvent être issus de n'importe quel service. L'autorité contractante concernée ne peut donner que son avis avant la nomination par le ministre en charge des finances publiques.

Contrairement à ce qui est établi au Mali, l'article 8 de l'arrêté ivoirien sur les Cellules de passation prévoit que *« le responsable de la Cellule de passation des marchés publics est nommé par arrêté du ministre en charge des marchés publics après l'appel à candidature au sein de l'entité assujettie concernée ou élargi à l'ensemble des fonctionnaires en cas de besoin. Le processus est conduit par l'entité assujettie concernée et présidée par la Direction des marchés publics »*. Il ressort de ces dispositions que le responsable de chaque Cellule doit être issu directement du service de l'autorité contractante, sauf en cas d'absence d'une personne compétente.

---

649 *Idem.*, article 5.
650 *Idem.*, article 6.
651 Voir. article de l'arrêté ivoirien n° 325/MPMB/DGBF/DMP du 23 mai 2014.
652 Voir. décret n°2016-0155/PM/RM du 15 mars 2016, fixant l'organisation et les modalités de fonctionnement des cellules de passation des marchés publics maliens.
653 *Idem.*, article 4.
654 *Idem.*, article 5.

Quant au droit sénégalais des marchés publics, il prévoit qu'au sein *« des départements ministériels et des collectivités locales, les responsables des Cellules de passation des marchés sont nommés par arrêtés ou tous autres actes appropriés, de préférence, parmi les agents appartenant à la hiérarchie B au moins ou, s'ils sont non-fonctionnaires, à une catégorie assimilée. Pour ce qui concerne les autres autorités contractantes visées par l'article 2 du code des marchés publics, ces responsables doivent être de niveau cadre ou assimilé »*[655].

Il ressort du droit sénégalais que les membres des Cellules de passation doivent être de préférence issus du personnel de l'autorité contractante. Cela soulève des lacunes qui doivent être corrigées. En effet, au vu des missions des Cellules de passation et de la place importante qu'elles occupent. Elles doivent présenter efficacité et indépendance vis-à-vis des autorités contractantes. Or, il ressort du droit sénégalais que les responsables et les membres des Cellules sont nommés par l'autorité contractante et parmi ses agents [656]. Autrement dit, les membres de l'organe interne de contrôle sont choisis par la personne responsable du marché. Dès lors, cela suscite des questions sur l'indépendance et la transparence des Cellules de passation à l'égard de l'autorité contractante. En d'autres termes, « *le contrôle exercé par les Cellules n'est pas indépendant si l'on sait que les responsables sont nommés par les ministres »*[657].

A titre d'illustration de cette lacune, dans une décision de 2014[658], le CRD du Sénégal a considéré qu'en dépit des recommandations de l'arrêté relatif à l'organisation et au fonctionnement des Cellules de passation des marchés publics, « *il doit être tenu compte des cas d'incompatibilité et de la nécessaire séparation des fonctions* ». Il ajoute que *« la fonction de Directeur administratif et financier est incompatible avec celle de membre de la Cellule de passation.* En l'espèce, le CRD a été saisi par *l'ENTENTE CADAK CAR* qui est une structure intercommunale. Cette structure a contesté l'avis défavorable émis par la Direction Centrale des Marchés Publics (DCMP) relatif d'une part, à la composition de la Commission de passation et, d'autre part, celle de la Cellule de passation des marchés publics. En effet, la DCMP avait justifié son avis par le fait que le Directeur technique ainsi que le Directeur administratif et

---

655 Voir. article 4 de l'arrêté n°00865 du 22 janvier 2015 relatif à l'organisation et au fonctionnement des cellules de passation des marchés des autorités contractantes pris en application des articles 35 et 141 du CMP du Sénégal.

656 *Ibid.*

657 SECK (B.), « Le gouvernement du Sénégal n'a pas publié les statistiques sur les marchés publics des deux derniers trimestres de 2013 », article de presse publié sur le site de *Transparency international*, le 3 fév. 2014 ; http://www.pressafrik.com/Modifications-du-code-des-marches-le-forum-civil-note-des-violations-et-formule-ses-craintes_a118296.html, consulté le 02/08/2017 ;

658 Décision n°088/14/ARMP/CRD du 02 avril 2014, affaire *CADAK –CAR*, au Sénégal, préc.

financier de l'ordonnateur du marché ne peuvent siéger à la Cellule de passation des marchés publics. Quant à l'autorité contractante, elle justifie ce choix par les compétences de ces personnes en matière des marchés publics comme exigé par l'article 4 de l'arrêté en vigueur à l'époque des faits.

Cette affaire démontre les insuffisances relatives à la nomination des membres des Cellules de passation des marchés publics qui sont génératrices de conflits d'intérêt. Il serait plus simple de confier la désignation du personnel de ces Cellules à d'autres autorités, par exemple aux organes centraux de contrôle des marchés publics.

Il est regrettable de constater dans certaines dispositions internes l'exigence de nommer les membres des Cellules parmi le personnel de la personne responsable du marché[659]. Il en va de même des textes qui imposent une préférence pour des agents du service de l'autorité contractante[660].

Bien qu'il est nécessaire de revoir le mode de nomination au sein des entités internes de contrôle. Ces dernières assurent certaines tâches spécifiques en matière de contrôle *a priori* des marchés publics.

2. Les attributions des Cellules de passation des marchés publics

Aux termes des dispositions du code des marchés publics au Mali, les Cellules de passation des marchés publics ont pour mission de veiller à la qualité et à la régularité des dossiers de passation des marchés ainsi qu'au bon fonctionnement des Commissions d'ouverture des plis et d'évaluation des offres. Il en existe au sein de chaque autorité contractante ou d'un groupe d'autorités contractantes[661].

On retrouve cette même disposition dans l'article 13 du code ivoirien des marchés publics. Il appert de ces dispositions que les Cellules de passation sont des organes opérationnels et techniques chargés du contrôle de la

---

[659] Tel est le cas de l'article 8 de l'arrêté ivoirien du 23 mai 2014, *op., cit.*

[660] Voir. dispositions de l'article 4 de l'arrêté sénégalais du 22 jan. 2015.

[661] Voir. article 20.3 CMP du Mali.

conduite des opérations de passation des marchés publics. Elles répondent au quotidien de la régularité des procédures de passation[662].

Les Cellules de passation des marchés publics sont chargées d'assurer le contrôle des procédures de passation des marchés dont les montants n'ont pas atteint les seuils de revue[663]. A ce titre, elles élaborent en collaboration avec les autorités contractantes dont elles relèvent les plans annuels de passation et les transmettent à l'organe central chargé de contrôle des marchés publics. Elles sont chargées de veiller à la disponibilité des crédits avant le lancement de la procédure, d'assister, en qualité d'observateur, aux opérations d'ouverture des plis et de veiller au bon fonctionnement de la Commission d'ouverture des plis et d'évaluation des offres. Elles assurent aussi la liaison avec les missions extérieures, notamment celles de vérification, d'audit ou d'inspection des marchés. Elles doivent rendre compte de leurs activités à travers un rapport sur la passation et l'état d'exécution des marchés publics aux organes chargés du contrôle et de la régulation des marchés publics[664].

Dans le cadre de leur mission d'appui, les organes de contrôle interne placé auprès de chaque ordonnateur des marchés publics doivent veiller à la qualité des dossiers de passation des marchés. A cet égard, ils sont chargés d'appuyer les autorités contractantes dans l'élaboration du plan de passation annuelle des marchés publics et d'apporter un appui conseil, en cas de besoin, aux autorités contractantes dans les procédures de passation des marchés publics[665].

En effet, l'avènement de ces organes de contrôle interne a conféré un regain d'intérêt à l'égard du respect des principes fondamentaux de l'achat public. Ces entités internes ainsi que les entités centrales contribuent à la rationalisation des dépenses publiques et à l'efficacité des marchés publics. De ce fait, elles participent à la satisfaction des besoins de l'administration acheteuse et à

---

662 BILE A (V.), « Avec l'avènement des cellules de passation des marchés publics, les directions des affaires financières sont-elles écartées du système de passation des marchés publics ? », *article publié le 9 juillet 2016 sur le site de l'ANRMP de la Côte d'Ivoire, rubrique actualité –contribution, http://www.anrmp.ci/actualites/contributions/17-contenu-dynamique/contributions/820-avec-l-avenement-des-cellules-de-passation-des-marches-publics-les-directions-des-affaires-financieres-sont-elles-ecartees-du-systeme-de-passation-des-marches-publics, consulté le 05/08/2017.*

663 Voir. article 3 du décret malien du 15 mars 2016, *op., cit.*

664 Voir. article 2 de l'arrêté ivoirien n°325 du 23 mai 2014, *op., cit.* et l'article 3 du décret malien sur les cellules de passation des marchés publics, *op., cit.* ; voir. aussi l'article 1 de l'arrêté n°00865 du 22 jan. 2015, relatif à l'organisation et au fonctionnement des cellules de passation des marchés publics au Sénégal, *op., cit.*

665 Voir. article 3.2 du décret malien sur les cellules de passation des marchés publics, *op., cit.*

l'efficience des finances publiques. De plus, la création des Cellules de passation permet également de responsabiliser les autorités contractantes.

Par ailleurs, pour résumer le système de contrôle des marchés publics au sein des Etats membres. Le tableau ci-dessous présente les différents modes de contrôle et les organes chargés de leur mise en œuvre.

Modes de contrôle des marchés publics	**Organes de contrôle**	**Observations**
Contrôle *a priori*	Directions Générales des Marchés Publics et, Directions Régionales des Marchés Publics, Délégation du Contrôle Financier (Cas du Mali)	Pour les marchés dont la valeur est égale ou supérieure aux seuils de passation des marchés publics et les procédures dérogatoires à l'appel d'offres ouvert
	Cellule de passation des marchés publics	Pour les marchés dont la valeur est inférieure aux seuils de passation des marchés publics
Contrôle de l'exécution	Organe chargé du contrôle des marchés publics	La supervision, le contrôle, le suivi et la surveillance de l'exécution technique, administrative et financière des marchés publics est assuré conjointement par les administrations ordonnateur du marché et l'Organe chargé du contrôle des marchés publics
	Autorités contractantes	
Contrôle externe et *a postériori*	Organe chargé de la régulation des marchés publics	Réalisation, notamment d'un audit annuel indépendant sur un échantillon de marchés

En outre, pour garantir plus d'efficacité et de transparence en matière des marchés publics, l'Union a jugé nécessaire l'adoption de nouveaux textes en vue de mettre en place d'autres organes indépendants chargés de la régulation du système des marchés publics.

Section 2 : L'émergence des nouvelles institutions chargées de la régulation des marchés publics

La transposition des directives communautaires a été une opportunité pour les Etats membres d'ajuster leur réglementation *« en érigeant la fonction régulation en un nouveau pan de l'action publique »*[666]. Pour Mansour DIOP réguler, c'est maintenir en équilibre, prévenir et corriger les écarts dommageables d'un système[667]. La régulation peut être considérée comme étant une nouvelle forme de normativité dialoguée[668]. C'est une fonction à vocation économique[669] et concurrentielle. Partant de ces définitions, selon Seynabou SAMB, la régulation dans le domaine des marchés publics peut être considérée comme une fonction attribuée à un organe doté d'une certaine indépendance, à défaut d'être en dehors de la hiérarchie administrative, consistant à garantir l'équilibre sur le marché de la commande publique[670].

Cependant, au sein de l'UEMOA le renouveau du mécanisme de régulation est le fruit des exigences des partenaires financiers et techniques. C'est ce qui ressort du rapport de la conférence d'Abidjan[671] qui précise que *« (...) des régulateurs et contrepoids doivent être mis en place (...) »*[672]. De sorte que chaque Etat membre a créé une autorité de régulation (paragraphe 1) sans pourtant leur assurer une bonne garantie d'indépendance (paragraphe 2).

---

666 DIALLO (M Y.), « Le juge de l'administration et la régulation des marchés publics au Sénégal », *Revue d'étude et de recherche sur le droit et l'administration dans les pays d'Afrique*, publié en mai 2015, p.2, http://afrilex.u-bordeaux4.fr/le-juge-de-l-administration-et-la.html, consulté le 05/8/2020.

667 DIOP (M.), « L'évolution des marchés publics au Sénégal, repère historiques et faits marquants », *Revue des marchés publics du Sénégal,* n°1, 2010, p.6-7.

668 BOY (L.), « Régulation et sécurité juridique », in BOY (L.), RACINE (J.B.), (Sous la coord. de), *Sécurité juridique et droit économique*, Bruxelles, *Larcier,* 2008, p.335.

669 GAUDEMET (Y.), « La concurrence des modes et des niveaux de régulation, introduction », *RFAP*, n°109, 2004, p.14 ; voir. ég, RAMBAUD (R.), *L'institution juridique de régulation : recherches sur les rapports entre droit administratif et théorie économique,* L'harmattan, 2012, p. 27.

670 SAMB (S.), *op., cit.* p. 579.

671 Pour plus de détails, *Cf. supra.* p. 16 et s.

672 Rapport de la conférence d'Abidjan *op., cit*, p. 18 et 19 ; ce rapport a retracé *« l'évolution de la passation des marchés dans les pays développés (...) Les pays en développement devraient suivre la même voie, qui, par une amélioration progressive de la gestion de la passation des marchés, favorise l'efficience dans la gestion financière (...) ».*

Paragraphe 1 : La création des institutions chargées de la régulation des marchés publics

Au sein de l'UEMOA, les organes de régulation ont le statut d'Autorité Administrative Indépendante (AAI). Ils disposent d'une spécificité fonctionnelle [673] et organisationnelle. D'un côté, la spécificité fonctionnelle renvoie à la marge de liberté dont ils disposent dans la fixation de leurs règles de fonctionnement interne et dans l'utilisation des biens matériels et financiers. D'un autre côté, quant à la liberté organisationnelle, elle vise les garanties de neutralité et d'objectivité du régulateur.

Les organes de régulation sont ainsi dotés des attributions spécifiques (B) et bien structurés en fonction de leurs compétences (A).

A. La composition des nouvelles entités en charge de régulation

L'article 5 de la directive n°05/2005 précise que le système de régulation des marchés publics doit garantir *« la définition des politiques en matière des marchés publics, la formation dans le domaine des marchés publics, le maintien du système d'information des marchés publics et la conduite des audits »*.

En revanche, le législateur communautaire n'a imposé aucune exigence en termes de composition et de fonctionnement des organes de régulation. De ce fait, bien que ces organes soient dotés de statut particulier, chaque Etat membre a organisé sa structure en charge de la régulation des marchés publics en toute autonomie. Cela a donc créé quelques divergences textuelles.

[673] EPRON (Q.), « Le statut des autorités de régulation et la séparation des pouvoirs », *RFDA*, 2011, n° 5, p.1001-1018.

1. La structuration des organes de régulation au Burkina Faso et en Côte d'Ivoire

L'Autorité de Régulation de la Commande Publique (ARCOP) du Burkina Faso est composée de trois organes[674] à savoir : *le Conseil de régulation, le secrétariat permanent et l'organe de règlement des différends*[675].

En premier lieu, tout comme les autres Etats membres, le Conseil de Régulation (CR) est une composition tripartite et paritaire de représentants de l'administration publique, du secteur privé et de la société civile[676]. Il est l'organe qui définit et qui oriente la politique générale de l'ARCOP.

En second lieu, le Secrétariat permanent est placé sous l'autorité d'un Secrétaire permanent[677]. Cet organe est responsable devant le CR[678]. Il est chargé de l'application de la politique générale de l'ARCOP et de sa gestion technique, administrative et financière, sous le contrôle du Conseil de régulation.

En troisième lieu, l'organe de règlement des différends (ORD) est une instance de recours non juridictionnel. Il est composé d'une manière tripartite et paritaire de représentants de l'administration publique, du secteur privé et de la société civile. Il est composé de 24 membres[679]. L'ORD siège en matière de litige dans la phase de passation, en matière de conciliation dans la phase d'exécution ou en matière de discipline à tout moment de la procédure[680].

---

674 Voir. article 4 du décret n°2017-050, portant sur l'ARCOP, *op., cit.*

675 L'organe de règlement des différends (ORD) au Burkina Faso est l'équivalent de la Cellule Recours et Sanctions en RCI et les Comités de règlement des différends (CRD) au Mali et au Sénégal.

676 Voir. article 7 du décret n°2017/050, *op. cit.* l'article 10 du même décret précise que *« les membres du Conseil de régulation sont nommés pour une période de trois (3) ans renouvelables une seule fois (...)».*

677 Selon l'article 41 du décret sur l'organisation et le fonctionnement de l'ARCOP, *« le secrétaire permanent est recruté par le Conseil de régulation suivant une procédure de sélection en raison de son intégrité morale, de ses qualifications et expériences professionnelles dans les domaines juridique, technique, économique ou financier. Il est ensuite nommé par décret pris en Conseil des ministres pour un mandat de quatre (4) ans renouvelables une fois (...)».*

678 Voir. article 44 du décret n°2017/050, *op., cit.*

679 *Idem.*, article 18, *« l'organe de règlement des différends est composé à chaque session de trois (03) membres représentant l'administration, le secteur privé et la société civile désignés de manière rotative. La qualité de membre du Conseil de régulation est incompatible avec celle de membre de l'organe de règlement des différends (...)».*

680 *Idem.*, article 24.

Ce faisant, par rapport au droit ivoirien des marchés publics, il existe une différenciation nominale des organes. Ainsi, l'Autorité nationale de régulation des marchés publics (ANRMP) était organisée en trois structures spécialisées (la Cellule Etudes et Définition des Politiques, la Cellule Recours et Sanctions, la Cellule Audits Indépendants)[681]. En 2018, elle a été complétée par le Comité de règlement Administratif (CRA) qui est chargé de la gestion du contentieux interne des administrations publiques[682].

En effet, chaque structure spécialisée est dotée d'une compétence spécifique. Contrairement au Burkina Faso et aux autres Etats membres, la Cellule recours et sanctions (CRS) est composée de six membres à raison de deux représentants pour l'administration, deux représentants pour le secteur privé et deux représentants de la société civile[683]. Quant à la Cellule audits indépendants, elle intervient principalement dans la réalisation des audits indépendants de la passation, de l'exécution et du contrôle des marchés publics et assure le suivi de la mise en œuvre des résultats des audits et des décisions sur les recours. A côté de ces structures spécialisées, il existe un organe de gestion qui est composé d'un conseil et d'un président[684].

2. La structuration des organes de régulation au Mali et au Sénégal

Dans les droits malien et sénégalais des marchés publics, la structuration de l'organe en charge de régulation des marchés publics est la même. Les organes de l'autorité de régulation sont au nombre de trois. La seule différence qui existe se trouve dans la dénomination de l'entité chargée de la gestion et de l'application de la politique générale [685]. A côté de cette entité, il existe le Conseil de régulation (CR) qui est le premier organe. Comme second organe, on retrouve le Comité de règlement des différends (CRD).

Au Mali tout comme au Sénégal, le Conseil de régulation (CR) est l'organe d'orientation et délibérant. Il prend des décisions en matière de régulation. Le Conseil de régulation dispose des pouvoirs les plus étendus pour administrer. Il évalue sa gestion dans les limites fixées par ses missions organiques ou

---

681 Voir. article 12 du décret n°2009-260, portant organisation et fonctionnement de l'ANRMP, abrogé.

682 V. Ord. 2018-594, portant organisation et fonctionnement de l'ANRMP, article 35 et S.

683 *Idem.*, article 26.

684 Idem., article 5 (Conseil de régulation et le Président).

685 Au Mali, cet organe est le secrétariat exécutif. Au Sénégal, c'est la direction générale. Ces deux structures sont chargées des mêmes missions.

statutaires[686]. Il est composé de six membres, trois membres représentant l'administration, désignés par le Premier ministre, trois membres représentant le secteur privé désigné par les organisations professionnelles représentatives des opérations économiques des secteurs de bâtiments et travaux publics, du commence et des services et de trois membres représentant la société civile désignés par les organisations associatives œuvrant dans le domaine de la bonne gouvernance, de l'éthique et de la lutte contre la corruption[687].

Le second organe est le Comité de règlement des différends (CRD). Il est établi auprès de l'autorité de régulation. Il est l'organe chargé du règlement non juridictionnel des litiges[688]. Ce Comité siège, en fonction des faits dont il est saisi, soit sous la forme d'une Commission litiges, soit en formation disciplinaire[689]. Il est composé des membres issus du Conseil de régulation. C'est est une composition tripartite. Le président du CR, un représentant de l'administration, un représentant du secteur privé et un représentant de la société civile[690]. La réglementation sénégalaise exige au moins la présence d'un magistrat parmi les représentants de l'administration[691]. L'article 18 du décret sénégalais sur le fonctionnement et l'organisation de l'ARMP dispose que *« (...) la présidence du comité est exercée de droit par le président du Conseil de régulation ou, en cas d'empêchement, par toute personne désignée à cet effet parmi ses membres par le Conseil de Régulation (...) »*. Les membres du Comité de règlement des différends (CRD) ne doivent en aucun cas exercer des activités ou des fonctions, détenir des intérêts ou recevoir des avantages sous quelque forme que ce soit incompatible avec leur statut[692]. Sur ce point, le droit malien ne prévoit aucune précision.

Au Mali, l'organe administratif chargé d'assister le Conseil de régulation (CR) est le secrétariat exécutif[693]. Au Sénégal, c'est la Direction générale. Ces deux organes assurent les mêmes missions. Le responsable de chaque organe est recruté sur appel à candidature par le Conseil de régulation, sur la base des critères d'intégrité morale, de qualification et d'expérience dans les domaines juridiques, techniques et économiques des marchés publics[694]. Les services

---

686 Voir. article 5 du décret 2007-546 du 25 avril 2007, portant l'organisation et fonctionnement de l'ARMP du Sénégal, *op., cit.*

687 Voir. article 6 du décret n°08-482, relatif au fonctionnement et l'organisation de l'ARMDS, *op., cit.* ; voir. égal, article 6 du décret 2007-546 du 25 avril 2007, *op., cit.*

688 Voir. article 17 du décret n°08/482, *op., cit.*

689 Voir. article 18 du décret du 25 avril 2007 sur l'ARMP, *op., cit.*

690 Voir. article 20 du décret n°08/482, sur l'ARMDS, *op., cit.*

691 Voir. article 18, du décret sur l'ARMP, *op., cit.*

692 Voir. article 19 du décret sénégalais n°2007-546, *op., cit.*

693 Voir. article 23 du décret sur le fonctionnement de l'ARMDS.

694 Idem., article 24 ; voir. aussi. article 24 du décret sénégalais sur le fonctionnement de l'ARMP.

rattachés à cette structure est le secrétariat particulier et le service administratif et financier[695].

L'organisation de ces nouvelles institutions ayant été exposée, on peut maintenant en venir à l'étude de leurs compétences diverses.

B. Les attributions des entités chargées de la régulation

Les compétences des organes de régulation des marchés publics se définissent en fonction des missions confiées aux entités qui les composent. Le droit communautaire n'exige que quatre missions obligatoires[696]. Chaque Etat membre a donc décidé d'élargir ces missions en fonction de leurs besoins parfois avec des points convergents ou divergents. Parmi ces tâches, il y a la compétence de l'exercice du contrôle *a posteriori*. A cet égard, les institutions chargées de la régulation peuvent exiger à la fin de chaque exercice budgétaire, un audit indépendant sur un échantillon aléatoire des marchés conclus. Elles initient et procèdent avec leurs moyens propres ou fait procéder à tout moment à des contrôles externes ou enquêtes portant sur la transparence et les conditions de régularité des procédures d'élaboration et de passation ainsi que des conditions d'exécution des marchés publics. Elles peuvent aussi saisir les autorités compétentes au niveau national ou de l'UEMOA de toutes infractions ou irrégularités constatées au cours des enquêtes et contrôles effectués[697].

Cependant, en Côte d'Ivoire (RCI), l'exercice du contrôle *a posteriori* est une compétence partagée entre la Direction des marchés publics (DMP) et l'autorité nationale de régulation des marchés publics (ANRMP). Il appartient à la DMP d'assurer le contrôle *a posteriori* [698]. Quant à l'ANRMP, elle assure la conduite des audits et le suivi de la mise en œuvre de ces résultats[699].

Au-delà de cette mission de contrôle *a posteriori* (1), les organes de régulation disposent d'autres compétences spécifiques (2).

---

695 Idem., article 29 au Sénégal et l'article 28 au Mali.

696 Voir. article 5 de la directive 05/2005, *op., cit.*

697 Voir. article 118 du CMP du Mali, article 145 du CMP du Sénégal ; voir. également l'article 32 du CMP de 2017 au Burkina Faso qui dispose que la conduite des audits et enquêtes en matière de marchés publics est exercée par l'ARCOP.

698 Voir. article 16.1 du CMP en vigueur, *op., cit.*

699 Voir. article 2 de l'ord n°2018-594, portant sur l'ANRMP.

1. Les missions administratives des structures internes rattachées aux organes de régulation

En matière des compétences du régulateur, certains Etats disposent du même système d'attributions et de fonctionnement. C'est le cas par exemple du Mali et du Sénégal[700].

Les organes chargés de la régulation des marchés publics regroupent donc les mêmes attributions principales. Ils peuvent par exemple déceler des insuffisances relatives au processus de conclusion des marchés publics, proposer des avis, recommandations et propositions sur des questions relevant à la fois du domaine de la loi et de celui du règlement[701].

Dans le droit burkinabé, le Conseil de régulation (CR) est compétent pour adopter l'organigramme, le règlement intérieur, le règlement financier et comptable, les manuels de procédures internes, administratives, financières et comptables, la définition ou la description des postes de travail, les programmes d'activités. Sur proposition du secrétaire permanent de l'Autorité régulation de la commande publique (ARCOP), il peut adopter le budget, le statut, la grille des rémunérations et avantages du personnel, ainsi que tous autres projets relatifs à la gestion du personnel. Ou encore, il adopte ou valide et transmet aux autorités compétentes toute recommandation, projet de réglementation, de stratégie et plan d'actions, des manuels de procédures, d'outils techniques de passation et d'exécution des marchés publics, notamment de documents-types, de normes ou spécifications techniques, de nomenclatures dans le domaine des marchés publics. Il décide sur l'initiative de deux-tiers (2/3) de ses membres ou sur proposition du secrétaire permanent des enquêtes, des évaluations, des contrôles et des audits. Il crée des structures déconcentrées de l'Autorité de régulation de la commande publique sur proposition du secrétaire permanent[702]. Il dresse dans un délai de six mois, à compter de la fin de l'année, un rapport de ses activités qui est remis au Premier Ministre. Il est ensuite rendu public[703].

Quant au secrétaire permanent, dans l'exercice de ses attributions techniques, le secrétaire permanent assure le secrétariat du Conseil de régulation et exécute ses décisions. A ce titre, il assume la préparation technique des dossiers à

---

700 *Cf*, *supra*. p. 251 et 253.

701 Voir. articles 2 du décret sénégalais n°2007-546, *op., cit.* et décret burkinabè n°2017-50; voir. aussi article 4 du décret ivoirien n°2009-260, *op. cit.* et l'article 5 du décret malien n°2008-482, *op., cit.*

702 Voir. article 5 du décret burkinabè n°2017-50, *op., cit.*

703 *Idem.*, article 6.

soumettre au CR et de ses délibérations en vertu des dispositions des articles 5 et 6 du décret sur l'organisation et le fonctionnement de l'ARCOP. Il assiste avec voix consultative aux réunions du CR, propose au Conseil des enquêtes, contrôles et audits sur les procédures de passation et d'exécution de la commande publique, représente l'ARCOP dans tous les actes de la vie civile et signe tout acte relatif au fonctionnement de la structure sous réserve des prérogatives reconnues au Conseil de régulation. Il représente l'ARCOP devant les juridictions par lui-même ou son représentant. Dans l'exercice de ses attributions financières, le Secrétaire permanent est l'ordonnateur du budget de l'Autorité de régulation de la commande publique. A ce titre, il prépare le budget et l'exécute conformément aux règlements financiers et comptables régissant la gestion de l'ARCOP et sous réserve des prérogatives dévolues au Conseil de régulation. Il arrête les comptes et états financiers annuels et les soumet à la certification du commissaire aux comptes qui s'assure de la bonne utilisation des finances publiques, puis à l'approbation du Conseil de régulation[704].

S'agissant du droit ivoirien des marchés publics, la Cellule Etudes et Définition des Politiques et Conseil[705] dispose de certaines missions semblables aux Conseils de régulation de l'ARCOP du Burkina Faso, de l'ARMDS du Mali et de l'ARMP du Sénégal. A ce titre, la Cellule est chargée de formuler des avis et recommandations au Conseil et le cas échéant au ministre chargé des marchés publics pour la définition et l'amélioration des politiques en matière des marchés publics et de mettre en place un cadre adéquat de suivi et d'évaluation de la mise en œuvre de ces politiques etc[706].

Quant au Conseil, il dispose des pouvoirs les plus étendus pour administrer l'Autorité de régulation, orienter sa politique générale et évaluer sa gestion dans le cadre de ses attributions[707].

En Côte d'Ivoire, la Cellule audits indépendants est chargée, principalement, de réaliser les audits indépendants de la passation, de l'exécution et du contrôle des marchés publics. A ce titre, elle évalue périodiquement les procédures et pratiques du système de passation des marchés publics et propose des mesures de nature à améliorer le système dans un souci d'économie, de transparence et d'efficacité etc[708].

---

704 Voir. article 43 du décret n°2017/050, *op., cit.*
705 Voir. article 5 de l'ord n°2018-594, *op., cit.*
706 Pour plus de détails, voir. article 25 de l'ord n°2018-594 *précitée.*
707 *Idem.*, article 5.
708 Voir. article 21 du décret ivoirien 2009-260.

En définitive, les attributions de la Cellule ivoirienne sur les audits indépendants correspondent aux missions accordées aux Conseil de régulation des autres Etats membres[709].

En dehors des attributions étudiées ci-dessus, il a été reconnu aux organes de régulation des marchés publics d'autres compétences en matière de règlement des litiges relatifs à la passation et l'exécution des marchés publics.

2. Les compétences spécifiques des organes de conciliation amiables des litiges

Le droit communautaire impose aux Etats membres d'adopter des mesures en vertu desquelles, les autorités contractantes, ainsi que toute personne intervenant, à quelque titre que ce soit, dans la chaîne de passation des marchés publics, soit pour le compte d'une autorité contractante, soit pour le compte d'une autorité d'approbation, de contrôle ou de régulation soient soumis aux dispositions des réglementations communautaires et nationales interdisant les pratiques frauduleuses et les actes de corruption [710]. La directive n°05/2005 ajoute que *« les Etats membres s'engagent en outre à prendre des mesures visant à adopter et à faire respecter les codes d'éthique prohibant tout conflit d'intérêts dans la passation des marchés »*[711]. C'est en application de ces dispositions que les entités de règlement des différends ont vu le jour au sein des organes nationaux de régulation des marchés publics.

En premier lieu, les organes des recours non juridictionnels peuvent recevoir les dénonciations des irrégularités constatées par les parties intéressées ou celles connues de toute autre personne avant, pendant et après la passation ou l'exécution des marchés publics[712]. L'article 145 du CMP ivoirien dispose que l'organe chargé de règlement des litiges statue sur les différends relatifs aux marchés publics. Il s'agit d'analyser et de sanctionner les manquements aux règles fondamentales des marchés publics. Ces organes peuvent siéger en matière de litige dans la phase de passation des marchés publics, en matière

---

709 En ce sens, voir. les articles 5 des décrets burkinabè, malien et sénégalais sur les autorités de régulation des marchés publics, *op., cit.*

710 Voir. article 6 de la directive 05-2005, *op., cit.*

711 *Ibid.*

712 Voir. article 17 du décret n°2008-482, sur l'ARMDS, *op., cit.* et l'article 20 du décret sur l'ARMP au Sénégal, *op., cit.*

de conciliation dans la phase d'exécution ou en matière de discipline à tout moment de la procédure[713].

En matière d'irrégularités, dans une affaire récente[714], la Cellule recours et sanctions (CRS) de l'ANRMP a été saisie par deux concurrents évincés pour un litige relatif à l'attribution du marché de fourniture de denrées alimentaires de l'Institut National de Formation Sociale (INFS). La Commission d'ouverture des plis a rejeté les offres des deux entreprises requérantes aux motifs qu'ils *« ont inscrit leurs noms sur les enveloppes contenant leurs offres techniques et financières »*. La Cellule recours et sanctions (CRS) a d'abord rappelé que *« nulle part dans le dossier type conçu pour les procédures simplifiées à compétition ouverte, encore moins dans le dossier de consultation élaboré par l'autorité contractante, il n'est ni mentionné l'interdiction faite aux soumissionnaires de porter des mentions sur les enveloppes ou contenants extérieurs susceptibles de révéler l'origine des offres, ni prévu de sanction de rejet de l'offre à l'ouverture des plis, en cas de non-respect de cette interdiction »*. Puis, elle juge que *« l'interdiction dont se prévaut l'autorité contractante pour rejeter l'offre des requérantes ne figure que dans le code des marchés publics ainsi que dans les dossiers d'appel d'offres types qui ne sont pas applicables à la procédure d'espèce »*. La Cellule précise que c'est à tort que l'INFS a refusé de réceptionner les offres des entreprises requérantes.

Il est curieux tout de même de relever le fondement de cette décision. Certes, le code ne prévoit pas expressément l'interdiction de mentionner de noms sur le dossier d'offres des entreprises dans le cadre d'une procédure simplifiée, mais l'organe de règlement des différends aurait dû cas même tenir compte du fait qu'une telle mention sur les dossiers d'offres fausse le jeu de transparence dans la passation des marchés publics.

En second lieu, en matière de litige, la structure chargée des recours non juridictionnels connaît des plaintes des candidats, des soumissionnaires et des attributaires s'estimant lésés dans les procédures d'attribution des marchés publics[715]. Ces plaintes peuvent porter sur les décisions d'attribuer ou de ne pas attribuer des marchés publics, les conditions de publication des avis, les règles relatives à la participation des candidats, aux capacités et/ou aux garanties exigées, la conformité des documents d'appel à concurrence au regard de la réglementation et les spécifications techniques retenues le mode

---

713 Voir. article 24 du décret 2017-50 sur l'ARCOP, *op., cit.*

714 Décision n°017/2017/ANRMP/CRS du 20 juillet 2017, sur le recours des entreprises NASSANE GROUP et LANAH.

715 Voir. article 25 du décret burkinabè n°2017-50 sur l'ARCOP, *op., cit.*

de passation et la procédure de sélection retenus, les critères d'évaluation, le refus d'approbation des contrats[716]. A cet effet, l'organe de résolution amiable des litiges statue sur les irrégularités et les violations des réglementations communautaires et nationales qu'il constate. Il peut ordonner toute mesure conservatoire, corrective ou suspensive de l'exécution de la procédure de passation[717]. L'attribution définitive du marché sera suspendue jusqu'au prononcé de sa décision.

A titre d'illustration, en 2015, l'organe de règlement amiable des différends de l'ARCOP du Burkina Faso a été saisi d'un recours contre l'attribution provisoire d'un marché. Dans cette affaire, le requérant a contesté le rejet de son offre dans la conclusion d'un marché des travaux. En l'espèce, l'autorité contractante avait considéré que l'offre du requérant n'était pas conforme au dossier d'appel d'offres (DAO) au motif qu'il n'avait pas adressé la lettre d'engagement au maître d'ouvrage. Or, le DAO ne prévoyait pas une telle exigence. L'organe de règlement a dès lors estimé que *« le requérant n'a pas mentionné de destinataire sur son acte d'engagement ; qu'il ne s'agit pas d'une omission ; qu'il s'est plutôt conformé au modèle fourni par les dossiers types de travaux ; qu'en conséquence, son offre est bien conforme et ne peut donc être rejetée pour ce motif »* [718].

Dans une autre affaire en matière d'irrégularités relatives à la participation des candidats, aux capacités et/ou aux garanties exigées par les autorités contractantes, le Comité de règlement des différends (CRD) du Mali a été saisi en 2011 par une entreprise qui contestait les critères de sélection exigés par le dossier d'appel d'offres publié par le ministère de l'équipement et des transports. Pour le requérant ces critères étaient *« restrictifs et orientés »*. Ce recours a été accueilli par le CRD. En l'espèce avant l'intervention du CRD, le ministère lui a envoyé un courrier en indiquant que ses services ont commencé à prendre en compte les observations du requérant. Dès lors, le CRD a estimé que *« la requête n'avait plus de sens à partir du moment où ses services techniques s'étaient engagés à procéder aux corrections nécessaires »*[719].

---

716 *Idem.*, article 27 ; voir. aussi, article 21 du décret sur l'organisation et le fonctionnement de l'ARMP au Sénégal, *op. cit.*

717 En termes de suspension et d'annulation de la procédure de passation, voir. Décision n°05/2012/ ANRMP/CRS du 22 mars 2012, ordonnant l'annulation de la décision d'attribution de la COJO.

718 Décision, n°2015-359/ARCOP/ORAD du 15 septembre 2015, aff. *Entreprise ARUD c/ DRARHASA.*

719 Décision n°11-007/ARMDS-CRD du 26 avril 2011, le CRD statuant en commission contentieuse sur le recours de la Société de transformation de papiers au Mali (TRANFOPAM).

En troisième lieu, les institutions de règlement des litiges sont compétentes aussi à l'égard des recours des autorités contractantes, des structures de contrôle et autres acteurs portant sur les décisions d'octroi, de refus d'octroi ou de retrait d'agrément, des litiges entre des structures de l'administration et relatifs à la passation, à l'exécution et au règlement des marchés publics[720], il en va ainsi, dans le cadre de litige entre les administrations dans le processus de passation des marchés publics.

A cet égard, le CRD du Mali a été saisi par un établissement public (COMANAV), d'un recours contre le dossier d'appel d'offres restreint relatif à l'acquisition de bateaux à faible tirant d'eau à son profit, mais ce marché était initié par la hiérarchie du requérant qui est le ministère de l'équipement et des transports. Au moyen de son recours, le requérant a invoqué qu'en sa qualité de société d'Etat jouissant de la personnalité morale et de l'autonomie financière, surtout le bénéficiaire du marché litigieux, qu'il est le seul habilité *« en tant qu'autorité contractante, à conduire le dossier d'appel d'offres et non son département de tutelle »*. Le CRD a tranché en indiquant *« qu'il n'est pas contesté que la COMANAV est le bénéficiaire du marché querellé. Qu'il en résulte dès lors que la qualité de bénéficiaire de la COMANAV ne fait l'ombre d'aucun doute. Qu'en revendiquant la préparation de ce marché, la COMANAV n'excède pas ses compétences »*[721]. Pour le CRD en matière de conclusion des marchés publics, seul le bénéficiaire direct du marché peut élaborer l'avis d'appel d'offres et rédiger les procès-verbaux de dépouillement ainsi que l'analyse des offres. Il prépare également les contrats. Ce n'est donc pas au service de tutelle de réaliser ces tâches.

Ce positionnement de l'organe de règlement non juridictionnel du Mali est salutaire. Il permet d'éviter les empiétements des départements de tutelle sur les autorités contractantes. Il permet aussi d'assurer l'autonomie des autorités contractantes et d'éviter la concentration de passation des marchés afin de garantir l'efficacité de l'achat par mérite.

Par ailleurs, en matière de conciliation dans la phase d'exécution des marchés publics, les recours des attributaires et titulaires peuvent notamment porter à tout moment sur les modalités de liquidation de pénalités de retard et d'intérêts moratoires, le règlement des commandes publiques, les modalités de calcul d'indemnité de résiliation, les décisions de résiliation prononcées par les autorités contractantes ou le refus de résiliation à l'initiative du titulaire du

---

[720] Voir. article 22 de la loi n°2008-23 du 23 juillet 2008, relative à l'ARMDS du Mali.

[721] Décision n°10-020/ARMDS-CRD du 3 septembre 2010, le CRD statuant en commission contentieuse sur le recours de la COMANAV.

marché et les refus de révision ou d'actualisation des prix[722]. Dans ce sens, l'organe de règlement des litiges tente de concilier en établissant un procès-verbal de conciliation qui consacre une transaction. Celui-ci est exécutoire entre les parties. Dans le cas contraire, l'organe de règlement des différends établit un procès-verbal de non-conciliation qui constitue un préalable indispensable à toute action contentieuse[723]. Par exemple, en 2014 un opérateur économique titulaire d'un marché public a saisi l'entité de règlement amiable du Burkina Faso d'une demande de conciliation. En l'espèce, le Conseil constitutionnel burkinabè avait attribué un marché d'élaboration d'un manuel des procédures de gestion des élections et du référendum, la conception et le développement d'un logiciel de gestion des élections et du référendum (plate-forme) et le développement d'un module de gestion informatique de l'élection du président du Faso à la *Société BIGA SARL* (entreprise requérante). Après l'exécution du marché, l'autorité contractante avait considéré que le marché avait été exécuté avec du retard. En conséquence, l'autorité contractante précise que le titulaire se voit infliger une pénalité de retard. L'organe de règlement a donc établi un procès-verbal de conciliation en précisant que l'autorité contractante a donné une suite favorable à la requête de *BIGA SARL*[724].

En quatrième lieu, en statuant en formation disciplinaire, l'organe de règlement des différends est saisi des cas de violation de la réglementation en matière de passation et d'exécution de la commande publique. A ce titre, il peut recevoir des dénonciations des parties ou de toute autre personne avant, pendant et après la passation ou l'exécution d'un marché public[725]. A cet effet, il peut prononcer des sanctions, sous la forme d'exclusions temporaires et de pénalités pécuniaires à l'encontre des soumissionnaires, candidats ou titulaires de marchés publics[726]. Ses décisions sont exécutoires et dotées de force contraignante sur les parties dès leur notification sauf en cas de recours juridictionnel[727]. En ce sens, dans le cadre de recours de dénonciations, la Cellule recours et sanctions (CRS) de l'ANRMP a été saisie d'une dénonciation au motif qu'une entreprise titulaire d'un marché en cours d'exécution avait fait une fausse déclaration en proposant dans son offre technique un chef de cuisine déjà en activité sur un autre marché dont elle est titulaire. Cette demande a été accueillie par la Cellule. Elle a considéré qu'aucun texte n'exige de délai butoir pour saisir l'ANRMP en matière de dénonciation faite par une entreprise. La CRS a précisé que le délai de recours

722 Voir. article 31 du décret 2017 portant sur l'ARCOP, *op., cit.*

723 *Idem.*, article 32.

724 *Cf.* PV de conciliation n°2014-154/ARMP/CRD, relatif aux mesures de pénalités de retard prises par le conseil constitutionnel à l'encontre de l'entreprise BIGA SARL.

725 Voir. décret 2017 sur le fonctionnement et l'organisation de l'ARCOP, article 33.

726 Voir. article 23 du décret de 2007 sur l'ARMP au Sénégal, *op., cit.*

727 Voir. article 19 du décret de 2008 sur l'ARMDS au Mali, *op., cit.* voir. aussi, l'article 39 du décret sur l'ARCOP au Burkina Faso.

de cinq (5) jours prévu par l'article 168 du CMP n'est applicable que dans le cadre des litiges et non en matière de dénonciation[728]. En outre, en matière de pouvoirs de sanctions, les entités de règlement des litiges peuvent suspendre la procédure de passation des marchés publics les entreprises qui ne respectent pas la réglementation en vigueur[729].

En revanche, les entités de conciliation amiable ne sont pas compétentes en matière d'infractions pénales[730]. C'est ce qui relève de l'arrêt *Société SY and Co-holding S.A* de 2014 de la Cour suprême du Mali[731]. Dans cette décision, le juge administratif malien a rappelé que *« l'appréciation du faux, qui plus est, du faux en écriture, est de la compétence exclusive du juge »*. Il ajoute qu'en qualifiant la pièce produite par la Société requérante de fausse, *« le Comité de règlement des différends de l'Autorité de régulation des marchés publics et de service public a outrepassé ses compétences et exposé sa décision à la censure de la section administrative de la Cour Suprême »*.

De plus, chaque structure de recours peut aussi rendre des avis dans le cadre de la procédure de règlement amiable des litiges relatifs à la passation et l'exécution des marchés publics[732]. Dans ce cadre, au Sénégal, l'Agence Nationale d'Insertion et de Développement Agricole (ANIDA) a saisi le Comité de règlement des différends (CRD) d'une demande d'avis relative à la possibilité de prononcer l'exclusion d'entreprises défaillantes des marchés publics. Autrement dit, la demande d'avis portait sur la possibilité, pour une autorité contractante, d'écarter systématiquement de ses marchés publics, les entreprises défaillantes. Après avoir délibéré sur la régularité de la saisine, les faits et moyens exposés, le CRD a estimé qu'une *« autorité contractante ne peut pas prononcer l'exclusion d'une entreprise des marchés publics, mais*

---

728 Décision n°010/2017/ANRMP/CRS du 20 avril 2017 sur la dénonciation faite par l'entreprise SOGEREST pour irrégularités commises dans l'appel d'offres n°p177/2015 relatif à la gérance et exploitation des restaurants de l'Institut National Polytechnique Houphouët-Boigny (INP-HB) de Yamoussoukro.

729 En ce sens voir, Décision n°2016-094/ARCOP/ORAD du 17/03/2016, portant suspension de l'entreprise FUTURIS et son Gérant pour production d'une convention de groupement non authentique ; voir. aussi, décision, n°2016-102/ARCOP/ORAD du 17/03/2016, portant suspension de l'entreprise FASO HOLDING et son gérant pour falsification d'un document administratif.

730 Cette compétence appartient exclusivement au juge, voir. arrêt *Société SY and Co-holding* de 2014.

731 CS, sect. Adm, 09 mai 2014, *Société SY and Co-holding*, req. 114.

732 Voir. article 18 du décret malien sur le fonctionnement et l'organisation de l'ARMDS, *op., cit.* et l'article 21 du décret sénégalais sur le fonctionnement et l'organisation de l'ARMP, *op., cit,* voir. Aussi, l'article 30 du décret burkinabè n°2017-50, *op., cit.*

qu'elle peut saisir le CRD pour lui demander de prononcer une telle sanction »[733].

Dans une autre affaire, la Cellule recours et sanctions (CRS) de la Côte d'Ivoire a été saisie d'une demande d'avis par la *Mutuelle Générale des Commerçants d'Afrique, section Côte d'Ivoire*, d'un marché conclu entre la *Société IVORITAL et la Mairie de Cocody*, sans aucun respect des règles relatives aux marchés publics. La CRS a estimé que le marché litigieux *« aurait dû se faire par appel d'offres ouvert, l'usage d'une procédure dérogatoire exigeant l'autorisation préalable du ministre de l'économie et des finances. C'est pourquoi, l'ANRMP estime qu'il est fondamental de s'assurer de l'existence d'une telle autorisation »*. La CRS a ensuite considéré que, dans le cas où la passation dudit marché s'est faite en violation des dispositions réglementaires, la Mairie de Cocody doit être informée des irrégularités constatées et prévenue des sanctions qu'elle encourt en cas de non observation des règles régissant les marchés publics. Il devra aussi être signifié à la mairie la suspension immédiate des travaux éventuellement en cours[734].

Par ailleurs, dans la détermination des compétences des entités relatives au règlement des litiges, il est constant que les droits burkinabè et ivoirien se démarquent des autres réglementations nationales en consacrant au profit de leurs entités la compétence de s'autosaisir en toutes matières et de statuer sur les irrégularités, les fautes et les infractions constatées sur le fondement des informations recueillies dans l'exercice de leurs missions ou de toute information communiquée par des autorités contractantes, des entreprises, des attributaires, des titulaires, des partenaires privés ou des tiers[735].

Ainsi, les attributions accordées aux autorités de régulation des marchés publics permettent à ces organes de garantir l'équilibre et la transparence entre les différents acteurs de la passation des marchés publics. Néanmoins, ils ne disposent pas d'une indépendance réelle vis-à-vis du pouvoir exécutif.

---

733 Avis n° 014/ARMP/CRD du 09 décembre 2015, l'Agence nationale d'Insertion et de Développement Agricole. Voir. aussi. Décision n° 2019-D025/ARCOP/ORD poursuite contre le cabinet CODEX et son gérant, monsieur Biton TYANO pour production d'attestation d'exécution de marché non authentique.

734 Voir. avis du 02 juillet 2010, sur le différend opposant la Mutuelle Générale des Commerçants d'Afrique section Côte d'Ivoire c/ Mairie de Cocody, file:///C:/Users/User/Downloads/avis-02juillet-2010-differend-opposant-la-mutuelle-generale-commercants-afrique-section-ci-mairie-cocody.pdf, consulté le 12/10/2019.

735 Voir. article 18 du décret de 2009 sur l'ANRMP en RCI, *op., cit.* et l'article 34 du décret de 2017 sur l'ARCOP, *op., cit.*

Paragraphe 2 : L'inadéquation du statut des organes de régulation des marchés publics

Dans les droits nationaux, chaque structure en charge de la régulation des marchés publics dispose du statut d'autorité administrative indépendante dotée de la personnalité juridique[736] et de l'autonomie financière[737]. L'organe de régulation agit cependant sous l'autorité du Premier ministre[738]. Cette situation statutaire pose le problème d'autonomie et d'indépendance du régulateur.

Un organe de régulation est supposé être indépendant. Or, le choix organisationnel opéré par les Etats membres restreint non seulement l'indépendance des entités de régulation (A) mais limite aussi leurs compétences en matière de sanctions, ce qui soulève la question de leur réelle indépendance (B).

A. La restriction de l'indépendance des autorités de régulation

Les autorités de régulation des marchés publics au sein de l'UEMOA, selon leur statut, ressemblent plus aux autorités publiques indépendantes (API) du droit français puisque les AAI en France sont dénuées de la personnalité morale[739].

Pour leur effectivité et la pérennité de leurs missions de régulation, certains moyens divers doivent être mis en place. D'une part, l'indépendance organique et fonctionnelle du régulateur par rapport à l'administration centrale[740] et par rapport aux opérateurs économiques d'autre part doit être garantie.

Toutefois, dans la réglementation ouest africaine aucune disposition ne donne la définition de ce type d'AAI disposant de la personnalité morale[741]. On peut

---

[736] Contrairement aux autres droits nationaux, au Sénégal l'ARMP ne dispose pas de la personnalité juridique. Elle ne dispose que de l'autonomie financière et gestion.

[737] Voir. au Burkina Faso, le décret n°2017-50 du 01 février 2017, *op., cit.*, au Mali, l'article 1 de la loi n°08-23 du 23 juillet 2008 et l'article 2 du décret n°08-482 du 11 aout 2008, *op., cit.* ; au Sénégal l'article 1 du décret n°2007-546 du 25 avril 2007, *op., cit.*

[738] *Ibid.*

[739] Voir. article 2 de la loi n° 2017-55 du 20 janvier 2017, portant statut général des autorités administratives indépendantes (AAI) et des autorités publiques indépendantes (API).

[740] ECKERT (G.), « L'indépendance des autorités de régulation économique à l'égard du pouvoir politique », *RFAP,* 2012/3, n°143, p. 629-643.

[741] Par exception, depuis 2003, en France, plusieurs AAI ont été dotées de la personnalité juridique. La première et la plus importante est l'Autorité des marchés financiers (AMF), créée en 2003 et qualifiée par le législateur d'*« autorité publique indépendante»*. Les AAI

simplement considérer que les justifications essentielles avancées pour leur création sont la recherche de garanties renforcées d'impartialité, de professionnalisme et d'efficacité de l'action de l'Etat avec en arrière-plan l'aspiration du respect des règles fondamentales de l'achat public[742]. En principe, ces autorités sont censées agir au nom de l'Etat sans être subordonnées au gouvernement et bénéficier, pour le bon exercice de leurs missions, de garanties qui leur permettent d'agir en pleine autonomie, sans aucune pression ou d'orientation émanant d'une autre institution.

Cependant, le fait même de placer la fonction du mécanisme de régulation des marchés publics sous l'autorité du Premier ministre[743] ou du Président de la République[744] constitue sans conteste une restriction manifeste à l'indépendance de cette fonction. Cela, même si les autorités de régulation exercent leurs attributions en toute indépendance puisqu'elles ne sollicitent, en principe ni n'acceptent d'instructions et ne sont soumises à aucune tutelle dans l'accomplissement de ses missions[745]. Ce rattachement des régulateurs des marchés publics à d'autres institutions semble ne pas être en cohérence avec les caractéristiques de leur statut.

Certes, ces autorités de régulation sont dotées de la personnalité morale et de l'autonomie financière. Ce statut leur garantit en principe un degré d'indépendance élevée et leur permet d'être *« insusceptibles de recevoir des instructions ou des ordres émanant de quelque autorité fut ce-t-il le Premier ministre »*[746]. Néanmoins, dans la pratique et connaissant bien le fonctionnement de l'administration centrale des influences peuvent exister, voire des ingérences dans les affaires internes, particulièrement dans la prise des décisions de ces organes de régulation.

A titre d'exemple, en droit français, la légalité des AAI a été entérinée par le juge malgré leur appartenance à l'exécutif[747]. Elles sont soumises au contrôle

dotées de la personnalité morale demeurent donc des exceptions et que le législateur continue à créer des AAI sans les doter d'une telle personnalité.

742 CE, Rapport public 2001, *Les autorités administratives indépendantes,* Etudes et documents n°52, la Documentation française, 2001.

743 Tel est le cas du Burkina Faso, Mali et le Sénégal.

744 Il s'agit du cas ivoirien.

745 Voir. article 27 de loi malienne n°08-023 du 23 juillet 2008, relative à la création de l'ARMDS, *op., cit.*

746 KONATE (M I.), « Brèves observations sur le nouveau cadre juridique des marches publics au Mali », Revue *Jurisfis info,* n°1, jan/fév, 2009, p. 2.

747 CE ass. 10 juillet 1981, n°5.130, *Retail,* Rec. p. 302. CC, décision n° 86-217 DC du 18 septembre 1986, loi relative à la liberté de communication ; voir. aussi. CC, décision n° 89-260 DC du 28 juillet 1989, loi relative à la transparence et à la sécurité du marché financier.

juridictionnel. Leur indépendance a été consolidée par le juge administratif qui considère que le pouvoir exécutif *« ne peut légalement mettre fin avant le terme de son mandat aux fonctions du président d'une autorité administrative indépendante en raison de la survenance de sa limite d'âge dans son corps d'origine »*[748].

L'indépendance des AAI à l'égard de l'exécutif est l'une des justifications essentielles de leur création. Cette indépendance a tout à la fois un caractère organique et un caractère fonctionnel[749]. D'une part, l'indépendance organique des AAI est assurée grâce aux règles régissant leur composition d'un côté et les garanties statutaires à la qualité des membres de l'autre côté. Au sein des droits nationaux concernés par notre étude, la composition de chaque organe de régulation est tripartite avec des représentants de l'administration, des représentants du secteur privé et des représentants de la société civile [750]. D'autre part, l'indépendance fonctionnelle signifie essentiellement que les AAI sont affranchies de tout lien de dépendance hiérarchique ou de tutelle. En conséquence, elles ne reçoivent ni ordre, ni instruction du gouvernement.

En ce qui concerne les ressources de ces organes de régulation, elles sont constituées de subvention de l'Etat, des redevances de régulation, des ventes des dossiers d'appel d'offres, des frais d'enregistrement des recours, des dons et legs[751]… Cette diversité des finances des autorités de régulation peut avoir de conséquences sur leur fonctionnement, notamment à travers les dons et legs.

Par ailleurs, compte tenu des pouvoirs particuliers dévolus aux autorités de régulation des marchés publics, il aurait été préférable que la représentation nationale puisse contrôler leur création et leur fonctionnement. Tel n'est pas le cas des dispositions nationales, excepté l'ARMDS du Mali qui été créée par la loi du 23 juillet 2008. En effet, le Parlement doit avoir un droit de regard sur les actions de ces autorités. Ce droit peut se manifester aussi par l'audition des principaux responsables des autorités administratives indépendantes devant le Parlement.

---

748 CE, 7 juillet 1989, *Ordonneau*, n° 56627.

749 GAZIER (A.), « Les autorités administratives indépendantes (AAI) », Fiche de niveau 4. Institutions administratives/l'administration de l'Etat, 23 novembre 2007, http://www.france-jus.ru/upload/fiches_fr/Le%20statut%20des%20autorites%20administratives%20independantes%20(AAI).pdf , consulté le 16/08/2017.

750 Voir. article 7 du décret 2017-50 sur l'ARCOP, *op., cit.* ; Article 6 du décret de 2007 sur l'ARMP, *op., cit.* ; article 5 du décret 2009-260, *op., cit.* ; article 4 de la loi n°08-23 du 23 juillet sur l'ARMDS, *op., cit.*

751 Voir. article 29 de la loi malienne sur la création de l'ARMDS, *op., cit.* article 37 du décret n°2007-546 du 25 avril 2007 relatif à l'ARMP, *op., cit.*, article 46 du décret du 1er février 2017, portant l'organisation et fonctionnement de l'ARCOP, *op., cit.* article 36 du décret n°2009-260 du 6 août 2009, relatif à l'ANRMP.

Cette méthode pourrait sécuriser la fonction de régulation des marchés publics contre les agissements du pouvoir réglementaire qui peut ne pas hésiter à prendre des mesures perturbant le bon fonctionnement de cette fonction.

De surcroit, les autorités de régulation sont limitées en termes de moyens et de pouvoirs.

B. L'insuffisance institutionnelle et la limitation des pouvoirs des organes de régulation

Les textes qui instituent les organes de régulation des marchés publics prévoient qu'en cas de besoins, des antennes régionales peuvent être créées sur délibération du Conseil de régulation de l'autorité de régulation concernée[752]. Or, dans la pratique, les organes nationaux de régulation ne disposent pas de structures déconcentrées (1). Ils sont également limités en termes compétences coercitives (2).

1. L'institutionnalisation perfectible des entités chargées de régulation

Chaque autorité de régulation des marchés publics a son siège dans la capitale. Cette organisation centrée des autorités de régulation ne répond pas à l'exigence posée dans la directive dans le cas où l'activité à réguler se déroule aussi au niveau local. Dès lors, il est nécessaire qu'existent des relais locaux ou régionaux du régulateur[753].

Cette absence des antennes régionales de régulation des marchés publics n'est pas conforme au droit communautaire. Ce droit exige expressément la mise en place des structures centrales, déconcentrées et décentralisées[754].

Cette exigence a d'ailleurs été reprise par les rédacteurs nationaux. Les besoins locaux peuvent justifiées la création des antennes régionales de régulation des marchés publics. On peut dès lors s'interroger, si cette création

---

[752] Voir. article 3 du décret n°2008-482, relatif à l'ARMDS, *op., cit.* article 1 du décret n°2007-546 relatif à l'ARMP, *op., cit.* article 1 du décret du 1er février 2017, portant sur l'ARCOP, *op., cit,* article 2 du décret n°2009-260, relatif à l'ANRMP.

[753] DICKO (A.), *Les marchés publics au Mali*, *op., cit.* p. 255.

[754] Voir. article 4 de la directive 05/2005, *op., cit.*

des antennes locales n'est pas indispensable au vu du nombre des marchés locaux et de l'exigence d'efficacité de la procédure des marchés publics.

Dans le contexte actuel du processus de passation des marchés publics dans la zone UEMOA, la mise en place des antennes régionales de régulation est une nécessité impérieuse en raison de l'enclavement territorial notamment et du déficit de dématérialisation des démarches administratives. Dès lors, la proximité avec les acteurs des marchés publics est nécessaire.

En effet, dans de localités reculées, certains concurrents peuvent être injustement évincés dans la phase d'attribution des marchés. Ils ne pourront pas se déplacer dans la capitale pour déposer leurs recours devant l'autorité en charge de la régulation, d'autant que les délais de recours sont relativement courts. Par exemple au Mali, le Comité de règlement des différends de l'ARMDS ne peut être saisi d'un recours d'irrégularités de la procédure de passation des marchés publics au-delà de deux jours à compter de la date de notification de la décision du recours gracieux obligatoire [755].

Dans cette hypothèse, il serait toujours difficile aux entreprises qui sont situées à des milliers de kilomètres d'exercer leur droit de recours devant l'organe de règlement amiable de l'autorité chargée de la régulation des marchés. Certes, dans la procédure de passation des marchés publics, les candidatures et les offres peuvent être communiquées à l'autorité contractante par moyen électronique. Il en est de même pour les documents d'appel d'offres et de consultation. Mais dans le cas de recours devant les autorités de régulation, il ne ressort d'aucune disposition que le recours devant un organe de régulation peut s'exercer par voie dématérialisée.

De plus, les organes de règlement amiable des litiges sont rattachés aux autorités de régulation. Ce positionnement institutionnel et géographique peut avoir de l'influence sur leurs décisions étant donné que les structures auxquelles ils sont rattachés sont à leur tour sous tutelle d'autres institutions. Or, le but principal de la création des Comités de règlement des différends par les Etats membres est de rechercher l'équilibre dans la passation et l'exécution des marchés publics[756]. Il s'agit de l'équilibre entre les exigences tenant au respect de la concurrence et les exigences tenant au processus des marchés publics. En d'autres termes, au vu de leur positionnement, les entités de règlement amiable des litiges ne seraient pas autonomes dans leurs tâches.

755 Voir. article 121.1 du CMP de 2015 en vigueur.
756 FRISON-ROCHE (M A.), *Le droit de la régulation*, Dalloz, 2001, p.610.

Parfois, on se demande si elles n'existent pas simplement pour satisfaire à la hiérarchie, au risque de dénaturer la réglementation sur les marchés publics. Tel est le cas par exemple de l'affaire *COSEC.* Dans cette affaire, le Comité de règlement des différends (CRD) du Sénégal fonde sa décision en écartant la règle de droit pour se fonder uniquement sur les faits. Il a estimé que « *la situation résultant de l'infructuosité de l'appel d'offres ne dépend pas de l'autorité contractante. Que par ailleurs, compte tenu du caractère stratégique et de l'impératif de sécurité des prestations, toute interruption pour des questions de procédure pourrait causer un lourd préjudice à l'autorité contractante. Que s'il est vrai que les marchés par entente directe doivent être réduits au strict minimum pour préserver les principes de transparence et de liberté d'accès à la commande publique, il reste cependant entendu que les procédures de passation ne doivent pas empêcher l'exécution des activités confiées aux structures de l'Etat pour le fonctionnement du service public et la satisfaction des besoins de la collectivité* ». Or, en l'espèce, l'autorité contractante avait connaissance de la date d'expiration du contrat en fin d'exécution. Dès lors, elle pouvait anticiper son renouvellement bien en avant.

Dans une autre affaire, le CRD du Sénégal a écarté les règles relatives aux marchés publics afin de trancher en opportunité. En l'espèce la ville de Saint-Louis avait lancé un avis appel d'offres en 2007, bien que ne disposant plus de fonds nécessaires. La commune a engagé de négociations avec des partenaires financiers pour obtenir de l'aide. En 2010, disposant finalement du financement, la commune reprend le marché en introduisant une demande d'autorisation de poursuivre la procédure auprès de l'organe chargé du contrôle. Ce dernier refuse de délivrer une telle autorisation. Le CRD a été saisi par l'autorité contractante. En écartant les exigences du code des marchés publics, le CRD l'autorise à poursuivre le marché. Il a estimé dans un premier temps, que compte tenu de la conjoncture économique et les attentes de la population le marché devrait être poursuivi. Dans un second temps, il considère que « *la procédure en question n'a pas fait l'objet de contestation par les candidats y ayant pris part, présumant ainsi du respect des règles de passation par l'autorité contractante. Que les règles de passation des marchés publics ne peuvent nullement constituer un obstacle à l'efficacité de l'action publique mais qu'elles doivent viser l'exécution des politiques publiques en toute transparence et équité pour le bien des populations et la sauvegarde de l'intérêt général* »[757]. Ce positionnement du CRD suscite un débat sérieux sur son indépendance et son autonomie dans le respect des exigences de la réglementation des marchés publics. Le CRD a préféré ordonner l'attribution d'un marché sans respect de la procédure ni

---

[757] Décision n°215/13/ARMP/CRD du 31 juillet 2013, Ville de Saint-Louis au Sénégal.

du droit. Il aurait été plus régulier d'exiger de l'autorité contractante la mise en place d'une nouvelle procédure respectant les dispositions du code.

Par ailleurs, l'absence des agences de régulation au niveau local ainsi que le positionnement statutaire des structures de règlement des litiges constituent un frein à la garantie du droit au recours effectif de certains candidats locaux. Au-delà de cette lacune, les organes de régulation des marchés publics disposent de peu de moyen de sanction.

2. La portée limitée des pouvoirs coercitifs des entités en charge du règlement des différends

Un soumissionnaire qui s'estime léser du fait de la violation de la règlementation des marchés publics peut adresser une requête à l'entité de règlement des litiges. Cette dernière joue un rôle para juridictionnel. Sa décision est soumise au contrôle juridictionnel par le juge administratif. Ce mécanisme apparaît comme une garantie du respect des droits des soumissionnaires injustement évincés ou des titulaires des marchés. Le régulateur n'étant pas une autorité juridictionnelle, ses décisions doivent naturellement faire l'objet de contrôle par les tribunaux[758].

En outre, par l'intermédiaire des structures de règlement des litiges, les organes de régulation disposent du pouvoir de sanctionner les entreprises et de trancher les litiges. En cas d'irrégularités ou de violations des réglementations communautaires ou nationales, les autorités de régulation peuvent ordonner toute mesure conservatoire, corrective ou suspensive de l'exécution du marché[759]. Ces organes de régulation doivent respecter des garanties procédurales qui s'imposent[760].

Par conséquent, les pouvoirs de sanction ainsi attribués aux régulateurs sont strictement limités par les dispositions internes qui les instituent. Ils peuvent prononcer des sanctions uniquement lorsqu'un opérateur économique fournit des informations fausses ou mensongères ou encore lorsqu'une entreprise procède à des pratiques de collusion entre soumissionnaires afin d'établir les prix des offres à des niveaux artificiels et non concurrentiels. Les sanctions

---

758 COULIBALY (A.), *Analyse de la concurrence et de la régulation en Afrique : cas du Sénégal et du Mali*, Thèse en droit, Dakar, dec. 2013, p. 218.

759 Voir. article 18 du décret malien n° 08/482- PRM du 11 août 2008 fixant l'organisation et les modalités de fonctionnement de l'ARMDS.

760 DIALLO (M Y.), *op., cit.* p. 8.

peuvent aussi être infligées à l'égard d'une entreprise qui a bénéficié de pratiques de fractionnement ou de toute autre pratique visant, sur le plan technique, à influer sur le contenu du dossier d'appel d'offres. Les autorités de régulation peuvent également prononcer de sanctions à l'égard d'un titulaire qui a été reconnu coupable d'un manquement à ses obligations contractuelles lors de l'exécution des contrats antérieurs à la suite d'une décision d'une juridiction nationale devenue définitive, ou encore, à l'égard d'un soumissionnaire qui fait usage d'informations confidentielles dans le cadre de la procédure d'appel d'offres[761]. Lorsqu'il s'agit d'une exclusion, la durée est déterminée en fonction de la gravité de la faute commise[762]. En Côte d'Ivoire, cette durée est de deux ans, en cas de récidive elle peut être portée à trois ans[763].

En revanche, conformément aux textes en vigueur, le régulateur des marchés publics ne peut prendre que des sanctions administratives, telles que, le rejet de l'offre, la confiscation des garanties, l'annulation de l'attribution des marchés, la résiliation du marché, l'exclusion temporaire ou définitive de toute participation aux procédures de passation des marchés publics[764].

Les autorités de régulation ne peuvent donc prendre des sanctions disciplinaires, pénales ni pécuniaires. D'une part, les sanctions disciplinaires sont prises par les autorités hiérarchiques des agents qui commettront de fautes et d'autre part, les sanctions pénales et pécuniaires sont celles qui se traduisent par des peines d'emprisonnement ou d'amendes et par des paiements de sommes d'argent à titre de dommages et intérêts.

Il apparaît également que les régulateurs des marchés publics ne peuvent infliger de sanctions à l'encontre des acteurs publics. Les infractions

---

761 Voir. article 18 de la loi n°08/23 sur l'ARMDS, *op. cit.* ; article 23 du décret sur l'ARMP, *op., cit.*

762 Décision n° 188/13/ARMP/CRD du 17 juillet 2013, aff. *ETBGC CONSULT*, relatif à la production de faux documents dans le cadre de l'exécution des marchés des communes de Gossas et de Koungheul ayant pour objet la réhabilitation et l'extension des stades municipaux desdites collectivités locales. Dans cette affaire, le CRD du Sénégal statuant en formation disciplinaire prononcé l'exclusion d'une entreprise et de son directeur général des procédures de passation des marchés publics pour une durée de trois ans. En l'espèce, le directeur de l'entreprise titulaire des deux marchés a présenté aux deux autorités contractantes de fausses garanties de bonne exécution et des cautions de remboursement d'avance falsifiées pour recevoir des avances de démarrage ; Voir. aussi, Décision n°13/12/ARMP/CRD du 26 janvier 2012, aff. *GIE les Constructeurs et ASKIA Assurances*, le CRD statuant en formation disciplinaire a sanctionné le GIE les constructeurs pour la non-exécution du marché d'acquisition de batteries.

763 Voir. article 6.2 b de l'arrêté n°118/MPMB du 26 mars 2014, portant modalités d'application des sanctions des violations de la réglementation des marchés publics.

764 Voir. arrêté n°118/MPMB du 26 mars 2014, portant modalités d'application des sanctions des violations de la réglementation des marchés publics, article 4.2 et article 5 a).

commises par ces acteurs pendant la préparation, la passation, l'exécution, le contrôle et le règlement des marchés publics sont traitées devant les juridictions pénales ou les juridictions des comptes[765]. Ainsi, en cas de faute commise par un fonctionnaire ou un agent contractuel lors du processus des marchés publics, le pouvoir du régulateur se limite simplement à informer les autorités de tutelle et la juridiction compétente[766]. Les violations susceptibles d'être commises par les agents publics sont généralement, le fractionnement des dépenses, le conflit d'intérêts, la violation des règles de confidentialité, l'établissement de fausses déclarations, le paiement irrégulier d'un marché etc[767].

De plus, contrairement aux autres règlementations, au Sénégal, l'ARMP peut prononcer des sanctions pécuniaires. Le montant des pénalités est fixé en fonction de la gravité des irrégularités et violations à la réglementation et des avantages que l'auteur a pu en tirer. La pénalité pécuniaire ne peut excéder pour chaque manquement à 5 % du chiffre d'affaires annuel réalisé par l'auteur de la violation constatée[768].

Toutefois, en matière de sanctions, les régulateurs des marchés publics semblent avoir un pouvoir large d'interprétation. A cet effet, la Cellule recours et sanctions de l'ANRMP a considéré que l'exclusion prononcé au cours de l'exécution d'un marché contre une entreprise titulaire au moment où elle venait d'être attributaire d'un autre marché doit être prise en compte par l'autorité d'approbation de ce dernier marché [769]. Les exclusions sont prises au cas par cas. Dans le même sens, le CRD du Sénégal, interrogé pour avis par une entreprise qui venait de faire l'objet d'une décision d'exclusion sur l'étendue de cette décision. Le CRD a ainsi considéré qu'une décision d'exclusion notifiée à l'entreprise sanctionnée avant l'approbation d'un autre marché à son profit s'oppose à cette approbation[770].

---

765 DIOUF (R P.), « Marchés publics, comment sanctionner les fautes de gestion ? », *Revue des marchés publics du Sénégal*, n°3, 2011, p.28-31.

766 Voir. arrêté ivoirien n°118/MPMB du 26 mars 2014, portant modalités d'application des sanctions des violations de la réglementation des marchés publics, article 5.

767 *Idem.*, article 3.1.

768 Voir. article 23 du décret sur l'ARMP, *op., cit.*

769 Décision n°012/2011/ANRMP/CRS du 5 décembre 2011, aff. *Société EBEDA*, sur dénonciation faite par un usager à l'encontre de l'approbation d'un marché.

770 Avis, n°002/12/ARMP/CRD du 01 février 2012, *Société G.E.S SARL.*

DEUXIÈME PARTIE

L'UNIFICATION INSUFFISANTE DES MÉCANISMES RELATIFS AUX MARCHÉS PUBLICS

Le droit ouest africain des marchés publics a été transformé dans l'objectif de l'adapter aux pratiques modernes admises sur le plan international et de mettre en place un droit commun des marchés publics au sein de l'UEMOA. Cette recherche d'efficacité économique et de transparence passe nécessairement par le remaniement des procédures de passation et d'exécution, sans oublier la phase contentieuse des marchés publics. A cet égard, les droits nationaux des marchés publics ont dès lors subi des bouleversements et transformations importantes. L'idée est d'identifier et d'éliminer les pratiques lacunaires ou irrégulières afin de rendre plus efficace le processus des marchés publics.

Cela a permis l'ouverture des marchés publics nationaux à la concurrence communautaire. Cette ouverture contribue également à la consolidation du marché intérieur. Toutefois, il s'avère que ce « nouvel ordre juridique des marchés publics » reste perfectible sur plusieurs plans.

En premier lieu, au vu de la construction communautaire ouest africaine, l'ouverture des marchés publics nationaux aux opérateurs économiques communautaires implique nécessairement une révision du processus de conclusion des marchés publics dans le but d'éliminer de blocages à leur accès. Pour l'UEMOA, l'application d'une concurrence effective dans la procédure de passation des marchés publics demeure la plus pertinente aux yeux du marché unique. C'est pourquoi, il est admis que la procédure de passation des marchés publics constitue en tant que telle, une règle d'ordre public dont la méconnaissance peut être soulevée d'office par le juge[771]. L'objectif recherché est d'appliquer à chaque procédure de passation de dispositions spécifiques.

Néanmoins, certaines dispositions prises par le droit communautaire en la matière manquent d'efficacité. Il apparaît que les Etats membres opèrent parfois des interprétations qui ont pour but de vider les dispositions communautaires de leur esprit.

Il est constant aussi que le décideur communautaire semble esquiver certaines de ses missions d'encadrement de la phase de passation des marchés publics au profit des rédacteurs nationaux. Un tel comportement impacte les objectifs d'efficacité et de transparence recherchés. Cela suscite de divergences textuelles volontairement assumées par la communauté de droit.

En deuxième lieu, le nouvel ordre juridique communautaire des marchés publics a redéfini le régime d'exécution des marchés publics qui était nécessaire à la coordination des textes nationaux. Le droit UEMOA de l'exécution des marchés

[771] CE sect. 29 janvier 1982, *Commune de Moussy-le-Neuf*, req n°19926.

publics prévoit certaines prérogatives exorbitantes de droit commun reconnues aux autorités contractantes qui constituent l'une « *des originalités du régime juridique de l'exécution des contrats administratifs. En plus de ces prérogatives, l'originalité de ces règles se situe au niveau de la reconnaissance de certains droits et garanties reconnus au cocontractant ainsi qu'aux solutions susceptibles d'être proposées dans le cadre du règlement des litiges relatifs à cette exécution* »[772]. Toutefois, l'encadrement juridique de l'étape d'exécution des marchés publics reste insuffisant.

En troisième lieu, la transformation des droits nationaux des marchés publics[773] réside dans le sillage du contentieux des marchés publics. Nonobstant cette volonté, le régime contentieux n'est pas réellement convaincant, ce domaine demeure perfectible.

Cependant, l'intervention de la communauté de droit dans le domaine des marchés publics a influencé de manière substantielle le régime juridique des marchés publics nationaux. La première évidente, vise le régime de passation et d'exécution des marchés publics (Titre 1) et la seconde influence a considérablement modifié le régime contentieux de cette catégorie d'achat public (Titre 2).

---

[772] SY (D), *Droit administratif,* Dakar, Harmattan/CREDILA, 2e éd., 2014, p.337.

[773] Pour rappel, le terme « droit commun des marchés publics » désigne un rapprochement, une harmonisation, en vue d'une unification des droits nationaux des marchés publics.

TITRE PREMIER : L'encadrement perfectible de la phase de passation et d'exécution des marchés publics

Pour rappel en matière des marchés publics, les Etats membres ne parvenaient plus à assurer de garanties suffisantes. La doctrine s'accorde sur le constat que ces droits *« étaient massivement violés aussi bien dans leur esprit que dans leur lettre »*[774]. Pour cette doctrine, la violation du droit des marchés publics était multidimensionnelle et témoigne du génie des acteurs de la commande publique qui ne manquent jamais de stratégies pour contourner les règles. Il en résulte dès lors que le *« grand méchant marché »*[775] nécessite des mesures d'encadrement strictes.

Ces considérations ont ainsi poussé l'UEMOA à se pencher sur la question à travers ses directives de 2005[776]. Elle a mis en place un *« cadre juridique harmonisé dans lequel vont désormais évoluer les finances nationales »*[777]. Ce cadre est conçu *« en vue de réduire certaines disparités et de faire face aux défaillances des systèmes internes (...) du droit des marchés publics »*[778]. Ces principes gouvernant le droit des marchés publics s'imposent dès le premier centime[779].

Ce nouvel ordre juridique des marchés public détermine le bloc organisant l'achat public par mérite. A cet égard, il existe « *deux stades en matière des marchés publics : le stade de passation et le stade d'exécution* »[780]. Toutefois, malgré les efforts consentis, il s'ensuit que la volonté d'encadrement de la passation et de l'exécution des marchés publics est loin de satisfaire les objectifs recherchés. Ce constat relève deux hypothèses. Il s'agit de la carence d'un encadrement rigoureux de la phase de passation (Chapitre 1) et de la phase d'exécution des marchés publics (Chapitre 2).

---

774 ISSOUFOU (A.), *op., cit.* p.31.

775 LANDER (A) ET THESMAR (D), *Le grand méchant marché, décryptage d'un fantasme français,* Flammarion, Champs, 2007.

776 Directives n°04/CM/UEMOA et n°05/CM/UEMOA du 09 décembre 2005, *op., cit.*

777 FALL (I. M), « La loi de règlement dans le droit des finances publiques des Etats membres de l'UEMOA : l'exemple du Sénégal », in *Sénégal : Finances publiques, Décentralisation et transparence budgétaire,* sous la direction de J. H. SY, Aide Transparence 2005, pp. 534 et suivantes.

778 ISSOUFOU (A.), *op., cit.* p.32.

779 CJCE, ord., 3 décembre 2001, *BentMoustenVestergaard c/Spottrup Boligselkab*, aff. C-59/00, ECLI:EU:C:2001:654, rec., p. I-9505.

780 CROS (N.) et BOISSY (X.), *Les litiges des marchés publics,* édition Berger-Levrault, 2010, p. 9.

Chapitre 1 : L'absence d'un encadrement rigoureux de la passation des marchés publics

Le droit des marchés publics est un droit de procédures qui prévoit plusieurs étapes. Il s'agit d'un droit assez complexe. La doctrine admet d'ailleurs que « *la passation d'un marché public n'est pas un long fleuve tranquille* »[781]. En clair, la phase préparatoire et la phase d'attribution du marché constituent toute la complexité du processus. Dans cette perspective, ce domaine nécessite un encadrement sérieux d'où l'intervention de la communauté de droit.

Toutefois, dans le cadre de la modernisation de la sphère de l'achat public par mérite, l'analyse des règlementations démontre que ce domaine du droit public des affaires demeure insuffisante, voire inachevée sur plusieurs aspects. Cette carence apparaît dans le manque d'une phase préparatoire performante (**section 1**) et dans l'ambigüité de certaines étapes d'attribution du marché (**section 2**).

Section 1 : La difficile mise en pratique de la phase préparatoire des marchés publics

Le nouveau droit ouest africain des marchés publics tente de responsabiliser les autorités contractantes afin que ces dernières respectent les règles fondamentales de la commande publique.

Le principe de la libre détermination des plans de passation prévisionnels des marchés et la définition des besoins découlent de cette notion de responsabilisation. C'est ce principe qui permet aux autorités contractantes de choisir librement la procédure applicable en fonction des règles qui les établissent.

L'objectif est de trouver une certaine adéquation dans la phase préparatoire afin de permettre aux administrations acheteuses de choisir des procédures adéquates. Malgré, cette volonté du droit communautaire, le stade préalable à la conclusion du marché n'a pas fait l'objet d'explication claire et précise (paragraphe 1). Ce vide suscite dès lors un renforcement du mécanisme de procédures de passation des marchés (paragraphe 2).

---

781 BRECHON-MOULENES (C.), « Choix de procédures, choix dans les procédures », *AJDA* 1998 p.753.Voir ; aussi . BÉRARD-WALSH (A-C.), FONTAINE (C.) et HOURCABIE (A.), *Passation des marchés publics*, Paris, Le Moniteur, 2019, p. 352.

Paragraphe 1 : L'imprécision de la phase précontractuelle des marchés

En droit ouest africain des marchés publics, la phase précontractuelle vise le respect de l'exigence d'élaboration d'un programme de passation des marchés publics (A) et la détermination des besoins (B) qui sont incontournables à la conclusion des contrats des marchés publics.

A. L'obligation d'un plan prévisionnel de passation des marchés publics

L'exigence d'un outil prévisionnel annuel de passation des marchés publics a été introduite par l'article 27 de la directive n°04/2005 pour des raisons de transparence. Cette exigence a été insérée dans les droits nationaux. Au Mali, c'est l'article 33 du décret de 2015 qui précise les contours du plan prévisionnel annuel de passation des marchés[782]. Cette même exigence est établie par l'article 8.1 du CMP ivoirien, l'article 49 du CMP burkinabé et l'article 6 du CMP sénégalais.

Or dans la pratique, il arrive très souvent que les plans prévisionnels de passation ne soient pas établis à temps et ne font l'objet d'aucun suivi régulier. La transposition de cette exigence communautaire reste donc imprécise et fragile.

1. Le périmètre insuffisant du plan prévisionnel de passation des marchés

L'établissement d'un plan de passation des marchés (PPM) permet, en principe, d'aider les autorités contractantes à bien gérer les finances publiques, d'évaluer la charge de travail et d'exécuter la procédure de passation en harmonie avec leurs besoins. Il permet aussi de superviser la procédure de passation de manière organisée et systématique et d'informer les entreprises des marchés susceptibles d'être conclus par l'administration pour une période précise. Il s'agit ainsi du respect de l'obligation de transparence.

[782] Voir. articles 5.1 et 5.2 de l'arrêté n°2015-3721 /MEF du 22 octobre 2015, relatif au plan prévisionnel annuel de passation des marchés publics.

Cette exigence est en conformité avec le principe fondamental de traçabilité des dépenses publiques et de lutte contre l'opacité dans la gestion des deniers publics qui est exprimée. Selon Adamou ISSOUFOU, *« l'idée qui justifie l'obligation d'établissement du PPM est en réalité double. Il s'agit, d'une part, de programmer les achats publics afin d'éviter le pilotage à vue et d'autre part, d'informer les futurs concurrents en mettant à leur disposition des informations utiles relatives aux marchés à passer au courant d'une période déterminée. C'est aussi le moyen permettant d'assurer une large information des opérateurs économiques sur les opportunités d'affaires offertes par l'administration »*[783]. Cet auteur précise que pour ces raisons, le plan prévisionnel de passation des marchés publics doit faire l'objet d'une publication en temps utile afin de donner l'occasion à plusieurs opérateurs économiques de pouvoir préparer leurs offres.

Par ailleurs, la lecture des définitions relatives au plan de passation est différente selon chaque Etat membre, néanmoins les éléments constitutifs de base restent les mêmes. Autrement dit, *« le PPM demeure un document écrit qui constitue un tableau de bord pour le pilotage idéal et transparent de toute la procédure de passation »*[784]. L'ensemble des projets des marchés publics dont la réalisation est prévue au cours de l'année y sont inscrits, quel que soit leur montant et leur mode de passation. Dès lors, le plan de passation des marchés publics se présente comme un tableau synoptique qui comporte plusieurs colonnes lesquelles comportent les différentes étapes du processus de passation et d'exécution d'un marché.

L'élaboration d'un plan de passation des marchés publics exige ainsi le respect d'un certain nombre de règles qui passe par une bonne maîtrise des procédures de passation des marchés publics. Ces règles sont entre autres : l'utilisation d'un modèle standard simple, idéal et facilement exploitable ; la cohérence des éléments constitutifs du PPM en procédure, coût, temps et acteurs ; la planification des revues *a priori* et *a postériori* ; la prévision des estimations réalistes. Le plan de passation doit aussi être actualisé au moins une fois par an et chaque fois qu'une situation évènementielle compromet les prévisions réalistes des délais. L'actualisation est soumise à deux exigences fondamentales à savoir : l'efficacité, qui exige de clôturer le marché en atteignant les objectifs globaux et l'efficience qui demande, outre la réalisation des objectifs globaux mais aussi des objectifs spécifiques en respectant tous les engagements contractuels en qualité, coût et délai.

---

783 ISSOUFOU (A.), *op., cit.* p.81.

784 DIALLO (Y.), « Le plan de passation des marchés publics (PPM) au Mali : Quelle définition et quelle importance ? », *Revue marchés publics,* ARMDS, n°37, 2016, p.3.

Il est en outre indiqué dans l'outil prévisionnel de passation, le mode de passation du marché. Cette exigence concerne l'ensemble des marchés et ce, quel que soit leur montant et quel que soit le mode de passation envisagé. Ainsi, les marchés passés par appel d'offres ouverts ou restreints, les marchés passés par entente directe, les marchés passés sur demande de renseignement et de prix ou consultation de fournisseurs doivent absolument être inscrits dans les PPM de l'année.

De plus, le PPM doit faire apparaître la programmation, dans le temps, du déclenchement de la procédure de passation du marché. En définitive, l'autorité contractante détermine les dates limites de livraison des acquisitions envisagées en tenant compte des durées légales de mise en œuvre des procédures relatives à chacune d'elles, du délai d'attribution ainsi que ceux ouverts pour les divers recours. Cet exercice permet à l'administration *« de bien fixer les dates de lancement des consultations afin de rendre les acquisitions disponibles aux dates voulues. Ces différentes dates doivent être bien articulées pour la cohérence de l'ensemble »*[785].

Cependant, en matière de procédure d'établissement du PPM, il apparaît qu'aucune cohérence n'existe entre les droits nationaux.

Au Mali, les autorités contractantes doivent soumettre leurs plans de passation des marchés, à la Direction Générale des Marchés Publics qui est l'organe de contrôle des marchés publics, au plus tard le 30 septembre de l'année précédant l'année budgétaire considérée, pour approbation et publication dans les cinq jours ouvrables suivant la réception[786].

Dans le droit sénégalais, depuis le nouveau code de 2014, désormais, les autorités contractantes doivent communiquer leurs PPM à l'organe chargé du contrôle *a priori* des marchés publics *« au plus tard, le 1er décembre de l'année précédant l'année budgétaire considérée »*.

En ce qui concerne, la règlementation ivoirienne, elle ne prévoyait aucun délai relatif à l'adoption et la publication du plan prévisionnel de passation jusqu'à l'adoption du nouveau code de 2019. Désormais, les plans de passation sont communiqués aux organes de contrôle et de régulation des marchés publics dans un délai de 15 jours à compter de l'approbation du budget. Ces organes assurent les publications des plans de passation selon les modalités qu'ils

---

785 FALL (E. M.) et SARR NIANG (M.), « Procédures de passation des marchés publics : un aperçu sur les délais », Sénégal, *RMP* n°5, novembre 2011, p.6-7.

786 Voir. article 5.1 de l'arrêté n°2015-3721 /MEF du 22 octobre 2015, *op., cit.*

déterminent eux-mêmes[787]. Il est constant que le nouveau code ivoirien des marchés publics n'a lui aussi pas fixé de délai pour la publication des PPM.

En revanche, en droit burkinabè, seuls les plans de passation relatifs aux marchés formalisés nécessitent une publication. Selon le rédacteur burkinabè, *« les autorités contractantes sont tenues de publier chaque année au plus tard le 31 mars, un avis général recensant les marchés dont les montants prévisionnels estimés sont égaux ou supérieurs aux seuils de publicité communautaire qu'elles prévoient de passer par appel à la concurrence durant l'exercice budgétaire sur la base des plans prévisionnels annuels de passation des marchés publics »*[788].

Ce procédé de délai trop court ou l'absence de délai dans certains droits internes ne garantit pas un contrôle rigoureux et sérieux des plans prévisionnels des marchés devant les organes de contrôle des marchés publics, à moins que le contrôle des plans prévisionnels de passation (PPM) soit superficiel. Les plans de passation des marchés publics encourent en outre de risques importants de se voir révisés, juste, après l'adoption de la loi des finances.

Par exemple, au Sénégal, les parlementaires ont jusqu'au 31 décembre pour adopter la loi des finances alors que la Direction des marchés publics ne dispose que de trois jours après sa saisine pour publier les plans de passation des marchés publics. Or théoriquement, les PPM sont publiés le 3 décembre alors que le vote du budget peut attendre jusqu'au 31 décembre. Dans ces conditions, les plans prévisionnels de passation pourraient subir de révisions juste après l'adoption de la loi des finances au cas où celle-ci avait été modifiée par les parlementaires lors des discussions qui précèdent cette adoption. Le PPM est certes révisable toutefois *« cette précipitation peut perturber les prévisions des opérateurs économiques intéressés par le marché déjà publié, mais qui pourraient être retirées du PPM pour des considérations budgétaires »*[789]. Dans cette hypothèse, les entreprises communautaires peuvent avoir des difficultés à prendre connaissance des plans de passation des marchés publics.

Cependant, si certaines réglementations ne prévoient aucune exception en matière d'élaboration et de publication des PPM, d'autres en prévoient, quitte à fragiliser l'obligation relative à l'outil de passation des marchés publics.

---

787 Voir. article 20 du CMP en vigueur en Côte d'Ivoire.
788 Voir. article 50 du CMP en vigueur.
789 ISSOUFOU (A.), *op., cit.* p.85.

2. La fragilisation du plan prévisionnel de passation des marchés

Dans certaines réglementations nationales, l'élaboration des plans annuels de passation des marchés incombe sans aucune distinction à toutes les autorités contractantes sous peine de nullité et sous réserve de l'approbation de l'organe chargé du contrôle des marchés publics[790]. En revanche, d'autres dispositions nationales, comme le cas de la Côte d'Ivoire et du Sénégal excluent de l'obligation d'inscription sur le PPM, les marchés considérés comme secrets ou dont l'exécution doit être accompagnée des mesures particulières de sécurité ou pour lesquels la protection des intérêts essentiels l'exige.

En dehors de ces exceptions textuelles, lors d'une demande d'avis portant sur le défaut d'inscription d'un marché dans le plan de passation des marchés, le Comité de règlement des différends (CRD) du Sénégal s'est permis d'introduire une autre exception visant les marchés de procédure restreinte[791]. Pour ce faire, il a donné une définition du plan de passation des marchés publics. Il a considéré que le PPM *« a pour fonctions principales d'amener les autorités contractantes à planifier leurs acquisitions (...) mais aussi d'informer les potentiels candidats sur les marchés à passer durant l'année ».* Partant de cette définition, il a considéré qu'au regard *« de l'urgence qui s'attache à l'exécution des marchés considérés et du caractère restreint de la concurrence où seuls les candidats ayant été invités peuvent soumettre une offre, leur inscription dans le plan de passation des marchés n'apporte pas de plus-value quant à la prise en charge des fonctions, ci-dessus indiquées ».* En l'espèce, dans cette affaire, une autorité contractante avait saisi l'organe de contrôle des marchés publics pour avis sur l'attribution provisoire d'un marché. L'organe de contrôle a considéré que l'examen du dossier montre que le marché litigieux n'est pas inscrit dans le plan de passation des marchés (PPM). Par conséquent, il ne peut émettre un avis sur l'attribution provisoire du marché. A ce titre, il a suggéré à l'autorité contractante de saisir le CRD. Le CRD a ainsi considéré que *« de façon générale, les marchés qui n'ont pas été inscrits dans le plan de passation des marchés publics sont déroulés suivant l'appel d'offres restreint en procédure d'urgence ; qu'en outre la procédure d'urgence n'est autorisée que dans les cas pour lesquels, en raison des circonstances particulières, une action rapide de l'autorité contractante est nécessaire et justifiant la réduction des délais de réception des candidatures et des offres, afin de prévenir un danger ou un retard préjudiciel qui n'est pas provoqué par*

[790] Tel est le cas de l'article 33 du CMP du Mali et de l'article 49 du CMP du Burkina Faso.

[791] Décision n° 230/14/ARMP/CRD du 27 août 2014 du comité de règlement des différends statuant en commission litiges sur la saisine de la Délégation générale pour l'organisation du XVe sommet de la francophonie.

l'autorité contractante ». C'est au regard de ces éléments que le CRD a autorisé exceptionnellement la poursuite de la procédure de passation nonobstant son défaut d'inscription dans le PPM de l'autorité contractante.

Ce raisonnement du Comité de règlement des différends est critiquable. En effet, le CRD a opéré une interprétation restrictive de l'obligation de l'outil de passation des marchés publics aux seules planifications des marchés des personnes publiques et à l'information des candidats potentiels.

Or au-delà de ces deux objectifs, le PPM constitue un outil de transparence facilitant la traçabilité de tous les marchés publics passés au cours de l'année budgétaire. C'est pourquoi, en matière d'audit, le plan de passation des marchés publics est le premier document demandé car il donne une idée des marchés annoncés par l'autorité contractante. De plus, le PPM sert à informer, non pas seulement, les candidats mais aussi et surtout les contribuables sur la destination des finances publiques.

Par ailleurs, contrairement à l'obligation d'établir un plan de passation des marchés publics, l'autorité contractante n'est pas tenue d'exécuter les marchés prévus dans le PPM. Cette souplesse vise la possibilité de révision du plan de passation ou de l'abandon de certains marchés[792]. Ce faisant, l'élaboration du PPM semblerait être une simple intention de conclure les marchés mais avec la possibilité de modifier les éléments du marché ou de l'abandonné.

Il faut en outre observer que les droits nationaux concernés par la présente étude sont restés silencieux sur la possibilité d'abandonner un marché public inscrit dans le plan de passation des marchés. Cela signifie qu'il n'existe aucune contrainte pouvant empêcher les autorités contractantes d'exécuter les marchés préalablement prévus.

L'obligation de plan de passation est aussi confrontée à d'autres fragilités qui peuvent enfreindre l'objectif recherché par le droit communautaire. A ce titre, il est constant que les plans de passation sont souvent publiés avec beaucoup de retards sur les portails des marchés publics. Il ressort aussi que certaines autorités contractantes établissent leurs plans de passation sans indiquer les montants des marchés, les dates de lancement des marchés ou les dates de démarrage des prestations. Cette situation est, en partie, justifiée par l'imprécision des codes des marchés publics quant aux dates d'établissement et

---

792 Par exemple, en droit nigérien, l'art. 2 al. 4 de l'arrêté n° 0034/CAB/PM/ARMP du 21 Janvier 2014 précise que *« les autorités contractantes restent libres de ne pas donner suite aux projets d'achat public mentionnés dans le plan prévisionnel... ».*

de publication des PPM[793]. En l'absence de dates précises, les soumissionnaires potentiels risquent ainsi d'être surpris de la conclusion des marchés.

Ce faisant, pour limiter ce laxisme de la publication des PPM, l'UEMOA et ses Etats membres doivent mettre l'accent sur la formation et la sensibilisation sur la pertinence et les modalités d'une bonne planification des marchés publics.

Au regard des objectifs assignés aux plans de passation des marchés publics qui ont force obligatoire. Ils sont suivis par une définition des besoins de l'autorité contractante.

B. La revalorisation insuffisante de la détermination des besoins

La détermination préalable des besoins est tout d'abord un principe administratif. Il ne s'agit pas d'une exigence nouvelle dans les droits nationaux[794]. Ce principe est synonyme de bonne réalisation des affaires. Il consiste à recenser les besoins de l'administration afin d'aboutir à une satisfaction optimale. Il serait aberrant de conclure un marché alors que l'autorité contractante ignore les besoins à satisfaire. L'obligation constante pour les autorités contractantes de cerner et de déterminer leurs besoins a donc pour but de déterminer l'objet circonscrit et précis du marché. Cela permet également de garantir la transparence et l'égalité pendant toute la procédure de passation d'un marché public.

Ce principe est consacré par la directive n°04/2005[795]. Au stade de la préparation, la définition des besoins doit porter sur la totalité du projet. Il ne suffirait pas que la définition des besoins soit préalable au lancement de la procédure. Elle doit exactement correspondre à l'objet du marché.

Ces dispositions ont été transcrites dans les droits nationaux parfois d'une manière extensive et imprécise.

---

[793] ISSOUFOU (A.), *op., cit.* p.93.

[794] L'article 20 du décret n°2002-550 (abrogé), portant CMP au Sénégal prévoyait que la consistance et les spécifications des fournitures, études, travaux, ou services sont déterminées avec précision par le service intéressé avant tout appel à la concurrence.

[795] Voir. article 44 de la directive n°04-2005 : *« la nature et l'étendue des besoins sont déterminées avec précision par les autorités contractantes avant tout appel à la concurrence ou toute procédure de négociation par entente directe. (...) ».*

1. L'imprécision des exigences d'identification de la nature et l'étendu des besoins

L'identification des besoins est une phase fondamentale de l'achat public par mérite. Tout marché conclu par l'autorité contractante doit exclusivement répondre aux besoins préalablement déterminés. A cet égard, le professeur Pierre BOURDON rappelle que tout *« contrat doit présenter un intérêt pour l'administration cocontractante à peine d'irrégularité »*[796].

Le droit communautaire précise que le fait de définir les besoins ne doit pas servir d'occasion à l'autorité contractante pour soustraire certains marchés aux règles qui leur sont normalement applicables. L'exigence communautaire de recensement obligatoire des besoins est une règle fondamentale préalable à la passation d'un marché. Cela permet de contrôler la pertinence des besoins dans l'objectif de garantir la bonne passation du marché.

Ce principe a été consacré au Mali, d'abord par le décret n° 08-45/P-RM du 11 août 2008 portant sur les procédures de passation, d'exécution et de règlement des marchés publics et des délégations de service public. Par la suite, le code des marchés publics de 2015 l'a affirmé dans son article 34.1[797]. La particularité retenue par cet article est qu'il précise que « *(...) la nature et l'étendue des besoins sont déterminés avec précision d'une réunion tripartite annuelle regroupant utilement l'administrateur de crédits, la personne responsable du marché et le service technique spécialisé »*.

Dans le droit sénégalais, l'article 5.1 du CMP proclame qu'avant « *tout appel à la concurrence, consultation ou négociation, l'autorité contractante est tenue de déterminer aussi exactement que possible la nature et l'étendue des besoins à satisfaire (...)* »[798]. Le code sénégalais s'est contenté d'ajouter l'expression *« exactement que possible »*.

Dans la même orientation, au Burkina Faso et en Côte d'Ivoire, les rédacteurs ont opté pour une transposition assez large de l'article 44 de la directive n° 04/2005. Les CMP burkinabé et ivoirien ont transposé cette exigence communautaire avec un peu de différence[799]. De plus, le droit ivoirien se

---

796 BOURDON (P.), *Le contrat administratif illégal, op., cit.* p. 108.

797 Article 34.1 ducode des marchés publics au Mali.

798 Article 5.1 du décret n° 2014/1212 du 22 septembre 2014, portant code des marchés publics au Sénégal.

799 Au Burkina Faso, l'article 19 de l'ancien code de 2009 prévoyait ce principe dans son article 19.1. Ces mêmes exigences ont été reconduite dans l'article 48 du nouveau code

particularisait en indiquant que *« toutefois, lorsque pour des raisons économiques, techniques ou financières, le rythme ou l'étendue des besoins à satisfaire ne peuvent être arrêtés dans le marché, l'autorité contractante peut passer un marché à commandes (...) »*[800]. Cette lacune a très vite été rattrapée par le nouveau code des marchés publics de 2019.

En revanche, ni le droit communautaire, ni les droits nationaux ne donnent plus de précisions relatives à ce principe de détermination des besoins.

Toutefois, dans la pratique, le choix de la procédure d'un marché public dépend de la détermination des besoins à satisfaire. Ce principe est donc indissociable de la passation des marchés publics. A cet égard, l'autorité contractante est tenue au respect des exigences de transparence et d'égalité. La définition des besoins requiert d'autant plus d'attention qu'elle conditionne le bon déroulement de la procédure. D'une part, elle permet de déterminer l'objet du marché qui doit être décrit d'une manière suffisamment précise dans les documents de la consultation. D'autre part, la définition des besoins a une influence directe sur le choix de la procédure puisque celle-ci est déterminée en fonction des besoins, que ce soit en termes de montant ou d'objet du marché. Ce faisant, tous les besoins des personnes publiques doivent être définis par catégorie avant la conclusion des contrats.

Dans cette logique, la détermination des besoins renvoie à la recherche d'une démarche qualitative d'organisation interne caractérisée par une réelle transversalité. A défaut du respect de cette obligation, la procédure de passation du marché sera entachée d'un vice pouvant conduire à son annulation. A cet égard, le CRD du Mali n'a hésité à rappeler que le manque de définition claire et objective des besoins est une condition d'annulation de la procédure de passation des marchés publics[801].

En définitive, la définition des besoins conditionne la régularité du processus de passation et d'exécution de l'achat public par mérite. Cette obligation de détermination des besoins s'impose à toutes les autorités contractantes, quel que soit le type du marché envisagé.

---

des marchés publics de 2017, *op., cit.* En Côte d'Ivoire, c'est l'article 19 du CMP en vigueur qui consacre cette exigence.

800 Voir. point 2 de l'article 19 de l'ancien code ivoirien des marchés publics.

801 Décision n°16- 034 /ARMDS-CRD du 15 juin 2016, le CRD statuant en commission litiges sur le recours non juridictionnel du groupement QUARC /AKT-CONSULT/IA.TEC.

La détermination des besoins doit rester neutre et ne peut notamment, faire référence à un mode de fabrication particulière ou à une provenance ou une origine déterminée, ou encore à une marque ou à un brevet, sauf à titre exceptionnel dans le cas où une description suffisamment précise et intelligible de l'objet du marché n'est pas possible. Les spécifications techniques des travaux, fournitures et prestations de services sont définies par référence aux normes, agréments techniques ou spécifications nationaux ou communautaires, ou à défaut par référence à des normes ou agréments techniques ou spécifications internationaux[802].

Il est en outre certain que le droit communautaire ouest africain reste silencieux sur certaines questions relatives l'identification des prestations attendues par l'autorité contractante ce qui peut être une aubaine pour elle de porter atteinte à l'exigence de détermination des besoins. Or, ce principe devrait être une garantie pour les soumissionnaires.

2. La définition des besoins, une garantie parfois assouplie

Le principe d'identification des prestations attendues par l'administration constitue un élément essentiel de la mise en concurrence pour les candidats. En effet, si les besoins ne sont pas suffisamment précis, les opérateurs économiques auront du mal à présenter des offres conformes aux besoins de l'autorité contractante. La bonne détermination des besoins permet à un candidat de présenter une offre adaptée aux prestations attendues, compte tenu des moyens nécessaires pour les réaliser et de garantir l'égalité entre les candidats.

A ce stade, deux erreurs sont à éviter : *« la première est de croire que dans chaque service, quel que soit le marché à passer, il y a un préposé immuable à la définition des besoins ; la deuxième est le fait de confondre l'autorité habilitée à engager la personne publique avec celle qui définit les besoins de celle-ci »*[803]. Autrement dit, la première vise le signataire du marché ou celui qui l'approuve tandis que la seconde concerne la personne ou le service qui décrit la nature et la quantité des besoins.

---

802 Voir. articles 7 et 8 de l'arrêté n°09-1969/MEF-SG du 06 août 2009 fixant les modalités d'application du CMP du Mali.

803 NDIAYE (I), *Guide de la passation des marchés publics au Sénégal*, L'Harmattan 2011, p. 26 et 27.

Cette obligation d'identification des besoins permet, dans une logique de transparence, d'éviter les détournements de procédure par une autorité contractante. Il est constant que la phase préparatoire du processus de conclusion d'un contrat d'achat public par mérite est l'une des étapes privilégiées pour opérer une discrimination. A cette étape, l'administration peut même prendre le risque d'associer discrètement une entreprise à la définition de l'objet du marché de tel sorte que sa demande corresponde exactement au produit que cette entreprise est capable de fournir. Cette pratique est de nature à fausser l'égalité de traitement entre les candidats. A cet égard, une définition trop imprécise de l'objet du marché dans l'avis d'appel à la concurrence, en tant qu'elle risque de fausser les conditions de la compétition, est ainsi de nature à entraîner la nullité du marché[804]. De ce fait, un acheteur public ne peut *« écarter l'offre du candidat au motif que le nombre de caméras proposées était insuffisant et que la solution technique présentée était trop contraignante »*[805]. En revanche, un soumissionnaire ne peut se prévaloir des irrégularités relatives à l'imprécision des besoins que si elle a eu un impact direct sur lui. De plus, à titre d'exemple la jurisprudence française a considéré qu'une définition ou une modification tardive des besoins, quelques jours, avant le terme de la consultation pourrait en effet, rompre l'égalité si certains soumissionnaires avaient remis leurs offres avant que la modification n'intervienne[806].

Cependant, les besoins sont définis en référence à des normes ou spécifications techniques. Toutefois, celles-ci doivent être justifiées par l'objet du marché et non par la volonté d'exclure certains candidats. A cet égard, le CMP sénégalais interdit toute indication de marque, brevet, catalogue, sauf à condition que cette indication ne soit strictement indispensable. Même dans cette hypothèse, elle doit être accompagnée de la mention « ou équivalent »[807].

Par ailleurs, les organes de règlement des différends semblent accorder aux autorités contractantes plus de souplesse dans la définition des besoins. Par exemple, au Sénégal, le CRD affirme que « *si la détermination des besoins doit se faire dans le strict respect du principe d'égal accès de tous aux marchés publics, force est de constater que l'autorité contractante reste*

---

804 CE, 29 décembre 1997, *Département de Paris*, n° 1997-051206.

805 CAA Douai, 17 janvier 2013, *op., cit.*

806 CE 9 Mars 1997, *min de l'agriculture, de la pêche et de l'alimentation c. soc.* Bull, req n°171140.

807 Voir. article 7 du CMP du Sénégal. Voir. en ce sens, Décision n°18-025 -ARMDS-CRD du 18 septembre 2018 sur le recours du centre d'études et de formation en informatique et bureautique (CEFIB).

souveraine dans la définition des besoins »[808]. En l'espèce, le ministère de l'économie et des finances avait publié un avis d'achat de cent cinquante véhicules 4x4 station wagon long châssis. Un opérateur économique a saisi le Comité de règlement des différends (CRD) au motif que les spécifications techniques imposées par l'autorité contractante seraient discriminatoires. La Société requérante ajoutait qu'elle envisageait de proposer un autre modèle de véhicules non demandés par l'administration acheteuse. Le CRD a jugé que la demande de la Société requérante portait atteinte au droit de l'autorité contractante à définir souverainement ses besoins à satisfaire. Or, l'article 7 du CMP sénégalais exige des autorités contractantes d'indiquer la mention « ou équivalent » lorsqu'elles n'ont pas la possibilité de donner une description de l'objet du marché, au moyen de spécifications suffisamment précises et intelligibles pour tous les intéressés.

Dans une autre affaire, le CRD du Mali a ordonné la reprise d'une procédure de passation de marché au motif que *« les spécifications techniques demandées à la page 5 du dossier d'appel d'offres correspondent aux caractéristiques techniques des canettes CR 85-X du fabricant AGFA dont le représentant exclusif est CTECH »*[809]. Or, le code des marchés publics interdit les spécifications techniques qui ont pour effet de favoriser ou d'éliminer certaines entreprises[810].

Dans une autre décision, le même CRD a ordonné la reprise des spécifications techniques d'un dossier d'appel d'offres[811]. En l'espèce, une autorité contractante avait lancé sa procédure d'acquisition de véhicules. Un soumissionnaire a considéré que les spécifications techniques étaient contraires aux dispositions du code au motif qu'elles visaient une marque précise. Le CRD a estimé qu'il ressort de l'examen du dossier d'appel d'offres que *« seule la marque TOYOTA est conforme pour la longueur, la hauteur, l'empattement en mm et qu'elle est aussi conforme pour l'essentiel sur les autres spécifications techniques où les autres candidats sont conformes »*. Dès lors, il a estimé qu'il est indéniable que les spécifications techniques telles que proposées par le dossier d'appel d'offres favorisent un candidat et éliminent les autres. Néanmoins, le CRD ordonne simplement à l'autorité contractante *« de reprendre les spécifications techniques du dossier d'appel d'offres en*

808 Décision n°134/12/ARMP/CRD du 31 Octobre 2012 du Comité de Règlement des différends statuant en Commission sur le recours de la Société CCBM Automobile.

809 Décision n°11-009/ARMDS-CRD du 11 mai 2011, le comité de règlement des différends statuant en commission contentieuse sur le recours de global CODEV.

810 Voir. article 35 du décret de 2015, portant code des marchés publics au Mali, *op., cit.*

811 Décision n°11-011/ARMDS-CRD du 17 mai 2011, le comité de règlement des différends statuant en commission contentieuse sur le recours de la société d'équipement et de représentation automobile (SERA-MALI).

élargissant la fourchette de manière à permettre la participation du maximum de candidats ».

Ces différentes interprétations des organes de règlement des différends tendant à assouplir les critères de détermination des besoins au détriment des exigences règlementaires de transparence, d'égalité d'accès et de traitement dans les marchés publics. En effet, outre que la bonne définition des besoins garantit l'efficacité des marchés publics, la bonne exécution du marché dépend de cette phase. A cet égard, pour ne pas que la concurrence soit faussée, les organes de règlement des litiges doivent faire une application stricte des obligations d'identification des besoins.

En dehors du cadre réglementaire de la définition du programme prévisionnel de passation et de l'identification des besoins, le droit ouest africain des marchés publics s'est intéressé au périmètre des différentes procédures de passation dont le choix dépend « *de l'appréciation quantitative et qualitative des besoins »*[812] de l'autorité contractante.

Paragraphe 2. Le nécessaire renforcement du mécanisme relatif aux procédures de passation des marchés publics

La redéfinition des procédures de passation des marchés publics s'est faite dans le sens du maintien et du renforcement de la spécificité, d'aucuns diront, de l'exorbitance dans le régime des contrats administratifs [813]. Il faut en outre observer que la procédure de passation reste perfectible (A). Le champ d'application du droit communautaire est aussi expressément limité par l'absence de détermination des seuils de passation (B).

---

[812] LETELLIER (H.), « La détermination des procédures de dévolution en fonction des besoins préalablement déterminés », *RMP* n°140 Février 2014, p. 24.

[813] CANEDO (M.), « L'exorbitance du droit des contrats administratifs », in Fabrice, MELLERAY, (sous la dir. De), *l'exorbitance du droit administratif en question (s),* Paris, Université de Poitiers, LGDJ, 2004, p. 125-177.

A. La redéfinition insuffisante des différentes procédures de passation

Le droit UEMOA des marchés publics a écarté la procédure d'adjudication. Cette procédure laisse peu d'autonomie à l'autorité contractante dans le choix des offres[814]. Ce droit a plutôt préféré d'autres procédures de passation.

En principe, le droit occidental africain des marchés publics ne prévoit que deux modes de passation des marchés publics, à savoir : *l'appel d'offres et l'entente directe ou gré à gré*. Néanmoins, le législateur communautaire a consacré une exception pour les cas des marchés de prestations intellectuelles qui peuvent être conclus après consultation et remise de propositions[815]. La convergence des droits nationaux des marchés publics a donc redynamisé le processus de passation mais souvent avec quelques difficultés.

1. Le nouveau visage de la procédure d'appel d'offres

L'appel d'offres est une procédure par laquelle une autorité contractante demande aux entreprises de faire une proposition commerciale en réponse à un document qui leur est soumis au préalable. Pour le droit communautaire, l'appel d'offres est la procédure par laquelle l'autorité contractante choisit l'offre conforme aux spécifications techniques du marché[816]. Cette procédure se conclut sans négociations sur la base des critères objectifs d'évaluation préalablement portés à la connaissance des candidats dans le dossier d'appel d'offres et exprimés en termes monétaires.

Néanmoins, on peut observer quatre types d'appel d'offres. Il s'agit de l'appel d'offres ouvert et l'appel d'offres restreint (a), ainsi que de l'appel d'offres ouvert précédé de pré qualification et de l'appel d'offres en deux étapes (b).

---

814 Pour plus de détails, voir. BOCKEL (A.), *Droit administratif*, Dakar, nouvelles éditions africaines, 1978, p. 198 et suivantes. Il précise que ce qui caractérise la procédure d'adjudication est que le choix du cocontractant échappe à l'autorité contractante du fait de l'automaticité de ce choix. En effet, si une autorité contractante lance un avis d'appel à la concurrence, l'automatisme dans la sélection du cocontractant ne laissait pas le choix à la personne publique. A défaut, de conclure avec un opérateur économique dont l'offre est la moins-disante ou comporte le rabais le plus important, elle n'avait d'autre choix que de renoncer au contrat.

815 Voir. article 28 de la directive n° 04/2005.

816 Voir. article 28 de la directive n°04/2005, *op., cit.*

a. les procédures d'appel d'offres ouvert et restreint

Bien avant la transformation du système des marchés publics de l'UEMOA, la procédure d'appel d'offres était la procédure de droit commun. Cette procédure n'était toutefois pas suffisamment encadrée par les dispositions nationales. La construction d'un droit commun des marchés publics s'est traduite par le renforcement de cette procédure en confirmant qu'il s'agit d'une procédure de droit commun. Cette procédure n'est pas la procédure de libre choix, dans laquelle on peut préciser les éléments de choix comme on pouvait laisser jouer le pouvoir discrétionnaire d'appréciation des Commissions ou du maître d'ouvrage[817].

La consécration de la procédure d'appel d'offres comme une procédure de droit commun est nécessaire dans l'hypothèse où ce sont les deniers publics qui sont mis en jeu à travers le pouvoir de l'administration. Ce pouvoir est celui *« d'engager les finances de l'Etat, plus précisément, celui de privilégier l'entreprise la plus méritante. En conséquence, cette décision doit être considérée comme un acte public soumis aux contraintes s'imposant à toute autorité publique, notamment celle d'agir dans l'intérêt public, c'est-à-dire, dans ce cas, celle de ménager l'argent public et de choisir le meilleur cocontractant »*[818].

L'appel d'offres est une procédure bien encadrée qui pose le respect d'un certain nombre d'exigences. L'idée principale est de garantir une bonne mise en concurrence dans chaque procédure de passation des marchés publics. Ces exigences peuvent être satisfaites par les règles de publicité et d'information. La procédure d'appel d'offres comporte pour les autorités contractantes comme une obligation d'information et pour les entreprises, comme un droit d'accès à l'information.

Il est en outre constant que parmi les procédures d'appel d'offres. Celle de l'appel d'offres ouvert est considérée comme le principe. Cette idée permet, d'un côté, de pallier le recours abusif au marché de gré à gré et d'un autre côté, de généraliser la mise en concurrence réelle lors de chaque marché public.

---

817 BOCKEL (A.), *op. cit.* p.229.

818 FROMONT (M.), « L'évolution du droit des contrats de l'administration – Différences théoriques et convergences de fait », *in* NOGUELLOU (R.), STELKENS (U.) et SCHRODER (H.), *Droit comparé des contrats publics*, Bruxelles, Bruylant, 2010, p.263-278.

En premier lieu, la procédure d'appel d'offres ouvert est la procédure de passation des marchés publics à laquelle ont fréquemment recours les autorités contractantes. Après publication d'un avis de marché, toute entreprise intéressée peut remettre une offre. Le droit communautaire ouest africain définit l'appel d'offres ouvert comme étant une procédure ouverte à laquelle *« tout candidat (...) peut soumettre une demande de pré qualification ou une offre »*[819]. C'est la procédure la plus objective parce qu'elle ne laisse que peu de marge de manœuvre à l'autorité contractante pour choisir l'offre la plus adaptée à ses besoins. L'autorité contractante a l'obligation d'appliquer les critères qu'elle a choisis et préalablement portés à la connaissance des candidats[820]. L'appel d'offres ouvert est dès lors une procédure par laquelle la personne publique se prononce en faveur de l'offre économiquement la plus avantageuse. Ceci se fait sans aucune négociation et sur des critères précis, objectifs, actés et connus du candidat. L'appel d'offre ouvert se déroule en une seule étape et dans le même laps de temps. C'est-à-dire, les candidats remettent au même moment les éléments relatifs à la candidature et les éléments relatifs à l'offre[821].

La procédure d'appel d'offres ouvert constitue le mode de passation des marchés auquel les autorités contractantes doivent recourir par principe. Sauf exception, il ne peut être dérogé à ce principe[822]. L'appel d'offres ouvert est la procédure qui est censée garantir au mieux le respect des règles fondamentales, notamment le principe de transparence et d'égalité. En outre, la procédure d'appel d'offres restreint est aussi envisageable.

En second lieu, la procédure d'appel d'offres restreint est une procédure dérogatoire à l'appel d'offres ouvert. C'est une procédure restreinte. Seuls peuvent remettre des offres, les candidats que l'autorité contractante a décidé de consulter. C'est une opération de présélection qui restreint le jeu de la concurrence aux candidats choisis par l'autorité contractante. Ces candidats sont considérés comme les plus compétents à exécuter le marché dans les meilleures conditions. Les critères de sélection s'articulent donc autour des capacités des entreprises.

---

819 Article 30 de la directive 04/2005 ; on retrouve la même définition dans l'article 50 du CMP du Mali.

820 DE BAECKE (P.), *Comprendre simplement les marchés publics*, Paris, Editions Le Moniteur 2013, p. 85.

821 Voir. le portail des marchés publics PME, http://www.marchespublicspme.com/avant-la-reponse/les-procedures-de-marches-publics/articles-de-reference/2013/05/20/l-appel-d-offres-restreint_1272.html, consulté le 23/03/2021.

822 Voir. article 60.3 du CMP du Sénégal.

Le nombre des candidats admis à soumissionner doit assurer une concurrence réelle. Il est ensuite procédé comme en matière d'appel d'offres ouvert [823]. C'est pourquoi, les directives marchés publics de 2005 précisent qu'il *« ne peut être recouru à la procédure de l'appel d'offres restreint que lorsque les biens, les travaux ou les services, de par leur nature spécialisée, ne sont disponibles qu'auprès d'un nombre limité de fournisseurs, d'entrepreneurs ou de prestataires de services »* [824]. C'est dispositions communautaires sont consacrées par les droits nationaux. Le code malien des marchés publics reprend à l'identique les dispositions de la directive de n° 04/2005[825].

En dehors de ces trois cas d'ouverture de la procédure d'appel d'offres restreint aucune autre procédure n'est établie par le droit communautaire. En ce sens, le CRD du Mali a donné une bonne illustration en jugeant qu'une autorité contractante ne peut recourir à la procédure restreinte à la suite de la résiliation d'un marché attribué par appel d'offres ouvert [826].

Néanmoins, certains droits nationaux sont allés au-delà des dispositions communautaires en ajoutant d'autres cas d'ouverture. Tel est le cas du Burkina Faso et du Sénégal.

Dans le premier cas, le rédacteur ouvre la possibilité de recourir à la consultation restreinte pour les acquisitions de certains types de biens notamment, les biens de production locale ou artisanale[827]. Dans cette hypothèse, l'on peut considérer qu'il serait d'intérêt général de favoriser quelques productions locales et artisanales, de protéger les petits producteurs locaux.

Dans le cas du Sénégal, l'article 73 du code ajoute l'hypothèse des marchés « *pour lesquels, en raison des circonstances particulières, une action rapide de l'autorité contractante est nécessaire, justifiant la réduction des délais de réception des candidatures et des offres, afin de prévenir un danger ou un retard préjudiciel qui n'est pas provoqué par l'autorité contractante »*.

Il s'agit ici pour le rédacteur sénégalais d'une *« volonté manifeste d'allonger la liste des cas d'ouverture des marchés par appel d'offres restreint au mépris*

---

823 Voir. article 32 de la directive 04/2005, *op., cit.*

824 *Ibid.*

825 Voir. Article 54 du décret de 2015, *op., cit.*

826 Décision n°10-023/ARMDS-CRD du 3 septembre 2010, le comité de règlement des différends statuant en commission contentieuse sur le recours de la société d'équipements et de travaux d'outre – mer SARL (SETROM – SARL).

827 Voir. article 73 al.4 du CMP en vigueur au Burkina Faso.

des dispositions pourtant claires de l'article 32 de la directive n° 04/2005 »[828]. Cela pourrait porter atteinte à l'esprit même et de la lettre de cette directive qui sont pourtant claires et précises.

Pour rappel, la réforme du droit des marchés publics vise un objectif d'efficacité de l'achat public par mérite. L'idée est de mettre l'accent sur le respect des règles de concurrence, de transparence et à rationaliser les dépenses publiques d'où le cantonnement des modes dérogatoires à des hypothèses très exceptionnelles, comme c'est le cas de la seule hypothèse prévue par le droit communautaire. Dès lors, le fait de prévoir plusieurs dérogations à la règle de mise en concurrence n'aurait aucune pertinence à partir du moment où la prestation, objet du marché, ne peut être réalisée que par un nombre restreint de prestataires connus à l'avance[829].

Néanmoins, le recours à la procédure d'appel d'offres restreint doit être motivé et soumis à l'autorisation préalable de l'entité administrative chargée du contrôle des marchés publics. C'est une procédure moins rigide comparativement à l'appel d'offres ouvert. La directive n° 04/2005 impose seulement aux autorités contractantes une concurrence réelle dans la procédure d'appel d'offres restreint et l'accord de l'organe du contrôle *a priori* des marchés publics. L'obtention de l'autorisation préalable de l'entité chargée du contrôle *a priori* est une condition de validité de la procédure d'appel d'offres restreint. Cette exigence est bien transposée dans les droits burkinabè[830], malien[831] et ivoirien[832]. En principe, toute procédure d'appel d'offres restreint engagée sans l'accord préalable de l'entité chargée du contrôle *a priori* est sanctionnée de nullité[833].

Au Sénégal, la volonté d'assouplir les exigences communautaires ne s'arrête pas au seul cas d'ouverture de la procédure d'appel d'offres restreint. Il est étendu à d'autres types de marchés. Le rédacteur du CMP a également opté pour l'allègement des contraintes procédurales. Certes, il maintient comme dans les autres Etats membres le principe de motivation qui oblige les autorités contractantes à justifier le choix de cette procédure. Toutefois, au

---

828 *Cf.* ISSOUFOU (A.), *op., cit.* p.116.

829 *Ibid.*

830 Voir. article 73 al. 9 du CMP qui prévoit qu'en *« tout état de cause, le recours à la procédure de l'appel d'offres restreint doit être motivé et soumis à l'autorisation préalable de l'autorité compétente ».*

831 Voir. article 54 du CMP du Mali qui transpose à l'identique les dispositions communautaires.

832 Voir. article 60.2 de l'ordonnance de 2019 sur les marchés publics ivoiriens, *op., cit.*

833 ARMP Burkina Faso, Décision n°2014-0148/ARMP/CRD du CRD statuant en commission litiges sur le recours de HICOMEX EQUIPEMENT SARL.

lieu de soumettre la procédure d'appel d'offres restreint à l'autorisation préalable de l'organe chargé du contrôle *a priori* des marchés publics, le rédacteur sénégalais a plutôt préféré soumettre cette procédure à un simple avis de cet organe[834].

Au demeurant, l'appel d'offres restreint est similaire à l'appel d'offres ouvert, sauf que cette procédure se déroule en deux étapes. Au cours de la première étape, tout soumissionnaire intéressé peut présenter une demande de participation en réponse à l'avis de marché. Lors de cette étape, les candidatures sont soigneusement sélectionnées en fonction des capacités requises des candidats. Au cours de la seconde étape, l'autorité contractante invite les candidats sélectionnés à soumettre leurs offres.

A titre d'exemple, en référence au droit français, lors du lancement d'un appel offres restreint, l'acheteur public peut déterminer un nombre minimum et maximum de candidats admis à présenter leurs offres[835].

A l'inverse, les dispositions communautaires ouest africaines restent silencieuses sur cette question. Ce sont les droits nationaux qui déterminent ce nombre. Par exemple, la réglementation burkinabè dispose que le nombre de candidats admis à soumissionner est de trois minimums, l'acheteur public doit assurer une concurrence réelle. Il est ensuite procédé de manière identique comme en matière d'appel d'offres ouvert [836]. Néanmoins, lorsque le nombre d'entreprises exerçant dans le domaine est inférieur à trois, l'autorité contractante peut consulter les deux opérateurs économiques[837]. Selon les réglementations, la liste des candidats pressentis par l'administration contractante, le maître d'ouvrage délégué ou le maître d'œuvre s'il existe, comprend au moins cinq opérateurs économiques lesquels ont donné leur accord pour présenter une offre. Mais, en fonction des circonstances, le ministre chargé des marchés publics peut autoriser un nombre de candidats qui peut être inférieur à cinq sans être en deçà de

---

834 En réalité, une autorisation préalable et un avis n'ont pas les mêmes contraintes. A travers l'avis, il est adressé à l'organe de contrôle *a priori* des marchés publics, une demande afin qu'il se prononce sur l'utilité et la faisabilité d'un marché restreint. Cette consultation peut être obligatoire ou facultative. Toutefois, la prise en compte de sa réponse n'est pas obligatoire. En revanche, à travers l'autorisation préalable, l'autorité contractante demande la permission de la structure chargée du contrôle des marchés publics avant de passer son marché. De ce fait, le refus d'accorder cette autorisation constitue un obstacle à la volonté de recourir à l'appel d'offres restreint.

835 Voir. article 47 du décret n° 2016-360 relatif aux marchés publics français ; Voir. égal ; article R.2124-2 du code de la commande publique.

836 Voir. article 73 al. 2 du décret du 01 février 2017, *op., cit.*

837 *Idem.*, al.3.

trois[838]. En ce sens, le CRD du Sénégal a rappelé que, pendant la phase d'analyse des offres, une autorité contractante, lorsqu'elle se rend compte que le nombre autorisé des plis est atteint peut continuer la procédure. Mais en cas de désistement qui abaisse le nombre des plis en dessous du nombre légalement autorisé, l'autorité contractante ne peut poursuivre la procédure sans violer les règles du code des marchés publics[839]. Pour le CRD « *en présélectionnant cinq entreprises ayant toutes confirmé leur participation, l'autorité contractante a respecté le minimum de trois candidats exigés à l'article 74 du code des marchés publics pour une mise en concurrence réelle. Que toutefois, même si, comme cela ressort de l'instruction, le désistement de l'entreprise AREZKI a été constaté au cours de la séance d'ouverture des plis, la poursuite de la procédure avec deux offres n'est pas conforme aux dispositions de l'article 67.5 du code des marchés publics* »[840]. En clair, dans le cadre d'un appel d'offres restreint, il faut au minimum trois plis pour poursuivre la procédure. Cette exigence vise à assurer une concurrence saine, à préserver la transparence et à réduire le risque des pratiques frauduleuses.

Dans le cadre de la procédure d'appel d'offres restreint, il est nécessaire d'élargir la liste restreinte à plus de trois candidats afin de faire jouer la concurrence, d'éviter le risque de carence et d'avoir plus de chance de recevoir la proposition qui procure le meilleur rapport qualité-prix[841].

En droit ivoirien des marchés publics, le recours à la procédure d'appel d'offres restreint exige que le marché porte sur des prestations spécialisées ou nécessitant une technique particulière. La procédure d'appel d'offres restreint peut aussi être utilisée lorsque l'autorité contractante sait que peu de candidats sont capables de répondre à l'invitation à soumissionner. Dans cette hypothèse, seuls peuvent remettre des offres les candidats pressentis et consultés dans les conditions fixées auxquels peu de candidats sont capables de répondre[842].

De plus, tout comme le législateur communautaire et les autres droits nationaux, le rédacteur du code burkinabè des marchés publics utilise le terme de marchés de *« nature spécialisée »* sans le définir. Il précise qu'il ne peut être recouru à la procédure de l'appel d'offres restreint que lorsque les biens, les travaux ou les services courants, de par leur « nature spécialisée », ne sont

---

838 Voir. article 60.2 de l'ordonnance de 2019 sur les marchés publics de la Côte-d'Ivoire.

839 Décision n° 102/14/ARMP/CRD du 16 avril 2014 du CRD statuant en commission litiges sur le recours de l'AGEROUTE.

840 *Ibid.*

841 ARMP Sénégal, Décision n°356/13/ARMP/CRD du 20 novembre 2013 du CRD statuant en commission litiges sur le recours introduit par la société SONAM

842 Voir. article 86 du code des marchés publics de la Côte-d'Ivoire, *op., cit.*

disponibles qu'auprès d'un nombre limité de fournisseurs, d'entrepreneurs ou de prestataires de services susceptibles d'offrir les prestations sollicitées.

De même, pour l'acquisition de certains types de biens notamment, les biens de production locale ou artisanale, il peut être recouru à la consultation restreinte[843]. Cependant, l'absence de définition de la notion des marchés spécialisés peut être l'occasion pour les autorités contractantes de procéder à des procédures restreintes abusives.

En revanche, en droit sénégalais, il ne peut être procédé à un appel d'offres restreint que dans quatre hypothèses. Les marchés pour lesquels soit « *en raison des circonstances particulières une action rapide de l'autorité contractante est nécessaire, soit justifiant de la réduction des délais de réception des candidatures et des offres, afin de prévenir un danger ou un retard préjudiciel qui n'est pas provoqué par l'autorité contractante, soit les marchés de travaux, fournitures ou services qui ne sont exécutés qu'à titre de recherches, d'essais, d'expérimentation ou de mise au point, soit les marchés que l'autorité contractante doit faire exécuter en lieu et place de titulaires défaillants et à leurs frais et risques, soit encore pour les marchés qui ont donné lieu à un appel d'offres infructueux*[844].

Pour Seynabou SAMB, « *l'usage fréquent d'une telle procédure remettrait en question l'existence même d'un droit de la commande publique. C'est la raison pour laquelle cette procédure fait l'objet d'un encadrement dont le but est, d'une part, d'en limiter l'usage et d'autre part, de veiller à ce que le déroulement de la procédure soit conforme aux exigences de transparence et de mise en concurrence* »[845].

En ce sens, malgré l'encadrement de la procédure d'appel d'offres restreint, il est tout de même regrettable de constater que cette procédure n'a pas fait l'objet d'une clarification précise ni par le droit communautaire et ni par les textes nationaux. Par exemple, les délais sont établis différemment selon les réglementations. Les rédacteurs malien et burkinabè ont fait le choix d'aligner les délais de la procédure d'appel d'offres restreint sur la procédure d'appel d'offres ouvert qui ne peuvent être inférieurs à 30 jours calendaires pour les marchés dont le montant prévisionnel est supérieur ou égal aux seuils nationaux et à 45 jours calendaires pour les marchés dont le montant prévisionnel est supérieur ou égal aux seuils communautaires, à compter de la

---

843 *Idem.*, al. 4 et 5.
844 Voir. article 73 du code des marchés publics au Sénégal.
845 SAMB (S.), *op., cit.* p. 471.

publication de l'avis[846]. Dans d'autres réglementations ce délai est fixé à 15 jours à compter de la date d'expédition simultanée ou à compter de la date limite de retrait dans la lettre d'invitation adressée à tous les candidats[847]. Toutefois, le délai de 15 jours semble être trop court pour permettre aux autorités contractantes de garantir une réelle concurrence comme voulu par le droit communautaire.

A cet égard, la divergence en termes de délai pose le problème de cohérence et d'efficacité du système de passation des marchés publics. Elle peut fragiliser la procédure d'appel d'offres restreint.

Par ailleurs, en complément de la procédure d'appel d'offres ouvert et restreint, le législateur supranational a établi deux autres types de procédure d'appel d'offres.

b. la pratique de la procédure d'appel d'offres ouvert précédé de pré qualification et de l'appel d'offres en deux étapes

L'appel d'offres ouvert précédé de pré qualification et l'appel d'offres en deux étapes relèvent de la particularité ouest africaine des marchés publics.

D'un côté, la directive relative aux marchés publics précise que *« lorsque les travaux à réaliser, les équipements à livrer et les services à fournir revêtent un caractère complexe et/ou exigent une technicité particulière, l'appel d'offres ouvert est précédé d'une pré qualification. L'examen de la qualification des candidats s'effectue exclusivement en fonction de leur aptitude à exécuter le marché de façon satisfaisante et selon les critères définis dans l'invitation à soumissionner »*[848].

De l'autre côté, l'article 33 de la directive n°04/2005 prévoit que l'appel d'offres ouvert est dit en deux étapes lorsque les soumissionnaires sont d'abord invités à remettre des propositions techniques, sans indication de prix, sur la base de principes généraux de conception ou de normes de performance et sous réserve de précisions et d'ajustements ultérieurs d'ordre technique et/ou financiers, intervenant dans le cadre de discussions menées

[846] Voir. article 66 du CMP au Mali et l'article 89 du CMP en vigueur au Burkina Faso.

[847] Voir. article 73 du CMP du Sénégal. Le CMP a établi une différence entre les délais de réception des offres pour les procédures nationales justifiées par l'urgence qui est de 10 jours et les délais de réception pour les procédures internationales qui est de 15 jours.

[848] Voir. article 31 de la directive n° 04/2005.

avec l'autorité contractante. A la suite de l'évaluation par l'autorité contractante des offres au titre de la première étape, les soumissionnaires qui satisfont au minimum acceptable des critères de qualification et qui ont soumis une offre techniquement conforme sont invités à participer à une seconde étape au cours de laquelle ils présentent des propositions techniques définitives assorties de prix sur la base du dossier d'appel d'offres préalablement révisé par l'autorité contractante. Cette procédure n'est accessible que dans le cas d'un marché d'une grande complexité ou le cas d'un marché qui doit être attribué sur la base des critères de performance et non des spécifications techniques détaillées. Il est par ailleurs admis que la procédure d'appel d'offres en deux étapes peut être précédée d'une préqualification. Dans tous les cas, le recours à la procédure d'appel d'offres en deux étapes doit être motivé et soumis à l'autorisation préalable de l'entité administrative chargée du contrôle des marchés publics (les Directions Générales de contrôle des marchés publics des Etats membres).

Le droit de l'UEMOA semble mettre en place ces procédures dans l'idée faciliter la conclusion des marchés particulièrement complexes dont la détermination des spécifications techniques ne peut être suffisamment établie par l'autorité contractante.

Il apparaît que ces deux catégories de procédure ressemblent à la procédure concurrentielle avec négociation et la procédure de dialogue compétitif dans le droit français des marchés publics. Les articles R.2124-3 et R.2124-5 du code de la commande publique déterminent les conditions de recours à ces deux procédures. La seule différence est, d'une part, dans la procédure concurrentielle avec négociation, l'acheteur est tenu de négocier avec les soumissionnaires. D'autre part, le dialogue compétitif exige un dialogue avec les candidats admis à participer à la procédure en vue de définir ou de développer une ou plusieurs solutions de nature à répondre aux besoins de l'autorité contractante. Or dans le droit de l'UEMOA, il n'est pas question de procéder ni à une négociation, ni à un dialogue avec les candidats.

Il aurait été préférable d'établir des mesures efficaces en matière d'encadrement de ces deux types de procédure surtout si l'on tient compte du phénomène de corruption et de fraude qui handicapent certaines administrations publiques[849]. La restriction volontaire des règles de concurrence par le droit communautaire des marchés publics peut susciter des pratiques anticoncurrentielles qui auraient pour conséquence d'annihiler le dynamisme de l'intégration économique.

---

849 HUGON (P.), *Economie de l'Afrique*, Ed. Repères, col. La découverte, 2003, 4 éd, p.70.

Par ailleurs, le système de passation des marchés publics dans la zone UEMOA a prévu d'autres procédures de passation avec moins de formalités applicables.

2. Le relatif encadrement des autres procédures envisageables

La modernisation des droits nationaux des marchés publics a maintenu la procédure d'entente directe ou gré à gré, accompagnée par la procédure spécifique des prestations intellectuelles.

a. l'hypothèse du maintien limité des marchés par entente directe

Les marchés par entente directe ont toujours existé dans le droit interne des marchés publics. Cette procédure ne faisait pas l'objet d'un encadrement rigoureux. Par exemple, au Sénégal le décret de 1982 prévoyait simplement deux conditions de recours à la procédure d'entente directe. D'une part, le montant du marché devrait être inférieur ou égal à 10 millions de francs CFA. D'autre part, si l'autorité contractante n'a pu recevoir qu'une seule offre, soit parce qu'elle n'avait reçu aucune offre après deux appels d'offres, soit parce que le marché portait sur un domaine stratégique comme la défense. En plus de ces deux conditions, la procédure était soumise à l'autorisation préalable de la Commission Nationale des Contrats de l'Administration (CNCA). Néanmoins, la seule condition qui était importante aux yeux de l'administration était l'autorisation préalable de la CNCA. Or, selon Mansour DIOP cette Commission a marqué son temps par la délivrance des autorisations de procédures d'entente directe sans limite de montant[850]. Il s'agissait d'une pratique laxiste et indulgente.

Au Burkina Faso, par le décret n°84/382/PRES du 6 octobre 1984, le rédacteur avait établi un encadrement insuffisant de cette procédure. Ce décret imposait aux administrations l'obtention de l'autorisation du ministre ordonnateur du budget pour tout projet de marché par entente directe. A défaut de cette procédure, la procédure d'appel d'offres était contournée par le fractionnement qui amenait les marchés en dehors de la procédure formalisée. Pour le professeur Babacar GUEYE c'est un procédé qui permet « *aux services, au mieux, de se simplifier la tâche en ne mettant pas en œuvre la lourde procédure*

---

850 DIOP (M.), *L'évolution des marchés publics au Sénégal, repère historiques et faits marquants*, *op. cit.* p.6-7.

de l'appel d'offres, au pire d'établir avec des fournisseurs privilégiés des relations de connivence pouvant aller jusqu'à des pratiques de corruption »[851] ce qui peut porter atteinte aux objectifs de transparence et de libre concurrence.

Désormais, les règles relatives à la procédure par entente directe sont déterminées par l'article 38 de la directive n° 04/2005. C'est une procédure permettant à l'autorité contractante d'engager, sans formalité, les discussions qui lui paraissent utiles, avec un entrepreneur, un fournisseur ou un prestataire de services. Néanmoins, le recours à la procédure par entente directe doit être justifié et soumis à l'autorisation préalable de l'organe chargé du contrôle *a priori* des marchés publics.

Cette soumission de la procédure d'entente directe à l'autorisation de l'organe de contrôle des marchés publics permet à cette entité de s'assurer de la réunion de toutes les conditions de recours à une telle procédure. Cet organe est libre d'autoriser ou de refuser la procédure. C'est ce qui relève de la décision du 23 mars 2011 du CRD du Mali[852]. Dans cette affaire, l'organe de contrôle *a priori* a rejeté à plusieurs reprises la demande d'autorisation du ministère de l'éducation qui voulait conclure un marché par entente directe.

Dorénavant, la procédure de gré à gré est encadrée à la fois par le législateur communautaire et les rédacteurs nationaux. Une autorité contractante ne peut donc recourir à la procédure de gré à gré que dans certaines conditions, par exemple, lorsque les besoins ne peuvent être satisfaits que par une prestation nécessitant l'emploi d'un brevet d'invention, d'une licence ou de droits exclusifs détenus par un seul entrepreneur, un seul fournisseur ou un seul prestataire, lorsque les marchés ne peuvent être confiés qu'à un prestataire déterminé pour des raisons techniques ou artistiques.

Il faut aussi la réunion des conditions d'urgence. En matière d'extrême urgence, le recours à la procédure d'entente peut être justifié pour les travaux, fournitures ou services que l'autorité contractante doit faire exécuter en lieu et place de l'entrepreneur, du fournisseur ou du prestataire défaillant. Dans le cas d'urgence impérieuse, elle est motivée par des circonstances imprévisibles ou de force majeure ne permettant pas de respecter les délais prévus dans les procédures d'appel d'offres nécessitant une intervention immédiate et lorsque

---

[851] GUEYE (B.), « Le nouveau code sénégalais des marchés publics : entre réponse aux attentes de la société civile et prise en compte des influences communautaires », *op., cit.* p. 262.

[852] Décision n°11-004/ARMDS-CRD du 23 mars 2011, le Comité de Règlement des Différends statuant en commission contentieuse sur le recours du ministère de l'éducation, de l'alphabétisation et des langues nationales.

l'autorité contractante n'a pas pu prévoir les circonstances qui sont à l'origine de l'urgence. Dans cette hypothèse l'autorité contractante peut utiliser la procédure d'entente directe[853].

Il ressort de l'ensemble des réglementations ouest africaines que les conditions d'urgence constituent le pivot principal de recours à la procédure d'entente directe. L'urgence ne peut être légalement invoquée par l'autorité contractante lorsqu'elle-même est à l'origine de cette situation. C'est ce qui a été rappelé par le CRD du Sénégal. Il a considéré que lorsque la situation à l'origine de l'urgence découle d'une définition non exhaustive et inadéquate des travaux nécessaires à la remise aux normes du stade lors du premier appel d'offres, l'argument selon lequel la situation d'urgence est extérieure à l'autorité contractante peut être difficilement retenu. La responsabilité d'une telle situation est imputable à l'acheteur public qui n'a pas pu déterminer convenablement ses besoins[854]. En matière d'urgence, les circonstances doivent être imprévisibles. Ainsi, dans une décision de 2013, le CRD du Sénégal a estimé qu'une autorité contractante ne peut vider des pavillons situés sur le campus universitaire de leurs occupants en octobre 2012 en vue de leur reconstruction. Saisir par la suite, l'organe de contrôle des marchés publics, le 06 août 2013, d'une demande d'autorisation de conclure un marché par entente directe en arguant de l'imprévisibilité et de l'urgence du projet. Le CRD précise que *« l'administration avait toute la latitude de planifier et de lancer une procédure d'appel à la concurrence pour choisir les entreprises dans le respect des principes de transparence »*[855].

En outre, l'accomplissement des conditions précitées à elles seules ne suffisent pas pour procéder à une procédure de gré à gré. Une autorité contractante ne peut conclure un marché d'entente avec un soumissionnaire qui fait l'objet d'une procédure judiciaire pour non-exécution d'un marché similaire antérieur. En ce sens, dans une affaire de 2011[856], le CRD du Mali a confirmé la décision de refus d'un marché d'entente par l'organe de contrôle *a priori* des marchés publics qui est la Direction Générale des Marchés Publics (DGMP). En l'espèce, le ministère de l'éducation nationale voulait conclure un marché de gré à gré avec un opérateur économique qui disposait d'un droit

---

853 Voir. article 38 de la directive 04-2005, *op., cit.* article 58 du CMP du Mali, article 76 du CMP du Sénégal, article 198 du CMP du Burkina Faso. Voir. aussi. Décision n° 129/19/ARMP/CRD/DEF du 14 aout 2019 du Comité de Règlement des Différends statuant en commission litiges sur la saisine de l'Agence des Travaux et de Gestion des Routes (AGEROUTE).

854 Décision n°044/14/ARMP/CRD du 12 février 2014 statuant en commission litiges sur le recours du ministère des Sports et de la vie associative.

855 Décision n°278/13/ARMP/CRD du 11 septembre 2013 du CRD statuant en commission litiges sur la demande du ministère de l'enseignement supérieur et de la recherche.

856 Décision du 23 mars 2011, aff. AKAMA S.A, *op., cit.*

exclusif en matière de fourniture de livres. A cet égard, la DGMP a considéré qu'il ne conteste pas le fait que l'entreprise en question disposait de droits exclusifs sur les fournitures concernées, mais *« qu'elle ne peut autoriser la passation par entente directe du marché en cause avec cette société compte tenu du fait que, titulaire en 2009, d'un marché par entente directe avec le ministère de la santé pour la fourniture d'équipements médicaux, sur financement du fonds mondial, elle s'est révélée défaillante »*. L'organe de contrôle *a priori* ajoute que dans ces conditions, l'Etat *« ne peut traiter avec une société qui se trouve partie à une affaire pendante devant le Pôle Economique et Financier »*. Le CRD a dès lors considéré que le refus d'autorisation de l'organe de contrôle est dû au fait que les marchés par entente directe, dits exécutés au compte du ministère de la santé en 2009 par la société soumissionnaire font l'objet d'une procédure judiciaire, qu'il y a lieu de surseoir à la passation du marché par entente directe sollicitée par le ministère de l'éducation nationale.

Certes, la nouvelle architecture des marchés publics a renforcé le cadre procédural du marché de gré à gré, notamment à travers l'autorisation préalable de l'organe de contrôle *a priori* des marchés publics. Il faut tout de même souligner le double positionnement du rédacteur sénégalais.

En effet, le code des marchés publics du Sénégal a établi une distinction entre les marchés qui nécessitent une autorisation de l'organe chargé du contrôle *a priori* et les marchés qui nécessitent simplement son avis. Ce dernier cas vise les marchés de secret-défense, les marchés pour lesquels, l'urgence impérieuse résultant de circonstances imprévisibles, irrésistibles et extérieurs[857] à l'autorité contractante ne sont pas compatibles avec les délais et règles de forme exigés par la procédure d'appel d'offres ouvert ou restreint[858].

Au Burkina Faso, la réglementation retient que le recours à la procédure d'entente directe est simplement soumis à l'avis de la structure chargée du contrôle *a priori* des marchés publics. C'est à la personne responsable de l'autorité contractante d'autoriser la procédure après avis de l'organe de contrôle des marchés publics. Au niveau de l'Etat la procédure est autorisée par le ministre concerné ou le président de l'institution ordonnateur du budget. Pour les marchés des collectivités territoriales, les établissements publics et

---

857 C'est le cas par exemple des travaux après une catastrophe naturelle.
858 Voir. article 76 du CMP du Sénégal.

les sociétés publiques cette charge est confiée aux organes délibérants qui autorisent le recours au marché de gré à gré[859].

Dans les réglementations burkinabé et sénégalaise, le fait de ne pas soumettre toutes les procédures de gré à gré à une autorisation préalable de l'autorité chargée de contrôle *a priori* restreint la garantie des règles fondamentales de l'achat public, notamment les règles de transparence. Le professeur DJE BI DJE a d'ailleurs souligné que *« la procédure d'entente directe, qui ne lèse pas nécessairement les intérêts de l'acheteur public peut néanmoins être dangereuse pour les finances publiques »*[860]. C'est pour ces raisons que l'encadrement sommaire de cette procédure doit être renforcé et harmonisé par le droit communautaire.

En outre, à titre d'exemple, dans le droit béninois, la procédure de gré à gré n'est plus soumise à l'autorisation spéciale de la direction nationale de contrôle des marchés publics[861]. Cette procédure a été interdite afin de limiter les actes de corruption dans les administrations publiques. La procédure est désormais soumise à l'autorisation du Conseil des ministres[862]. Cette mesure soulève toutefois trois problèmes. *En premier lieu*, elle met en doute la crédibilité de l'organe de contrôle des marchés publics qui est censé avoir les compétences pour analyser l'intérêt d'une procédure d'entente directe. *En second lieu*, cette mesure soulève un problème de droit : la procédure de gré à gré est consacrée par les articles 48 et suivants du code béninois des marchés publics. Or, le recours au Conseil des ministres ne figure pas dans la réglementation. Le rédacteur béninois, au lieu d'un simple courrier, auraient dû procéder par voie de modification des articles qui consacrent le marché de gré à gré. *En troisième lieu*, le fait que cette procédure est désormais soumise au contrôle du Conseil des ministres, risque de transformer ce Conseil en une seconde direction de contrôle des marchés publics ou un conseil politique des marchés publics.

En dehors de ces cas précités, il existe deux facteurs qui peuvent expliquer le recours abusif à la procédure de gré à gré. Il s'agit, d'une part, de la multiplicité des hypothèses permettant aux autorités contractantes d'y recourir et d'autre part, des motifs qui étaient fréquemment invoqués par celles-ci, pour mettre en pratique cette procédure.

---

859 Voir. article 76 du code des marchés publics en vigueur au Burkina Faso.

860 DJE BI DJE (C.), p.107, *in*. SAMB (S.), *op., cit.* p.495.

861 Voir. article 48 du code des marchés publics du Bénin.

862 Courrier du président de la République n°140/PR/CAB/SP-C du 3 août 2017, relatif à l'interdiction de passer des marchés de gré à gré dans tous les ministères.

A ce propos, deux situations peuvent nous interpeler. Il s'agit des marchés par entente directe passés avec mise en concurrence et ceux pour lesquels, il n'est pas nécessaire d'envisager la mise en concurrence[863]. Or, le souci d'introduire les règles de mise en concurrence dans la passation de ces marchés constitue, incontestablement, un pas significatif vers la consécration de la transparence dans la mise en œuvre de la procédure de l'entente directe[864].

Le législateur de l'UEMOA a par ailleurs prévu une autre procédure dérogatoire différente du gré à gré.

b. l'exception critiquable des procédures de passation des marchés sur financement extérieur

Le nouveau droit des marchés publics a consacré la primauté des marchés publics financés par les bailleurs de fonds et les partenaires techniques et financiers (PTF) au détriment des mesures nationales et communautaires relatives aux marchés publics. Cette primauté peut être qualifiée d'un droit international des marchés publics qui vise les accords de financement entre les Etats membres et les institutions financières ou avec d'autres Etats. L'article 8 de la directive n° 04/2005 prévoit expressément que *« les marchés financés par des ressources extérieures sont soumis aux dispositions de la présente directive, dans la mesure où elles ne sont pas contraires aux dispositions des accords de financement ».* Ces dispositions ont été reprises par les rédacteurs nationaux[865]. C'est ce qui relève de la décision du 4 décembre 2017 de la CRS de la Côte d'Ivoire[866]. Dans cette affaire, un appel d'offres financé par un don de la République Fédérale d'Allemagne à travers la Banque allemande KFW a fait l'objet de contestation. La CRS a considéré que *« la procédure d'attribution des marchés financés par la KFW et le mode de règlement des litiges y afférents, lesquels prévoient la constitution d'un tribunal arbitral, étant contraires à ceux prévus par le code des marchés publics, seules les dispositions de la directive de la KFW ont vocation à s'appliquer ».* En réalité, la spécificité des marchés sur financement extérieur semble viser essentiellement les directives de la Banque Mondiale sur les marchés publics, de la Banque africaine de développement (BAD), des accords

---

863 Il s'agit par exemple au Sénégal de la catégorie des marchés conclus pour les besoins de défense et de sécurité nationales ; voir. article 76 du CMP en vigueur.

864 ISSOUFOU (A.), *op., cit.* p.121.

865 Voir. article 30 du CMP burkinabé, *op., cit.*, article 5 du CMP ivoirien, article 7 du CMP malien , *op., cit.* article 3 du CMP du Sénégal.

866 Décision n°025/2017/ANRMP/CRS du 04 décembre 2017 sur le recours de la société établissements sirakoni.

de financement bilatéraux avec des pays ou organismes internationaux de financement.

Le droit burkinabé est ambigu sur la question. L'article 30 du code des marchés publics établit une condition de non-soumission au contrôle *a priori* des marchés financés sur ressources extérieures. Cet article précise que lorsqu'un partenaire financier prévoit une revue *a priori* du processus de passation des marchés publics financés par ses ressources, les dossiers y relatifs ne sont pas soumis à l'avis préalable de la structure en charge du contrôle *a priori* des marchés publics. Ces marchés peuvent être uniquement soumis à l'avis de l'organe chargé du contrôle *a priori* à la seule condition que le partenaire financier ne prévoie ni revue *a priori* ni revue *a posteriori* ou s'aligne sur les procédures nationales. Toutefois, ce contrôle ne peut être envisagé sauf si ceci est autorisé par le partenaire financier[867]. En d'autres termes, les marchés passés en application des accords de financement ou de traités sont soumis aux dispositions du code des marchés publics à condition que cette soumission ne soit pas contraire auxdits accords internationaux.

Il est assez aberrant de constater l'existence de cette disposition qui déroge à l'application des règles nationales des marchés publics. Pourtant, en droit communautaire européen, les Traités communautaires prévalent sur les Traités conclus entre les Etats membres avec d'autres Etats. Dans certains cas, les Etats membres sont tenus de privilégier les règles communautaires sur les accords bilatéraux qui seraient antérieurement conclus. A cet égard, les Etats membres doivent revoir leurs engagements antérieurs contraires à la législation communautaire par les négociations appropriées, soit par une révision. Ils peuvent aussi faire jouer les clauses de dénonciation contenues dans leurs accords avec les Etats ou les partenaires concernés pour assurer le respect du droit communautaire[868]. Le juge européen a d'ailleurs rappelé qu'en cas d'infraction découlant d'un accord international, *« il est impossible pour les Etats membres non seulement de prendre de nouveaux engagements internationaux, mais aussi de maintenir en vigueur des engagements s'ils enfreignent le droit communautaire »*[869]. La CJUE a confirmé le principe selon lequel la compétence communautaire pour les relations internationales est établie partout où des règles internes de la communauté de droit ont été convenues[870].

---

867 Voir. article 30 al. 4 du code des marchés publics du Burkina Faso.

868 CJCE, 14 septembre 1999, *Commission c/Belgique,* aff. C-170/98, ECLI:EU:C:1999:411, Rec. 1-5493.

869 CJCE, 05 novembre 2002, *CIEL OUVERT,* aff. C-466/98, ECLI:EU:C:2002:624.

870 *Ibid.*

En principe, le droit interne ne peut être un obstacle à la primauté du droit communautaire[871]. Le droit communautaire s'impose également aux juridictions nationales[872].

Dans le cas du droit de l'UEMOA, en principe, les droits nationaux ne portent pas atteinte aux dispositions communautaires. La substitution des règles fixées par les accords internationaux aux procédures nationales[873] est reconnue expressément par le législateur communautaire.

Il est regrettable de constater ce manquement aux principes et aux exigences du droit communautaire dont les directives de l'UEMOA sont à l'origine. Il s'agit d'une négation, d'une supplantation des règles étrangères aux droits interne et communautaire en violation du principe de primauté des dispositions communautaires[874]. Cette pratique semble être imposée par les institutions financières internationales.

Ainsi, selon une doctrine, l'on peut considérer que c'est une stratégie pour ces institutions de pouvoir *« contourner le fait que les pays africains ont refusé de ratifier l'accord de l'OMC sur les marchés publics »*[875]. Par ailleurs, cette exception du droit communautaire ouest africain réside dans les besoins de financement et de l'infériorité des pays de l'UEMOA face aux partenaires extérieurs.

En outre, le droit harmonisé des marchés publics de l'UEMOA est inachevé en raison de l'absence détermination du champ communautaire des seuils de passation.

---

871 CJCE, 13 juillet 1972, *Commission c/Italie*, aff. C- 48/71, ECLI:EU:C:1972:65, rec. 533.

872 Voir. arrêt Costa, *prec.*

873 SALIFOU (A.G.), *Droit et pratique des marchés publics en Afrique de l'Ouest francophone : cas de la République du Bénin*, Université de Lomé, Thèse de doctorat en droit, 2008, p. 133.

874 DICKO (A.), *op., cit.* p.212.

875 *Ibid.*

B. La limitation du champ d'application du droit communautaire par l'absence de définition des seuils

La nouvelle architecture communautaire des marchés publics est restée silencieuse sur la définition des seuils à partir desquels les autorités contractantes doivent respecter les exigences communautaires relatives à la passation des marchés publics. Cela peut compromettre l'application effective du nouveau droit ouest africain des marchés publics. Ce silence semble pourtant être volontairement voulu par le décideur communautaire. De sorte que le droit communautaire est soumis au droit interne des marchés publics.

1. L'omission volontaire de détermination des seuils communautaires

En principe, tout achat public par mérite doit être conclu dans les conditions qui garantissent la concurrence et la gestion efficace des deniers publics. Dès lors, il appartient au législateur communautaire de déterminer les seuils à partir desquels les autorités contractantes doivent se conformer. Ces seuils peuvent être à la fois ceux des procédures et ceux des modalités de publicité applicable. D'un côté, les premiers permettent aux autorités contractantes de déterminer la procédure de passation applicable au marché. Il s'agit de *« la valeur du marché à partir de laquelle ou au-delà de laquelle les procédures formalisées devront être appliquées »*[876]. D'un autre côté, les seconds permettent de déterminer le montant à partir duquel l'autorité contractante doit soumettre à la Commission de l'UEMOA un avis de publication du marché. Or, les directives marchés publics ne déterminent aucun seuil de passation des marchés publics. L'article 40 de la directive n° 04/2005 prévoit simplement que *« la Commission de l'UEMOA définira en concertation avec les Etats membres, un seuil communautaire de publication pour les marchés de travaux, de fournitures et de services (...) ».*

Cette directive impose simplement la méthode d'évaluation des seuils tout en laissant la fixation de leurs montants aux autorités nationales[877]. A cet égard, l'article 10 de la même directive précitée indique que *« la présente directive s'applique aux marchés publics qui n'en sont pas exclus en vertu de l'article 9 et dont la valeur estimée hors taxes est égale ou supérieure aux seuils nationaux de passation des marchés tels que définis par les réglementations nationales applicables des Etats membres ».* Dès lors, il ressort explicitement de ces

---

[876] SAMB (S.), *op., cit.* p.103.

[877] L'article 11 de la directive 04/2005 prévoit simplement les conditions applicables à la fixation des seuils.

dispositions la volonté du droit communautaire de s'auto-restreindre au profit des droits nationaux des marchés publics. Cela contribue malheureusement au renforcement abusif de la liberté des Etats membres vis-à-vis de l'UEMOA.

Or à titre d'exemple, dans le droit européen des marchés publics, la « puissance publique européenne »[878] fait une parfaite illustration de la détermination des seuils de passation des marchés publics. Elle a procédé par voie de règlement pour fixer les seuils des procédures applicables dans les Etats de l'Union Européenne[879]. Le recours aux règlements démontre l'enjeu et l'importance des seuils dans la bonne pratique des marchés publics.

Dans le droit de l'UEMOA, la carence de définition claire des seuils communautaires peut susciter de divergences de montants des seuils entre les Etats membres. C'est ce qui relève de la pratique des seuils nationaux de passation des marchés publics en vigueur. Ce vide de compétence de l'UEMOA pose en effet le problème de la construction d'un marché commun d'achat public par mérite puisque les règles sont différentes d'un Etat à l'autre. Les seuils sont différents d'un Etat à l'autre, voire sont absents dans certains Etats. Cela cloisonne les marchés nationaux car chaque Etat peut fixer les seuils qu'il veut ou ne pas en fixer. En ce sens, les entreprises iront là où il n'y a pas des seuils élevés car la possibilité est plus grande de passer des marchés sans contraintes de procédures. Dès lors, l'effectivité du droit communautaire devient *« tributaire de la volonté des Etats »*[880].

Pour autant, l'application uniforme des seuils de passation est gage de la bonne application des procédures simplifiées applicables pour les marchés d'un montant inférieur aux seuils de passation. La disparité des seuils de passation au sein de la zone UEMOA pose la question d'efficacité de la construction d'un marché commun.

---

878 Cette expression fait référence au législateur européen ou au droit dérivé ou originaire européen.

879 Voir. les règlements (UE) n° 2017/2364, 2017/2365, 2017/2366 et 2017/2367, modifiant les directives n°2009/81, n° 2014/23, n° 2014/24 et n° 2014/25 du 18 décembre 2017 du Parlement européen et du Conseil en ce qui concerne les seuils d'application pour les procédures de passation des marchés.

880 SAMB (S.), *op., cit.* p.104.

2. Le renvoi de la détermination des seuils à la compétence nationale

En prévoyant expressément dans l'article 10 de la directive n°04/2005, la fixation du montant des seuils par les rédacteurs nationaux, le décideur communautaire se dessaisit de cette tâche pourtant primordiale pour garantir l'efficacité des règles de passation des marchés publics. En laissant aux puissances publiques nationales, la compétence de fixer les montants des seuils, certes il s'agit de la liberté des Etats Toutefois, le législateur communautaire devient non seulement incohérent avec les objectifs recherchés par la transformation des cadres communautaire et nationaux des marchés publics, mais contribue également à la fragilisation de ce nouveau droit des marchés publics. Or, les objectifs recherchés par l'application harmonisée des droits des marchés publics est de pallier toute diversité des réglementations nationales. La communauté de droit prend ainsi le risque qu'il y ait une application différenciée des prescriptions communautaires sur la passation des marchés[881]. Tel est d'ailleurs le cas dans la pratique.

En côte d'Ivoire par exemple, il existe deux seuils de recours aux procédures formalisées. Les marchés dont les montants sont inférieurs à ces seuils de référence sont soumis aux procédures simplifiées. En définitive, toutes les autorités contractantes sont soumises aux exigences du code des marchés publics issues de la transposition des directives marchés publics de 2005. Les administrations contractantes sont tenues de se conformer aux dispositions de l'arrêté de 2010 relatif à la fixation des seuils de passation[882]. Cet arrêté fixe les seuils de référence à 100 millions de francs CFA pour toutes les catégories des marchés publics conclues par les autorités contractantes, à l'exception des collectivités territoriales. Pour cette catégorie d'acheteur, le droit ivoirien a fixé un seuil unique qui est de 30 millions francs CFA[883]. Ce faisant, l'on pourra confirmer qu'à partir de ce seuil, le rédacteur ivoirien exige une large publicité et une concurrence ouverte de la procédure d'acquisition des biens publics, notamment dans le cas des marchés publics locaux.

En revanche, en droit burkinabè, les seuils de passation des marchés publics sont fixés par nature de prestations et par type d'autorité contractante. Selon l'article 6.3 du code des marchés publics les dispositions relatives aux appels d'offres ne s'appliquent que sur les marchés de travaux dont le montant financier prévisionnel estimé est égal ou supérieur à 75 millions de francs CFA et 50 millions pour les marchés de fournitures et des services courants. Pour

---

881 *Idem.*, p.105.

882 Voir. arrêté ivoirien n°200 MEF/DGBF/DMP du 21 avril 2010, portant fixation des seuils de passation, de validation et d'approbation dans la procédure des marchés publics.

883 *Ibid.*

les sociétés d'Etat, les seuils applicables est de 100 millions de francs CFA pour les marchés de travaux et 75 millions pour les marchés de fournitures et de services. En dessous, de ce seuil, l'autorité contractante peut recourir aux procédures exceptionnelles telles que, la procédure de demande de prix aménagé qui nécessite une forme écrite du marché et une publicité. Le montant du marché doit alors être supérieur ou égal à 10 millions de francs CFA et strictement inférieur à 75 millions de francs CFA. L'administration peut également faire recours à la procédure de demande de cotations lorsque le montant financier prévisionnel estimé est strictement inférieur à 10 millions de francs CFA. Cette procédure n'exige pas une forme écrite lorsque le montant du marché est inférieur à 1 million de francs CFA.

Il est tout de même regrettable de constater dans le droit burkinabè l'élargissement des seuils de passation des marchés publics par le nouveau code des marchés publics de 2017. A titre d'illustration, dans l'ancien code, les procédures de demande de prix qui sont des procédures de mise en concurrence accélérée que l'on peut utiliser pour les marchés publics d'un montant inférieur aux seuils [884], le code prévoyait les seuils de 5 millions de francs CFA et strictement inférieur à 20 millions de francs CFA[885]. Pour les procédures d'appel d'offres, le montant des seuils était fixé à 20 millions francs CFA[886]. En clair, les anciennes dispositions burkinabés garantissaient plus de concurrence que les nouvelles dispositions car plus le montant des seuils est bas, plus le respect des règles de concurrence est garanti.

Quant au droit sénégalais des marchés publics, il existe d'un côté, les marchés publics de l'Etat, des collectivités locales et des établissements publics qui sont soumis aux procédures d'appel d'offres lorsque leur montant atteint 70 millions de francs CFA pour les marchés des travaux, 50 millions de francs CFA pour les marchés de fournitures, de services et des prestations intellectuelles [887] et d'un autre côté, les marchés des sociétés nationales, des sociétés anonymes à participation publique majoritaire et des agences ou autres organismes ayant la personnalité morale, les seuils sont fixés à 100 millions de francs CFA pour les

[884] Selon l'article 2.16 du CMP burkinabé, *« la procédure de mise en concurrence accélérée que l'on peut utiliser pour les marchés publics de travaux, de fournitures, d'équipements et de services courants d'un montant prévisionnel estimé en toutes taxes comprises n'excédant pas les seuils définis à l'article 6 du présent décret »*.

[885] Voir. article 12.2 nouveau du décret n°2012-123 PRES/PM/MEF modifiant le décret n°2008-173 PRES/PM/MEF du 16 avril 2008, portant réglementation générale des marchés publics au Burkina Faso.

[886] *Idem.*, art. 12. 1.

[887] Voir. article 53 du décret n°2014-1212 du 2 septembre 2014, *op., cit.*

travaux, 60 millions de francs CFA pour les services, fournitures courantes et les prestations intellectuelles[888].

S'agissant du cas du Mali, le CMP en vigueur laisse la possibilité aux autorités contractantes de ne pas recourir aux procédures d'appel d'offres[889] pour les marchés des travaux, fournitures ou services dont la valeur estimée est inférieure aux seuils de 100 millions de francs CFA pour les travaux, 80 millions de francs CFA pour les marchés de fournitures et de services et 70 millions de francs CFA pour les marchés de prestations intellectuelles[890]. Pour ce qui concerne les marchés des sociétés d'Etat, des sociétés à participation financière publique majoritaire et des établissements publics à caractère industriel et commercial, ce seuil est fixé à 150 millions de francs CFA lorsqu'il s'agit de travaux, fournitures et services courants et à 80 millions de francs lorsqu'il s'agit de prestations intellectuelles[891].

Ainsi, seule la réglementation ivoirienne semble se rapprocher au mieux aux règles de mise en concurrence en matière de passation des marchés publics. Les seuils ne sont pas élevés[892], ce qui exige l'application des règles de mise en concurrence. Cela permet de mieux lutter contre la corruption et d'autres pratiques frauduleuses. Les autorités contractantes sont tenues de procéder par les procédures d'appel d'offres au-delà des seuils en vigueur. Cette exigence est synonyme du respect des règles fondamentales de la commande publique. Les règlementations nationales qui établissent des seuils assez bas sont celles qui marquent plus de volonté à limiter les manquements aux règles fondamentales de l'achat public par mérite.

Pour les cas du Burkina Faso, du Mali et du Sénégal, les seuils sont beaucoup plus élevés. Ils sont fixés entre 50 et 150 millions francs CFA. Or plus les seuils sont élevés, moins l'Etat en question ouvre ses marchés à la concurrence. Cette diversité des seuils de procédure entraîne une intégration communautaire à plusieurs vitesses[893]. A cet égard, Seynabou SAMB explique qu'en laissant la possibilité aux Etats de fixer leurs propres seuils, ils ne seront pas placés au même niveau communautaire quant à leur contribution

---

888 *Ibid.*

889 Voir. article 9.2 du décret n°2015-0604 du 25 septembre 2015, *op., cit.*

890 *Idem.,* art. 9.1.

891 *Ibid.*

892 Les seuils sont fixés à 30 millions de francs CFA pour les marchés publics locaux et 100 millions pour les autres acheteurs. Or, en principe les collectivités territoriales sont les premières à conclure beaucoup plus de contrats que les autres autorités contractantes. Donc, ce seuil minimum de 30 millions est une garantie pour les acheteurs publics de respecter les règles de mise en concurrence dans la passation des marchés publics.

893 SAMB (S.), *op., cit.* p.105.

à la construction communautaire. En réalité, les raisons économiques et juridiques militant pour une harmonisation des seuils au niveau communautaire ne fait pas défaut[894].

Pour monsieur GOUNOU-SALIFOU, le niveau économique sensiblement équivalent des Etats membres de l'UEMOA, la très faible différente des taux de croissance de leur PIB, la participation sensiblement équivalente des Etats au commerce intracommunautaire sont avancées pour justifier une unification des seuils[895]. Dès lors, cette liberté de fixation autonome de seuils accordée aux Etats membres semble être un véritable risque au dynamisme et à l'efficacité des marchés publics. La diversité des seuils pourrait être un handicap à l'égard des entreprises communautaires qui ne seront pas forcement face aux mêmes seuils que ceux déterminés dans leurs pays d'origine.

Il apparaît également que les seuils fixés par les Etats membres sont élevés, ce qui ne peut garantir une bonne mise en concurrence ni une égalité d'accès et de traitement dans les marchés publics. Ainsi, comme l'a fait le législateur européen, celui de l'UEMOA doit nécessairement intervenir par voie de règlement afin d'établir des seuils communs qui seront applicables dans tous les Etats membres. Il doit surtout fixer des seuils d'un montant relativement inférieur afin de garantir l'objectif recherché par la mutation des droits des marchés publics.

Il est par ailleurs constant que les carences de la nouvelle architecture des marchés publics ne s'arrêtent pas qu'au champ d'application des seuils de passation. Elles concernent aussi le système d'attribution des marchés.

---

894 *Ibid.*

895 GOUNOU SALIFOU (A.), *op., cit.* p.125.

Section 2 : L'aménagement insuffisant de la phase d'attribution des marchés publics

La phase d'attribution des marchés publics est l'une des phases les plus sensibles de la passation des marchés publics. Elle fait l'objet d'une attention particulière, aussi bien par le juge du contrat que par le décideur communautaire et les rédacteurs nationaux. La surveillance rigoureuse de cette étape se justifie par l'ampleur de contestations qu'elle suscite. Malgré cette ampleur, le droit de l'UEMOA semble être insuffisant dans l'encadrement de cette phase.

En effet, l'essentiel du contentieux relatif à la passation des marchés publics porte soit sur le refus d'une candidature, soit sur le rejet d'une offre, soit sur l'absence ou le déficit d'information à l'endroit des candidats malheureux [896]. A cet effet, le processus d'attribution des marchés publics nécessite l'intervention d'un certain nombre d'acteurs publics (paragraphe 1) afin de pouvoir sélectionner les soumissionnaires compétents pour la bonne exécution des marchés. Dans le cadre de ce processus, le nouvel ordre des marchés publics n'a pas tenu compte des clauses sociales, qui pourtant occupent de plus en plus une place majeure dans l'attribution des contrats de marchés publics (paragraphe 2).

Paragraphe 1 : L'organisation perfectible du cadre institutionnel et contractuel d'attribution des marchés

La modernisation des droits nationaux des marchés publics de l'UEMOA a permis d'établir un nouveau cadre de la phase d'attribution des marchés publics à travers la répartition des fonctions d'organisation de la procédure, de l'analyse des offres ainsi que de l'approbation des marchés. Le nouvel ordre communautaire des marchés publics a été l'occasion pour l'UEMOA de distinguer le rôle de chaque acteur dans le processus de conclusion des marchés publics (A), aussi de déterminer les conditions contractuelles des marchés (B).

---

896 ISSOUFOU (A.), *op., cit.* p.142.

A. Le système de séparation des compétences des organes chargés de la passation

L'idée de séparation des différentes fonctions dans la phase d'attribution permet de garantir le respect des principes fondamentaux qui entourent l'achat public. Quant à la décentralisation voulue par le droit communautaire, elle permet de responsabiliser l'administration acheteuse afin de garantir une procédure efficace d'acquisition des biens publics. En définitive, l'organisation du processus d'attribution des marchés publics est placée sous la responsabilité de l'acheteur public et des autorités d'approbation des marchés (1) accompagnés dans cette tâche par la Commission d'analyse des offres et la Cellule de passation (2).

1. Le rôle de l'autorité contractante et l'autorité d'approbation pendant la phase d'attribution des marchés publics

L'autorité contractante est *« le pivot de la procédure de passation des marchés publics »*[897]. Elle est le garant du bon déroulement de tout le processus d'attribution du marché. En effet, l'administration responsable du marché remplit une fonction générale de mise en œuvre des procédures et d'exécution des marchés publics[898].

Ce faisant, la réglementation malienne précise que les marchés sont préparés par les services de l'Etat, des collectivités et des établissements ayant compétence pour gérer les crédits sur lesquels la dépense est imputée. En ce qui concerne les services de l'Etat, sauf dans le cas de travaux ou de fournitures à caractère technique particulièrement marqué relevant exclusivement de la compétence des services techniques concernés, les services bénéficiaires préparent leurs marchés en liaison avec les Directions Administratives et Financières (DAF), les Directions des Finances et du Matériel (DFM) ou toute autre entité chargée des marchés publics[899]. L'autorité contractante peut mandater une personne responsable du marché chargée de mettre en œuvre les procédures de passation et d'exécution des

[897] LOUVARIS (A.), « Les organes et les procédures des contrats d'achat public », *Contrats et marchés publics,* 2005, n°5, p. 29.

[898] LAJOYE (C.), « Organes de l'achat public », *Contrats et Marchés publics,* fasc. 60-10, décembre 2007, p.4.

[899] Voir. article 12 du CMP du Mali.

marchés[900]. Elle engage l'administration acheteuse et les dépenses publiques. La personne responsable du marché peut se faire représenter dans l'exercice de ses fonctions, sauf pour le choix de l'attributaire et la signature du marché [901]. En ce sens, la personne responsable du marché peut s'adjoindre les services d'une entité chargée de la planification et de la préparation du dossier et de la procédure d'appel d'offres.

Au Mali, les personnes responsables des marchés sont désignées par décret pris par le Premier ministre[902]. Dans le droit burkinabé, ces personnes sont désignées directement par les autorités contractantes concernées[903].

En droit sénégalais, les personnes responsables des marchés sont désignées en fonction des catégories d'autorités contractantes. Pour les marchés de l'Etat et dans chaque département ministériel, c'est le ministre chargé du département concerné qui est responsable des marchés passés par les services centraux, des marchés passés dans la région de Dakar et des marchés des agences ou organismes non dotés de la personnalité morale relevant de son département. Pour les marchés de l'Etat passés dans les régions autres que la région de Dakar, c'est le Gouverneur de région qui est le responsable du marché. Pour les marchés des collectivités locales, ce sont les présidents de Conseil départemental et les Maires ou leurs représentants dûment habilités qui sont responsables respectivement des marchés à passer par les départements et les communes. Pour les marchés des établissements publics, agences et autres organismes ayant la personnalité morale, c'est l'organe exécutif qui est le responsable du marché. Pour les marchés des sociétés nationales et des sociétés anonymes à participation publique majoritaire, c'est le Directeur général qui est le responsable du marché, quel qu'en soit le montant[904].

En outre, la réglementation burkinabé précise qu'au sein d'une même autorité contractante, il ne peut y avoir plus d'une personne responsable des marchés[905]. En revanche, en droit sénégalais, il est permis à l'autorité contractante de désigner d'autres personnes responsables des marchés, en

[900] Sur ce point, le CMP malien ne précise pas qualité de mandataire. L'on peut dès lors considérer que ce dernier pourrait être à la fois une personne morale et une personne physique.

[901] Voir. article 11 du CMP du Mali ; Voir. aussi, l'article 9 du CMP du Burkina Faso.

[902] *Idem.*, article 11. al.3.

[903] Voir. article 10 du CMP du Burkina Faso.

[904] Voir. article 28 du code des marchés publics en vigueur.

[905] Voir. article 10 du CMP du Burkina Faso.

précisant les catégories et les montants des marchés pour lesquels celles-ci disposent de compétences[906].

Dans la pratique, la détermination de la personne responsable du marché permet d'identifier le signataire du marché. C'est elle qui est habilitée à signer le marché au nom de l'autorité contractante[907]. Elle peut se faire représenter dans l'exercice de ses fonctions sauf pour le choix de l'attributaire et la signature du marché[908]. La désignation expresse de la personne compétente pour signer le marché semble sous-entendre que le marché ne peut être signé par une autre personne. Ce principe signifie qu'une attribution d'un marché par la Commission d'analyse des offres ne suffit pas pour exécuter le marché. Il faut en conséquence la signature de la personne responsable du marché.

Par ailleurs, en droit ouest africain des marchés publics, il existe une originalité après la signature du contrat par le responsable du marché. Le contrat ne peut être exécuté qu'après son approbation par une autre structure c'est-à-dire l'autorité approbatrice. Les marchés signés sont soumis à l'approbation des autorités compétentes, en fonction de leurs montants. Ce mécanisme a pour *« but de contrôler les actes de certaines collectivités publiques dont les contrats conclus par ces dernières »*[909]. L'approbation achève la procédure de passation des marchés. Aucun contrôle *a priori* ne peut être effectué après l'approbation du marché[910]. Il s'agit d'une formalité administrative obligatoire matérialisée par la signature de l'autorité approbatrice qui a pour effet de valider le projet de contrat. C'est le droit communautaire qui impose ce mécanisme. L'article 16 de la directive n° 04/2005 prévoit que *« les marchés publics, selon la qualité de l'autorité contractante sont transmis à une autorité approbatrice, centrale ou déconcentrée, obligatoirement distincte de l'autorité signataire, et qui a pour fonction d'en assurer l'approbation, conformément aux dispositions de l'article 68 de la présente directive »*. Ces dispositions ont été transposées à la lettre par le code des marchés publics du Mali[911]. Le code ivoirien précise dans son article 18.1 que la signature et l'approbation des marchés publics ne peuvent jamais être exercées par une même autorité quelle que soit la personne

---

906 Voir. article 27 du décret de 2014, relatif aux marchés publics sénégalais, *op., cit.*

907 *Ibid.*

908 Voir. article 11 du code des marchés publics du Mali, *op., cit.*

909 BOURDON (P.), *Le contrat administratif illégal,* Dalloz Nouvelles bibliothèque des thèses, vol. 131, p. 163.

910 En ce sens, voir, article 85 du code des marchés publics du Sénégal, articles 127 et suivants du code des marchés du Burkina Faso, article 21 du CMP du Mali.

911 Voir. article 21 du décret de 2015, *op., cit.* Cet article reprend que les marchés publics sont transmis après leur conclusion à une autorité d'approbation, centrale ou déconcentrée, obligatoirement distincte de l'autorité signataire.

morale publique ou privée en cause. Il s'agit là d'un principe général du droit des marchés publics de l'UEMOA. Tout manquement à ce principe est sanctionné. C'est ce que relève un avis de l'autorité de régulation des marchés publics du Sénégal[912]. Il a rappelé que lorsque le contrat est soumis à l'approbation d'une autorité administrative autre que celle qui contracte. Il ne peut produire d'effet qu'après cette approbation. A titre d'illustration, l'approbation d'un marché par le directeur de l'établissement qui était l'autorité contractante alors que la compétence d'approbation revenait au ministre chargé des finances est déclarée nulle.

En revanche, l'approbation du marché ne pourra être refusée que par une décision motivée. Cette décision est susceptible de recours devant le Comité de règlement des différends. En droit burkinabè, le refus d'approbation du marché ne peut intervenir qu'en l'absence du document attestant de l'existence des crédits suffisants, de violation flagrante des règles, de non-respect du délai de validité des offres, de la disparition du besoin objet du marché[913]. Le code malien et le code ivoirien restent silencieux sur cette question. Quant au rédacteur sénégalais, il a prévu dans l'article 85 du code des marchés publics que le refus d'approuver un marché ne peut intervenir *« qu'en l'absence du document attestant de l'existence des crédits suffisants ».* Il s'agit en d'autres termes du contrôle financier.

Il est tout de même regrettable de constater que certaines dispositions nationales ne déterminent pas les motifs susceptibles de rejet d'approbation du marché, d'autres règles nationales opèrent une détermination insuffisante. A ce sujet, pour Issakha NDIAYE, *« les motifs de rejet doivent être étendus à la constatation par l'autorité d'approbation des violations aux règles garantissant la liberté d'accès ou la mise en concurrence lors de la passation du contrat »*[914].

En réalité, l'approbation des marchés par une autorité différente du signataire est un autre contrôle différent de tous les contrôles existants. L'on peut dès lors s'interroger sur l'utilité d'une telle mesure. La signature d'un marché public par l'autorité contractante n'est-elle pas suffisante pour son exécution ?

Certes, le fait de soumettre les marchés déjà signés par l'autorité contractante à l'approbation d'une autre autorité semble renforcer la régularité de la

---

912 ARMP, avis n°003/ARMP/CRD du 18 septembre 2008 du Comité de règlement des différends statuant en commission litiges sur la demande de régularisation du marché n°3072/HPD/MAT/CM du 17/12/2007, relatif à la réhabilitation et l'extension des services médicaux de l'hôpital principal de Dakar.

913 Voir. article 131 du code des marchés publics du Burkina Faso.

914 NDIAYE (I.), *Guide de la passation des marchés publics au Sénégal, op., cit.* p.144.

procédure de passation. Toutefois, ce mécanisme ne contribue pas vraiment à l'efficacité de la procédure de conclusion des marchés publics. Il s'agit tout simplement d'une lourdeur administrative qui n'a pas raison d'être. C'est un contrôle de plus, *a priori,* inefficace et bloquant.

A côté de l'autorité contractante, il existe une Commission d'analyse des offres et d'attribution provisoire des marchés ainsi qu'une Cellule de passation qui occupent une place importante pendant la phase d'attribution du contrat.

2. La place de la Commission d'analyse des offres et de la Cellule de passation des marchés

Au sein de chaque autorité contractante, sont mises en place une Commission des marchés chargée de l'ouverture des plis, de l'évaluation des offres et de l'attribution provisoire des marchés ainsi qu'une Cellule de passation des marchés chargée de veiller à la qualité des dossiers de passation des marchés ainsi qu'au bon fonctionnement de la Commission des marchés. Les Cellules de passation des marchés publics sont chargées d'assurer le contrôle des procédures de passation des marchés publics dont les montants n'ont pas atteint les seuils nationaux[915].

Quant à l'objectif recherché par la mise en place des Commissions d'appel d'offres, l'idée est de garantir la transparence et l'égalité entre les soumissionnaires. La Commission d'ouverture des plis et d'évaluation des offres est chargée de l'ouverture des offres et de la désignation du ou des attributaires provisoires. Cette Commission doit présenter toutes les garanties de professionnalisme et d'indépendance. Le droit communautaire laisse aux droits nationaux la composition et le fonctionnement de la Commission, dans le respect des principes fondamentaux regroupant le contrat des marchés publics[916]. A cet égard, au sein de chaque administration, est créée sous l'autorité de la personne responsable des marchés, une Commission d'analyse des offres et d'attribution provisoire des marchés.

Le formalisme qui entoure la composition et le fonctionnement des Commissions d'appel d'offres visent à assainir le travail des Commissions des marchés et à réduire à défaut de les éradiquer les faits de favoritisme ou autres

[915] Pour plus de détails sur les Cellules de passation, *Cf. supra,* p. 165 et s.
[916] Voir. article 13 de la directive 04/2005, *op., cit.*

pratiques qui nuisent à la concurrence[917]. C'est pourquoi le non-respect des dispositions du code des marchés publics entraîne la nullité de la procédure. C'est ce que relève la décision du CRD de l'ARMDS du Mali de 2015[918]. En l'espèce, dans cette décision, le CRD a considéré qu'il *« est resté constant au cours des débats que les membres des différentes commissions d'analyse et d'évaluation des offres n'ont pas été associés aux différentes étapes du jugement et de l'évaluation des offres des marchés en cause. Qu'il s'ensuit que les opérations menées au titre de ces étapes ne se sont donc pas déroulées conformément à la règlementation en vigueur »*.

Nonobstant, le dynamisme du nouveau droit des marchés publics sur l'organisation et le fonctionnement des Commissions d'ouverture et d'analyse des plis, ce champ d'application se reste perfectible.

Dans la pratique, face aux difficultés de ressources humaines efficaces des administrations africaines, la mise en place des Commissions d'appel d'offres telle que prévue par le droit supranational peut soulever de difficultés organisationnelles au sein de certaines administrations. Tel est le cas de l'affaire *ANER* au Sénégal[919]. En l'espèce, dans le cadre de la conclusion d'un marché public, *l'Agence Nationale pour les Energies Renouvelables (ANER*) avait envisagé de mettre en place une Commission des marchés et une Cellule de passation des marchés publics, en conformité avec les exigences du code. Toutefois, l'agence était nouvellement créée. Selon elle, il lui manquait de ressources humaines suffisantes pour lui permettre de se conformer aux dispositions du code des marchés publics, notamment en termes de suppléants des membres de la Commission des marchés. Le CRD a considéré que *« pour des raisons liées au démarrage de ses activités, l'Agence a mis en place, par note de service n° 001 du 05 juillet 2013, une Commission des marchés composée de titulaires, mais dépourvue de membres suppléants au motif qu'elle se trouve confrontée à des contraintes liées au manque de moyens humains ; que malgré l'absence de suppléants nommés, la Commission des marchés ainsi constituée permet à l'Agence de fonctionner normalement sauf en cas de défaut de quorum. Qu'à cet égard, le CRD décide, à titre exceptionnel, d'autoriser la composition de la Commission des marchés avec*

---

917 BLUNDO (G.), « Dessous-de-table : la corruption quotidienne dans la passation des marchés publics locaux au Sénégal », *Revue politique africaine*, 2001, p.79-97.

918 Décision n°15-041/ARMDS-CRD du 10 novembre 2015, le CRD statuant en commission litiges sur la dénonciation du 1er adjoint au maire de la commune rurale de SITAKILY contre certaines procédures de passations de marchés publics de ladite commune.

919 Décision n° 190/13/ARMP/CRD du 17juillet 2013 du Comite de règlement des différends statuant en commission litiges sur la demande d'autorisation de l'agence nationale pour les énergies renouvelables. Voir. aussi. Décision n° 025/18/ARMP/CRD/DEF du 28 février 2018 du CRD statuant en commission litiges sur la saisine du Fonds d'Entretien Routier Autonome (FERA).

uniquement des membres titulaires, pour permettre à cette structure, de conduire les procédures d'acquisition des travaux, biens et services pour la période restante de la gestion 2013 ».

Dans une autre affaire, une autorité contractante soutient qu'elle ne dispose pas d'effectif suffisant pour mettre en place une Commission d'appel d'offres conforme aux exigences du code. Le CRD a rappelé que l'esprit des règles relatives à la composition des Commissions des marchés des autorités contractantes vise à garantir les principes de libre concurrence, de transparence et d'égalité de traitement des candidats dans la passation des marchés publics. Puis, il a soutenu que la Commission des marchés du requérant, telle que constituée, ne laisse pas apparaître des risques pouvant peser sur l'intangibilité des principes fondamentaux des marchés publics, d'autant moins que cette constitution est limitée au temps nécessaire pour disposer de ressources humaines suffisantes et se conformer totalement à la réglementation. Pour conclure, selon le CRD le défaut d'autorisation de la Commission telle que constituée risque d'entraîner la paralysie de l'Agence et d'obvier les missions de service public qui lui sont confiées ; qu'il y a lieu *« d'autoriser temporairement la constitution de la commission des marchés de l'AEME, jusqu'au recrutement du personnel qui est en cours »*[920].

Ces dérogations accordées par l'organe de règlement des différends portent atteinte aux principes fondamentaux de la passation des marchés publics.

Ces exceptions peuvent être également un moyen pour certaines autorités contractantes de soulever des manquements aux règles d'organisation et de fonctionnement des Commissions d'ouverture et d'analyse des offres.

En outre, tout le travail de ces institutions est basé sur un certain nombre de critères contractuels consacrés dans la réglementation relative à l'achat public par mérite.

---

920 ARMP Sénégal, Décision n° 280/13/ARMP/CRD du 11 septembre 2013 du CRD statuant en commission litiges sur la saisine de l'agence pour l'économie et la maitrise de l'énergie (AEME).

B. La détermination hésitante des conditions contractuelles

Pour rappel, l'architecture antérieure du système de passation des marchés publics au sein de l'UEMOA présentait des faiblesses telles qu'il était nécessaire de la réformer, en vue notamment, d'accroître l'efficacité[921]. Désormais, l'attribution d'un marché public se fait sur la base d'une palette de critères, tels que les critères économiques, financiers et techniques qui doivent figurer dans le dossier d'appel d'offres (1), afin de déterminer l'offre conforme, évaluée la moins-disante, sauf le cas des marchés de prestations intellectuelles[922]. A cet effet, le dossier de consultation sert d'outil aux autorités contractantes afin d'établir ces critères. Le droit de l'UEMOA exige des autorités contractantes de privilégier les critères économiques et financiers dans le choix du cocontractant (2).

1. Les dispositions relatives au contenu du dossier d'appel d'offres

Le dossier d'appel à la concurrence, le dossier de consultation ou le dossier d'appel d'offres doit contenir l'ensemble des pièces et documents nécessaires à la consultation et à l'information des candidats selon la procédure choisie par l'autorité contractante. Il pourrait être défini comme l'élément normalement inscrit dans la publicité ou le règlement de la consultation permettant de départager ou d'arbitrer les offres déposées dans le cadre d'une procédure des marchés publics. En ce sens, l'article 61 de la directive n°04/2005 détermine une liste non exhaustive des critères pouvant être utilisés par les autorités contractantes. Selon Azdine AYAD, le droit communautaire a dès lors laissé aux autorités contractantes *« la possibilité de prendre en compte d'autres critères plus adaptés »*[923] à chaque marché public. En principe, le choix des critères est libre dans la limite des règles fondamentales de transparence, d'égalité de traitement et de liberté d'accès à la commande publique. C'est pourquoi ces critères doivent être annoncés dans leur intégralité dans le règlement de consultation. Une fois ces critères établis, ils ne peuvent être changés en cours de publicité sauf à en informer l'ensemble des soumissionnaires[924]. Tout manquement aux critères de sélection des candidatures et des éventuels minimaux de capacité est

---

921 Voir. considérant 3 de la décision de 2000, portant adoption du document de conception du projet de réforme des marchés publics dans l'UEMOA, *op., cit.*

922 Voir. article 61 de la directive 04/2005.

923 AYAD (A.), « Choisir les critères d'attribution des offres », *Revue actualités MONITEURJURIS, contrats publics*, n°173, février 2017, p. 42.

924 *Idem.*, p.43.

sanctionné[925]. C'est pour toutes ces raisons que l'élaboration des dossiers exige le respect d'un certain nombre de règles.

En premier lieu, il s'agit des pièces relatives aux conditions de l'appel à la concurrence, telles que les références à l'avis d'appel à la candidature dans le cas où une pré qualification des candidats est effectuée ou la lettre de consultation dans le cas d'appel d'offres restreint ainsi que le règlement de la procédure ou les instructions aux soumissionnaires, sauf si les informations figurant dans l'avis d'appel à la concurrence sont suffisantes eu égard au type d'appel d'offres et au marché concernés[926]. A ce stade, le dossier doit bien définir l'objet et le montant du marché ainsi que le mode de détermination de son prix dans les conditions fixées par le code[927].

En second lieu, le dossier de consultation doit contenir l'ensemble des pièces constitutives du marché, notamment l'acte de soumission, cahier des prescriptions spéciales, cahier des clauses administratives générales, cahier des clauses techniques générales et d'autres pièces requises en fonction de l'objet du marché.

En troisième lieu, le dossier d'appel d'offres doit contenir des informations communiquées par l'autorité contractante à titre indicatif en vue de faciliter aux entreprises l'établissement de leurs offres. En ce qui concerne les critères d'attribution, ces derniers doivent être justifiés par l'objet du marché. L'autorité contractante doit communiquer la pondération relative qu'il confère à chacun des critères qu'elle a choisi, ceci de manière précisément à garantir le respect de l'égalité de traitement et de la transparence.

Dans tous les cas, les critères établis par les autorités contractantes doivent être accessibles et compris par elles-mêmes afin de disposer de la possibilité de les analyser en conformité avec les règles de la passation des marchés publics. Aussi, chaque critère choisi doit obligatoirement avoir un lien avec l'objet du marché. Aucun critère en rapport avec l'objet du marché ne doit être oublié. Ce faisant, le principe de transparence en matière du processus de sélection des candidats implique que les critères d'attribution soient portés à la connaissance des soumissionnaires, mais qu'en plus, ils soient rédigés de manière claire pour permettre de les interpréter de la même manière[928] dans la mesure où les autorités contractantes sont elles-mêmes tenues d'en adopter

[925] Décision n°023/2019/ANRMP/CRS du 22 juillet 2019 sur le recours d'INTERCOR.
[926] Voir. article 3 du code des marchés publics du Mali.
[927] Décision n°2017-0699/ARCOP/ORD du 08 septembre 2017 sur recours de EZOF S.A.
[928] CJCE, 18 oct. 2001, *SIAC Construction*, aff. C-19/00, ECLI:EU:C:2001:553, pt.42.

« une interprétation identique tout au long de la procédure »[929]. Aucun critère ne doit favoriser certains opérateurs économiques par rapport aux autres. L'attribution des marchés doit tenir compte de la capacité des entreprises soumissionnaires à satisfaire les besoins de la collectivité publique[930].

A titre d'exemple, en matière d'acquisition de véhicules, dans un arrêt de 2014, le juge suprême malien a rappelé qu'une autorité contractante peut exiger une autorisation du fabricant dans la clause des Données Particulières de l'Appel d'Offres (DPAO). Il a considéré que ce critère *« a pour objectif de rassurer l'autorité contractante pour la fourniture dans les délais contractuels des véhicules fabriqués par le constructeur concerné, proposés dans l'offre du candidat »*[931].

En ce sens, à titre d'éclaircissement, la jurisprudence française admet par exemple qu'un acheteur public puisse établir un critère basé sur l'âge des véhicules dans le cadre d'un marché de transport scolaire par autocar. Toutefois, l'utilisation de ce critère doit se rapporter objectivement aux caractéristiques de confort, de sécurité et d'efficience que l'acheteur était en droit d'attendre des véhicules proposés[932].

Quant au CRD du Mali, il a pu rappeler qu'une autorité contractante ne peut écarter une offre qui est conforme à son dossier de consultation[933].

Par ailleurs, les nouvelles règles relatives à la conclusion des contrats des marchés publics exigent une méthodologie permettant aux autorités contractantes de prévoir des critères de rentabilité économique.

---

929 LLORENS (F.), « Principe de transparence et contrats publics », *op., cit.* p.7.

930 CJCE, 28 mars 1995, *Evans Médical LTD et Macfarlan Smith LTD*, aff. C-324/93, ECLI:EU:C:1995:84, pt. 51.

931 CS, sect. Adm. 25 juillet 2014, *CFAO Motors Mali,* n°183.

932 CE, 17 juillet 2013, *Département de la Guadeloupe*, req. N°366864.

933 ARMDS Mali, décision n°10-039/ARMDS-CRD du 22 novembre 2010, le CRD statuant en commission contentieuse sur le recours du groupement *SOCETEC - INGERCO* . Dans cette affaire, le CRD a considéré que *« les soumissionnaires ont été présélectionnés à partir de leurs capacités à réaliser les études concernées. Que l'offre du concurrent évincé a obtenu une note de 93,86 points sur 100 supérieure au minimum requis. Or, le dossier de consultation prévoyait que le seul motif de rejet de l'offre financière d'un soumissionnaire est l'offre financière anormalement basse définie comme 80% de la moyenne arithmétique des offres techniquement qualifiées ».* Le CRD a jugé que dans ces conditions, *« c'est à tort que l'offre du requérant a été écartée ».* V. aussi Décision n°2017-0831/ARCOP/ORD du 12 octobre 2017 sur recours de l'entreprise « NYI » multi-services.

2. Les critères économiques dans le choix de l'attributaire

Le droit communautaire impose la recherche d'une consommation publique basée sur les économies d'échelle et pour des achats publics de qualité. L'autorité contractante doit fonder son choix sur des critères spécifiques établis par le législateur communautaire, *« tels que les coûts d'utilisation, le prix, la rentabilité, la qualité, la valeur technique, le service après-vente et l'assistance technique, le délai d'exécution, le calendrier de paiement, sont objectifs, en rapport avec l'objet du marché, quantifiables et exprimés en termes monétaires »*[934].

En effet, le droit communautaire semble faire implicitement référence à l'offre économiquement la plus avantageuse. En conséquence de cette consécration implicite, seul l'article 58.6 du nouveau code des marchés publics en Côte d'Ivoire prévoit expressément que les offres définitives sont évaluées et comparées en vue de déterminer l'offre économiquement la plus avantageuse, en application des critères d'évaluation prévus.

Ce critère de l'offre économiquement la plus avantageuse permet aux autorités contractantes de se baser sur plusieurs critères variables suivant le marché tels que, le prix, le délai d'exécution, le coût d'utilisation, la rentabilité, la valeur technique… Il s'agit des critères objectifs applicables à toutes les offres liées à l'objet du marché. L'acheteur ne peut se baser sur le seul critère quantitatif du prix le plus proche de la moyenne des prix de l'ensemble des offres[935]. C'est donc l'offre économiquement la plus avantageuse qui sera sélectionnée en fonction de l'objectif du marché et s'inscrit dans une logique de performance et d'efficacité de la gestion publique.

Toutefois, le droit de l'UEMOA permet aux autorités contractantes de ne retenir qu'un seul critère en raison de l'objet du marché, celui-ci doit être le prix[936]. Il est tout de même regrettable que ni le droit de l'UEMOA ni les droits nationaux n'ont précisé ce mécanisme.

En principe, le choix du critère unique de sélection des offres qui est le prix ne peut être utilisé qu'à une seule condition. Il faut que ce prix soit le plus bas. Le respect du principe d'égalité est ici aisément assuré en raison de

---

934 Voir. article 61 de la directive 04/2005.

935 CJCE, 28 mars 1985, *aff.* C-274/83, ECLI: EU:C:1985:148, rec., p.1057.

936 Voir. article 61 de la Directive n°04/2005, *op., cit.*.

l'objectivité qui est permise par l'utilisation de ce critère uniquement chiffré. Ainsi, l'étude du droit français permet de mieux comprendre cette technique.

Le critère du prix le plus bas ne pose pas de problème d'interprétation car la meilleure note sera attribuée au candidat qui présente une offre avec le prix le plus bas[937]. Lorsque ce critère est utilisé, l'administration doit l'indiquer dans l'avis de publicité. La notation du prix doit, par principe, aboutir à ce que le prix *« le plus bas »* obtienne la meilleure note. Les questions de cohérence doivent être abordées au titre d'autres mécanismes de contrôle[938] (comme celui de l'offre anormalement basse par exemple)[939]. En ce sens, la Haute juridiction administrative française s'attache à contrôler l'ingénierie en matière de conception de formule de notation dont l'application est susceptible de heurter trop frontalement les principes fondamentaux de la commande publique[940]. Ce raisonnement a été repris dans un arrêt de la CAA de Nantes en 2013[941] .

Par ailleurs, l'application des conditions d'attribution précitées nécessite le respect d'une procédure de sélection qui peut légalement inclure des critères autres qu'économiques.

Paragraphe 2 : L'absence des clauses sociales et environnementales dans l'attribution des marchés publics

A l'origine, le droit communautaire ne s'intéressait pas aux considérations sociales et environnementales. Ces questions étaient *« considérées comme ne relevant pas du domaine économique »*[942]. La vision était purement économique. Il s'agissait tout simplement d'assurer la liberté du commerce

937 CE, 29 octobre 2013, *Val d'Oise Habitat*, req. n° 370789.

938 *Idem.*, cons.5.

939 Pour cette notion voir. Décision n°19-010-ARMDS-CRD du 02 mai 2019 sur le recours de l'entreprise émergence africa.

940 Voir. CE, 17 juillet 2013, *Département de la Guadeloupe*, req. n° 366864.

941 CAA Nantes, 19 septembre 2013, *Cne de Belleville-sur-Loire*, req. n° 12NT01553.

942 MBOYO BAKAMBO (P.), *Les clauses sociales dans les marchés publics »*, Les impliqués éditeurs, 2016, p. 27.

communautaire. L'utilisation du droit des marchés publics à des fins de développement durable[943] est le résultat d'une longue maturation[944].

Par ailleurs, le silence du nouvel ordre des marchés publics sur les aspects sociaux et environnementaux peut être interprété que pour le législateur de l'UEMOA, ces clauses sont qualifiées d'« *objectifs étrangers au marché»*[945]. Ce positionnement pourrait s'expliquer du fait qu'en principe le marché public a pour objectif de satisfaire les besoins personnels de l'administration et non d'être un instrument de sa politique sociale et environnementale.

Ainsi, la communauté de droit semble oublier la pertinence de ces clauses (A). Alors même qu'elles présentent d'énormes avantages pouvant contribuer à l'intégration juridique et économique ouest africaine (B).

A. L'absence des clauses sociales et environnementales dans l'attribution des marchés

La refonte des droits des marchés publics au sein de l'espace UEMOA n'a pas tenu compte des critères sociaux et environnementaux dans l'attribution des marchés publics. Or, l'un des principes du marché unique est d'établir une zone de libre concurrence entre les entreprises des différents Etats membres, de promouvoir la recherche et l'emploi, à l'exception de ceux de la fonction publique[946]. La directive sur la transparence indique que les Etats membres s'efforceront de donner à tous les candidats répondant aux critères de sélection la possibilité de concourir et d'encourager la participation des entrepreneurs, fabricants et consultants ressortissants de l'Union[947]. A travers ces dispositions, le droit communautaire des marchés publics ne consacre pas seulement l'interdiction de discriminations. Il semble aussi mettre l'accent sur la nécessité d'ouverture des marchés publics nationaux aux travailleurs communautaires. A ce sujet, selon Éric-Patrick KY *« cette terminologie visant à encourager la participation des entreprises ressortissantes doit s'entendre*

---

[943] Ce terme s'interprète au sens large comme visant trois piliers à concilier : *le développement écologiquement soutenable, l'efficacité économique et l'équité sociale*. Pour plus détails, voir. *Guides et Recommandations : commande publique et accès à l'emploi des personnes qui en sont éloignées*, DAJ, version 2015, p. 4.

[944] CANTILLON (G.), « Labels écologiques et sociaux : vers une utilisation facilitée par une extension du lien à l'objet du marché », *Revue contrats publics,* n°144, 2014, p. 28.

[945] Conclusions de KOKOTT Juliane, avocat général, sur CJCE, 10 mai 2012, *Commission c/ Pays-Bas*, aff. C-368/10, ECLI: EU:C:2012:284 .

[946] Voir. article 91.1 du Traité de Dakar, *op., cit.*

[947] Voir. article A-2-1-2.2 de la directive sur la transparence, *op., cit.*

dans un sens fonctionnel à la construction du marché intérieur de l'UEMOA donc suivant une optique large »[948]. Cet auteur précise que cette orientation peut comporter une obligation d'instrumentaliser les règles de sélection et d'attribution dans les marchés publics en vue de promouvoir la liberté de circulation des travailleurs et le droit d'établissement au sein de l'UEMOA. Toutefois, il est constant que le nouveau droit ouest africain des marchés publics, comme outils d'intégration sociale est loin d'être effectif dans la mesure où les critères sociaux dans l'attribution des marchés publics sont méconnus à la fois par le droit communautaire et par les droits nationaux.

Ce nouveau droit des marchés publics *« méconnait dans la totalité des cas la prise en compte directe de considérations liées à une dimension sociale de l'attribution des marchés publics »*[949]. Pourtant, certains critères sociaux peuvent contribuer à la lutte contre le chômage qui plane sur le territoire de l'UEMOA et de contribuer au développement durable.

A titre d'exemple, en droit européen, certes, l'utilisation des clauses environnementales et d'insertion professionnelle a été rejetée dans les débats de la politique de règlementation des marchés publics au tout début[950]. Mais, actuellement ces critères occupent une bonne place dans la passation des marchés publics. La prise en compte des clauses n'est pas sanctionnée. Il incombe aux pouvoirs adjudicateurs d'opérer une application égale de ces critères.

Ce faisant, en France, l'article L.2111-1 du code de la commande publique, transposant les directives européennes n°2014/24/UE et n°2014/25/UE, réaffirme la possibilité, pour les acheteurs publics, d'intégrer dans leurs marchés des objectifs de développement durable dans leurs dimensions économique, sociale et environnementale. En effet, la commande publique est de plus en plus dirigée vers des entreprises sociales et solidaires. L'objectif est *« de favoriser le développement de l'économie circulaire ou encore de définir une nouvelle politique fiscale en fonction des nouveaux enjeux économiques, énergétiques et environnementaux »*[951].

La jurisprudence *Beentjes* de la CJUE précise en outre les conditions d'utilisation de ces critères. Ils doivent être compatibles aux exigences communautaires d'achat public et ne pas avoir d'impact sur les entreprises

[948] KY (E P.), *op., cit.* p. 525.

[949] *Ibid.*

[950] Le Conseil d'Etat avait d'abord implicitement refusé d'en faire un critère d'attribution (CE, 10 mai 1996, *Fédération nationale des travaux publics)*.

[951] GIRAUD (T.), « Économie sociale et solidaire - Union européenne – L'ESS entre dans le débat européen », *JA,* 2019, n°599, p.10.

candidates. Dans une autre décision récente, le juge européen considère qu'il y a lieu d'admettre que les pouvoirs adjudicateurs sont également autorisés à choisir des critères d'attribution fondés sur des considérations d'ordre social, lesquelles peuvent concerner les utilisateurs ou les bénéficiaires des travaux, des fournitures ou des services faisant l'objet du marché, mais également d'autres personnes[952]. Ces critères doivent bien évidemment permettre d'évaluer le niveau de performance de chaque offre, de mesurer le rapport qualité/prix, être objectifs. L'acheteur public doit en assurer la transparence[953]. Le critère social peut désormais être utilisé dans le cadre d'un marché dont l'objet n'est pas uniquement social[954]. En revanche, la sélection des offres ne peut pas être effectuée au regard de la *« politique sociale de l'entreprise »*, notamment au regard de la formation des personnels et des exigences en matière de sécurité qui ne sont pas en rapport avec l'objet du marché[955].

Quant au Traité de Dakar, il consacre non seulement la liberté de circulation des travailleurs et le droit d'établissement, mais il ajoute que le développement des ressources humaines est érigé en politique sectorielle de l'UEMOA[956]. Cette politique concerne l'ensemble des secteurs du développement économique et social des Etats membres[957]. En effet, le droit originaire n'est pas indifférent à la prise en compte des orientations sociales ni à celle de l'amélioration de l'environnement[958]. Une telle considération pourrait contribuer à l'efficacité des règles des marchés publics.

De plus, la directive de 2008[959] consacre dans ses articles 7 et suivants les principes fondamentaux de la préservation communautaire de l'environnement ouest africain. Ce critère environnemental vise principalement les objectifs de développement durable en conciliant développement économique, protection et mise en valeur de l'environnement.

De ce fait, le libre emploi des clauses sociales et environnementales pourrait être déduit de ces dispositions du Traité de Dakar. Cela pourrait contribuer à favoriser le droit des marchés publics à travers la prise en compte de

---

952 CJCE, 10 mai 2012, *Commission c/ Pays-Bas,* aff. C-368/10, *préc.*

953 *Ibid.*

954 CE, 25 mars 2013, *Département de l'Isère*, n° 364950.

955 CE, 15 février 2013, *Société Dericheburgpolyurbaine*, n° 363921.

956 Voir. chap 1er, article. 1 à 4 du protocole additionnel n° II au Traité de Dakar, *op. cit.*

957 *Idem.,* voir. Préambule.

958 *Idem.,* article 9 et suivants.

959 Voir. directive 02/2008/CM/UEMOA, relative à la recherche et de sauvetage en mer et de protection de l'environnement marin.

performances sociales en matière d'emploi dans les offres des entreprises, par exemple, emploi local.

Le droit des marchés publics doit être adapté aux besoins des administrations modernes[960]. Cela suppose la prise en compte des objectifs d'acquisitions qualitatives et efficaces, non seulement à la satisfaction des besoins propres des collectivités publiques mais également à leur ajustement en fonction des préoccupations de développement social et environnemental[961]. Le nouveau droit des marchés publics devrait ne serait-ce qu'implicitement insérer les clauses sociales et environnementales dans l'attribution des marchés publics.

Il est regrettable de constater l'absence de ces clauses dans le système ouest africain des marchés publics. Or, leur intégration dans l'attribution des marchés publics au sein de la communauté de droit pourrait présenter et garantir d'énormes avantages au sein de l'ensemble de l'UEMOA.

B. La consécration nécessaire des clauses environnementales et sociales comme outils d'intégration

En l'état actuel de l'architecture de l'achat public de l'UEMOA, il est impérieux d'intégrer les clauses environnementales et sociales dans l'attribution des contrats des marchés publics. L'émergence de ces critères dans l'attribution des marchés publics peut contribuer à l'atteinte des objectifs recherchés par l'Union. La valeur financière que représente la sphère des marchés publics a progressivement intégré la volonté de s'en servir comme outils de politique économique et sociale.

A l'échelle communautaire, aucune règlementation nationale n'intègre de considérations environnementales et sociales dans la procédure de conclusion des marchés publics. Or, la consécration de ces clauses peut non seulement contribuer à la protection de l'environnement, mais aussi à la lutte contre le chômage et à favoriser l'insertion professionnelle au sein de l'espace UEMOA. Ce dernier critère est historiquement le plus ancien utilisé dans les droits étrangers.

960 WAINWRIGHT (R.), « Marchés publics : refonte des directives », *Revue du marché commun et de l'Union européenne,* n° 449, juin 2001, p. 394.

961 KY (E P.), *op., cit.* p.529.

1. la nécessité d'incorporation des critères environnementaux dans les marchés

Les marchés publics représentent un volume de produits et services non négligeable pour les mettre au service de la protection environnementale[962]. Les réglementations contemporaines intègrent de plus en plus des objectifs environnementaux[963], car le droit des marchés publics ne peut se détourner *a priori* de facteurs qui ne sont pas *« purement économique »*[964]. En d'autres termes, lors de la présentation des offres, l'administration peut prendre en compte un ou plusieurs critères environnementaux, alors même qu'il ne s'agit pas de critères purement économiques[965]. L'autorité contractante peut ainsi examiner les compétences des soumissionnaires en matière de protection de l'environnement, au travers des certificats de qualification à caractère environnemental ou de tout document équivalent que les candidats fournissent.

Les exigences environnementales peuvent s'exprimer dès la définition des spécifications techniques en exigeant un certain degré de performances environnementales ainsi que des prescriptions quant aux processus de production, soit qu'il choisisse de formuler des spécifications en termes de performances ou exigences fonctionnelles incluant des caractéristiques environnementales[966]. Ces critères doivent être appropriés à l'objet du marché. Cela implique que ces critères apportent en soi un avantage à l'autorité contractante[967]. Il existe donc une obligation de pertinence du critère environnemental à l'objet du marché, comme pour tout critère[968].

De plus, la possibilité de tenir compte de performances environnementales est prévue par le guide législatif de la Commission des Nations Unies pour le Droit Commercial International (CNUDCI) sur les projets d'infrastructure à financement privé. A ce sujet, il peut être indiqué, dans la mesure du possible, de s'assurer avant l'attribution définitive du marché que les conditions requises en matière d'impact environnemental du projet sont réunies par le

---

962 CANTILLON (G.) et RICHER (L.), *Achat public et économie des territoires*, Paris LGDJ, 2017, p.7.

963 TESSIER (A.), « La refonte des directives communautaires sur la coordination de la passation des marchés publics : étude des textes après leur première lecture par le parlement et le conseil européen », *BDJCP*, 27 mars 2003, p.96.

964 CJCE, 17 sept 2002, aff.C-513/99, *Concordia Bus Finland Oy Ab*, *op., cit.* p.55.

965 En matière d'utilisation des critères autres qu'économiques, il est admis qu'un critère dénué de caractère économique peut être de nature à déterminer la valeur de l'offre. Tel est le cas, par exemple, des contrats de mobiliers urbains, pour lesquels le juge a admis l'utilisation d'un critère esthétique, CE, 28 avril 2006, *Cne de Toulouse*, n° 280197.

966 TESSIER (A.), *op., cit.* p.95.

967 CJCE, 17 sept. 2002, aff. C-513/99, préc.

968 CJCE, 28 mars 1995, *Evans Medical Ltd*, aff. C-324/93, ECLI: EU:C:1995:84, pt. 44.

cocontractant[969]. Ce critère peut être pris en compte dans l'attribution d'un marché public à travers les clauses environnementales. Pourtant, le nouveau droit ouest africain fortement influencé par la loi-type de la CNUDCI, à la fois sur le fond et sur la forme ne leur réserve pas une place notable.

Au vu de cette reconnaissance expresse de la CNUDCI de l'aspect environnemental dans l'attribution des contrats de marchés publics, il aurait été préférable que le législateur de l'UEMOA prenne compte des avantages de l'insertion des clauses environnementales dans le processus de passation et d'exécution des marchés publics.

Il est indispensable de promouvoir l'insertion des clauses environnementales dans la conclusion des marchés publics comme outils de promotion des objectifs communautaires de protection de l'environnement et du développement durable. En revanche, ces aspects ne se limitent pas qu'aux seuls critères environnementaux.

2. la nécessité d'incorporation des clauses sociales d'insertion professionnelle

La directive n°04/2012 sur l'éthique et la déontologie dans les marchés publics exige le respect des prescriptions en matière sociale. Certes, l'article 40 de cette directive exige des opérateurs économiques le respect de l'ensemble des dispositions réglementaires en vigueur visant à l'amélioration des conditions de travail des travailleurs engagés dans le cadre de l'exécution de contrats publics. A cet égard, l'attributaire d'un marché est tenu de respecter *« l'interdiction du travail forcé, l'interdiction du recours à l'exploitation des enfants, la liberté syndicale et du droit de négociation collective, le principe de non-discrimination, une politique de rémunération au moins équivalente au salaire minimum vital ou au salaire minimum légal quand il est supérieur, les règles concernant la santé et la sécurité au travail, les règles fixant la durée maximale du travail et la rémunération des heures supplémentaires »*[970]. Il résulte

[969] Voir. Guide législatif de la CNUDCI sur les projets d'infrastructure à financement privé, p. 220. Dans le point 43, il noté qu'il *« est donc souhaitable d'inclure dans la législation des mesures qui rendent transparentes les obligations découlant des lois sur la protection de l'environnement (...) »*.

[970] Voir. article 40 de la directive 04/2012/CM/UEMOA, relative à l'éthique et la déontologie dans les marchés publics au sein de l'UEMOA.

simplement de ces dispositions, l'exigence de respecter le droit des travailleurs sans consacrer un critère social et d'emploi dans l'attribution du marché.

Certes, l'utilisation des clauses sociale n'est pas impérative dans la passation des marchés publics, néanmoins sa prise en compte, notamment l'insertion des chômeurs peut constituer un levier d'intégration sociale au sein de l'UEMOA. En ce sens, par exemple une autorité contractante malienne peut insérer les clauses d'insertion professionnelle dans sa procédure dès la phase de détermination des besoins afin d'exiger la main d'œuvre nationale et communautaire. Cette exigence pourrait être avantageuse pour les ressortissants communautaires.

Au vu du taux de chômage élevé dans la zone UEMOA, l'on peut considérer que la prise en compte de clauses d'exécution sociale d'insertion professionnelle doit être une obligation contractuelle. Ainsi, son application imposera aux entreprises soumissionnaires de s'engager à consacrer une part du marché à l'insertion professionnelle. A cet égard, l'autorité contractante indiquera dans son dossier d'appel à la concurrence la présence de clauses sociales. Elle doit également veiller à ce que tout opérateur économique souhaitant répondre au marché, quel que soit son statut juridique ou sa taille, soit à mesure de pouvoir remplir les exigences d'insertion des critères sociaux d'emploi dans son offre.

Dans cette perspective, les autorités contractantes pourront tenir compte du processus de production des biens, services et travaux qu'ils envisagent d'acquérir. A ce titre, elles pourront par exemple décider d'attribuer le marché à un opérateur qui aurait recours aux travailleurs communautaires pour assurer la production des produits ou services concernés. Elles pourront aussi tenir compte des conditions de travail spécifiques des employés concernés.

A titre d'exemple, il a été admis par le juge administratif français qu'un marché public peut être exécuté, au moins en partie, par des personnels engagés dans une démarche d'insertion. L'acheteur public peut légalement prévoir d'apprécier les offres au regard du critère d'insertion professionnelle des publics en difficulté dès lors que ce critère n'est pas discriminatoire et lui permet d'apprécier objectivement ces offres[971].

A cet égard, dans l'affaire *Beentjes*[972], la CJUE a précisé les conditions de recours à ces critères. Elle procède à un raisonnement à deux temps débouchant sur une admission du critère social dans les marchés publics.

[971] CE 25 mars 2013, *Département de l'Isère,* req. n° 364950.
[972] CJCE, 20 sept. 1988, *Beentjes,* préc.

D'une part, la Cour reconnait que l'exigence d'employer des chômeurs de longue durée pourrait enfreindre le principe de non-discrimination en raison de la nationalité, au cas où il s'avérerait qu'une telle condition ne pourra être remplie que par des soumissionnaires nationaux ou bien qu'elle sera plus difficilement satisfaite par des candidats provenant d'autres Etats membres [973]. D'autre part, la Cour en tire les conséquences selon lesquelles les conditions d'emploi de chômeurs de longue durée demeurent cependant compatibles avec le droit communautaire si elles n'ont pas d'incidences directes ou indirectes à l'égard des opérateurs économiques communautaires et si ces critères sont spécifiés dans le dossier d'appel d'offres[974]. Ainsi, la jurisprudence *Beentjes* admet l'application des clauses sociales dans l'attribution des marchés publics. Ces clauses doivent être mentionnées en amont dans l'avis de publicité et du cahier des charges[975]. En clair, le juge européen admet sans difficulté la prise en compte de la problématique du chômage et des chômeurs, mais non celle de chômeurs locaux.

Par ailleurs, la finalité de l'emploi étant pleinement transversale, le droit UEMOA des marchés publics ne doit pas rester en marge de la cohésion économique et sociale. Pour autant, le terrain juridique des clauses sociales s'est éclairci. Leur application ne peut pas vraiment constituer un obstacle. Il s'agit tout simplement d'une question de volonté des acteurs de la réglementation des marchés publics.

Seule la réglementation burkinabè semble prévoir une sorte de clause sociale. L'article 73.4 du CMP prévoit qu'une autorité contractante peut recourir à une procédure d'appel d'offres restreint *« pour l'acquisition de certains types de biens notamment, les biens de production locale ou artisanale ».* L'on peut dès lors considérer que cette exigence serait d'intérêt général de favoriser quelques peu la production locale et artisanale afin de protéger les petits producteurs locaux. Il s'agit d'une sorte de clause sociale favorisant l'économie locale.

Les critères sociaux doivent être au cœur de la politique de l'achat public par mérite parallèlement à la recherche d'une meilleure performance économique. Il s'agit en outre d'éléments qui peuvent donner du sens à l'unification des droits nationaux des marchés publics. En ce sens, les pouvoirs publics peuvent permettre aux autorités contractantes de s'appuyer sur les structures d'insertion sociale afin d'éviter de difficultés auxquelles ils peuvent être

---

[973] *Idem.*, p. 4659.
[974] *Idem.*, p. 4661 et p.4664.
[975] Voir. CJCE, 26 sept 2000, *Commission c/France,* aff. C-225/98, ECLI: EU:C:2000:494, pt. 52.

confrontés dans l'application de ces clauses. Dans cette optique, le législateur communautaire peut à son tour veiller à ce que ces clauses ne prévoient pas, au regard du droit communautaire, des éléments favorisant les nationaux d'un Etat membre et respectent l'égalité d'accès et de traitement de toutes les entreprises communautaires candidates.

Dans le contexte ouest africain des marchés publics, il aurait été souhaitable, compte tenu des réalités locales, notamment rurales, d'intégrer au moins un critère social valorisant l'insertion professionnelle des femmes ou la promotion de la scolarisation, notamment dans les milieux ruraux ou encore de créer une catégorie des « marchés publics réservés » aux opérateurs économiques employant des travailleurs handicapés ou défavorisés[976].

[976] Sur cette question, voir. IDOUX (P.), « Les considérations sociales et environnementales », *RFDA* 2016. 260.

Chapitre 2 : L'encadrement critiquable de la phase d'exécution des marchés publics

L'exécution de la relation contractuelle d'un marché public commence à partir de sa notification. Cette notification marque le début d'exécution des obligations[977]. A défaut, l'exécution du marché sera considérée comme réalisé en dehors de tout cadre contractuel régulier[978]. L'exécution du contrat est le résultat direct de la mise en œuvre des procédures de passation. Ainsi, la définition précise des règles d'exécution, des droits et des obligations de chaque partie au contrat permet de garantir la bonne exécution du marché. A cet égard, la directive n° 04/2005 détermine la phase d'exécution des marchés publics dans ses articles 79 et suivants.

Néanmoins, il résulte que le processus d'exécution des marchés reste imprécis et émiette. Ce constant pourrait remettre en cause l'efficacité recherchée par l'initiateur de la mutation des droits nationaux des marchés publics. A cet égard, certaines obligations contractuelles sont timidement précisées (section 1), quant au mécanisme financier de l'exécution du marché, il reste également perfectible (section 2).

---

[977] Voir. article 75 du décret n°08-485, portant procédures de passation, d'exécution et de règlement des marchés publics du Mali, *op., cit.*

[978] ALLAIRE (F.), *L'essentiel du droit des marchés publics,* Gualino 7ème édition 2014-2015, p.122 ; MICHON (J.), *Les marchés publics en 100 questions*, LEMONITEUR, 4e éd. 2009, p.305.

Section 1 : Les obligations contractuelles insuffisamment définies

Dans la réalisation de tout marché, les cocontractants disposent d'un ensemble de droits, mais sont aussi soumis à un certain nombre de devoirs, d'obligations dont le non-respect est sanctionné par les autorités compétentes.

En matière d'obligations contractuelles, le droit communautaire exige un document unique comportant les pièces constitutives et les mentions obligatoires[979]. Ce système de regroupement des obligations et conditions d'exécution du marché dans un document unique, rappelle sans aucun doute au respect des principes fondamentaux de la technique d'achat public, notamment la transparence tout au long du processus.

Toutefois, la lecture des différentes dispositions en la matière démontre non seulement l'imprécision de la notion d'exécution personnelle du marché (paragraphe 1), mais aussi l'absence de clarté des pouvoirs importants de l'autorité contractante (paragraphe 2).

Paragraphe 1 : L'imprécision du principe d'exécution personnelle du marché

La toute première condition de l'exécution de la relation contractuelle d'un marché public vise le titulaire. En principe, il appartient à ce dernier d'exécuter de ses propres mains les missions qui lui ont été confiées par le contrat. Il est impératif de considérer que la mise en concurrence dont l'issue a permis le choix de l'attributaire du marché et donc comme seule apte à répondre aux besoins de l'autorité contractante, engage formellement le titulaire dans le bon accomplissement de l'exécution du marché[980].

En effet, la signature du marché engage la responsabilité du titulaire qui est tenu sans aucune réserve, d'exécuter le contrat conformément aux modalités de délais ou de prix définis (A). Néanmoins, il existe un principe dérogatoire qui permet au titulaire de sous-traiter sous certaines conditions (B).

---

979 Voir. article 79 de la directive 04/2005, *op., cit.*
980 LORIOU (M.), « Exécution du marché public », Dalloz, folio n° 3032, mars 2017, p.1.

A. La difficile appréciation des exigences d'exécution personnelle

La notion d'exécution personnelle n'est pas mentionnée par les dispositifs communautaires sur les marchés publics. Cet oubli négatif du législateur communautaire a eu de répercussions dans les droits nationaux. Aucun code national relatif aux marchés publics ne fait mention expresse à ce principe. En revanche, en droit sénégalais, l'article 64 du code des obligations de l'administration (COA) dispose de façon générale que *« le cocontractant est tenu d'exécuter personnellement le contrat »*. L'article 65 du même texte ajoute que *« sauf autorisation préalable de l'administration contractante, les cessions et sous-traités sont prohibés »*.

Il en ressort néanmoins que les droits nationaux semblent s'intéresser timidement à ce principe dans les cahiers des charges selon chaque marché. Les cahiers des charges déterminent les conditions dans lesquelles les marchés sont exécutés[981]. Ces cahiers fixent les dispositions administratives applicables à tous les marchés portant sur une même nature : fournitures, travaux ou services.

Les cahiers des charges comprennent des documents généraux et des documents particuliers. Les documents généraux sont d'une part, les cahiers des clauses administratives générales et d'autre part, les cahiers des clauses techniques générales. Ces documents sont des actes *« faisant grief et susceptibles de recours contentieux au travers du texte les approuvant »*[982]. En ce qui concerne les documents particuliers, ils doivent contenir *« la définition précise de l'objet du marché et le mode de passation et comportent obligatoirement l'indication des articles des cahiers des clauses administratives générales et des cahiers des clauses techniques générales auxquels ils dérogent éventuellement. Ils renvoient si nécessaire aux termes du commerce international en vigueur, précisent les obligations de l'autorité contractante et du titulaire du marché »*[983].

En droit interne, les cahiers des charges ont tenté de définir le principe d'exécution du marché par son titulaire. Cette logique est fondée sur la procédure même de la conclusion du marché qui est issue d'une longue procédure de mise en concurrence et de publicité. Dans ces conditions, la meilleure offre sélectionnée par l'autorité contractante. Le titulaire est choisi

---

981 Voir. article 81 du CMP du Burkina Faso ; article 25 du CMP de la Côte d'ivoire ; article 44.1 du CMP du Mali ; article 12 du CMP du Sénégal.

982 CE, 2 Juillet 1982, *Conseil national de l'Ordre des architectes*, req n° 16692. .

983 Voir. article 81 du CMP du Burkina Faso ; article 25 du CMP de la Côte d'Ivoire ; article 44.1 du CMP du Mali ; article 12 du CMP du Sénégal.

personnellement en fonction de ses caractéristiques et qualités personnelles contenues dans son offre. De ce fait, il en découle une obligation d'exécution personnelle du marché par son titulaire. A ce stade, aucun changement de titulaire ne peut être opéré. Selon Mathieu LORIOU, *« la signature du marché engage littéralement son auteur qui doit sans réserve exécuter le contrat selon les modalités, les délais ou le prix définis »*[984]. C'est pour ces raisons que *« le titulaire du marché doit exécuter personnellement, c'est-à-dire, avec ses propres moyens notamment en machines, biens de production, engins, savoir-faire, personnel, la prestation prévue au contrat »*[985].

A cet égard, en droit sénégalais, le code des obligations de l'administration (COA) indique que l'exécution « *doit être conforme aux modalités prévues par le cahier des charges, correcte de bonne foi, personnelle et intervenir dans les délais prévus »*[986]. En ce sens, Adamou ISSOUFOU considère que le principe d'exécution personnelle est *« la traduction la plus immédiate et la plus perceptible du principe qui renvoie à l'idée que l'attributaire doit l'exécuter lui-même sinon cela revient à fausser, rétroactivement, la mise en concurrence, car le choix s'est porté sur une équipe avec des compétences précisées dans le mémoire technique »*[987]. En définitive, l'esprit de l'obligation d'exécution personnelle vise à limiter des entraves dans la réalisation du marché afin que le marché puisse être exécuté en bonne et due forme. Cette idée de contraindre le titulaire du marché à l'exécuter personnellement *« vise à écarter les intermédiaires, c'est-à-dire ceux qui nantis d'un marché le repassent avec bénéfice à un autre qui l'exécutera* » [988].

En revanche, il existe des exceptions légalement reconnues par les règlementations au principe d'exécution personnelle du marché.

---

984 LORIOU (M.), *Exécution du marché public, op., cit.* p. 2.

985 LAJOYE (C.), *Droit des marchés publics, op., cit.* p. 352.

986 Voir. article 62 de la loi n° 65-51 du 19 juillet 1965, portant Code des Obligations de l'Administration (COA).

987 ISSOUFOU (A.), *op., cit.* p. 187.

988 JEZE (G.), « Théorie générale des contrats de l'administration », *RDP* 1930, p. 694.

B. Le régime dérogatoire d'exécution personnelle perfectible

La principale exception à l'obligation d'exécution personnelle des marchés publics est la notion de sous-traitance qui s'applique généralement dans les marchés publics de travaux, mais aussi dans les marchés de services[989] (1). La catégorie subsidiaire de dérogation au principe d'exécuter personnellement le marché concerne aussi l'hypothèse de groupement d'opérateurs économiques et le cas de cession des marchés (2).

1. La clarification limitée du principe de sous-traitance

Le principe de sous-traitance permet à un titulaire d'un marché de confier une partie de ses tâches à une autre entreprise. Il permet au titulaire du marché de confier à un tiers et sous certaines conditions, l'exécution d'une partie de ce marché. Il se présente comme *« l'acte juridique par lequel, le cocontractant ayant assumé l'obligation d'exécuter l'objet du marché, se fait aider par un autre. En d'autres termes, c'est une partie de la prestation, objet du marché qui est confiée, par contrat par l'entreprise titulaire, à une autre entreprise qui n'est pas liée contractuellement avec l'AC »*[990]. La sous-traitance est un droit pour le titulaire du marché. Dans cette relation, *« l'entreprise titulaire du marché est qualifiée d'entreprise principale. Le contrat liant l'entreprise principale et le sous-traitant est appelé le sous-traité »*[991]. Cette notion est considérée comme corollaire de la liberté contractuelle. La sous-traitance à laquelle peut donc librement recourir le titulaire d'un contrat *« apparaît comme une modalité d'exécution ordinaire d'un marché public justifiant ainsi d'un enracinement aussi fort que profond dans les marchés publics »*[992].

Toute sous-traitance doit être acceptée et agréée par l'autorité contractante. Le professeur Pierre BOURDON fait l'écho que *« cette acceptation porte sur l'identité du sous-traitant »*[993]. Le nouvel ordre communautaire ouest africain des marchés publics a pris en outre des mesures visant à limiter les manquements à la notion de sous-traitance. Les titulaires des marchés publics

[989] CE 3 nov.1989, *SA Jean Michel,* Lebon T. 782.

[990] ISSOUFOU (A.), *op., cit.* p. 204.

[991] MARTINEZ (B.) et SERR (F.), *Exécution des marchés publics,* Le Moniteur, 2013, p.37.

[992] CRESSIN (V.), « La sous-traitance dans la réforme des marchés publics : entre flux et reflux », *Contrats publics,* n°166, juin 2016, p ; 60-61.

[993] BOURDON (P.), « Les relations para-contractuelles du maître d'ouvrage et du sous-traitant dans les marchés de travaux », *AJDA* 2017, p. 1500.

sont tenus de les respecter dans l'exécution du marché. Certaines exigences doivent être respectées pour pouvoir accéder au régime de la sous-traitance.

En premier lieu, il a été rappelé par l'article 26 de la directive n° 04/2005 que la sous-traitance n'est possible qu'en matière des travaux et services. Elle ne peut pas porter sur la totalité du marché. Ces exigences ont été transcrites en droit interne[994]. Le droit communautaire et les droits nationaux précisent explicitement que le marché sous-traité ne peut dépasser le plafond de 40%. De ce fait, le titulaire du marché exécutera au moins 60% du montant du marché. C'est en cela que *« la sous-traitance s'analyse comme une simple collaboration entre le titulaire du marché et le sous-traitant »*[995]. La sous-traitance des tâches essentielles du marché est prohibée [996]. L'étendue que recouvre la notion de tâches essentielles revêt une *« portée décisive qu'il importe de serrer au plus près. Une telle faculté ne semble tout d'abord nullement réservée à des natures particulières de marchés »*[997].

En second lieu, le nouveau droit des marchés publics a tenté d'encadrer le principe de sous-traitance. Ce procédé n'est pas envisageable sans l'accord de l'autorité contractante. L'esprit de ce principe *« est étroitement lié au souci constant des pouvoirs publics de favoriser l'accès des petites et moyennes entreprises à l'achat public »*[998]. Le droit sénégalais semble être très favorable à cette hypothèse. En ce sens, l'article 48 du code des marchés publics indique qu'en matière de sous-traitance, l'autorité contractante doit recourir *« en priorité à des petites et moyennes entreprises de droit sénégalais ou à des petites et moyennes entreprises communautaires (...) »*. Ce faisant, il est logique que les règlementations sur les marchés publics établissent un certain nombre de principes afin d'éviter les manquements aux règles fondamentales de la technique d'achat public. C'est à ce titre que l'article 47 du code des marchés publics du Burkina Faso exige des sous-traitants d'avoir des qualifications techniques nécessaires. Ils ne doivent pas figurer sur la liste des entreprises défaillantes. En droit ivoirien, l'article 43 du CMP en vigueur exige la vérification des capacités, aptitudes et la situation juridique des candidats. En effet, après vérification des justifications fournies par le titulaire du marché, l'autorité contractante peut tout de même rejeter la proposition du titulaire du marché.

---

[994] Voir. article 48 du code des marchés publics du Sénégal ; article 42 et suivants de la nouvelle règlementation burkinabè sur les marchés publics ; article 32 et suivants du des marchés publics du Mali.

[995] ISSOUFOU (A.), *op., cit.* p.207.

[996] CJCE, 18 mars 2004, *Siemens Ag Osterreich,* aff. C-314/01, ECLI:EU:C:2004:159.

[997] CRESSIN (V.), *op., cit.* p.61.

[998] MARTINEZ (B.) et SERR (F.), *Exécution des marchés publics,* Le Moniteur, 2013, p.53.

Par ailleurs, dans la pratique le régime de la sous-traitance se présente sous deux formes (la sous-traitance de spécialité et la sous-traitance de capacité). Pour Jérôme MICHON, la sous-traitance de spécialité ou d'ordre technique a pour *« origine une compétence dont le sous-traitant dispose. Elle permet de confier à une entreprise une partie des prestations du marché pour lesquelles le titulaire n'a pas le savoir-faire suffisant ».* En ce qui concerne, la sous-traitance de capacité, *« elle porte sur une partie de la prestation globale et aurait pour origine, l'impossibilité matérielle pour le titulaire de réaliser une part de son marché, non pas pour des raisons de compétence, mais pour des motifs de surcharge de travail ou de manque de personnel »*[999].

En effet, c'est le maintien du principe de responsabilité du titulaire du marché vis-à-vis de l'autorité contractante qui justifie la distinction entre la sous-traitance et la notion de cotraitance et de la cession.

2. La clarification limitée de la cotraitance et de la cession

Le régime dérogatoire à l'obligation d'exécution personnelle du marché par son titulaire vise également l'hypothèse du groupement et de la cession.

a. l'ouverture de la faculté de groupement aux cocontractants

La cotraitance ou le groupement d'opérateurs économiques est un mécanisme dérogatoire à l'obligation personnelle et individuelle d'exécution du marché, puisque cette exécution personnelle devient plurielle. En la matière, l'autorité contractante conclut le marché avec un groupe de candidats et non un seul candidat. La cotraitance *« est la situation dans laquelle plusieurs opérateurs, qui ont décidé de s'associer sont en charge de l'exécution d'un même marché. Ils en sont tous les titulaires, signataires du contrat et sont donc tous les cocontractants à part entière du pouvoir adjudicateur »*[1000].

Dans les droits nationaux, il est mentionné que les candidats aux marchés publics peuvent se grouper pour concourir à l'obtention des marchés publics sous forme de groupements d'entreprises solidaires ou de groupements d'entreprises

---

999 MICHON (J.), *La nouvelle réglementation des marchés publics,* Paris, Le Moniteur, 2e édition 2002, p.373.

1000 MARTINEZ (B.) et SERR (F.), *op., cit.* p.53.

conjointes, sous réserve de respecter les dispositions de l'article 88 du Traité de Dakar qui interdisent les entraves à la concurrence[1001].

Ce principe a été tiré de l'article 25 de la directive n°04/2005. L'autorité contractante ne peut interdire le groupement mais elle peut en imposer la forme au moment de la procédure d'attribution du marché. Les entreprises ne sont pas libres de choisir la forme qui leur convient[1002]. Le groupement ne peut être permanent et ne peut être doté de la personnalité morale. Il existe deux types de groupement possibles.

En premier lieu, la nouvelle réglementation des marchés publics de la zone occidentale africaine précise que les membres du groupement sont conjoints lorsque chacun de ses membres s'engage à exécuter une ou plusieurs parties identifiées du marché quant à leur nature et à leur prix sans encourir de responsabilité quant à l'exécution des autres parties du marché. En cas de groupement conjoint, l'article 25 de la directive n°04/2005 prévoit que l'acte d'engagement est un document unique. Cet acte doit indiquer le montant et la répartition détaillée des prestations que chacun des membres du groupement s'engage à exécuter. Il faut obligatoirement un mandataire qui doit représenter le groupement. Il est responsable vis-à-vis de l'autorité contractante des prestations de chacun des membres du groupement.

En second lieu, les membres du groupement sont solidaires lorsque chacun de ses membres est engagé pour la totalité du marché. Il s'agit d'un groupement dans lequel chaque membre est engagé jusqu'à l'exécution complète du marché. Les dispositions communautaires indiquent qu'en cas de groupement solidaire, l'acte d'engagement est un document unique qui doit mentionner le montant total du marché et l'ensemble des prestations que les membres du groupement s'engagent solidairement à réaliser. Ainsi, les responsabilités contractuelles sont précisément définies et l'autorité contractante saura facilement connaître à qui se retourner en cas de faute d'exécution.

Ce faisant, peu importe la nature du groupement, il faut obligatoirement un mandataire pour représenter l'ensemble du groupe. Cette exigence n'a pas fait l'objet de précision claire par le nouvel ordre communautaire ouest africain des marchés publics. Or, le mandataire occupe une place incontournable.

1001 En ce sens, voir. article 31 du CMP du Mali, article 40 du nouveau code des marchés publics du Burkina Faso, article 42 du CMP de la Côte d'Ivoire et l'article 47 du code sénégalais des marchés publics.

1002 MARTINEZ (B.) et SERR (F.), *op., cit.* p.54.

Le mandataire coordonne les actions du groupement. Il est le seul interlocuteur de l'autorité contractante. Dans cette logique, les autres membres du groupement ne peuvent s'adresser directement à l'administration. De même, l'administration contractante ne peut directement s'adresser à l'un des membres du groupement en dehors du mandataire. Le mandataire peut préparer les demandes de paiement et de la signature du décompte général qui engage le groupement. Il peut signer un protocole d'accord à la répartition des pénalités contractuelles de retards entre les différents membres du groupement[1003].

Cependant, le traitement du droit ouest africain des marchés publics sur la notion de groupement semble être plus important que celui apporter à la notion de cession dans les marchés publics.

b. l'indétermination du régime exceptionnel de cession du marché

La cession est considérée comme un transfert des obligations financières du titulaire initial du marché à un tiers. Il s'agit d'un acte par lequel *« le titulaire ou le sous-traitant (le cédant) cède à un établissement de crédit (le cessionnaire) la créance qu'il détient à l'encontre d'un débiteur (le pouvoir adjudicateur, le cédé). L'établissement de crédit cessionnaire, qui va apporter un soutien financier au titulaire en échange de cette cession, se remboursera sur les sommes payées en application du marché. Ces sommes lui seront versées directement, sans passer par le titulaire »*[1004]. Cette notion n'est pas prévue par les règles communautaires sur les marchés publics. En la matière, les droits nationaux semblent être divisés. Seules les réglementations ivoiriennes et sénégalaises ont proclamé la théorie de la cession dans l'exécution du marché.

Dans le droit sénégalais, l'article 111 du code des marchés publics dispose que le sous-traitant qui a été accepté et dont les conditions de paiement ont été agréées peut céder à concurrence du montant des prestations qui doivent lui être réglées directement, tout ou partie de sa créance.

S'agissant du rédacteur ivoirien, il a soumis le régime de la cession au régime de nantissement. L'article 112 du CMP indique que *« la cession par un bénéficiaire d'un nantissement de tout ou partie de sa créance sur le titulaire*

1003 CE, 21 janvier 1994, *Société STEFAL*, req. n° 64167.
1004 MARTINEZ (B.) et SERR (F.), *op., cit.* p.137.

ne prive pas le cédant des droits résultant du nantissement. Le bénéficiaire d'un nantissement peut, par une convention distincte, subroger le cessionnaire de sa créance dans l'effet de ce nantissement à concurrence, soit de la totalité, soit d'une partie de la créance affectée au nantissement ». Le cessionnaire doit être une personne physique ou morale juridiquement distincte du cédant. Le rôle accessoire ou essentiel de tiers dans l'exécution du marché doit être précisé. Il y aurait cession dès lors que les droits et obligations transférées conduisent le titulaire à perdre la direction générale et la responsabilité de l'entreprise[1005].

En principe, pour mettre en œuvre une cession, le cocontractant doit d'abord demander à l'administration le certificat de cessibilité concernant les créances. L'entreprise doit ensuite remettre ce certificat ainsi qu'un bordereau de cession à l'organisme de crédit cessionnaire. Puis cet organisme communique au comptable assignataire désigné dans le marché. Ce dernier procède au paiement du cessionnaire.

Ci-dessous un tableau explicatif de la procédure de cession[1006] :

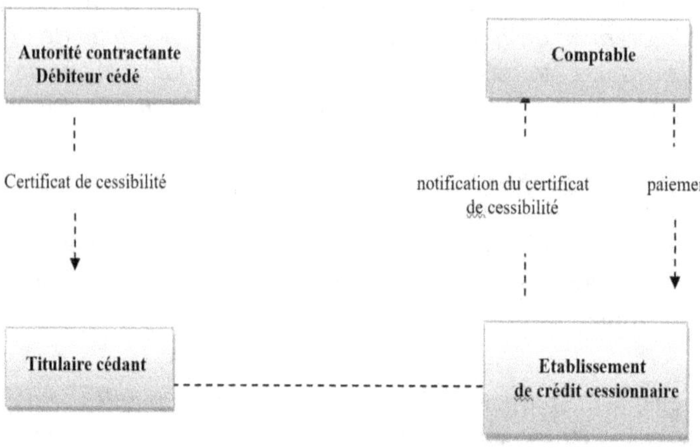

1005 CE, 11 juill. 1941, *Hôpital de Cheuny*.

1006 Schéma DAJ, 18 octobre 2012, sur le traitement de la cession ou du nantissement de créance « loi Dailly ».

De même, la construction du droit commun des marchés publics semble être imprécise sur certains pouvoirs incontournables de la personne publique contractante.

Paragraphe 2 : L'imprécision des pouvoirs exorbitants de l'autorité contractante

Pour la bonne exécution des marchés publics, il existe des prérogatives exorbitantes de droit commun qui permettent à l'autorité contractante d'imposer unilatéralement sa volonté e[1007]. Il s'agit des *« prérogatives qui traversent tout le régime des contrats administratifs et sont plus perceptibles dans le cadre de leur exécution »*[1008]. Toutefois, l'usage de ces prérogatives est encadré. Il ne peut être porté atteinte aux intérêts du titulaire du marché.

Il apparaît tout de même que la transformation de la sphère de l'achat public par mérite n'a pas établi un cadre rigoureux de l'application des pouvoirs de modification du contrat par l'autorité contractante (A). Le pouvoir de résiliation et le pouvoir de sanction de l'administration demeurent également perfectibles (B).

A. L'encadrement contestable des pouvoirs modificatifs des clauses contractuelles

Au cours de l'exécution des marchés publics quelques modifications sont envisageables malgré la définition précise des besoins. Toutefois, l'autorité contractante ne peut porter atteinte aux règles de transparence. A ce stade, il s'agit d'éviter *« un contournement des règles de la passation en modifiant de manière substantielle le contenu de la prestation tant à l'augmentation qu'à la baisse »*[1009]. Ce pouvoir de modification *« s'exerce au nom des nécessités*

1007 MONSEMBERNARD (M.) et PRATS-DENOIX (M.), « L'exécution des marchés publics de travaux: pouvoirs et responsabilités de la collectivité, donneur d'ordre », *AJCT* 2013, p.173.

1008 BOCKEL (A.), *« Les contrats administratifs »*, Encyclopédie juridique de l'Afrique, Tome IX, p.213.

1009 BOUHIER (V.), « Le pouvoir de modification des contrats administratifs : une architecture nouvelle contrastée », *op., cit.* p.85. Voir. aussi CAILLE (P.) et LATINA (M.), « Force obligatoire, pouvoirs de direction et de contrôle et bonne foi contractuelle », *in* actes de colloque, *Contrats de droit privé et contrats de droit administratif*, BOUHIER (V.) et HOUTCHIEFF (D.), (dir.), LGDJ, 2019, p. 127.

du service public »[1010]. Il s'agit d'une mesure d'ordre public supérieure aux stipulations contractuelles. De ce fait, il faut donc distinguer la modification unilatérale et la modification conventionnelle du contrat. Le premier cas, ne laisse pas le choix au titulaire de l'exécution des nouvelles mesures prises par l'autorité contractante. Tandis que, le second cas vise le régime des avenants.

A ce titre, le régime des avenants est consacré par les textes avec quelques insuffisances (2). En outre, le nouveau champ des marchés publics de l'UEMOA est resté silencieux sur l'hypothèse du pouvoir de modification unilatérale du contrat par l'autorité contractante (1).

1. L'absence de précision des pouvoirs de direction de l'autorité contractante

En principe, le pouvoir de direction du contrat renvoie au pouvoir de modification unilatérale du contrat par l'autorité contractante. Ce pouvoir fait partie des règles générales applicables aux contrats administratifs[1011]. Il permet à l'administration de modifier unilatéralement les conditions d'exécution de ses contrats en vertu des règles générales applicables aux contrats administratifs[1012]. Le consentement du titulaire du marché n'est pas nécessaire. Ce dernier est tenu à l'exécution des nouvelles mesures. Ce pouvoir *« permet de remédier à des irrégularités du consentement »*[1013].

En revanche, la mise en œuvre de ce pouvoir n'est pas sans contrainte. L'autorité contractante *« doit maintenir l'équilibre du contrat avec le respect des règles de concurrence. Ces dernières règles jouent un rôle de garde-fou central. Elles ne sont toutefois pas les seules, puisque d'autres exigences ont été introduites dont celle relative à l'obligation de publicité dans certaines hypothèses »*[1014]. Selon la professeure Hélène HOEPFFNER *« la modification n'est pas le signe d'une maladie du contrat. Au contraire, elle est un élément de sa vie, voire de sa survie »*[1015]. On peut considérer que cette modification est

---

1010 MESCHERIAKOFF (A. S.), *Droit des services publics,* Paris, PUF 1991, p.171.

1011 CE 2 février 1983, *Union des transports publics urbains et régionaux,* req. n° 34027, *RDP* 1984, p. 212.

1012 CE, 2 févr. 1983, *Union des transports publics urbains et régionaux, préc* ; CE, 21 mars 1910, *Cie générale des tramways,* req. n° 16178.

1013 BOURDON (P), *Le contrat administratif illégal, op., cit.* p. 554.

1014 BOUHIER (V.), « Le pouvoir de modification des contrats administratifs : une architecture nouvelle contrastée », *op., cit.* p. 90.

1015 HOEPFFNER (H.), « La modification des contrats de la commande publique à l'épreuve du droit communautaire », *RFDA,* 2011. p.98.

indispensable dans certains contrats. Il est l'essence même du contrat d'admettre certaines modifications aux conditions fixées initialement[1016].

Il faut tout de même rappeler que le pouvoir de modification unilatérale n'est pas très accepté des entreprises, banques, assurances et des institutions internationales... Ce pouvoir constitue une modification au contrat créant parfois une insécurité du contrat par une ingérence unilatérale de la puissance publique dans un contrat.

En droit UEMOA, ni les directives communautaires, ni les textes nationaux ne font référence à cette notion. Les codes nationaux des marchés semblent tout simplement exclure l'hypothèse de modification unilatérale dans les marchés publics. Cet état de fait pourrait être justifié du fait de l'absence dans les directives de l'UEMOA sur les marchés publics, la mention de pouvoir modificatif du contrat.

En réalité, il est très possible, voire probable que le pouvoir de modification unilatérale a été délibérément écarté du droit ouest africain des marchés publics car il est souvent perturbateur du contrat. Il est souvent mal vu et mal accepté des entreprises et cocontractants, car parfois il introduit une grande insécurité dans la vie des contrats et donne des pouvoirs trop importants à la personne publique contractante. C'est pourquoi en France, les contrats actuels tentent de prévoir tous les évènements susceptibles d'affecter la vie des contrats administratifs (évènements de force majeure, d'imprévision…). A cet égard, l'on peut considérer que le pouvoir de modification unilatéral a été délibérément non prévu pour sécuriser les contrats d'achat public par mérite conclus et les mettre à l'abri des modifications unilatérales, fussent-elles dans « l'intérêt général », notamment auprès des entreprises étrangères et des institutions internationales qui peuvent considérer qu'un tel pouvoir est une expression trop exorbitante.

En ce sens, l'article 143 du code des marchés publics du Burkina Faso ne permet pas cette hypothèse à l'autorité contractante. Cet article dispose que les modifications des conditions initiales du marché sont constatées par un avenant. Ces dispositions ferment dès lors, les modifications unilatérales des contrats de la part de l'autorité contractante. On retrouve les mêmes dispositions semblables dans le droit ivoirien, le code prévoit dans son article 92 que *« toute modification des clauses contractuelles d'un marché approuvé fait l'objet d'un avenant conclu entre l'autorité contractante et le titulaire ».*

1016 *Cf.* PIGNON (S.), « L'évolutivité du contrat de partenariat public-privé, un atout pour les projets publics ? », *LPA* 10 juin 2008, n° 116, p. 10.

L'article 23 du code des marchés publics du Sénégal aussi ferme la possibilité aux administrations contractantes d'exercer pleinement leur pouvoir de direction.

En outre, seul le rédacteur malien prévoit cette possibilité de modification unilatérale du contrat dans l'article 98.3 du code des marchés publics. Cet article précise que *« dans le cadre de l'exécution d'un marché de travaux, de fournitures ou de services, le changement dans les prestations n'excédant pas cinq pour cent du volume total sont constatés et ordonnés par ordre de service de l'autorité contractante ou de la personne responsable du marché »*. En effet, l'ordre de service est l'instrument de direction de l'exécution du contrat par la personne publique. On en distingue deux types. Il existe des ordres de service « *qui s'inscrivent dans les prévisions du contrat et qui constituent l'exécution de celui-ci et ceux qui excèdent les prévisions du contrat : soit de manière fautive, soit pour la mise en œuvre des prérogatives que détient la personne publique en vue d'assurer l'intérêt général. Qu'il s'agisse, par exemple, de définir les conditions d'exécution d'une prestation ou d'augmenter »*[1017] ou de diminuer les prestations initialement prévues par le contrat. C'est ce dernier cas qui s'applique dans l'exercice des pouvoirs de modifications unilatérales du contrat par l'autorité contractante. Ce faisant, l'ordre de service ne doit pas être contraire au contrat.

En droit malien, malgré la consécration des pouvoirs modificatifs unilatéraux des contrats, il n'existe aucune autre disposition qui précise les contours de cette notion.

Par ailleurs, la deuxième possibilité de modification du contrat est l'hypothèse conventionnelle. Néanmoins, ce périmètre n'a pas fait l'objet de précisions claires dans le droit ouest africain des marchés publics.

2. Le champ d'application des avenants insuffisamment défini

Le contrat des marchés publics est *« un acte juridique qui doit souvent évoluer avec le temps »*[1018]. Le nouvel ordre des marchés publics de la communauté de droit a consacré la possibilité de modification du marché initial par avenant. Il précise les modalités de mise en œuvre du processus d'avenant. Toutefois, ni les dispositions communautaires, ni les droits nationaux ne définissent de

---

1017 MONSEMBERNARD (M.) et PRATS-DENOIX (M.), *op., cit.* p.173.

1018 DUDOGNON (C.), « L'avenant au contrat administratif », *RDP* n°5, 2009, p. 1353.

manière claire cette notion. De ce fait, il est nécessaire de se référer à la définition doctrinale.

Dans le cadre de l'exécution d'un contrat de l'achat public par mérite, un avenant se définit comme étant une convention entre l'autorité contractante et l'exécuteur du marché dans le but de modifier certaines conditions du marché initial afin de l'adapter aux nouvelles circonstances du moment. Dès lors, il s'agira d'un *« acte contractuel à part entière qui fait l'objet d'un accord de volonté des parties au marché initial »*[1019]. Un avenant est donc considéré comme un *« contrat écrit, constatant l'accord de volonté des parties contractantes et ayant pour objet de modifier une ou plusieurs des dispositions du contrat antérieur, se distinguant ainsi de l'ordre de service ou d'une décision de poursuivre qui sont des actes unilatéraux »*[1020].

En principe, le contenu de l'avenant est libre aux parties. L'avenant est toujours rattaché à un marché principal[1021]. Il n'existe pas de formalisme sur les discussions du contenu de la convention d'avenant. Le processus d'avenant est considéré comme *« le moyen privilégié pour modifier le marché initial, d'une part en raison de son caractère conventionnel, d'autre part parce qu'il permet de modifier n'importe quel aspect du marché initial alors que la décision de poursuivre est limitée à la seule continuation des prestations »*[1022]. Néanmoins, sa mise en pratique est timidement encadrée par les nouvelles dispositions des marchés publics.

Dans la communauté de droit ouest africain, l'article 85 de la directive n°04/2005 énonce que *« la passation d'un avenant est obligatoire dès qu'il y a un changement dans la masse des travaux, fournitures ou prestations (...) »*. Il résulte de ces dispositions que seul le changement de quantité des prestations initiales peut justifier la signature d'une convention d'avenant. Ce positionnement du décideur communautaire sur le processus d'avenant est insuffisant. Pour ces raisons, les rédacteurs nationaux n'ont pas voulu se contenter de cette mesure limitée de la directive. A cet égard, seul l'article 144 du CMP du Burkina Faso se positionne derrière le décideur communautaire.

1019 MARTINEZ (B.) et SERR (F.), *op., cit.* p. 109.

1020 CHARREL (N.) et GUIBAL (M.), *Code commenté des marchés publics,* Ed. Le Moniteur, 2014, 7e éd. p.203.

1021 En ce sens, la légalité d'un avenant repose sur le marché principal, car l'annulation de ce dernier par le juge prive l'avenant de base légale (CE, 28 juillet 1995, *Région Ile de France*, req. n° 143438).

1022 *Ibid.*

En droit ivoirien, l'article 92.1 fait une interprétation très large en précisant que toute modification des clauses contractuelles d'un marché approuvé fait l'objet d'un avenant conclu entre l'autorité contractante et le titulaire.

En droit malien[1023] et sénégalais[1024], il est prévu que *« les modifications des conditions initiales du marché après son approbation doivent faire l'objet d'un avenant écrit, signé par les représentants habilités de l'autorité contractante et du titulaire du marché »*. Il appert que les dispositions communautaires ne visent que le changement de masse du marché. Or, excepté le code burkinabè, les autres réglementations nationales visent le changement des conditions initiales du marché. A cet égard, selon la doctrine, *« cette expression peut englober aussi bien le changement du volume des prestations que d'autres aspects du contrat, notamment le montant, la durée, la législation fiscale, les délais d'exécution, la situation juridique des parties, etc... C'est pourquoi, l'on peut affirmer que les CMP sont plus réalistes que la directive, car ils intègrent l'essentiel des perturbations susceptibles de survenir en cours d'exécution des marchés publics »*[1025].

Ce faisant, dans la mesure où les avenants peuvent porter sur la poursuite des prestations, prévoir de nouvelles modifications ou encore modifier les obligations des parties, se pose dès lors, la question de la conciliation entre la convention d'avenant et le respect des règles fondamentales de la technique d'achat public.

Dans cette orientation, la conclusion d'un contrat d'avenant est soumise à l'autorisation de l'organe chargé du contrôle des marchés publics. Les avenants sont conclus et approuvés dans les mêmes conditions que le marché initial. Aucun avenant relatif à un marché ne peut être conclu après la réception provisoire des fournitures, services ou travaux qui constituent son objet[1026]. L'article 23.2 du code des marchés publics du Sénégal prévoit qu'un avenant ne peut avoir pour effet ou pour objet de substituer un autre marché au marché initial, soit en bouleversant l'économie du marché, soit en en changeant fondamentalement l'objet. A cet effet, l'article 92.3 du CMP de la Côte d'Ivoire, pose le principe de 30% du montant du marché à ne pas dépasser[1027].

En revanche, le code des marchés publics malien et celui du Sénégal disposent qu'une convention d'avenant peut porter sur *« la réalisation de fournitures,*

1023 Voir. article 98.1 du CMP.
1024 Voir. article 23.1 du CMP.
1025 ISSOUFOU (A.), *op., cit.* p.199.
1026 Voir. article 98.2 du CMP du Mali.
1027 Voir. article 92.3 du code ivoirien des marchés publics.

services ou travaux non prévus au marché mais nécessaires à l'exécution de son objet, du fait de la survenance de sujétions imprévues »[1028]. Ces dispositions n'ont pas fait l'objet d'autres précisions. Or, une sujétion technique imprévue est définie comme étant l'existence des difficultés matérielles rencontrées lors de l'exécution du marché et que celles-ci présentent un caractère exceptionnel, imprévisibles lors de la conclusion du contrat et dont la cause est extérieure aux parties [1029]. En ce sens, une sujétion technique imprévue ne doit pas résulter d'une mauvaise exécution du marché, d'une faute d'imprudence du titulaire[1030]. La notion de sujétion technique imprévue *« permet de ne plus être contraint par la notion de bouleversement de l'économie du marché et de pouvoir conclure un avenant sans limitation de montant »*[1031].

Par ailleurs, il faut rappeler qu'un avenant est un acte important. De sorte qu'un titulaire qui signe librement un avenant ne pourra pas demander un supplément de rémunération pour des travaux supplémentaires dont le montant a été établi dans l'avenant[1032]. Il en va de même pour l'acheteur public qui ne peut refuser le paiement du prix global et forfaitaire des travaux supplémentaires sur lequel il s'est engagé par avenant[1033].

En outre, en dehors des pouvoirs modificatifs du marché, les autorités contractantes peuvent abandonner le marché ou encore émettre des sanctions contre le titulaire du marché.

B. La reconduction sommaire des pouvoirs de sanctions contractuelles

La notion des sanctions contractuelles vise *« toutes les conséquences juridiques attachées à l'inexécution d'une obligation contractuelle, (...) »* [1034]. L'autorité contractante y recourt en cas d'inexécution du marché par le titulaire ou pour d'autres considérations en lien avec ses besoins. Ainsi, comme la relève à juste titre la professeure Hélène HOEPFFNER, cette notion

---

1028 *Idem.*, article 98.1 et article 23 c.).

1029 En ce sens, le CE a considéré comme des *« sujétions techniques imprévues ne résultant pas du fait des parties »* : la présence de sols instables (CE, 13 octobre 1978, *Département de la Vendée*) ; de roches très dures pour la région (CE, 29 avril 1953, *Commune de Moissac*) ; de nappes d'eau (CE, 5 janvier 1944, *Ville de Montpellier*).

1030 CE, 2 juillet 1982, *Société routière Colas*, req. n° 23653.

1031 CHARREL (N.) et GASPAR (T.), « Le nouveau régime juridique de modification des marchés en cours d'exécution », *Contrats publics*, n°144, juin 2014, p. 55.

1032 CAA Bordeaux, 29 novembre 2012, *Société Hervé thermique*, req. n° 11BX00940.

1033 CE, 5 avril 2006, *Société SOCAE*, req. n°275445.

1034 RICCARDI (D.), *Les sanctions contractuelles en droit administratif*, Thèse de doctorat en droit, Université Paris-Sud, 2017, p. 23.

est souvent employée pour désigner les sanctions prononcées par l'administration contre ses cocontractants[1035].

Le nouvel ordre juridique ouest africain des marchés publics a tenu compte de ces pouvoirs. Il s'agit de la compétence d'ajournement et de résiliation reconnue aux autorités contractantes. A la différence des sanctions pécuniaires liées aux pénalités de retards, ces prérogatives accordées aux autorités contractantes peuvent s'exercer qu'elles soient prévues expressément ou non dans le contrat.

1. Les hypothèses de sanctions non-pécuniaires : l'ajournement et la résiliation du contrat

Le pouvoir de sanctions non-pécuniaires en matière d'exécution des marchés publics s'inscrit dans la dynamique de la réglementation des marchés publics. L'administration peut prendre des mesures permettant de mettre fin à un marché en cas de fautes graves ou répétées du titulaire.

Par ailleurs, cette compétence permet aussi à l'autorité contractante de s'adapter à des circonstances qui peuvent être exceptionnelles au contrat en prenant des mesures d'ajournement ou de résiliation. Dans ce cas, ces mesures ne sont pas prononcées aux torts du cocontractant.

a. la pérennité imprécise du principe d'ajournement du contrat

Le principe d'ajournement du marché n'est pas nouveau dans le vocabulaire des marchés publics de l'ouest du continent. Il s'agit d'un pouvoir qui permet aux personnes publiques de surseoir l'exécution d'un marché public afin de la reporter à une date ultérieure. Cette notion s'exerce dans un cadre juridique précis. L'enjeu est la défense des intérêts des cocontractants qui peuvent être confrontés à des situations particulières nécessitant un ajournement du marché. Il ressort toutefois que les modalités de recours à ce principe d'ajournement ne sont pas précisées par le décideur communautaire.

La directive n°04/2005 prévoit simplement dans son article 87 que *« l'autorité contractante peut ordonner l'ajournement des travaux, fournitures ou*

[1035] HOEPFFNER (H.), *Droit des contrats administratifs*, Dalloz, 2016, n°417

prestations objet du marché avant leur achèvement ». A l'exception de la règlementation malienne qui reprend exactement dans l'article 100 du décret de 2015 relatif aux marchés publics, les dispositions communautaires sans aucune autre précision. Les autres dispositions nationales ont tenté d'éclaircir le périmètre de ce principe d'une manière insuffisante.

En ce sens, l'article 120 du code ivoirien des marchés publics dispose que *« l'ajournement consiste à reporter la réalisation de tout ou partie des prestations, objet d'un marché public à une date ultérieure ».* La décision d'ajournement ne peut être mise en œuvre qu'en cas de motif d'intérêt général ou en cas de sujétions imprévues dans l'exécution du marché. Dès lors, le rédacteur ivoirien pose deux cas nécessaires au recours à l'ajournement.

Au Burkina Faso, le CMP de 2017 permet l'application des mesures d'ajournement pour un seul motif qui est l'épuisement de crédit. Dans cette perspective, le droit burkinabé exclut tous les autres motifs susceptibles de justifier l'ajournement d'un marché à part l'insuffisance de crédit.

Il faut rappeler tout de même que cette seule condition d'épuisement de crédit semble ne pas être opportune dans la mesure où un marché ne peut être conclu sans avoir au préalable été inscrit dans le plan prévisionnel de passation des marchés (PPM) de l'année en cours, sauf le cas des marchés d'urgence. Or, l'article 157 du code des marchés publics est resté silencieux s'agissant des marchés normaux ou de ceux relevant des procédures d'urgences. Certes, le PPM n'a pas un caractère financier mais il est déterminé en fonction du budget alloué à l'administration contractante.

Au Sénégal, l'article 131 du CMP dispose que *« l'autorité contractante peut ordonner l'ajournement des fournitures, prestations ou travaux objet du marché avant leur achèvement, notamment en cas de retard dans l'exécution d'un ouvrage ou dans la livraison d'une fourniture lui incombant et nécessaire à l'exécution du marché ou pour toute autre raison qui lui est propre ».* Ainsi, la réglementation sénégalaise semble être complète en la matière par rapport aux autres droits nationaux. Le droit sénégalais impose trois conditions.

En premier lieu, une autorité contractante ne peut prétendre à l'ajournement qu'en cas de retard dans la réalisation d'un ouvrage. Il est évident que ce premier critère vise les marchés des travaux publics.

Le second cas vise les marchés de fournitures, il faut un retard dans leur exécution. Cependant, ce retard doit nécessairement relever de l'autorité contractante et non du titulaire du marché.

En troisième lieu, le code des marchés publics sénégalais impose un critère qui laisse beaucoup de champ d'interprétation par l'autorité contractante. Il s'agit du critère *« toute autre raison qui est propre »* à l'autorité contractante. Ce dernier critère peut être considéré comme permettant à une autorité contractante d'ajourner un marché public pour toute considération d'intérêt général. Dans cette orientation, il est admissible que le retard dans l'exécution puisse être sanctionné à travers l'ajournement, parallèlement, aux pénalités de retard qui doivent être prévues dans les clauses du marché.

Dans tous les cas, l'ajournement doit obligatoirement intervenir avant l'exécution définitive du marché. Il résulte aussi des différents textes, d'une manière implicite, la non-nécessité de prévoir cette prérogative dans le contrat comme c'est le cas des pénalités de retard. En cas d'ajournement pour une durée de plus de trois mois, le titulaire a droit à la résiliation de son marché. Il en est de même en cas d'ajournements successifs dont la durée cumulée dépasse trois mois. L'autorité contractante est tenue d'indemniser son cocontractant en cas de mise en œuvre du pouvoir d'ajournement. Cette indemnisation doit couvrir les frais résultants de la période d'ajournement. L'article 133 du CMP du Sénégal indique que *« l'indemnité pour préjudice subi à laquelle a droit le titulaire du marché en cas d'ajournement inférieur à 3 mois ne peut excéder le montant des dépenses occasionnées par cet ajournement, telles qu'elles résultent des justificatifs produits par le titulaire».* Ainsi, lorsqu'une entreprise demande l'indemnisation des frais liés à l'ajournement du marché. Elle doit en établir le préjudice et en faire une évaluation sérieuse. A défaut, sa demande peut être rejetée.

L'objectif recherché par l'ajournement est la suspension provisoire du marché. En revanche, celui de la résiliation est l'abandon pur et simple du marché.

b. le renouvellement limité des pouvoirs de résiliation du marché

En principe, les parties habilitées à conclure le contrat sont, en sens inverse, tout aussi libres de le résilier[1036]. Il est clairement reconnu sous certaines conditions à l'autorité contractante, la possibilité de résilier unilatéralement le contrat, en cas de faute du titulaire ou en dehors de toute faute. Il n'est pas nécessaire que cette possibilité soit prévue ou non dans les clauses contractuelles. C'est une mesure qui *« a pour objet de mettre un terme au marché de manière anticipée »*[1037]. Selon le professeur Stéphane BRACONNIER, le pouvoir de résiliation *« constitue une manifestation du caractère inégalitaire du droit administratif et la traduction de la mutabilité des contrats administratifs, elle-même dérivée du principe d'adaptabilité des services publics »*[1038]. La résiliation peut être unilatérale ou conventionnelle.

En droit de l'UEMOA, ce principe est consacré par l'article 88 de la directive n°04/2005 qui indique que « *les marchés publics peuvent faire l'objet d'une résiliation dans les conditions stipulées aux cahiers des charges (...) Tout marché public peut également être résilié lorsqu'un cas de force majeure en rend l'exécution impossible* ». En effet, les dispositions communautaires ne sont pas assez claires en la matière.

Pour rappel, cette mesure n'est pas nouvelle. Elle existait dans les droits nationaux bien avant la refonte du cadre règlementaire des marchés publics[1039]. Cependant, l'exercice de ce pouvoir de l'autorité contractante est encadré. Il peut être mis en œuvre dans un but d'intérêt général, de force majeure ou dans l'esprit de sanctionner le cocontractant.

En premier lieu, la « déconclusion du contrat »[1040] pour un motif d'intérêt général s'exerce de plein droit lorsque le titulaire du marché se trouve dans l'impossibilité absolue d'en poursuivre l'exécution. Cela peut être justifié par l'hypothèse de force majeure qui met le titulaire du marché dans

---

1036 FOLLIOT LALLIOT (L.), *Pouvoir des juges administratifs et distinction des contentieux en matière contractuelle*, Thèse de doctorat en droit, Paris 2, t3, p. 498-503.

1037 MARTINEZ (B.) et SERR (F.), *op., cit.* p. 291.

1038 BRACONNIER (S.), « L'indemnisation des préjudices nés de la rupture anticipée d'un contrat public d'affaires pour motif d'intérêt général », *AJDA,* novembre 2009, p. 2037.

1039 En ce sens, au Sénégal, l'article 166 du CMP de 2002 disposait que *« lorsque le cocontractant n'exécute pas ses obligations, le marché peut faire l'objet d'une résiliation totale ou partielle sur décision de l'autorité contractante »*. Au Burkina Faso, l'article 114 du décret de 2003 (abrogé) disposait que *« tout contrat d'achat public peut faire l'objet d'une résiliation sur l'initiative de l'autorité contractante ».*

1040 Expression utilisée par le professeur Pierre BOURDON, dans sa thèse de doctorat, *cf. Le contrat administratif unilatéral, op., cit.* p. 496.

l'impossibilité absolue de poursuivre l'exécution du marché pour des raisons indépendantes de sa volonté et d'obstacles qui ne peuvent être surmontés[1041]. En cas de résiliation qui ne résulte pas des torts de l'entreprise, celle-ci doit être indemnisée[1042]. Cette exigence est rappelée par l'article 88 al 2 de la directive n°04/2005. Ces dispositions communautaires ne donnent toutefois plus de détails en la matière. Il revient donc aux rédacteurs nationaux de préciser les contours de cette notion de résiliation sans faute du contrat.

En second lieu, en matière de résiliation pour évènements extérieurs au marché, dans les droits malien et sénégalais, il est rappelé que seuls quatre motifs peuvent justifier la résiliation de plein droit d'un marché par une autorité contractante. 1°) Le marché est d'abord résilié unilatéralement par l'autorité contractante en cas de décès ou d'incapacité civile du titulaire ou encore en cas d'incapacité physique manifeste et durable. 2°) La possibilité de résiliation peut être justifiée par une procédure de liquidation à l'encontre du cocontractant. 3°) L'hypothèse de résiliation de plein droit peut en outre être justifiée par un règlement judiciaire sauf si l'autorité contractante accepte les offres éventuellement faites par la masse des créanciers pour la continuation de l'entreprise. 4°) L'absence de justification des garanties requises du titulaire peut aussi justifier une résiliation de plein de droit[1043].

Ces motifs de résiliation n'ouvrent droit à aucune indemnisation pour le titulaire du marché. Cette compétence de l'administration est, par exemple, longtemps reconnue par le juge français[1044]. De ce fait, aucune clause contractuelle ne peut faire obstacle à l'exercice de plein droit du pouvoir de résiliation car il est inhérent à l'essence même des contrats publics. Une telle clause sera sanctionnée de nullité absolue.

Pourtant, le code des marchés publics du Burkina Faso semble limiter le champ d'application de cette notion de résiliation de plein de droit. L'article 159 précise que « *tout marché public peut faire l'objet d'une résiliation dans les conditions stipulées aux cahiers des charges (...) à l'initiative de l'autorité contractante (...) pour des motifs d'intérêt général* ». Il ressort de ces

---

1041 CE, 7 août 1926, *Bouxin,* Rec. p. 891.

1042 En la matière le juge français a considéré que le contrat ne peut prévoir une indemnité qui serait, au détriment de la personne publique, manifestement disproportionnée par rapport au préjudice subi par le cocontractant du fait de cette résiliation (CE, 3 mars 2017, *Société Leasecom,* n° 382446).

1043 Voir. article 101.2 du CMP du Mali et l'article 130 du CMP en vigueur au Sénégal ; Voir. aussi. article 143 du CMP de la Côte d'Ivoire.

1044 CE, 2 mai 1958, *Distillerie de Magnac-Laval*, CE, 2 février 1987, *Société TV6,* req. n°81131 ; ce pouvoir de résiliation trouve toujours son application, CE, 19 décembre 2012, *Société AB TRANS*, req. n°350341.

dispositions qu'une autorité contractante ne peut résilier un marché pour des considérations d'intérêt général, qu'à la seule condition que cela soit prévue par les clauses contractuelles. Dès lors, la mise en pratique de ces dispositions pourrait être dangereuse pour le bon fonctionnement du service public qui est satisfait par les besoins de l'autorité contractante.

Par ailleurs, la Cour suprême du Mali semble être intransigeante sur les questions de résiliation[1045]. Elle a considéré qu'une autorité contractante ne peut légalement résilier un contrat si l'inexécution du marché lui incombe. En l'espèce, une autorité contractante avait manqué à ses obligations contractuelles, telles que le retard dans le paiement de l'avance de démarrage et le non-paiement de décomptes. Ces manquements ont engendré l'inexécution du contrat par le titulaire. Par la suite, l'administration contractante a décidé de résilier unilatéralement le marché. Le juge administratif malien a ainsi rappelé que l'administration ne s'est conformée à aucune des obligations contractuelles. De plus, la résiliation est intervenue en l'absence de toute faute du titulaire. Le juge a donc estimé que *« l'autorité contractante ne peut invoquer ni l'inexécution ni le retard dans l'exécution des travaux imputable »* au titulaire *« tout retard sur le délai contractuel est évidemment dû au retard dans le paiement des décomptes ».*

En troisième lieu, l'autorité contractante peut mettre un terme à l'exécution d'un marché pour sanctionner les comportements négatifs de son cocontractant, tel qu'un manquement grave aux obligations contractuelles. C'est une mesure de sanction grave qui est prise par l'autorité contractante en raison des fautes du titulaire dans la mise en œuvre de ses obligations[1046]. La directive n°04/2005 prévoit dans son article 88 que ce type de sanction doit être prévu dans les cahiers des charges. Les sanctions qui peuvent entraîner la résiliation du marché sont précisées en droit malien. Les autres règlementations nationales ne donnent pas, dans leurs codes des marchés publics, de précisions relatives à la nature de la faute et à la procédure à suivre en cas de faute grave du titulaire du marché.

Ce faisant, l'article 101.1 b du code des marchés public du Mali indique la possibilité de sanctionner les torts d'un titulaire en cas de refus de se conformer aux stipulations du marché tel que le refus répété d'exécuter un ordre de service, l'absence de garantie de bonne exécution, la sous-traitance sans autorisation ou cession de travaux, le retard dans les travaux sans préjudice de l'application des pénalités de retard, la défaillance du titulaire nonobstant l'application de pénalités de retard, la faute grave (fraude ou dol

1045 CS, sect. Adm. 23 février 2012, *Société château d'eaux constructions*, n° 047.
1046 *Idem.*, p. 295.

du titulaire), la fourniture de fausses informations ou le défaut de fournitures d'informations concernant les conditions de participation des candidats ou les capacités juridiques, techniques, financières essentielles à la validité de leur candidature ou à l'évaluation de leur offre.

Quant au code sénégalais, il indique simplement dans son article 129.1 que *« tout marché public peut faire l''objet d'une résiliation totale ou partielle à l'initiative de l'autorité contractante (...) en cas de manquement grave du titulaire à ses obligations contractuelles, notamment en matière environnementale ».*

Dans tous les cas, la mise en œuvre de ce pouvoir modificatif exige le respect d'un certain nombre de formalisme. Ainsi, la professeure Laurence FOLLIOT LALLIOT se fait l'écho de *« l'exigence d'une véritable mise en demeure avant toute sanction »* qui existerait en cas de méconnaissance des obligations découlant du contrat[1047].

En outre, à titre d'exemple, dans le droit français, il existe la résiliation en cas de difficultés d'exécution rencontrées par le titulaire du marché. Cette possibilité n'existe pas en droit UEMOA des marchés publics. L'idée est de permettre la résiliation du contrat en raison de difficultés très sérieuses d'exécution rencontrées par le cocontractant. En définitive, il s'agit de difficultés techniques particulières dont la solution nécessiterait la mise en œuvre de moyens hors de proportion. Face à une telle situation l'administration acheteuse a une simple faculté de résilier le marché, de sa propre initiative ou à la demande du titulaire[1048].

En revanche, le titulaire du marché peut lui aussi demander la résiliation du contrat en cas de torts de l'autorité contractante. Ce mécanisme renvoie à ce que le titulaire du marché oblige l'autorité contractante à prendre une mesure de résiliation du marché. L'idée est de permettre au cocontractant de l'administration de solliciter la résiliation aux torts de l'autorité contractante. Toutefois, cette mesure est soumise à des conditions très strictes. Selon, David RICCARDI, *« contrairement à l'administration, le cocontractant ne dispose pas du droit de résiliation unilatérale pour tous les types de contrats administratifs qu'il peut être appelé à conclure. Seuls sont concernés les contrats qui n'ont pas pour objet l'exécution même du service public. De plus, y compris pour ces contrats, le droit de résiliation n'existe que s'il a été prévu*

1047 FOLLIOT LALLIOT (L.), « L'exécution du contrat administratif », *JCl.* fasc. n°608, décembre 2008, n°114.

1048 MARTINEZ (B.) et SERR (F.), *op., cit.* p. 294.

par les parties »[1049]. C'est cette idée qui a été rappelée par le juge du Palais Royal dans une décision de 2014[1050]. Il a estimé que « *le cocontractant lié à une personne publique par un contrat administratif est tenu d'en assurer l'exécution, sauf en cas de force majeure et ne peut notamment pas se prévaloir des manquements ou défaillances de l'administration pour se soustraire à ses propres obligations contractuelles ou prendre l'initiative de résilier unilatéralement le contrat ; qu'il est toutefois loisible aux parties de prévoir dans un contrat qui n'a pas pour objet l'exécution même du service public les conditions auxquelles le cocontractant de la personne publique peut résilier le contrat en cas de méconnaissance par cette dernière de ses obligations contractuelles ; que, cependant, le cocontractant ne peut procéder à la résiliation sans avoir mis à même, au préalable, la personne publique de s'opposer à la rupture des relations contractuelles pour un motif d'intérêt général, tiré notamment des exigences du service public ; que lorsqu'un motif d'intérêt général lui est opposé, le cocontractant doit poursuivre l'exécution du contrat ; qu'un manquement de sa part à cette obligation est de nature à entraîner la résiliation du contrat à ses torts exclusifs ; qu'il est toutefois loisible au cocontractant de contester devant le juge le motif d'intérêt général qui lui est opposé afin d'obtenir la résiliation du contrat »*.

En revanche, en droit UEMOA de l'achat public par mérite, le droit de résiliation unilatérale du cocontractant est insuffisamment précisé. Cette exigence est envisageable sous deux conditions. D'une part, en cas de défaut de paiement, à la suite d'une mise en demeure restée sans effet pendant trois mois. D'autre part, le marché peut être résilié par suite d'un ajournement pour une durée de plus de trois mois. Il en est de même en cas d'ajournements successifs dont la durée cumulée dépasse trois mois[1051]. En la matière, les droits nationaux ont opté pour une transposition extensive de ces dispositions en ajoutant d'autres critères.

Dans le droit Burkinabé, l'article 159.2 prévoit que tout marché public peut être résilié à l'initiative du cocontractant en cas de défaillance de l'autorité contractante, notamment, le défaut de paiement rendant l'exécution du marché impossible et à la suite d'une requête restée sans effet pendant au moins trois (3) mois ; en cas d'ajournement de plus de trois mois et en cas de diminution des prestations excédant trente (30%) du montant initial du contrat. Il relève de ces dispositions qu'un troisième critère a été ajouté aux critères prévus par la communauté de droit. Il s'agit du critère de la baisse des prestations qui ne peuvent excéder 30% du montant préalablement prévu dans les clauses du

[1049] RICCARDI (D.), *op., cit.* p. 93.
[1050] CE, 8 octobre 2014, *Société Grenke location.* n° 370.644.
[1051] Voir. article 88.b de la directive 04/2005.

marché. Ce principe vise les hypothèses des avenants qui ne doivent bouleverser l'économie du marché.

Quant au rédacteur malien des marchés publics, il a prévu dans l'article 101.3 du CMP la possibilité pour le cocontractant de demander la résiliation du marché. A cet égard, aux deux principes posés par la directive n°04/2005, la règlementation malienne a ajouté un troisième critère qui est la défaillance de l'administration acheteuse. De ce fait, ce critère de défaillance ne concerne pas les carences en termes de paiement étant donné que ce critère est explicitement consacré dans le b) de l'article 101.3 du code des marchés publics. Ce critère peut ainsi être interprété comme tout comportement douteux de l'administration constituant une faute excessive. Cela peut permettre au titulaire de demander l'abandon du marché. En ce sens, ces dispositions ouvrent un large champ au cocontractant en matière de résiliation.

Au Sénégal, le code des marchés publics de 2014 ne transpose explicitement qu'un seul critère parmi les deux posés par la directive précitée. Il s'agit de celui d'ajournement qui ne doit pas dépasser trois mois ou être excessif. Sinon, cela pourrait entraîner la résiliation du marché. Toutefois, le code prévoit deux autres critères dans l'article 132. D'un côté en cas de carence de l'autorité contractante rendant l'exécution du marché impossible et constituant une faute grave, le titulaire peut demander la résiliation du marché. D'un autre côté, en cas de survenance d'un évènement imprévisible et irrésistible rendant impossible l'exécution du marché le titulaire peut demander la résiliation du contrat.

En Côte d'Ivoire, le rédacteur du code de 2019 précise que le titulaire du marché peut demander la résiliation du marché en cas de carence ou si l'exécution du marché est rendue impossible sans faute ni manquement de la part du cocontractant de l'administration. Le principe de carence peut en effet concerner le non-paiement affectant la continuité du marché, comme prévu par la directive n°04/2005. Cependant, le second critère semble être trop vague qui ouvre, dès lors, la possibilité d'une large interprétation. Ce critère peut être considéré comme le cas de force majeure qui est indépendant de la volonté des parties et qui justifie la résiliation du contrat par l'autorité contractante.

Ce faisant, ce critère est-il utile pour le titulaire du marché étant donné que l'autorité contractante peut résilier le contrat en cas de force majeure ? On peut dès lors considérer que le rédacteur ivoirien a rétréci le champ de compétence de résiliation du marché à l'initiative du cocontractant.

Par ailleurs, l'autorité contractante peut prendre des sanctions financières à l'encontre du titulaire. De la même manière, le titulaire aussi, sous certaines conditions, peut sanctionner financièrement l'administration contractante.

2. L'amélioration perfectible des pouvoirs de sanctions pécuniaires

Le pouvoir de sanction financière de l'autorité contractante peut être mis en œuvre en cas d'inexécution du marché de la part du titulaire. Il s'agit des clauses qui doivent être expressément prévues dans le contrat. Ces pénalités contractuelles ont pour objet l'application d'une charge financière forfaitaire, fixée à l'avance dans le marché conclu. En principe, en l'absence d'une telle clause, la partie lésée doit se retourner vers le juge afin de faire sanctionner l'autre partie. Pour le professeur Laurent RICHER, cette exigence est justifiée par « *la nécessité de déterminer à l'avance le taux des pénalités* »[1052].

En droit de l'UEMOA c'est l'article 86 de la directive n° 04/2005 qui encadre la mise en œuvre de ces pénalités financières par l'autorité contractante (a). Toutefois, ce droit n'a pas clairement prévu une telle mesure pour le cocontractant (b).

a. le maintien du pouvoir de sanctions financières de l'autorité contractante

Les pénalités financières sont applicables en cas de non-respect des délais d'exécution du marché[1053] ou d''exécution défectueuse des clauses contractuelles[1054].

1052 RICHER (L.), *Droit des contrats administratifs, op., cit.* p.240. Voir. aussi. MORAND-DEVILLIER (J.), BOURDON (P.) et POULET (F.), *Droit administratif,* Paris, LGDJ, 15e 2017.

1053 L'on précisera à cet égard qu'un même contrat peut comporter plusieurs délais de réalisation et donc être assorti d'autant de pénalités différentes. Tel est le cas des délais partiels qui peuvent être déterminés par tranches, (CE, 23 févr. 2004, *Région Réunion*).

1054 En général, c'est dans les marchés des travaux qu'il existe une exécution défectueuse du marché (CE, 1er mars 1889, *Blanchon,* rec. p. 298). Ainsi, une malfaçon peut être sanctionnée du fait de l'utilisation par le constructeur de matériaux d'une mauvaise qualité (CE. 29 mars 1901, *Leroux*, n°94580). Si en cas de malfaçons, le titulaire est contraint à y remédier dans le cadre des garanties ou à indemniser l'administration des préjudices subis de leur fait (CE 29 décembre 2006 n° 264.720). Toutefois, il ne peut être reproché au cocontractant de malfaçons qui sont liées à des opérations exécutées par

En revanche, contrairement à d'autres pouvoirs de sanctions, l'application des sanctions financières ne peut se faire sans l'existence de clauses contractuelles expresses et préalablement établies. Les pénalités pécuniaires ne peuvent donc exister sans avoir été au préalable prévues dans le contrat. C'est ce qui résulte de l'article 86 de la directive n°04/2005 qui prévoit qu'en *« cas de dépassement des délais contractuels fixés par le marché, le titulaire du marché est passible de pénalités, sous réserve que les conditions de mise en œuvre de ces pénalités soient prévues dans le marché ».* Cet article pose deux exigences, d'une part, le délai d'exécution doit être précisé dans le marché et d'autre part, ce délai doit être assorti des pénalités en cas de retard imputable aux titulaires du marché. Ainsi, le critère de délai se présente comme l'une des obligations incontournables des parties. Il doit être fixé en fonction de l'objet de la prestation et de son importance. A cet égard, pour garantir une exécution efficace du marché, « *tous les délais prévus dans le contrat doivent de préférence être assortis de la pénalité correspondante* »[1055]. Dans la doctrine cette exigence est largement partagée. En ce sens, un marché qui n'envisagerait pas de sanctionner les retards d'exécution poserait donc des interrogations sur la qualité de son montage, sur l'utilité d'un délai d'exécution, voire sur les conditions de mise en concurrence si le délai de réalisation en a été un des éléments déterminants[1056]. A cet égard, il ne faut jamais « *perdre de vue que la marche des services publics est subordonnée à l'exécution satisfaisante des marchés publics* »[1057]. De ce fait, David RICCARDI rappelle que *« dans la mesure où les prestations du cocontractant sont normalement en rapport avec des missions de service public ou d'intérêt général, la qualité de celles-ci dépend en grande partie de celles des prestations des cocontractants »*[1058].C'est pourquoi, l'exécution des obligations du cocontractant dans les délais contractuels est traditionnellement regardée comme un impératif de la plus grande importance[1059]. En outre, les prestations sont en principe considérées comme achevées dès lors qu'elles sont intégralement et conformément exécutées. De sorte que des pénalités peuvent être appliquées même à de simples finitions et indépendamment de ce que l'ouvrage, dans son ensemble, fonctionnerait[1060].

---

l'administration pour réaliser des économies (CE. 14 juillet 1876, *Ville de Nogent sur Seine*, rec. p. 692).

1055 BRACONNIER (S.), *op., cit.* p.456.

1056 MARTINEZ (B.) et SERR (F.), *op., cit.* p. 162.

1057 BOSC (A.), « De la nature et du régime juridiques des pénalités dans les marchés de fournitures », *RDP* 1921, p.216.

1058 RICCARDI (D.), *op., cit.* p. 388.

1059 BOSC (A.), *op., cit.* p. 215.

1060 CAA Lyon, 6 déc. 2001, *OPHLM de la Côte d'Or c/ SA Mouillot et Cie*, req. n° 97LY21900 ; CAA Paris, 16 déc. 2004, *Min. de la Défense*, req. n° 99PA00257.

L'exigence communautaire des clauses de pénalités de retard semble faire bonne place au sein des réglementations nationales. Contrairement aux dispositions communautaires, elles vont jusqu'à imposer des clauses de pénalités dans le contrat.

Tel est le cas de l'article 91 du code ivoirien des marchés publics qui dispose que *« chaque marché doit prévoir, à la charge du titulaire, des pénalités de retard pour le cas où le marché ne serait pas exécuté dans les délais contractuels et en fixer le mode de calcul »*.

De la même manière, l'article 134 du code des marchés publics du Sénégal précise que les marchés doivent prévoir une clause de pénalités pour retard dont le montant est fixé pour chaque catégorie des marchés.

En la matière, le rédacteur burkinabé se veut beaucoup plus strict. Il indique dans l'article 146 du CMP qu'aucun marché ne peut exister sans *« prévoir des pénalités de retard. En cas de dépassement des délais contractuels fixés par le marché, le titulaire est passible de pénalités de retard, sans une mise en demeure préalable (...) »*. Ces dispositions après avoir exigé la sanction financière dépendante des clauses contractuelles, interdisent la conclusion d'un marché sans clause pénale de retard. Les mêmes dispositions excluent toute idée de mise en demeure préalable, ce qui permet à l'administration de sanctionner directement le titulaire en cas d'inexécution du marché dans les délais prévus.

Contrairement aux autres droits nationaux, le rédacteur malien semble ouvrir la possibilité aux autorités contractantes de prendre des mesures de sanctions financières en l'absence de clauses expresses de pénalités dans le contrat. Pour ce faire, l'article 99 du code des marchés publics prévoit qu'en cas d'inexécution du marché dans les délais prévus, *« le titulaire du marché est passible de pénalités après mise en demeure préalable (...) »*. De ces dispositions, l'on comprend, d'une part, que les pénalités peuvent exister sans être préalablement prévues dans le marché. D'autre part, l'autorité contractante n'est pas tenue d'insérer une telle clause dans le marché. Il résulte de ces dispositions une seule condition exigée qui est d'adresser une mise en demeure au titulaire avant de prendre des mesures de sanction. Certes, le même article indique que *« les pénalités ne peuvent excéder le montant fixé dans les cahiers des clauses administratives générales pour chaque catégorie de marché »*. Faudrait-il tirer de ces dispositions une obligation de clauses pénales dans le marché ? Peut-on légalement admettre l'application de pénalités qui ne peuvent se rattacher à aucune stipulation du contrat ?

Dans tous les cas, cette maladresse du rédacteur malien doit être revue car les marchés publics doivent naturellement prévoir des clauses de sanctions pécuniaires en cas d'inexécution du marché dans les délais contractuels.

Ce faisant, en raison de l'insuffisance du droit de l'UEMOA sur ces questions, la référence à la jurisprudence française permettra de mieux les comprendre.

A cet égard, le juge français a estimé que si la sanction est prévue dans son principe pour des retards. Les pénalités ne peuvent être appliquées si le contrat lui-même ne prévoit pas de délais d'exécution ou ne permet pas de définir la situation de retard [1061], par exemple en renvoyant expressément aux délais ultérieurement imposés par les ordres de services. En définitive, seule la faute expressément prévue dans les documents contractuels peut donc faire l'objet des pénalités. Par exemple, les délais mentionnés dans le règlement de la consultation mais non repris dans le contrat ne pourront fonder l'application d'une pénalité de retard[1062]. En outre, dans l'arrêt *Commune d'Issy-les-Moulineaux*, le juge administratif français rappelle qu'une personne publique n'est pas tenue d'appliquer les pénalités prévues au contrat et qu'elle peut décider d'y renoncer[1063].

Cependant, les sanctions pécuniaires en cas d'exécution tardive du marché peuvent s'analyser comme un moyen de garantir une punition rapide du préjudice causé par le retard et contribuer à l'efficacité du nouveau droit des marchés publics de l'UEMOA.

Il appert par ailleurs que le législateur de la communauté de droit a été suivie par les rédacteurs nationaux dans sa timide consécration de sanctions pécuniaires à l'encontre de l'administration acheteuse.

b. l'admission hésitante de sanctions financières contre l'autorité contractante

Dans la nouvelle rédaction des règles des marchés publics de la communauté de droit de l'UEMOA, il a été timidement admis l'établissement de sanctions

---

[1061] CE, 17 avril 1985, *OPHLM de la Meuse c/ Amiel*, *RDP* 1985.1706.

[1062] CAA Versailles, 26 juin 2012, *Sté Bouygues Bâtiment Ile-de-France*, n°10VE00679. Le juge a également précisé qu'en *« cas de responsabilité partielle les pénalités de retard se calculent seulement d'après le nombre de jours de retard imputables au cocontractant lui-même »*, CE, 1er février 2019, n° 414068, *Société Brisset*.

[1063] CE, 17 mars 2010, *Commune d'Issy-les-Moulineaux*, req. n° 308676.

financières qui peuvent frapper la personne publique contractante en cas de méconnaissance de ses obligations contractuelles, telles que les retards dans le paiement de l'entreprise titulaire du marché. A cet effet, l'article 92 de la directive n° 04/2005 indique que *« le dépassement du délai de paiement ouvre sans autre formalité et de plein droit pour le titulaire du marché au paiement d'intérêts moratoires à compter du jour suivant l'expiration du délai (...) ».* En effet, les intérêts moratoires *« ont pour objet de réparer le préjudice que le cocontractant subit du fait du retard de paiement des sommes qui lui sont dues »*[1064]. Dès lors, le paiement des intérêts moratoires apparaît comme un élément réparateur des dommages occasionnés par le retard de paiement public. De plus, à la lecture de l'article 92 précité, au-delà de délais, l'on comprend que les intérêts moratoires sont versés de manière automatique dès le premier jour de retard de paiement sans qu'une demande préalable du titulaire soit nécessaire. Toutefois, le droit communautaire ne fixe pas ce délai. Il le laisse au libre choix des rédacteurs nationaux. Or, dans la pratique, les réglementations nationales n'ont pas transposé cette mesure.

Certes, dans certains droits nationaux, le défaut de paiement de la part de l'autorité contractante, à la suite d'une mise en demeure restée sans effet pendant trois mois, peut entraîner la résiliation du contrat à l'initiative du titulaire du marché[1065]. Or, le défaut de paiement n'est pas synonyme du retard de paiement. Par négligence, l'autorité contractante peut prendre du retard dans l'exécution de ses engagements financiers sans pourtant vouloir refuser de payer son cocontractant.

Ce faisant, à côté des sanctions de résiliation qui visent le refus de paiement, il aurait été loisible aux rédacteurs nationaux de prévoir des pénalités financières contre l'autorité contractante pour tout retard de paiement. En conséquence, il est regrettable de constater qu'aucune disposition interne ne prévoit l'admission de sanctions pécuniaires contre l'autorité contractante en cas de retard de paiement. S'il peut être prévu dans le contrat des clauses visant à sanctionner l'entreprise cocontractante, pourquoi, l'hypothèse inverse n'est-elle pas envisageable ?

Cependant, les juridictions administratives semblent ne pas suivre cette orientation des rédacteurs nationaux. En ce sens, dans l'affaire *Société Château Construction*, la Cour suprême malienne a admis l'hypothèse de

---

1064 MARTINEZ (B) SERR (F), *op., cit.* p. 281.

1065 En ce sens, voir. article 88.b de la directive n°04/2005, *op. cit.* ; article 159 du CMP du Burkina Faso ; article 101.3 du CMP du Mali, *op., cit.* ; en revanche, le code ivoirien et le code sénégalais ne se prononcent même pas sur l'hypothèse de résiliation du marché en cas de retards de paiement par l'administration.

sanctions pécuniaires en cas de retard dans le paiement du titulaire[1066]. Dans cette jurisprudence, l'autorité contractante avait 5 mois de retard dans le paiement de l'avance de démarrage. Le juge a considéré que ce retard a causé des dommages matériels et de préjudices moraux au titulaire du marché. Dès lors, il a condamné l'autorité contractante à indemniser le cocontractant.

Il faut par ailleurs observer l'insuffisance de précisions de cette notion à la fois par les textes et la jurisprudence ouest africains.

Ce faisant, si l'on se réfère au droit français. On se rend compte qu'il s'agit aussi d'une théorie récente consacrée par la loi de 2013[1067]. L'article 39 de cette loi dispose que le retard de paiement fait courir de plein droit et sans autre formalité des intérêts moratoires à compter du jour suivant l'expiration du délai de paiement ou de l'échéance prévue au contrat. L'article 40 du même texte ajoute que ces mêmes retards donnent lieu de plein droit et sans autre formalité au versement d'une indemnité forfaitaire pour frais de recouvrement au titulaire. Quant à la doctrine, elle a été éveillée par la question depuis les décisions *Société Grenke location* de 2014[1068]. En effet, jusqu'à cette date, la jurisprudence n'avait pas eu l'occasion de se pencher sur la question[1069]. Selon un principe général du droit, il était considéré que l'administration ne peut être contrainte de payer une somme qu'elle ne doit pas[1070]. Mais depuis son admission, les contours de ce régime de sanction ont été dessinés par le juge. A ce stade, l'on peut considérer que le périmètre de cette sanction se limite *« à peu de règles dont certaines sont comparables à celles qui s'appliquent aux sanctions financières pouvant être prononcées par l'administration contre son cocontractant, même si elles s'en éloignent finalement toujours »*[1071]. A cet égard, *« la seule règle qui soit absolument commune aux deux situations tient à ce qu'en dehors des intérêts moratoires, les pénalités et indemnités forfaitaires ne peuvent être mises en œuvre sans qu'une clause contractuelle ne les prévoie »*[1072].

Concrètement, les cocontractants ne disposent pas des pouvoirs équivalents comme ceux de l'administration. Ils ne sont pas non plus en droit, *a priori*,

---

1066 CS, sect. adm. 23 février 2012, *Société château construction*, n°°47, *Cf.* annexe I.

1067 Voir. loi, n°2013-100 du 28 janvier 2013, portant diverses dispositions d'adaptation de la législation au droit de l'Union européenne en matière économique et financière.

1068 CE, 8 octobre 2014, *Société Grenke location,* req. n°370644.

1069 Toutefois, la CAA de Nancy avait auparavant admis la possibilité de sanction contre l'administration en cas de retard de paiement (CAA, Nancy, 14 octobre 2010, *Société European Institute of Management,* n° 09NC01074).

1070 CE, 19 mars 1971, *Mergui,* n°79.962, rec. p. 235.

1071 RICCARDI (D.), *op., cit.* p.111.

1072 *Ibid.*

d'invoquer à l'encontre de l'autorité contractante la faculté de substitution ou de remplacement reconnu dans les rapports de droit privé[1073] ou de rechercher l'exécution forcée des obligations de l'administration[1074].

Par ailleurs, en matière d'achat public par mérite, l'exécution financière en bonne et due forme constitue l'un des éléments clés de la phase d'exécution du marché. Or, le nouveau droit des marchés publics de l'ouest africain semble porter peu d'attention à cette étape.

Section 2 : L'épanouissement hésitant du régime de rémunération dans les marchés publics

L'un des objectifs de la refonte du droit ouest africain d'achat public par mérite est la moralisation des charges publiques. Ce domaine étant considéré comme le décaissement d'une somme d'argent à une fin d'intérêt public ne pouvait échapper aux règles de la comptabilité publique. C'est ce qui justifie d'ailleurs l'intervention du droit de l'UEMOA afin de préciser les modalités de paiement dans les marchés publics. L'argent public justifie donc *« l'essentiel des reformes du droit des marchés publics au niveau étatique avant l'intervention de l'UEMOA à partir de 2005 »*[1075].

Ce faisant, le nouveau droit des marchés publics a précisé les contours de la procédure de règlement du titulaire avec quelques carences (paragraphe 1). Il a également préféré un régime *soft* de différents modes de paiement (paragraphe 2).

1073 *Cf.* UBAUD-BERGERON (M.), *Droit des contrats administratifs*, LexisNexis, 2015, n° 682 et 683.

1074 Voir. RICHER (L.) et LICHERE (F.), *Droit des contrats administratifs*, LGDJ, 10e éd. 2016 ; HOEPFFNER (H.), *Droit des contrats administratifs*, Dalloz, n°444,

1075 ISSOUFOU (A.), *op., cit.* p. 245.

Paragraphe 1 : La procédure de rémunération dans les marchés publics

L'exécution financière du marché est soumise à un certain nombre des règles qui se concentrent autour du prix. Le prix *« constitue donc une clause substantielle du marché dont le défaut peut entraîner la nullité du contrat »*[1076].

A cet égard, le prix initialement prévu doit être maintenu sauf, en cas de circonstances particulières et dans le respect du délai (A). Quant aux titulaires indirects, ils seront directement payés dans les mêmes conditions que les titulaires directs du marché (B).

A. Le paiement du prix convenu dans le respect des délais

En matière de paiement, l'autorité contractante est tenue au respect du prix prévu dans le contrat (1). Cette exigence doit être exécutée dans les délais prévus par les documents contractuels (2).

1. L'obligation de respect du prix initialement établi

Les règles relatives au prix sont définies par l'article 80 de la directive n°04/2005. Cet article prévoit que *« les prix des marchés sont réputés couvrir toutes les dépenses qui sont la conséquence nécessaire et directe des travaux, fournitures ou services, notamment les impôts, droits et taxes applicables sauf lorsqu'ils sont exclus du prix du marché en vertu du terme de commerce retenu ; les prix sont réputés assurer au titulaire un bénéfice »*.

Les prix des prestations faisant l'objet d'un marché sont soit des prix unitaires appliqués aux quantités réellement livrées ou exécutées soit des prix forfaitaires soit une combinaison des deux, soit sur dépenses contrôlées. D'une part, le prix est unitaire lorsqu'il est appliqué aux quantités réellement livrées. Il s'agirait principalement des marchés de fournitures courantes ou dans certains marchés de voirie. Le montant dû au cocontractant est égal au prix unitaire multiplié par les quantités effectivement livrées unitaire. D'autre part, le prix forfaitaire est intangible et ne varie pas en fonction des quantités livrées ou exécutées. Lorsque ce prix porte sur l'ensemble du marché, il sera qualifié de prix global forfaitaire.

[1076] LORIOU (M.), « L'exécution des marchés publics », *Dalloz,* 2013, *folio* n°3032, Chap. 5.

Les marchés publics sont également conclus à prix ferme ou à prix révisable. Le droit communautaire détermine que *« le prix est ferme lorsqu'il ne peut pas être modifié en cours d'exécution du marché à raison des variations des conditions économiques »*[1077]. En principe, les marchés ne sont conclus à prix ferme que lorsque l'évolution prévisible des conditions économiques n'expose ni le titulaire du marché, ni l'autorité contractante à des aléas importants. De ce fait, l'article 80 de la directive précitée indique que *« le prix ferme est actualisable entre la date limite de remise des offres et la date de notification du marché »*.

Il est en outre possible que le prix soit provisoire. Toutefois, il n'est possible d'y avoir recours que dans les cas où l'exécution du marché semble impossible alors même que tous les éléments permettant la détermination du prix initial ne sont pas connus. C'est l'hypothèse d'un marché pour des prestations complexes ou faisant appel à une technique nouvelle et présentant soit un caractère d'urgence impérieuse, soit des aléas techniques importants. L'exécution du marché doit commencer alors que la détermination d'un prix initial définitif n'est pas possible. Dans tous les cas, un marché conclu à prix provisoire doit nécessairement prévoir une clause qui permettra de déterminer ultérieurement le prix définitif.

Il est tout de même admis que le prix soit modifiable pendant l'exécution des prestations aux conditions de révision expressément prévues par le marché en vertu d'une clause de révision du prix stipulé dans le contrat[1078].

Au-delà de l'obligation de maintenir le prix initial, l'autorité contractante doit payer le cocontractant dans un délai précis.

2. Les exigences relatives aux délais de paiement

En principe, aucun paiement n'est envisageable sans l'exécution effective du marché et constaté sa conformité aux clauses contractuelles par l'autorité contractante. Il s'agit de la règle du service fait. Le titulaire peut toutefois avoir droit à une avance dans certaines conditions ainsi qu'à des acomptes dans la mesure où ils correspondent à la valeur des prestations déjà réalisées.

1077 Voir. article 80 de la directive 04/2005, *op., cit.*

1078 *Ibid.*

Dès réception d'une demande de paiement, l'autorité contractante est contrainte au paiement dans un délai fixe.

L'obligation pour l'autorité contractante de payer le titulaire dans le délai prévu est consacrée par l'article 92 de la directive n°04/2005. Ces dispositions sont transposées différemment dans les droits nationaux[1079].

En la matière, le rédacteur malien semble être un bon élève en reprenant mot par mot ces dispositions dans l'article 108.3 du CMP. Cet article prévoit que *« le représentant de l'autorité contractante est tenu de procéder au paiement des acomptes et du solde dans un délai qui ne peut dépasser soixante jours ; toutefois, un délai plus long peut être fixé pour le paiement du solde de certaines catégories de marchés par arrêté du ministre chargé des finances ».*

Le rédacteur sénégalais a opté pour un délai court. L'article 107 du code des marchés publics de 2014 indique que *« le règlement doit intervenir dans le délai de 45 jours compté, suivant le cas, à partir du jour où le créancier a régularisé son dossier, suivant la notification qui lui en a été faite dans les conditions prévues à l'article précèdent (...) ».*

Contrairement, au rédacteur sénégalais, celui de la Côte d'Ivoire a préféré un délai plus long en ce qui concerne le paiement des acomptes et soldes. Ce délai ne peut dépasser 90 jours. Toutefois, un délai plus long peut être fixé pour le paiement du solde[1080]. Le droit ivoirien prévoit toutefois que le délai de 90 jours peut être revu à la baisse en faveur des petites et moyennes entreprises ou dans le cadre d'exécution de projets spécifiques[1081]. Pour le paiement des avances l'article 132 du CMP prévoit un délai maximum de 45 jours.

Cependant, le rédacteur burkinabé semble être plus complet. Il détermine les délais en fonction de chaque mode de paiement. Pour le cas de paiement d'avances, l'article 172 du nouveau code des marchés publics de 2017 consacre que chaque autorité contractante ou son représentant *« est tenue de procéder au paiement des avances dans un délai qui ne peut dépasser 45 jours calendaires à compter de la date de l'acceptation de la demande d'avance par l'autorité contractante ».* Ce délai est fixé à 60 jours pour le paiement des acomptes. En

---

1079 En ce sens, voir. article 108.3 du CMP du Mali, article 172 du CMP du Burkina Faso, article 107 du CMP en vigueur au Sénégal.

1080 Voir. article 139 du CMP de 2019.

1081 *Ibid.*

ce qui concerne le paiement du solde, l'autorité contractante doit respecter le délai de 90 jours à compter de la date de l'acceptation de la facture par lui.

En principe, le point de départ du délai de paiement est la date de réception de la demande de paiement par l'autorité contractante. Les clauses du contrat doivent indiquer les conditions administratives et techniques auxquelles sont subordonnés les mandatements et le paiement. Néanmoins, le point de départ du délai de paiement peut être la date d'exécution des prestations lorsqu'elle est postérieure à la date de réception de la demande de paiement. Pour les marchés qui prévoient une mesure de constatation de la conformité des travaux, une clause peut indiquer ultérieurement le délai de paiement à compter de la date de conformité des travaux.

Il constant par ailleurs que la nouvelle architecture des marchés publics n'opère pas de distinction entre le régime de paiement du titulaire du marché de celui du sous-traitant.

B. Le régime de paiement des titulaires indirects

Pour le paiement des titulaires indirects, il est établi une différenciation entre le sous-traitant direct et le sous-traitant indirect. Le premier bénéficie du paiement direct par l'autorité contractante dans les mêmes conditions que celui du titulaire du marché. Autrement dit, la règle de paiement direct du sous-traitant par l'administration est identique à celui prévu au marché pour le paiement du titulaire. Ce dernier doit adresser sa demande de paiement à l'autorité contractante. Quant au second, il ne serait payé que par le titulaire. Dès lors, l'autorité contractante n'intervient pas en termes de paiement. Pour Séverin ABBATUCCI, *« l'acceptation du sous-traitant et l'agrément de ses conditions de paiement font naître au profit du sous-traitant direct du titulaire du marché, un droit au paiement direct de ses prestations par le maître de l'ouvrage »*[1082].

Les dispositions communautaires sont restées silencieuses sur ces questions. Il revenait donc aux droits nationaux d'établir les règles relatives au paiement des sous-traitants. Néanmoins tout comme le droit dérivé, les règlementations burkinabé et ivoirienne n'ont prévu aucun dispositif relatif au paiement du titulaire indirect. L'on peut déduire de ce silence que ce dernier est soumis aux

---

1082 ABBATUCCI (S.), « Sous-traitance », Dalloz, *répertoire du droit commercial*, oct. 2016 ; point.73.

mêmes règles que celui du cocontractant. C'est ce qui indiqué expressément en droit malien et sénégalais.

En droit malien, l'article 109.1 du CMP dispose que les sous-traitants payés directement sont soumis aux mêmes règles que celui du titulaire. Dans le cas où le titulaire sous-traite une part du marché, postérieurement à la conclusion de celui-ci, le paiement de l'avance forfaitaire est subordonné, s'il y a lieu, au remboursement de la partie de l'avance forfaitaire versée au titulaire au titre des prestations sous-traitées. Il semble que le rédacteur malien impose directement le paiement des sous-traitants par l'autorité contractante sans chercher à obtenir l'accord du titulaire du contrat. En effet, le sous-traitant direct qui a été accepté et dont les conditions de paiement ont été agréées par l'autorité contractante est payé directement par cette dernière pour la part dont il assure l'exécution. Il s'agirait dès lors, d'un droit intangible au paiement par l'autorité contractante. Cette méthode correspond à l'action directe parfaite telle que relevée par la Cour d'appel de Paris[1083]. Ce processus permet de geler la créance du sous-traitant « *dans le patrimoine du maître de l'ouvrage public, dès la naissance du droit du sous-traitant au paiement direct, c'est-à-dire dès son acceptation par le maître de l'ouvrage* »[1084].

Quant au mandatement, le rédacteur malien indique que les mandatements doivent être effectués sur la base des pièces justificatives revêtues de l'acceptation du titulaire du marché. Dès réception de ces pièces, l'autorité contractante est tenue d'informer le sous-traitant en lui indiquant le montant du paiement accepté[1085]. En cas de refus de l'administration acheteuse de payer le sous-traitant, le titulaire du marché peut la mettre en demeure d'apporter la preuve de son refus, faute de quoi l'autorité contractante mandate les sommes restantes dues au sous-traitant[1086].

Dans la règlementation sénégalaise, les conditions de paiement direct du sous-traitant sont consacrées par l'article 110 du code des marchés publics. Cet article impose qu'un « *sous-traitant peut obtenir directement de l'autorité contractante, avec accord du titulaire du marché, le règlement des travaux, fournitures ou services dont il assure l'exécution et qui n'ont pas déjà donné lieu à paiement au profit du titulaire* ». Contrairement à la rédaction malienne,

---

1083 CA Paris, 28 nov. 2000, *Sté SPCP c/ Sté SGCP*.

1084 COUDERT (J.-L.), VAN RUYMBEKE (O.) et VILLARD (M.), *Droit et financement des marchés publics de travaux*, 2e éd., 1991, Le Moniteur, p. 69.

1085 Voir. article 109.3 du CMP du Mali.

1086 *Idem.*, art. 109.4.

celle du Sénégal impose l'accord du titulaire pour que le sous-traitant puisse bénéficier du paiement direct par l'administration contractante.

En principe, l'application du processus de paiement direct n'exige pas la signature d'un nouveau contrat concernant l'exécution des travaux entre le sous-traitant et l'autorité contractante. Le sous-traitant doit simplement adresser ses demandes de paiement au titulaire afin que celui-ci les vérifie puis les transmette à l'autorité contractante pour paiement.

En outre, le droit UEMOA des marchés publics prévoit un modèle de paiement du titulaire du marché qui peut être provisoire ou définitif.

Paragraphe 2 : La souplesse du régime de paiement provisoire et définitif du marché

En termes de paiement, le nouvel ordre des marchés publics de l'espace UEMOA a réaménagé le régime de paiement provisoire et le régime de paiement définitif. Ces deux régimes se réalisent à travers le prix qui est réputé couvrir toutes les dépenses à un contrat. A cet égard, les contours du processus de paiement définitif ont été timidement précisés (B) par les nouveaux textes tout en maintenant le régime dérogatoire au principe du service fait (A).

A. Les exceptions au financement après service fait

La constatation du service fait consiste à vérifier la réalité de la dette. Ce principe exige du comptable public, l'accomplissement d'un certain nombre de contrôles avant tout décaissement. Cette opération a pour but de s'assurer que le tiers avec lequel l'autorité contractante s'est engagée a bien accompli les obligations qui lui incombent.

Toutefois, le nouvel ordre des marchés publics de l'UEMOA a établi une exception aux exigences du service fait en maintenant l'hypothèse de paiement avant et après la prestation qui lie un tiers à l'administration. C'est pour ces raisons que le régime de paiement des avances et les acomptes ont été maintenus (1). Ils sont accompagnés par le règlement pour solde selon le régime particulier des acomptes.

1. La notion de paiement à travers le régime des avances

La notion d'avance est considérée comme le versement d'une partie du montant d'un marché public au titulaire avant même le début d'exécution de ses prestations. L'idée est de faciliter le financement des marchés pour les entreprises titulaires et ainsi leur offrir une garantie financière suffisante. Le but est également de permettre aux PME d'accéder plus facilement aux marchés publics. Autrement dit, l'avance facilite la bonne exécution des marchés publics. Elle garantit aussi un égal accès à la commande publique aux entreprises. Qu'elles disposent ou pas de moyens financiers suffisants.

En tenant compte de ces considérations et au regard des difficultés qu'éprouvent certaines entreprises à accéder aux prêts bancaires, l'octroi de l'avance est présenté, par certains auteurs, comme *« un moyen de nature à donner un sens au principe d'égalité d'accès aux marchés entre les entreprises qui disposent d'une trésorerie suffisante pour démarrer l'exécution des prestations et celles qui n'en disposent pas »*[1087].

En droit de l'UEMOA, l'article 90 de la directive n° 04/2005 prévoit que les *« avances de démarrage peuvent être accordées en raison des opérations préparatoires à l'exécution des travaux, fournitures ou services qui font l'objet du marché ».* Ce même article précise que le montant ne peut en aucun cas excéder trente pour cent (30%) du montant du marché initial. De plus, cette avance doit au préalable être prévue dans le dossier de consultation. Elle doit également être garantie à concurrence de son montant et comptabilisée afin de s'assurer de son apurement. Il ressort de ces dispositions que cette méthode de préfinancement vise toutes les catégories des prestations, c'est-à-dire les travaux, les fournitures et les services et ce, quel que soit le mode de passation du marché. Cette généralisation paraît être justifiée par le fait que toutes ces prestations exigent des charges préalables qui nécessitent le concours de l'administration.

En outre, la directive marché public utilise le terme « avance de démarrage ». Faut-il comprendre de cette formulation que le démarrage de l'exécution du marché est conditionné au versement d'une avance ? De ce constat, seule la réglementation nigérienne a apporté une précision d'ordre pédagogique. L'article 147 du CMP rappelle que *« le démarrage des prestations ne doit en aucun cas être conditionné par le paiement de cette avance ».*

1087 ALLAIRE (F.), *op., cit.* p.125.

En application des dispositions supranationales, les droits des Etats étudiés ont posé des limites au préfinancement du marché. Ainsi, en droit burkinabé, le rédacteur, après avoir retenu qu'aucune avance de démarrage ne peut dépasser 30% du montant du marché, indique que le montant total des avances est déterminé en fonction de la nature des prestations. Par exemple, pour les marchés publics des travaux, le montant d'une avance ne peut excéder 30% du montant du marché initial, 20% pour les marchés de fournitures, les équipements, les prestations intellectuelles et pour les travaux, vingt pour cent (20%) du montant du marché initial pour les fournitures, les équipements, les prestations intellectuelles et les services courants[1088]. En matière de paiement d'avances, la réglementation burkinabé semble être très rigoureuse. L'article 165 du CMP burkinabé conditionne le préfinancement du marché à une garantie bancaire. En d'autres termes, *« les avances doivent être garanties à cent pour cent (100%) par un établissement bancaire, un établissement financier agréé ou une institution de micro finance agréée et comptabilisées afin de s'assurer de leur apurement »*. Les mêmes dispositions imposent qu'aucune avance de démarrage ne peut être accordée pour les marchés dont le montant est inférieur à 20 000 000 de francs CFA.

Ce faisant, le rédacteur du nouveau code des marchés publics du Burkina Faso semble être complet dans l'encadrement du régime de paiement des avances de démarrage. D'une part, la soumission du préfinancement des marchés publics à une garantie bancaire permet d'éviter que les autorités contractantes se trouvent piéger par certains opérateurs économiques qui n'ont pas forcément les moyens de remboursement des avances en cas de défaillance. D'autre part, en interdisant le préfinancement des marchés qui ne sont soumis à aucune formalité de publicité et de mise en concurrence, le rédacteur burkinabé anticipe d'éventuelles tentatives de corruption.

Dans la réglementation ivoirienne, deux types d'avances sont établies. Il s'agit de l'avance forfaitaire de démarrage et de l'avance facultative de démarrage. L'article 131 du code des marchés publics prévoit que ces avances deux avances peuvent être accordées au titulaire par l'autorité contractante.

En outre, tout comme la réglementation burkinabé qui exige une garantie bancaire à 100%, celle de la Côte d'Ivoire impose que le paiement des avances forfaitaires et facultatives doit être intégralement garantie[1089].

1088 Voir. article 165 du décret de 2017, *op., cit.* sur la règlementation des marchés publics au Burkina Faso.

1089 Voir. article 132 du CMP en vigueur.

Au Sénégal, deux types d'avance sont prévues par le CMP de 2014. Il s'agit des avances accordées en raison des dépenses engagées prévues aux articles 94, 95 et 96 du CMP et de l'avance forfaitaire de démarrage consacré par l'article 97 du même code. Le régime du préfinancement couvre toutes les catégories des marchés, quel que soit le mode de passation envisagé.

En revanche, dans l'encadrement du paiement des avances de démarrage, les dispositions maliennes sont restées un peu à l'écart du dynamisme de la transformation de ce domaine. A ce sujet, l'article 105.1 du CMP rappelle que les avances de démarrage peuvent être accordées en raison des opérations préparatoires à l'exécution des travaux, fournitures ou services qui font l'objet du marché. Le montant total des avances accordées au titre d'un marché déterminé ne peut en aucun cas excéder 20 % de la valeur totale du marché pour les marchés publics des travaux et prestations intellectuelles ; 30 % pour les fournitures et autres services. Le rédacteur malien pose trois conditions à l'ouverture des avances de démarrage. *En premier lieu*, les avances doivent obligatoirement être déterminées dans le dossier d'appel d'offres. *En second lieu,* il est interdit au titulaire du contrat de disposer des approvisionnements ayant fait l'objet d'avances pour d'autres travaux, fournitures ou services que ceux prévus au marché[1090]. *En troisième lieu*, les avances doivent être garanties à concurrence de la totalité de leur montant et comptabilisées afin de s'assurer de leur apurement[1091].

De plus, tout comme les autres réglementations communautaires et nationales, la formule utilisée par le code malien semble conditionner le démarrage de la prestation au versement de l'avance forfaitaire. Cependant, en attendant une clarification jurisprudentielle, le titulaire pourrait systématiquement conditionner le démarrage des prestations à une avance de démarrage. Dans tous les cas, le retard ou le refus du paiement des avances de démarrage est sanctionné par la Cour suprême du Mali[1092]. Pour le juge administratif malien, l'autorité contractante qui a *« failli à ses engagements sur plusieurs points : retard dans le paiement de l'avance de démarrage, le non-paiement de décompte... »* est un manquement au respect des obligations contractuelles.

Dans la pratique, le régime des avances a pour objectif de permettre au titulaire du marché la possibilité de démarrer ses prestations sans aucune difficulté. Tel n'est pas le cas du régime des acomptes.

1090 Voir. article 105.2 du CMP du Mali.

1091 *Idem.,* article 105.3.

1092 CS, section administrative, aff. *Société château construction, op., cit. Cf.* annexe I.

2. Le régime particulier des acomptes

À la différence des avances, qui sont versées avant le début d'exécution des prestations, les acomptes correspondent à un règlement pour service en cours d'exécution. Cette méthode s'inscrit dans l'idée de protéger les intérêts du cocontractant. L'objectif poursuivi est d'abord, de ne pas faire attendre longuement le titulaire du marché avant qu'il ne soit payé. Ensuite, l'acompte vise à remédier aux difficultés financières auxquelles peuvent être confrontées certaines entreprises, notamment les PME. Ce procédé vise également à combler le caractère facultatif de l'avance. En effet, si une autorité contractante peut rejeter l'hypothèse d'une avance. Elle est tenue de faire face aux acomptes dès lors qu'il y a eu un début de commencement de l'exécution.

Ce régime est défini par l'article 91 de la directive n°04/2005 qui précise que *« les prestations qui ont donné lieu à un commencement d'exécution du marché ouvrent droit au versement d'acomptes »*. Selon, la communauté de droit, il n'est pas nécessaire de se référer à un délai d'exécution pour verser un acompte. Il faut simplement qu'il ait un début d'exécution de la prestation pour que l'acompte devienne un droit du titulaire du marché. Toutefois, l'autorité contractante doit s'assurer du commencement effectif de cette exécution avant d'autoriser tout paiement au titre d'acompte.

Ce faisant, excepté le droit ivoirien[1093], le législateur communautaire n'a pas été suivi par les rédacteurs nationaux. Dans les droits nationaux, un délai d'exécution de trois (3) mois est exigé[1094]. Les Etats membres ont préféré reconduire les anciennes dispositions de leurs codes respectifs en maintenant le délai d'exécution qui doit être d'au moins trois (3) mois pour justifier le versement d'un acompte. Autrement dit, les Etats n'ont pas entendu se démarquer de leur logique traditionnelle dans la définition du régime juridique de l'acompte, malgré le manque de référence au délai d'exécution dans la directive n°04/2005. Les rédacteurs nationaux ont donc préféré établir un lien étroit entre la durée d'exécution du marché et le versement de l'acompte. A défaut, il ne serait pas question d'acomptes.

Le règlement d'acompte n'a pas le caractère d'un paiement définitif. Son bénéficiaire en est débiteur jusqu'au règlement final du marché ou lorsque le marché le prévoit jusqu'au règlement partiel définitif. C'est ce qui est rappelé

1093 Dans ce droit, l'article 134 du CMP dispose que les marchés publics qui ont reçu un commencement d'exécution ouvrent droit au paiement d'acomptes, même lorsqu'ils ne sont accompagnés d'aucun transfert de propriété au profit de l'autorité contractante.

1094 En ce sens, voir. article 167 du CMP du Burkina Faso, article 106.1 du CMP du Mali et l'article 98 du CMP du Sénégal.

dans l'article 92 de la directive n°04/2005 et repris par l'article 169 du code des marchés publics du Burkina Faso. La mise en pratique de cette technique n'est pas compliquée d'autant qu'elle n'est pas nouvelle[1095].

Dans la pratique, les clauses contractuelles doivent nécessairement fixer au préalable avec précision le régime des acomptes, notamment les modalités de versement. Au sujet de son montant, la directive de 2005 avertit qu'il *« ne doit pas excéder la valeur des prestations auxquelles ils se rapportent, une fois déduites, le cas échéant, les sommes nécessaires au remboursement des avances »*. Au regard de cette exigence, le décideur communautaire a été suivi par les rédacteurs nationaux[1096].

En outre, pour éviter des abus, la nouvelle architecture des marchés publics interdit au titulaire de disposer des approvisionnements ayant fait l'objet d'acomptes pour d'autres travaux ou fournitures que ceux prévus au marché. A ce titre, l'article 91 de la directive n°04/2005 rappelle que *« le non-respect de cette disposition peut conduire à la résiliation du marché de plein droit »*. Ces dispositions ont été transposées à la lettre en droit interne[1097]. De plus, dans l'affaire *Société Château Construction* de 2012, le juge administratif malien rappelle que l'autorité contractante ne peut refuser de payer un acompte dès qu'il y a commencement d'exécution du marché[1098].

Malgré les dérogations établies dans le cadre du service fait, le régime du paiement définitif est tout de même maintenu.

B. Le maintien perméable du principe de paiement définitif

Dans la pratique, le paiement définitif n'intervient qu'après réception des prestations et l'administration doit s'assurer de la conformité de ces prestations aux clauses contractuelles. Autrement dit, les règles de la comptabilité publique interdit l'intervention de paiement avant le service fait. Le motif de cette règle financière est *« de ne pas laisser sortir les fonds des caisses que s'il y a une*

1095 Par exemple, au Sénégal, l'article 111 de l'ancien CMP de 2002 disposait que *« tout titulaire d'un marché prévoyant un délai d'exécution supérieur à 3 mois est en droit d'obtenir des acomptes suivant les modalités fixées par le marché (...) »*. L'article 112 du même code ajoutait que *« le montant d'aucun acompte ne doit excéder la valeur des prestations appréciée selon les termes du contrat (...) »*.

1096 En ce sens, voir. article 168 du CMP du Burkina Faso, article 152 du CMP de la RCI, article 106.2 du CMP du Mali et article 99 du CMP sénégalais.

1097 *Ibid.*

1098 CS, sect. Adm. 23 février 2012, *Société château construction, op., cit.* Voir. annexe I.

contreprestation équivalente sur la justification sérieuse d'un service réellement effectué »[1099].

En droit de l'UEMOA, l'article 89 de la directive prévoit que les marchés publics donnent lieu à des versements à titre de règlement partiel définitif ou pour solde du marché. Toutefois, cet article ne donne aucune précision. Dans cette formulation le droit communautaire n'a été suivi que par le rédacteur burkinabé. De ce fait, dans la transposition de ces dispositions, d'autres rédacteurs nationaux ont tenté de donner plus de précisions à l'opération de paiement pour solde. Là aussi, un oubli a été opéré pour le cas du paiement partiel définitif.

Ainsi, dans les règlementations nationales, il existe plusieurs définitions du régime de règlement pour solde. Par exemple, en droit sénégalais des marchés publics, le règlement pour solde est considéré comme étant un versement au titulaire, des sommes dues au titre de l'exécution normale des prestations objet du marché, déduction faite des versements effectués à titre d'acomptes et d'avances de toute nature non encore récupérés par l'autorité contractante[1100].

Dans les droits ivoirien et malien, la définition semble être plus complète. D'un côté, l'article 136 du code des marchés publics dispose que *« le règlement pour solde a pour objet le versement au titulaire des sommes dues au titre de l'exécution des travaux, fournitures ou services, objet du marché, après déduction des versements effectués au titre des avances et des acomptes de toute nature non encore récupérés par l'autorité contractante et de toutes sommes dont le titulaire serait, le cas échéant, redevable au titre du marché. Le marché peut prévoir des réceptions définitives partielles, donnant lieu, chacune pour ce qui la concerne, à un règlement pour solde »*. Cet article après avoir rappelé la même définition retenue en droit sénégalais, met l'accent sur d'autres sommes en dehors du cas des avances et des acomptes.

D'un autre côté, l'article 107.1 du CMP du Mali, impose que le paiement pour solde n'est envisageable qu'après déduction des versements effectués au titre d'acomptes et d'avances ainsi que de toute somme dont le titulaire serait, le cas échéant, redevable au titre du marché. Par ailleurs, dans la réglementation malienne, l'article 107.2 du CMP impose deux hypothèses. D'une part, l'autorité contractante doit d'abord procéder par un règlement pour solde provisoire comprenant les sommes dues au titre de l'exécution normale du marché, après déduction des versements effectués au titre d'acomptes et

1099 JEZE (G.), *op., cit.* p.575.

1100 En ce sens, voir. Article 100 de la règlementation sénégalaise, *op., cit.*

d'avances. C'est la règle *« selon laquelle tout paiement suppose une dette et tout ce qui a été payé sans être dû est sujet à restitution »*[1101]. D'autre part, c'est à l'issue de la première hypothèse réalisée que l'administration pourra effectuer un paiement pour solde définitif au titre duquel est libérée la retenue de garantie. On retrouve ces mêmes dispositions dans l'article 101 du CMP du Sénégal.

En ce qui concerne le paiement partiel définitif, l'imprécision de ses contours par le droit de l'UEMOA nous oblige à faire recours au droit français afin de comprendre réellement de quoi il s'agit.

Dans ce droit, l'article R. 2191-26 du code de la commande publique définit le paiement partiel définitif comme étant un règlement *« non susceptible d'être remis en cause par les parties après son paiement, notamment lors de l'établissement du solde »* correspondant à la réalisation complète des prestations. C'est une méthode alternative aux acomptes. Ce type de règlement s'oppose aux acomptes dont le contenu peut être modifié au moment du solde. Ce régime de paiement semble être bien adapté aux marchés qui établissent différentes étapes de réceptions, tel le cas d'un marché à bons de commande. En définitive, contrairement aux acomptes, aucune périodicité minimale n'est à respecter puisque c'est chaque phase ou étape qui donnera lieu à un paiement.

Par ailleurs, tant en droit communautaire qu'en droit interne, le régime de paiement définitif est conditionné au principe de contreprestation. C'est ce qu'a rappelé l'article 92 de la directive n°04/2005. Cet article prévoit que toute opération effectuée par le titulaire d'un marché donne lieu à un versement qui doit être constaté par un écrit dressé par le représentant de l'autorité contractante ou accepté par elle. Ces dispositions sont fondées sur le principe même du service fait qui interdit tout paiement par les finances publiques avant que le bénéficiaire ait exécuté les prestations qui en sont les contreparties. Il n'y a pas de service fait lorsqu'aucune prestation n'est réalisée de la part du titulaire du marché.

Ce faisant, malgré cette exigence de contreprestation qui se résume par une constatation par écrit de la part de l'autorité contractante, le nouvel ordre des marchés publics devrait mettre l'accent sur le « système de paiement pertinent », c'est-à-dire d'imposer à l'administration de ne pas se contenter d'une simple constatation écrite mais plutôt de vérifier que les prestations

---

[1101] LEQUETTE (Y.), SIMLER (P.) et TERRE (F.), *Les obligations,* Paris, 7e éd. Dalloz, 1999, p. 888.

correspondent exactement aux clauses du marché. Dans cette logique, l'article 100 du CMP sénégalais et l'article 107.2 du CMP du Mali se rapprochent de cette thèse en admettant qu'il faut *« l'exécution normale du marché »*.

De plus, il existe une autre difficulté qui est la conséquence de la politisation de la sphère des marchés publics. Dans les faits, il est constant que les membres du Comité de réception ne s'attardent pas beaucoup sur la qualité de la prestation. La doctrine précise que *« la politisation des marchés publics fait que le refus de réceptionner la prestation n'a aucune portée pratique évidente. Ils peuvent, certes, refuser la réception mais certains titulaires du marché disposent des raccourcis ou des passerelles leur permettant de faire accepter leur prestation quelle que soit sa qualité »*[1102]. A cet égard, ce phénomène tient, malheureusement, la qualité de la dépense publique en l'état. De sorte qu'il y a souvent réception alors que les prestations ont été non ou mal réalisées.

Ce constat est valable dans tous les Etats membres de l'Union, pratique qui est regrettable pour le dynamisme de l'efficacité du domaine des marchés publics, surtout pour la régularité de l'exécution des marchés. Du point de vue financier, cet état de fait constitue un manquement au principe de traçabilité de la dépense publique et, par la suite, une limitation objective à la portée des audits publics.

Toutefois, dans la logique du paiement définitif, la directive communautaire contraint l'administration au respect d'un délai afin de rémunérer le titulaire. L'article 92 de la directive n°04/2005 prévoit que *« l'autorité contractante est tenue de procéder au paiement (...) du solde dans un délai qui ne peut dépasser soixante jours ; toutefois, un délai plus long peut être fixé pour le paiement du solde de certaines catégories de marchés »*. Le même article indique que pour les petites et moyennes entreprises régulièrement installées, un délai de paiement plus court peut être accordé par les collectivités locales et leurs établissements. Aussi, comme il est fréquent que les administrations publiques soient des mauvaises payeuses. Pour ces raisons, la nouvelle architecture des marchés publics est intervenue en imposant de délais de paiement définitif. Pour rendre plus efficace ces dispositions, la communauté de droit considère que tout dépassement de délai de paiement ouvre sans autre formalité et de plein droit pour le titulaire du marché au paiement d'intérêts moratoires[1103]. En définitive, le nouveau droit des marchés publics prend en compte les intérêts des cocontractants de l'administration qui s'apprécient à

[1102] ISSOUFOU (A.), *op., cit.* p. 267.
[1103] Voir. aussi article 92 de la directive 04/2005, *op., cit.*

travers la fixation des délais impératifs de paiement et le maintien de sanctions en cas de non-respect de ces délais.

Néanmoins, il arrive que certains titulaires, après avoir exécuté leur part du marché, attendent plusieurs mois pour être rémunérés malgré la constatation de leurs prestations. A ce sujet, il faut relever qu'en pratique, *« la moyenne de délai de paiement varie de deux mois à cinq ans en fonction du profil du titulaire du marché. Il faut souligner aussi que le degré du respect de ce délai dépend, en réalité, du statut du titulaire du marché et de ses affinités avec les responsables politiques »*[1104].

[1104] ISSOUFOU (A.), *op., cit.* p. 274.

TITRE SECOND : L'inefficacité du cadre contentieux des marchés publics

La refonte des marchés publics a été l'occasion de traiter le mécanisme de résolution des litiges, s'agissant tant des voies de recours devant les instances non juridictionnelles que juridictionnelles. Ce faisant, au regard de la *« diversité des contentieux contractuels »*[1105], le droit de l'UEMOA a mis l'accent sur un certain nombre de processus pour trancher les litiges. A ce sujet, l'accent est mis sur l'approche non contentieuse qui promeut *« recherche de solutions aux différends en dehors du prétoire »*[1106].

En outre, le développement de ces modes de règlement amiable des litiges a été l'occasion pour le législateur communautaire d'imposer une procédure arbitrale de résolution des marchés publics devant l'arbitre de l'organisation pour l'harmonisation en Afrique du droit des affaires (OHADA). Cette procédure semble être mise en pratique après épuisement de voies et recours nationaux. Ce mécanisme est donc discutable[1107].

De même, le juge n'intervient qu'après épuisement obligatoire du règlement non juridictionnel.

Cela étant, certes, le droit occidental africain des marchés publics a beaucoup évolué ces dernières années. Toutefois, il convient de revoir certains mécanismes en la matière. L'idée n'est donc pas de passer pour *« le contestataire de service qui considèrerait que rien ne va jamais et que tout doit toujours être changé »*[1108]. L'idée est plutôt de chercher à améliorer davantage l'efficacité des procédures de recours et de résolution des différends. C'est pourquoi, la présente étude s'intéresse au développement insuffisant des modes de règlement amiable des litiges (Chapitre 1) et l'imprécision du contrôle juridictionnel des marchés publics (Chapitre 2).

1105 LAFAIX (J.F), « Le juge du contrat face à la diversité des contentieux contractuels », *RFDA* 2010, p.1089.

1106 FALL (A.B), « Réflexion sur quelques procédés non juridictionnels de règlement des litiges administratifs », *in* DARBON (D.) et Du BOIS de GAUDUSSON (J.), *La création du droit en Afrique*, Paris Karthala, 1997, p.421-441.

1107 *Cf. infra,* p. 333 et S.

1108 POULET (F.), « Un office à renforcer dans le contentieux de l'exécution », *in* actes de colloque, *Exécution des contrats administratifs*, BOUHIER (V.) et RICCARDI (D.), (dir.), Editions Le Moniteur, 2018, p.195.

Chapitre 1 : La redynamisation insuffisante des modes de résolution non juridictionnelle des litiges

Le droit ouest africain des marchés publics exige un règlement amiable des litiges pouvant intervenir sur la base d'une conciliation, par suite d'un recours gracieux adressé à l'autorité contractante. La décision issue de ce recours peut faire l'objet d'un recours hiérarchique facultatif adressé à la tutelle de l'autorité contractante responsable du marché[1109].

Dans la transposition de ces exigences communautaires, les rédacteurs nationaux ont considéré que ce recours gracieux est obligatoire à l'exception du rédacteur burkinabé[1110]. Ce processus de règlement amiable des conflits peut aussi aboutir à un arbitrage. Il s'agit d'une nouveauté dans le contentieux des marchés publics des Etats membres de l'UEMOA.

De ce fait, malgré l'innovation de l'approche des modes de conciliation amiable des conflits, le domaine du recours non contentieux reste perfectible (Section 1), ce qui rend le processus d'arbitrage contraste (Section 2).

Section 1 : Le caractère incertain de l'obligation d'un recours amiable et du contentieux non-juridictionnel

En matière des litiges nés lors de la passation des marchés publics, les nouvelles dispositions imposent un règlement non juridictionnel[1111]. Pour les litiges nés de l'exécution des marchés publics, les directives communautaires font une référence timide à ce même mécanisme[1112].

De ce fait, un recours gracieux préalable et obligatoire a été imposé (paragraphe 1). Pourtant, l'exercice de ce recours soulève d'énormes difficultés qui doivent être palliées (paragraphe 2).

1109 L'article 11 de la directive n°05/2005 du 9 décembre 2005, *op., cit.*

1110 Voir. Article 167 du CMP de la RCI, article 120.2 du CMP du Mali, article 89 du CMP du Sénégal.

1111 Voir. article 11 de la directive n°05/2005, *op., cit.*

1112 *Cf. infra*, p. 367 et s.

Paragraphe 1 : Les difficultés relatives à l'obligation d'un recours gracieux préalable devant l'autorité contractante

Dans le droit de l'UEMOA, le recours administratif préalable est une étape indispensable des différends liés aux marchés publics. C'est une voie de recours classique qui rentre dans la forme normale de la procédure administrative précontentieuse.

En revanche, l'obligation de ce recours devant l'autorité contractante est d'origine interne (A). Le droit communautaire prévoit simplement l'hypothèse de recours effectif préalable en matière des litiges relatifs aux marchés publics sans préciser si cette procédure doit être obligatoire ou non. Ainsi, l'obligation de cette mesure en droit interne soulève de questions de cohérence avec l'objectif d'efficacité du cadre contentieux des marchés publics (B).

A. L'exercice obligatoire du recours administratif préalable

En principe, l'hypothèse de conciliation amiable à travers le recours préalable exercé par une entreprise évincée a pour but de simplifier le règlement des conflits directement entre les parties sans l'intervention d'autres instances extérieures. Ces mesures alternatives recherchées doivent être incitatives pour les entreprises et non une obligation, d'autant qu'existe en outre, la possibilité de recours non juridictionnel devant l'organe de règlement des différends.

Cependant, l'existence d'un recours gracieux obligatoire peut enfreindre l'effectivité du droit au recours. D'ailleurs, dans la pratique de ce recours préalable obligatoire, les nouvelles règlementations semblent porter peu de considération à son efficacité et aux intérêts des entreprises.

1. Le caractère complexe du processus de recours préalable

L'applicabilité de la formule du recours préalable obligatoire devant l'autorité contractante est prise rigoureusement par les organes qui réalisent le règlement amiable des litiges. A titre d'illustration, le Comité de règlement des différends (CRD) du Mali a déclaré l'irrecevabilité d'un recours exercé devant lui pour absence de recours gracieux. En l'espèce, le ministère de l'équipement et des transports avait lancé un appel d'offres restreint pour l'acquisition de deux bateaux à faible tirant d'eau au profit de la COMANAV (établissement public). Une société figurant sur la liste restreinte a saisi directement le CRD d'un recours contre le dossier d'appel d'offres restreint. Le CRD a considéré qu'il n'est pas contesté que la société requérante n'a introduit aucun recours gracieux auprès de l'autorité contractante préalablement à sa saisine. Il a dès lors conclu que la société requérante *« n'a de ce fait observé la prescription légale en vigueur en la matière »* et a déclaré l'irrecevabilité de sa saisine pour défaut de recours gracieux préalable[1113].

Dans une autre affaire de 2016, le CRD du Mali a estimé qu'une requérante ne peut directement le saisir d'un recours non juridictionnel avant de procéder par voie d'un recours gracieux préalable contestant les motifs de son éviction, *« qu'il s'ensuit que son recours est irrecevable pour défaut de recours gracieux préalable obligatoire »*[1114]. On retrouve ces mêmes considérations dans une décision de la Cellule recours et sanctions (CRS) de la Côte d'Ivoire[1115].

En outre, le délai du recours préalable obligatoire dans le contentieux des marchés publics est dérogatoire au délai de droit commun qui est de deux (2) mois à compter de la notification ou de la publication des actes règlementaires. En réalité, dans l'exercice du recours gracieux obligatoire, le critère principal de recevabilité est le respect des délais de recours. Or, en droit UEMOA des marchés publics ces délais sont trop courts, à la fois pour l'entreprise et aussi pour l'administration. Il existe également des émiettements dans la fixation de ces délais selon chaque droit interne.

En premier lieu, les droits malien et sénégalais disposent de la même rigueur en termes de délais. Ainsi, dans la nouvelle rédaction malienne des marchés publics, le délai d'exercice du recours gracieux est fixé à cinq (5) jours ouvrables à compter de la publication de la décision d'attribution provisoire du marché, de l'avis d'appel d'offres ou de la communication du dossier d'appel d'offres[1116]. On retrouve cette même exigence dans l'article 89 du CMP au Sénégal. Le non-respect de ce délai est sanctionné par l'organe de règlement des litiges[1117].

1113 Décision n°10-021/ARMDS-CRD du 3 septembre 2010, le CRD statuant en commission contentieuse sur le recours de la société INACOM – MALI SA.

1114 Décision n°16-013/ARMDS-CRD du 19 mars 2016, le CRD statuant en commission litiges sur le recours non juridictionnel de l'entreprise GODILA-BTP.

1115 Décision n°022/2018/ANRMP/CRS du 18 juillet 2018 sur la dénonciation de la société INTERCOR pour irrégularités commises dans la procédure d'appel d'offres n° P121/2018, organise par le CROU de Bouake.

1116 Voir. article 120.4 du décret de 2015 portant des marchés publics au Mali, *op., cit.*

1117 Décision n°2017-0599/ARCOP/ORD du 17 août 2017 sur recours de l'entreprise SEA-B.

En la matière, le rédacteur ivoirien a été un peu plus raisonnable en fixant un délai relativement long afin de permettre aux concurrents évincés de préparer leurs contestations. L'article 144 du CMP ivoirien prévoit que le recours gracieux peut être effectué par les soumissionnaires dans un délai de sept (7) jours ouvrables. Certes, le code fixe un délai un peu large par rapport aux autres codifications nationales. Ce délai reste aussi trop contraignant pour les entreprises qui ne connaissent pas forcement les règles et les procédures utiles de contestation. Tel est le cas dans une décision récente du 5 juillet 2018 de la Cellule recours et sanctions (CRS). La CRS a estimé que le requérant a saisi l'autorité contractante d'un recours gracieux tardif, *« soit le 1er jour ouvrable après expiration du délai règlementaire »*[1118].

Le but de cette mesure de délais trop courts est sans doute d'apurer les litiges rapidement pour parer aux incertitudes de la situation et poursuivre la procédure d'attribution des marchés efficacement. Toutefois, il pourrait être aussi l'occasion de paralyser ou d'empêcher les recours.

Il est donc malheureux de constater que ces nouveaux textes n'ont pas voulu consacrer un délai raisonnable pour permettre aux opérateurs économiques d'effectuer une contestation sérieuse en cas de manquement aux règles des marchés publics par les autorités contractantes. Les rédacteurs nationaux auraient dû tenir compte de nombreux facteurs de fragilité du fonctionnement des administrations publiques africaines, notamment, les modes d'acheminement des dossiers de litige qui peuvent s'expliquer par le non-développement des correspondances postales des courriers et le non-développement des procédures dématérialisées, telle que l'atteste la décision *Société Handling de 2014* [1119].

Certes, les organes de règlement des différends accordent une attention particulière au point de départ du délai afin d'éviter les cas de forclusions injustifiés. Toutefois, cela ne garantit pas l'efficacité et la simplicité du recours préalable. C'est le cas par exemple de l'affaire *Société Handling contre l'Etat ivoirien*[1120]. Dans cette affaire, une autorité contractante avait contesté la recevabilité du recours gracieux d'un concurrent évincé au motif de forclusion. Ainsi, la Cellule recours et sanctions (CRS), pour s'assurer que le requérant a exercé le recours gracieux dans les délais n'a pas hésité à

1118 Décision °021/2018/ANRMP/CRS du 05 juillet 2018 sur le recours en contestation des résultats de l'appel d'offres n°p125/2017 relatif à la gestion de main d'œuvre occasionnelle, organise par l'institut national d'hygiène publique (INHP).

1119 Décision n°014/2014/ANRMP/CRS du 05 juin 2014, le CRS statuant sur le recours de la société Handling Côte d'Ivoire. Voir ; aussi Décision n°2017-0629/ARCOP/ORD du 23 août 2017 sur recours de CED SARL.

1120 *Ibid.*

envoyer un courriel à l'adresse électronique à laquelle l'autorité contractante prétendait avoir envoyé la notification. Constatant que son courriel n'a pu être envoyé au motif que l'adresse électronique est erronée, la CRS, en conclut que la date à retenir pour la notification est celle avancée par le requérant, ce qui justifie la recevabilité du recours dans les délais.

Cependant, pour éviter ce genre de difficultés, il semblerait judicieux que le recours administratif préalable ait un caractère facultatif. Tel était l'orientation retenue par le Comité de règlement des différends (CRD) du Sénégal avant le CMP du 22 septembre 2014. Dans une décision du 2 avril 2014[1121], le CRD avait considéré qu'il relève de la règlementation des marchés publics que *« tout candidat à un marché public peut saisir l'autorité contractante d'un recours gracieux, le cas échéant, saisir directement le CRD suivant la publication de l'avis provisoire du marché, de l'avis d'appel d'offres ou de la communication de la demande de proposition »*. Cette dernière hypothèse semble être logique et pertinente pour les entreprises.

En deuxième lieu, le délai accordé à l'administration pour examiner un recours administratif préalable visant une méconnaissance des règles des marchés publics est trop limité.

En droit ivoirien des marchés publics, l'autorité contractante dispose d'un délai de cinq (5) jours pour traiter le recours gracieux. L'article 144 indique qu'en *« l'absence de décision rendue par l'autorité à l'origine de la décision contestée ou le supérieur hiérarchique le cas échéant, dans les cinq (05) jours ouvrables à compter de sa saisine, la requête est considérée comme rejetée »*. En conséquence, le rédacteur ivoirien a fixé un délai qui est un peu plus raisonnable par rapport aux délais retenus par les rédacteurs malien et sénégalais. Dans le premier cas, l'article 121.2 du CMP impose à l'autorité contractante un délai de traitement des requêtes de contestation préalable de deux jours seulement. Dans le second cas, l'article 89 du code rappelle que *« la personne responsable du marché est tenue de répondre à cette réclamation dans un délai de trois jours ouvrables, au-delà duquel le défaut de réponse sera constitutif d'un rejet implicite du recours gracieux »*.

En droit burkinabé, l'article 33 du CMP dispose qu'en *« cas d'exercice de recours devant l'autorité contractante, celle-ci répond aux candidats ou soumissionnaires requérants dans les deux jours ouvrables à compter de sa*

[1121] Décision n°085/14/ARMP/CRD du 02 avril 2014 du CRD statuant en commission litiges sur le recours de la société Africain Industries Gateway.

saisine ». Au Burkina Faso, ce délai est acceptable du moment où les entreprises ne sont pas obligées d'effectuer un recours préalable obligatoire.

Il est ainsi regrettable de constater que les nouveaux codes des marchés publics n'ont pas tenu compte de l'engorgement des administrations publiques, ainsi que les difficultés de moyens qui incombent à ces personnes publiques. Ces délais retenus par les codes ne peuvent permettre aux autorités contractantes d'analyser rigoureusement les recours gracieux à moins qu'elles prennent simplement de décisions lacunaires pour se libérer de questions.

En outre, même si les modalités du recours administratif préalable semblent être clairement définies. Elles suscitent quelques interrogations.

2. Les modalités et les actes susceptibles de recours

Le principe du recours gracieux nécessite une saisine officielle de l'autorité contractante qui est à l'origine de la violation de la réglementation des marchés publics.

A ce sujet, l'article 89 du code des marchés publics du Sénégal prévoit que tout candidat à une procédure d'attribution d'un marché doit saisir la personne responsable du marché d'un recours gracieux. Ce recours doit indiquer les références de la procédure de passation du marché et exposer les motifs de sa réclamation par une lettre recommandée avec demande d'avis de réception ou déposée contre récépissé. On retrouve les mêmes modalités dans le droit malien des marchés publics[1122].

En droit ivoirien, le code n'a pas soumis l'exercice de ce recours à des modalités spécifiques trop contraignantes. L'article 167 du CMP prévoit simplement que le recours administratif préalable peut être exercé par tout moyen approprié. On peut ainsi comprendre que la règlementation ivoirienne a tenu compte du délai trop limité d'exercice du recours gracieux. Du fait qu'une entreprise n'est pas cantonnée dans une formalité stricte elle peut simplement se permettre d'envoyer un courriel à l'autorité contractante pour effectuer son recours administratif préalable.

1122 En ce sens, les dispositions de l'article 120.5 du CMP malien.

Par ailleurs, les décisions pouvant faire l'objet d'un recours administratif sont celles relatives à l'attribution ou la non-attribution du marché et les conditions de publication des avis. Sont également visées les règles relatives à la participation des candidats et aux capacités et garanties exigées, le mode de passation et la procédure de sélection retenue, la conformité des documents d'appel d'offres à la réglementation, les spécifications techniques retenues, les critères d'évaluation. Ainsi, toute requête introduite doit être fondée sur la base de ces considérations. En la matière le CRD malien a écarté un recours qui n'invoquait aucune disposition du code des marchés publics. Il a estimé que *« le requérant ne se plaint pas des critères d'évaluation contenus dans la demande de propositions en raison de sa qualification pour la phase finale de l'évaluation des offres et du fait qu'il ne demande que des précisions sur sa note technique »*[1123].

En effet, le nouveau droit des marchés publics exige un degré sérieux de manquement au dispositif du droit des marchés publics. Il s'agit d'une exigence communautaire. Les candidats voulant exercer un recours gracieux doivent démontrer « *une violation caractérisée de la réglementation des marchés publics* ». Les rédacteurs nationaux ont aussi opté pour la même solution[1124]. Toutefois, ce principe n'a fait l'objet d'aucune précision. Cela suscite de nombreuses questions quant à son étendue. L'on se demande si cette imprécision n'est pas volontaire afin de laisser plus de palettes interprétatives aux structures chargées de la résolution des litiges.

Dans cette orientation, la doctrine considère que cette imprécision *« confère à l'organe chargé de régler les litiges le pouvoir de filtrer les recours de façon discrétionnaire »*[1125]. Ainsi, pour une interprétation large et positive de ce critère, on peut considérer qu'un rejet fondé sur l'absence de « *violation caractérisée de la réglementation* » laisse penser qu'un simple manquement aux règles suffit pour qu'un recours puisse être recevable du moment que les délais de recours sont respectés[1126].

Par ailleurs, tout candidat voulant contester l'attribution d'un marché est tenu d'effectuer son recours dans la période comprise entre l'attribution provisoire et l'attribution définitive du marché.

1123 Décision n°13/012/ARMDS-CRD du 7 mai 2013, le CRD statuant en commission contentieuse sur la réclamation du groupement Bureau Sahélien d'hydraulique (BHS) – Société d'études et d'assistance pour le développement (SETADE).

1124 En ce sens voir, l'article 120.3 du CMP du Mali et l'article 89 du CMP sénégalais.

1125 SAMB (S.), *op., cit.* p. 628.

1126 *Ibid.*

B. L'obligation de recours avant l'attribution définitive du marché

Dans la nouvelle construction du contentieux des marchés publics, les avis d'attribution définitive des marchés publics semblent ne pas poser beaucoup de difficultés. Il n'est pas possible de les contester. La seule ouverture de contestation vise les avis d'attribution provisoire des marchés.

Cette exigence est rappelée expressément par l'article 89 du code des marchés publics au Sénégal. Cet article indique que les recours administratifs préalables doivent être exercés à compter de la publication de l'avis d'attribution provisoire du marché. Cette orientation du rédacteur sénégalais a été suivie par l'organe en charge du règlement des conflits. Cet organe a considéré qu'un candidat ne peut attaquer une décision d'attribution après la publication de l'avis d'attribution définitive[1127]. En ce sens, une société candidate à la conclusion d'un marché avait introduit un recours devant le CRD sénégalais pour contester la signature dudit du marché. Le CRD a estimé qu'il résulte des faits invoqués qu'après l'évaluation des offres par la commission des marchés, l'autorité contractante a fait publier dans un premier temps l'avis d'attribution provisoire du marché puis dans un second temps, soit 20 jours après, l'avis d'attribution définitive. Le requérant a saisi le CRD après la parution de l'avis d'attribution définitive du marché, alors qu'il aurait dû exercer ce droit à compter de l'avis d'attribution provisoire. Pour ces raisons, le CRD a déclaré que le *« recours n'a pas été exercé dans les délais et formes prévus (...) il convient de le déclarer irrecevable »*.

Au sujet de cette obligation, les autres règlementations nationales sont restées silencieuses. Par exemple, en droit malien, le code des marchés publics ne prévoit aucune disposition relative à l'exercice du recours gracieux contre l'attribution définitive du marché. L'article 120.4 dispose simplement que les contestations préalables doivent être réalisées après la publication de l'avis d'attribution du marché. Les mêmes dispositions ajoutent que le recours gracieux *« a pour effet de suspendre la procédure d'attribution jusqu'à la décision définitive de l'autorité contractante »*. Le caractère suspensif de la procédure par l'introduction du recours est intéressant pour le concurrent évincé. Toutefois, le CRD malien a admis implicitement qu'après la signature définitive du marché, aucun recours ne peut être exercé à l'encontre du contrat. Ce faisant, le CRD a rappelé qu'un requérant ne peut introduire un recours après la signature du contrat. Il a dès lors considéré que *« la procédure de*

1127 Décision n°276/13/ARMP/CRD du 11 septembre 2013 du Comité de règlement des différends statuant en commission litiges sur le recours de la Société Horizons industries S.A.

passation du marché est épuisée à la date de la signature du contrat » [1128]. Par conséquent, il déclare l'irrecevabilité dudit recours. On peut donc s'interroger de la possibilité d'exercice d'un recours entre l'attribution définitive et la signature du contrat.

En tout état de cause, pour être plus efficace, les nouvelles dispositions auraient dû laisser au libre choix des entreprises évincées la liberté d'effectuer un recours administratif préventif ou de saisir directement l'instance de recours non juridictionnel. Cette technique permettrait de garantir l'intervention rapide du juge à l'issue de la décision du recours non juridictionnel.

En outre, il a été retenu par le nouvel ordre des marchés publics qu'en cas de désaccord à l'issue du recours administratif préalable devant l'autorité contractante, le candidat évincé doit saisir la structure chargée de la résolution des litiges avant que le juge du contrat ne puisse intervenir.

Paragraphe 2 : L'obligation d'un contentieux non juridictionnel peu convaincante

Le renouvellement du mécanisme de règlement des litiges relatifs aux marchés publics se caractérise principalement par l'apparition des institutions chargées spécialement des questions contentieuses. Il s'agit des Autorités administratives indépendantes (AAI) chargées de la régulation des marchés publics et de la résolution des litiges[1129]. Une résolution des litiges peut donc exister sans l'intervention du juge. Contrairement aux différends systèmes juridiques, il s'agit d'un recours principal et obligatoire.

Dans la majorité des systèmes étrangers, le recours principal est le recours juridictionnel. C'est le cas en France où le contentieux des contrats publics se porte majoritairement vers les juridictions administratives du fait, notamment de la loi mais également de la facilité d'accès à ces juridictions[1130].

Ce faisant, l'analyse des nouvelles dispositions ouest africaines et de la pratique relative au mode de règlement non juridictionnel des litiges démontre

---

1128 Décision n°13-011/ARMDS-CRD du 25 avril 2013, le CRD statuant en commission contentieuse sur le recours de la société de prestations et de commerce (SOPRESCOM).

1129 Pour plus de détails, voir. *supra*. p. 171 et s.

1130 En ce sens, voir. FOLLIOT LALLIOT (L.), « Régulation du contrat », *in* BAZEX (M.), ECKERT (G.), LANNEAU (R.), LE BERRE (Ch.), DU MARAIS (B.) et SEE (A.), *Dictionnaire des Régulations,* Paris, LexisNexis, 2016, p.553 et s.

d'énormes inefficacités (A) en raison de la compétence restreinte de l'instance de recours non juridictionnel (B).

A. L'inutilité de l'obligation de saisine de l'organe de recours non juridictionnel

La technique de règlement amiable des litiges n'est pas un mécanisme nouveau dans la pratique contentieuse des Etats membres[1131]. Elle a été renforcée par la réforme de l'architecture des marchés publics en dotant les organes de régulation de cette compétence.

Toute structure intervenant dans le processus des marchés publics peut engager cette procédure. Cette approche présente l'avantage d'une expertise certaine sur des sujets souvent techniques et complexes. Ce système de recours *« s'inscrit dans un contexte plus large visant à assurer une bonne gestion publique »*[1132].

Ainsi, l'attribution d'une fonction contentieuse aux organes de régulation est certes salutaire. Toutefois, ce processus aurait été plus efficace si la saisine de ces organes était facultative avec une facilité d'accès (1). De plus, les effets du recours sont très incertains et ambigües (2).

1. La rigidité dans l'accès à l'organe de recours

Dans la pratique, c'est la décision issue du recours administratif préalable qui conditionne le recours non juridictionnel devant les structures chargées de trouver une solution amiable aux différends. A cet égard, l'article 121.1 du CMP du Mali dispose que *« les décisions rendues au titre du recours gracieux peuvent faire l'objet d'un recours devant le Comité de règlement des différends (...) »*. L'article 123.1 du même code impose que l'accès au juge du

[1131] En ce sens, par exemple, au Burkina Faso, l'ancien décret n°2003/269 du 27 mai 2003, portant règlementation générale des achats publics avait créé une Commission de règlement amiable des litiges. Elle avait pour compétence la résolution des litiges relatifs aux travaux d'attribution des marchés publics.

[1132] LIGNIERES (P.) et ISNARD (N.), « Le contrôle des contrats publics par les Autorités Administratives Indépendantes », *in* FOLLIOT LALLIOT (L.) et TORRICELLI (S.), *Contrôles et contentieux des contrats publics,* sous la dir. AUBY (J-B.), Bruylant, 2018, p. 539.

contrat est conditionné à *« l'épuisement des voies de recours non juridictionnels »*.

On retrouve la même orientation dans l'article 145.1 du CMP ivoirien et dans l'article 90 du code des marchés publics au Sénégal. Or à la lecture du droit dérivé, il est simplement rappelé que *« les Etats membres veillent à ce que les décisions rendues au titre du recours administratif préalable puissent faire l'objet d'un recours effectif »* devant le régulateur[1133]. Faudrait-il entendre par ces dispositions une obligation de recours gracieux avant de pouvoir accéder à l'organe de résolution amiable des litiges ?

En tout cas, les nouvelles dispositions nationales ont exigé que l'exercice de recours non juridictionnel devant l'organe de règlement amiable des litiges soit conditionné à l'introduction préalable d'un recours gracieux. L'exercice de ce recours est indispensable pour toute entreprise qui entend exercer un recours non juridictionnel. Les institutions chargées de trouver une solution amiable en cas de différends semblent être très favorables à ces restrictions d'origine interne.

A titre d'illustration, l'instance de recours non juridictionnel du Mali a déclaré irrecevable le recours d'un candidat évincé au motif qu'il n'a pas introduit de recours gracieux auprès de l'autorité contractante ou auprès de l'autorité hiérarchique préalablement à sa saisine. En l'espèce, il a rappelé que tout requérant qui saisit directement le CRD d'un recours en annulation d'une procédure de passation des marchés publics voit son recours déclaré irrecevable *« pour défaut d'observation de la formalité substantielle du recours gracieux préalable exigée par la réglementation en vigueur en la matière »*[1134]. Dans une autre décision, le CRD a considéré qu'un candidat évincé ne peut directement le saisir avant d'exercer le recours administratif préalable[1135]. En l'espèce, dans cette affaire, l'offre du requérant a été rejetée par le ministère de l'éducation malienne. Il a donc demandé à l'autorité contractante la communication des motifs du rejet de son offre. Ces motifs lui ont été communiqués. Par la suite, il a saisi directement le CRD avant même d'exercer un recours administratif préalable auprès de l'administration

---

1133 Voir. article 12 de la directive 05/2005, *op., cit.*

1134 Décision n°10-027/ARMDS-CRD, 20 septembre 2010, le CRD statuant en commission contentieuse sur le recours de ABIS DISTRIBUTION SARL. Voir. aussi Décision n°17- 024 /ARMDS-CRD du 31 août 2017, le CRD statuant en commission litiges sur le recours non juridictionnel de la Société pour le commerce, le négoce et les prestations de services BTP SARL. Voir. egal. Décision n°19-014-ARMDS-CRD du 16 juillet 2019 sur le recours de la société BITTAR impression c/ CANAM.

1135 Décision n°16-018/ARMDS-CRD du 22 avril 2016, le CRD, statuant en commission litiges sur le recours non juridictionnel de la Société AFRIQUE AUTO.

acheteuse. Le CRD a dès lors estimé que le recours du requérant *« est irrecevable pour défaut de recours gracieux préalable obligatoire »*.

Dans l'exercice de cette procédure, la structure en charge de règlement des litiges peut refuser le recours d'un candidat évincé qui exerce directement un recours devant elle puis un recours gracieux devant l'autorité contractante. En l'espèce, une entreprise avait procédé de cette manière, le CRD a raisonné que ce recours était prématuré et donc irrecevable pour défaut de recours gracieux préalable obligatoire[1136].

Il a également été considéré qu'un concurrent évincé ne peut être recevable à effectuer simultanément un recours non juridictionnel et un recours gracieux. En l'espèce, une entreprise voulait contester le résultat du dépouillement d'un appel d'offres. Pour ce faire, elle a exercé un recours gracieux devant l'autorité contractante. Sans attendre la réponse de ce recours, elle a saisi le lendemain, l'organe de règlement des litiges d'un recours non juridictionnel. Ce faisant, le CRD a relevé *« qu'il est resté constant à l'audition des parties que le requérant a adressé un recours gracieux à l'autorité contractante le 3 mars 2016 ; qu'elle a saisi le CRD du présent recours le 4 mars 2016, donc sans attendre la réponse de l'autorité contractante devant intervenir dans les deux jours ouvrables à compter de sa saisine au titre du recours gracieux. Que de ce fait son recours est prématuré et doit donc être déclaré irrecevable »*[1137]. Dans une autre décision plus récente, le CRD malien a considéré qu'une entreprise évincée ne peut le saisir d'un recours sans attendre la réponse de son recours gracieux[1138]. Suivant le même raisonnement dans une décision récente du 17 septembre 2018, la Cellule recours et sanctions ivoirienne a considéré qu'un recours exercé devant elle, est précoce *« sans respecter le délai réglementaire imparti à l'autorité contractante pour répondre à son recours gracieux »*[1139].

1136 Décision n°16-014/ARMDS-CRD du 19 mars 2016, le CRD statuant en commission litiges sur le recours non juridictionnel de l'entreprise GODILA-BTP. Voir. aussi. Décision n°19-013-ARMDS-CRD du 20 juin 2019 sur le recours de l'entreprise SITAC-SA.

1137 Décision n°16-012/ARMDS-CRD du 15 mars 2016, le CRD statuant en commission litiges sur le recours non juridictionnel de l'entreprise ETIENNE TESSOUGUE c ; voir. Aussi. CRD, décision n° 16-011/ARMDS-CRD du 26 février 2016, Consortium ADDUR-IER, le CRD a rappelé *« qu'après l'exercice d'un recours gracieux, le candidat évincé ne peut saisir l'autorité de recours non juridictionnels avant la décision implicite ou expresse de l'administration contractante »*.

1138 Décision n°17-010/ARMDS-CRD du 26 avril 2017, le CRD statuant en commission litiges sur le recours non juridictionnel de Mion hôtellerie.

1139 Décision n°031/2018/ANRMP/CRS du 17 septembre 2018 sur le recours de l'entreprise West Africa security.

Par ailleurs, il faut noter, tout comme l'exercice de recours gracieux, les délais de recours sont trop courts et sont différents selon les Etats membres. Dans le droit sénégalais, pour pouvoir saisir l'organe de règlement des différends, l'article 90 du code des marchés publics impose un délai de trois jours ouvrables à compter de la réception de la décision défavorable issue du recours gracieux. Au Mali, ce délai est fixé à deux jours par l'article 121.1 du code des marchés publics. Dans ce pays, le CRD semble être très rigoureux sur le respect de ce délai de deux jours. Il a ainsi estimé qu'un requérant qui introduit un recours gracieux devant l'autorité contractante, s'il n'est pas satisfait de la réponse ne peut le saisir au-delà du délai de deux jours ouvrables[1140].

En Côte d'Ivoire, aux termes de l'article 145.1 du code des marchés publics, les décisions rendues au titre du recours administratif préalable peuvent être portées devant la Cellule recours et sanction de l'ANRMP dans un *« délai de 5 jours ouvrables à compter de la publication ou de la notification faisant grief ».* La Cellule de résolution des litiges rappelle qu'aux termes de ce délai, si l'autorité contractante ne répond pas au recours préalable qui lui a été adressé, son silence équivaut à un rejet[1141].

Comme constaté, les organes de résolution des conflits veillent rigoureusement à l'application de ces dispositions[1142]. L'organe de conciliation burkinabé a rappelé d'ailleurs que ces délais s'imposent tant pour les litiges liés à la passation des marchés qu'à ceux liés à la passation des conventions de délégation de service public[1143].

Cependant, le juge administratif veille rigoureusement au mode de décomptage de ces délais de saisine de l'organe de recours non juridictionnel.

1140 Décision n°17-027/ARMDS-CRD du 12 septembre 2017, le CRD statuant en commission litiges sur le recours non juridictionnel du groupement cabinet de conseil et de recherche pour le développement durable SARL (CCRDD-SARL) et management consulting group (MCG-DAKAR). Voir. aussi. Décision n°19-015-ARMDS-CRD DU 28 aout 2019 sur le recours de media-prestation.

1141 Décision n°016/2014/ANRMP/CRS du 11 juin 2014 sur le recours de la société Kay Systems. Voir. aussi. Décision n°001/2018/ANRMP/CRS du 03 janvier 2018 sur le recours de la Société challenges.

1142 Décision n°030/2018/ANRMP/CRS du 17 septembre 2018 sur le recours de l'entreprise *CHANDELIER*. Voir. aussi. Décision n° 174/13/ARMP/CRD du 10 juillet 2013, le CRD statuant en commission litiges sur le recours de la sénégalaise de l'automobile. Voir. egal. Décision n° 082/19/ARMP/CRD/DEF du 15 mai 2019 du CRD statuant en commission litiges sur le recours de la SARL ECCOTRA.

1143 Décision 766/ARMP/CRD du 08 novembre 2011 du CRD statuant sur le recours de la société SERPHER BURKINA-SARL. Voir. aussi. Décision n°2017-0808/ARCOP/ORD du 10 octobre 2017, sur recours de l'entreprise B.E.G.E.C/TP. Voir. egal. Décision n°18-029-ARMDS-CRD du 06 décembre sur le recours de la société de prestations et de commerce (SOPRESCOM) SARL.

A ce sujet, le juge suprême sénégalais a sanctionné l'organe de recours non juridictionnel qui avait rejeté un recours au motif de forclusion. En l'espèce, un opérateur économique a été informé du rejet de son offre par suite de la publication de l'attribution provisoire du marché pour lequel il avait soumissionné. Il a effectué un recours gracieux devant l'autorité contractante le 16 février 2012. Le candidat évincé reçoit une décision défavorable le 22 février 2012. En application de l'article 89 de l'ancien CMP de 2011, il décide donc d'effectuer un recours devant l'organe de règlement amiable des litiges le 28 février 2012 lequel est rejeté pour forclusion. Le juge administratif a été saisi de la question. Il en conclut que *« le délai étant franc, son point de départ est le jeudi 23 février 2012 et son terme le mardi 28 février 2012, compte non tenu des samedi 25 et dimanche 26 février 2012, jours non ouvrables »*. Dès lors, la computation de délai auquel s'est adonné le CRD pour rejeter le recours du requérant est frappée d'irrégularité[1144]. Cette jurisprudence démontre que le juge opère un encadrement strict des exigences en termes de délai et de forme.

Les délais de recours sont trop courts, l'objectif serait-il de chercher la rapidité des procédures ? Ces délais trop limités ne sont-ils pas des obstacles qui vont pousser certaines entreprises à abandonner l'exercice du recours non juridictionnel ?

S'il s'avère que l'idée d'imposer un délai trop court est justifiée par la rapidité des procédures, cette exigence pourrait être un obstacle aux entreprises évincées d'exercer pleinement leur droit de contestation.

En réalité, cette voie de recours pourrait être très intéressante ; malheureusement, elle est vidée de toute efficacité. Les restrictions telles que le délai de recours trop limité ou encore l'obligation d'un recours administratif préalable obligatoire sont des facteurs défavorables du cadre précontentieux des marchés publics.

De plus, il existe une ambigüité en termes de suspension de la procédure d'attribution du marché après la saisine de l'organe en charge de résoudre les conflits.

[1144] BA (B.), *op., cit.* p.181, CS, sect. adm. 09 août 2012, *Espace Auto SA c/ CRD.*

2. L'ambigüité des effets du recours non juridictionnel

Dans la pratique, dans certains Etats membres, la saisine de l'organe en charge de la conciliation n'a pas d'effet suspensif de la procédure de conclusion du marché, tel est le cas de la règlementation sénégalaise. Ce principe a d'ailleurs été rappelé par l'article 122.8 du code des marchés publics sénégalais. Toutefois, lorsque la requête est déclarée recevable. Cet organe peut prendre des mesures suspensives de la poursuite du marché[1145]. Cependant, selon l'article 91 du CMP sénégalais, la suspension peut ne pas être prononcée si l'autorité contractante *« certifie par notification écrite adressée au Comité de règlement des différends et à la Direction chargée du contrôle des marchés publics que l'attribution du marché doit être poursuivie immédiatement pour des raisons tenant à la protection des intérêts essentiels de l'État résultant de situations d'urgence impérieuse liées à une catastrophe naturelle ou technologique »*[1146]. Le CRD du Sénégal fait ainsi une application stricte de ces dispositions qui établissent une exception au caractère suspensif du marché. A cet égard, il a considéré qu'une autorité contractante ne peut se prévaloir du délai court dont il dispose entre le lancement de la procédure et la livraison des travaux pour demander une dérogation au caractère suspensif des recours recevables[1147]. En l'espèce, dans cette affaire, une autorité contractante était contrainte de réaliser un certain nombre de travaux dans un délai de sept (7) mois. Elle a sollicité dans un premier temps auprès de l'instance de recours non juridictionnel, une dérogation afin de signer le contrat dans un délai de cinq (5) jours (au lieu de 15 jours) après l'attribution provisoire du marché. Dans un second temps, elle a demandé au CRD, compte tenu de l'urgence impérieuse, de ne pas suspendre la procédure de passation en cas de recours contre son avis d'attribution provisoire. Pour rendre sa décision, le CRD a d'abord rappelé que *« l'institution du délai d'attente de 15 jours vise à permettre aux candidats d'exercer leur droit de recours surtout lorsqu'ils envisagent de saisir le CRD après un recours gracieux préalable auprès de l'autorité contractant »*. Il ajoute que le principe de l'effet suspensif du recours n'est écarté que dans les situations d'urgence impérieuse liées à une catastrophe naturelle ou technologique. Or, tel n'est pas le cas de l'autorité contractante. Toutefois, le CRD a considéré que *« l'urgence attachée aux deux lots du marché est manifeste au regard de l'imminence de la tenue de la*

1145 En ce sens, voir. Décision n° 287/17/ARMP/CRD du 11 décembre 2017 du CRD statuant en commission litiges prononçant la suspension de l'attribution du marché portant sur l'acquisition de deux bacs pour la traversée du fleuve Sénégal… Voir. aussi. Décision n° 389/16/ARMP/CRD du 21 décembre 2016 du CRD statuant en commission litiges prononçant la suspension de la procédure de passation du marché pour l'acquisition de fournitures scolaires pour les structures DIPE n°02/F/ANPECTP/2016.

1146 Voir. article 91 du code des marchés publics au Sénégal.

1147 Décision n°036/14/ARMP/CRD du 05 février 2014 du comité de règlement des différends statuant en commission litiges sur la demande d'AGEROUTE.

Conférence de la Francophonie ; qu'en conséquence, l'autorité contractante est autorisée, à titre exceptionnel, à signer le marché après les cinq jours ouvrables qui suivent la publication de l'avis d'attribution provisoire, sauf en cas de recours introduit dans ce délai ». En définitive, l'instance de recours non juridictionnel après avoir accordé à titre exceptionnel la possibilité de signer définitivement le contrat avant le délai exigé, a tout de même rappelé qu'en *« cas de recours dans le délai de cinq jours ouvrables, l'autorité contractante devra surseoir à la signature du marché afin de permettre au candidat auteur de la requête, de pouvoir saisir éventuellement le CRD ».*

Dans une autre affaire, le CRD sénégalais a été saisi d'un recours de contestation de la passation d'un marché. Il n'a pas pu statuer dans le délai de cinq (5) jours ouvrables. L'autorité contractante a donc signé le marché. Par la suite, un avenant a été signé. Cet avenant et le contrat principal ont fait l'objet de contestation devant le CRD. Ce dernier a considéré que *« pour la sécurité juridique dans les procédures des marchés publics, il n'est indiqué de revenir sur ce manquement à l'étape de l'examen de l'avenant ; que l'annulation de l'avenant aurait pour effet de créer une rupture dans l'approvisionnement de l'Hôpital »*[1148]. Ainsi, le CRD admet la poursuite d'exécution d'un contrat irrégulièrement conclu.

En revanche dans les droits ivoirien et burkinabé, il n'est pas nécessaire que la requête soit déclarée recevable pour que la procédure d'attribution du marché soit suspendue. Dans le premier cas, le caractère suspensif du recours est posé par l'article 168.1 du code des marchés publics et de l'arrêté relatif à la procédure devant la Cellule recours et sanctions. Selon cet arrêté, *« dès réception du recours, le secrétaire général notifie aux parties en litiges la suspension de la procédure concernée »*[1149]. Dans le second cas, l'article 26 du décret n°554/2014 relatif à l'autorité de régulation de la commande publique burkinabé précise qu'une fois le recours reçu par l'instance de recours non juridictionnel, celle-ci adresse à l'autorité contractante une lettre lui ordonnant la suspension de la procédure de passation.

Le mécanisme de règlement amiable des litiges révèle en outre une certaine entrave au pouvoir de l'autorité chargée de résoudre les litiges.

[1148] Décision n° 119/18/ARMP/CRD/DEF du 29 aout 2017 du CRD statuant en commission litiges sur la saisine de l'Hôpital Principal de Dakar (HPD).

[1149] Article 7 de l'arrêté n° 661/MEF/ANRMP du 14 septembre 2010 fixant les modalités de saisine, les procédures d'instruction et de décision de la cellule recours et sanctions de l'ANRMP.

B. La compétence restreinte de l'instance de recours non juridictionnels

La limitation de l'office des instances de recours non juridictionnels est volontairement instituée par le nouvel ordre des marchés publics. Cette restriction est d'origine textuelle. De plus, dans la pratique, ces organes eux-mêmes posent souvent des obstacles supplémentaires.

En effet, les décisions des instances de recours non juridictionnels doivent être motivées. Elles ne peuvent avoir pour effet que de corriger la violation alléguée, d'empêcher que d'autres dommages soient causés aux intérêts concernés ou de suspendre ou faire suspendre la décision litigieuse ou la procédure de passation[1150]. L'accent est donc mis sur les litiges liés à la passation. En ce sens, dans une décision récente, le CRD sénégalais a eu l'occasion de rappeler qu'il ne dispose pas de compétence pour se prononcer sur un litige portant sur la résiliation d'un marché public[1151].

En outre, le juge administratif malien veille sur les restrictions relatives à la compétence des structures en charge de la conciliation. Ces organes ne doivent pas aller au-delà de leur compétence sous peine de sanction. C'est ce qui a été rappelé par la Cour suprême du Mali dans une affaire de 2014[1152]. En l'espèce, le CRD du Mali avait infligé une sanction de six mois d'interdiction à postuler aux marchés publics à l'encontre d'une entreprise pour usage de faux. Selon le CRD, la requérante avait *« produit une fausse attestation de l'Office Malien de l'Habitat (OMH) dans le cadre de l'appel d'offres ouvert international relatif à la concession de service public pour le contrôle technique des véhicules et engins à moteur »*. L'entreprise concernée a saisi la section administrative de la Cour suprême d'un recours en annulation de la décision de l'instance de recours non juridictionnels.

Pour traiter ce recours, le juge suprême de l'ordre administratif malien, a dans un premier temps, rappelé que *« l'appréciation du faux, qui plus est, du faux en écriture, est de la compétence exclusive du juge »*. Il précise qu'en matière civile ou pénale, cette compétence appartient au juge judiciaire et en matière administrative au juge administratif. Dans un second temps, le juge malien considère que l'instance de recours non juridictionnels *« bien qu'ayant saisi le*

1150 En ce sens, voir. article 121.1 du CMP malien, l'article 168.2 décret de 2009 relatif au marchés publics ivoirien, *op., cit.* article 92 du CMP du Sénégal.

1151 Décision 300/17/ARMP/CRD du 27 décembre 2017 du CRD statuant sur la résiliation du contrat de la Demande de Renseignements et de Prix à Compétition Ouverte du marché relatif à l'acquisition de Six cents (600) tonnes de Phosphogypse …

1152 CS, sect. Adm. 09 mai 2014, *Société SY and Co-Holding*, n° 114.

pôle économique sur le dossier, n'a pas attendu la suite réservée à cette inscription en faux ; qu'en qualifiant la pièce produite par la Société SY AND CO HOLDING S.A, le Comité de règlement des différends de l'Autorité de Régulation de Marchés publics et de Service public a outrepassé ses compétences et exposé sa décision à la censure la section administrative de la Cour Suprême ».

Cette jurisprudence montre que le juge administratif n'hésite pas à sanctionner l'organe de règlement des litiges dès lors qu'il statue *ultra petita* de sa compétence.

En revanche en droit ivoirien, l'organe de règlement amiable des litiges peut prendre des mesures d'exclusion d'une entreprise de toute participation aux marchés publics pendant une période déterminée. C'est ce qui relève de la décision du 27 août 2018 dans laquelle une entreprise avait produit intentionnellement dans son offre des attestations falsifiées. La Cellule recours et sanctions (CRS) a donc considéré qu'il y a lieu de prononcer l'exclusion de l'entreprise en question *« de toute participation aux marchés publics pour une période de deux (02) ans »*[1153].

Par ailleurs, au Sénégal, le juge administratif a considéré que l'organe de recours non juridictionnels peut écarter les dispositions nationales contraires au droit communautaire. Ainsi, dans un arrêt de la Cour suprême, *Etat du Sénégal c/ l'ARMP*, était en cause la mise à l'écart de la norme *« nationale »* devant la norme *« communautaire »* par l'organe de règlement des différends. Ce dernier avait en l'espèce écarté certaines dispositions du code des marchés publics contraires aux directives marchés publics de 2005. Dans sa décision, le juge de l'administration sénégalaise motive que *« s'il est vrai que le Comité de règlement des différends ne peut annuler le décret portant code des marchés publics, il reste qu'il peut écarter des dispositions contraires aux directives n°04 et 05 en vertu du principe de la primauté du droit communautaire sur la législation nationale »*[1154]. Cette jurisprudence a été l'occasion de reconnaître aux instances de recours non juridictionnels un pouvoir qui n'était pas préalablement prévu. Cette décision est très intéressante au regard du contrôle des actes du droit interne non-conformes au droit communautaire occidental africain.

1153 Décision n°029/2018/ANRMP/CRS/PDT du 27 août 2018 portant sanction de l'entreprise PAPICI-TOP BURO, pour inexactitudes délibérées commises dans le cadre de l'appel d'offres n°F03/2018.

1154 BA (B.), « Le contentieux de l'excès de pouvoir des marchés publics devant la Cour suprême du Sénégal », *Annales africaines*. Nouvelle série, avril 2015, Volume 1, p.174.

Néanmoins, le délai de traitement des dossiers par les organes de règlement des différends sont relativement courts. Dans le droit ivoirien, la Cellule Recours et Sanctions (CRS) était tenue de rendre ses décisions dans un délai de 10 jours (article 168.2 de l'ancien code). Ce délai a fait l'objet d'un léger élargissement. Désormais, selon l'article 145.4 du CMP, la CRS rend sa décision sur le fond au plus tard 15 jours ouvrables et sur la recevabilité dans les 10 jours ouvrables.

Dans les droits malien et sénégalais, l'organe de règlement amiable ne dispose pas suffisamment de temps pour pouvoir rendre de décisions bien motivées telle qu'exigée par la règlementation. Dans cette pratique, il doit rendre sa décision dans un délai de 7 jours ouvrables à compter de la réception des documents complémentaires demandés dans le cadre de l'instruction du recours[1155].

Dès lors, au vu du nombre des contrats dans l'année (environs 21 à 34% du budget national) et des éventuelles contestations, l'on peut se demander si l'entité de recours non juridictionnels peut efficacement y faire face.

Il apparaît d'ailleurs que l'organe de règlement des différends y fait face difficilement. Face à cette contrainte de délai, il arrive que l'instance de recours non juridictionnels rende ses décisions au-delà du délai prescrit. C'est ce qui relève de la jurisprudence *Société Master Communication SARL.* Dans cette affaire, le CRD du Mali a été saisi d'un recours contre l'attribution provisoire d'un marché public le 18 avril 2014 et n'a pu rendre sa décision que le 30 avril 2014, soit plus de 7 jours ouvrables après sa saisine. Cette maladresse a été sanctionnée par le juge suprême de l'ordre administratif malien[1156]. Dans cet arrêt, le juge a fait application du principe selon lequel *« le Comité de Règlement des Différents rend sa décision dans les 07 jours ouvrables de sa saisine faute de quoi l'attribution du marché ne peut plus être suspendue ».*

Par ailleurs, l'on peut considérer que certains effets négatifs du contentieux des marchés publics trouvent leurs origines dans les pratiques des structures en charge de recours non juridictionnels.

A ce sujet, dans le cadre d'une procédure d'acquisition de véhicules, le CRD du Sénégal a été interrogé par un opérateur économique sur la conformité du critère « *d'autorisation du constructeur* ». La question soulevée était de savoir si cette exigence ne porte pas atteinte au principe d'égalité, notamment à l'accès des candidats non liés au fabricant par un accord de vente. Le CRD a ainsi estimé que *« la clause relative à la production par les candidats aux*

1155 En ce sens, voir. Article 121.3 du CMP du Mali et l'article 92 du CMP du Sénégal.
1156 CS, sect. Adm. 03 juin 2014, *Société master communication SARL,* n° 145.

marchés de véhicules neufs de l'autorisation du constructeur tend à ressusciter les accords croisés de répartition des marchés ou des sources d'approvisionnement particulièrement restrictifs pour la concurrence et contraire aux objectifs de marché commun et que l'accès du marché est nécessairement entravé lorsqu'un grand nombre de distributeurs sur ce marché sont liées par obligation de ne vendre que les produits du fabricant avec lequel ils ont un contrat ou des accords verticaux ayant un effet similaire d'exclusion des tiers comme les revendeurs indépendants ». De ce fait, le CRD conclut que le critère *« d'autorisation du constructeur »* est irrégulier et contraire aux règles de concurrence et de libre accès aux marchés publics.

Or, en droit malien, ce même critère *« d'autorisation du constructeur »* a fait l'objet d'une interprétation différente par le conciliateur et le juge malien. Autrement dit, ce critère est déclaré conforme à la réglementation des marchés publics. Le CRD rappelle que le critère *« d'autorisation du fabricant »* équivaut à une garantie de bonne exécution différente. Qu'il garantit plutôt l'originalité, l'authenticité des véhicules à fournir. Il ajoute aussi que *« le souci majeur des appels d'offres est d'éviter le monopole et favoriser la concurrence en matière de passation de marché chaque fois que cela est possible ; que l'autorisation du fabricant demandée (...) a pour objectif de rassurer l'autorité contractante pour la fourniture dans les délais contractuels des véhicules fabriqués par le constructeur concerné, proposés dans l'offre du candidat »*[1157].

Ce raisonnement a été confirmé par le juge suprême de l'ordre administratif malien dans un arrêt du 25 juillet de 2014[1158].

Ces divergences interprétatives du même critère selon les Etats membres sont de facteurs défavorables à l'efficacité du cadre contentieux des marchés publics de l'espace UEMOA.

De même, les organes de règlement amiable des litiges semblent souvent oublier leur fonction de contrôle au profit des orientations en opportunité. Tel est le cas lorsqu'il est porté atteinte grave aux règles des marchés publics. A titre d'illustration, dans une affaire de 2014[1159], lors de la conclusion d'un marché public, une autorité contractante avait demandé à l'organe de contrôle un avis de non-objection sur le rapport d'analyse et le procès-verbal d'attribution provisoire du marché. Cette demande a été refusée par l'organe

---

1157 Décision n°14-016_/ARMDS-CRD du 23 avril 2014, le CRD statuant en commission contentieuse sur le recours de CFAO MOTORS-MALI.

1158 *Cf.* affaire, *CFAO Motors Mali, op., cit.*

1159 Décision n°036/14/ARMP/CRD du 05 février 2014, aff. *AGEROUTE, op., cit.*

en charge du contrôle *a priori*. Ce dernier a soulevé que le marché en question n'est pas inscrit sur le plan de passation des marchés publics[1160]. L'acheteur public conteste ce refus devant l'entité de recours non juridictionnels. Cette entité a d'abord reconnu que le refus de l'organe de contrôle est fondé. En principe, l'affaire devrait être clôturée à partir du moment où l'organe de règlement des différends reconnaît que la passation de tout marché non inscrit au plan de passation est irrégulière. Néanmoins, il a considéré que *« de façon générale, les marchés qui n'ont pas été inscrits dans le plan de passation des marchés publics sont déroulés suivant l'appel d'offres restreint en procédure d'urgence »*. Il a donc ordonné la poursuite de la passation du marché sur d'autres fondements non juridiques.

Dans la pratique, certes, il possible de procéder par un appel d'offres restreint *« en cas d'urgence et l'impossibilité de respecter le délai normalement prévus »*[1161]. Toutefois, la procédure d'appel d'offres restreint n'est pas accessible pour défaut d'inscription d'un marché dans le plan de passation. Dès lors, l'organe de recours non juridictionnels a tranché le litige en faveur de l'opportunité au détriment de la régularité. Or, cette affaire aurait dû être une occasion de sanctionner ce genre de pratique irrégulière qui est devenue habituelle de la part de certaines autorités contractantes.

De la même manière, il existe d'autres obstacles qui peuvent limiter l'étendue des décisions des entités de règlement amiable des litiges. Parfois, les autorités contractantes refusent de reconnaître ou d'exécuter les décisions prisent par ces entités. Or, les décisions des organes de règlements amiable des litiges ont force contraignante et doivent être exécutées une fois leurs notifications effectuées. Ainsi, dans un rapport de l'ARCOP du Burkina Faso[1162], il est remarqué que les décisions qui ne conviennent pas à certaines autorités contractantes ne sont pas exécutées. Par exemple, dans une affaire de 2012, l'instance de recours non juridictionnels du Burkina Faso avait déclaré l'illégalité de l'attribution provisoire d'un marché et a ordonné la suspension de la procédure. L'autorité contractante a saisi le juge administratif d'un recours en annulation à l'encontre de cette décision. En principe, l'autorité contractante aurait dû, malgré sa saisine du juge, exécuter la décision de l'organe de règlement des différends puisque cette saisine n'a pas de caractère suspensif. Toutefois, l'autorité contractante a continué sa procédure de conclusion du marché sans tenir compte de l'interdiction opposée par l'instance de recours non juridictionnels. Dans cette affaire, il faut constater que l'autorité contractante *« avait largement la possibilité d'exécuter la décision avant le*

1160 Pour en savoir plus sur le plan de passation des marchés publics, voir. *Cf. supra*, p. 202.

1161 Voir. article 73.2 du CMP du Sénégal.

1162 Rapport d'activités de l'année 2012, ARMP Burkina Faso, p.43.

jugement rendu par le tribunal, d'autant plus qu'elle est exécutoire dès sa signature et que la saisine du tribunal ne suspend pas la procédure de passation. En outre, le jugement rendu par le tribunal administratif a fait l'objet d'un appel »[1163]. L'administration contractante devait tout simplement mettre en œuvre la décision du CRD.

Dans une autre affaire, l'organe de règlement des litiges avait pris une décision d'annulation des résultats provisoires d'une procédure de conclusion d'un marché[1164]. Le CRD avait constaté que l'attributaire provisoire du marché n'avait pas fourni un plan d'assurance qualité. Il a par ailleurs invité l'autorité contractante à informer le bailleur de fonds de cette situation. Par la suite, *« le gouvernement a décidé de passer outre à la décision du CRD, au regard du désistement d'action du requérant et de l'accord du bailleur pour la confirmation de l'attribution du marché à l'attributaire provisoire »*[1165]. Or, le désistement du requérant est intervenu après la décision du CRD. En définitive, ce désistement était sans effet parce que la décision avait été déjà rendue.

Ce non-respect des décisions des instances de conciliation des marchés publics limite la portée de leurs décisions. Il aurait ainsi été plus judicieux que ces organes puissent s'affirmer davantage. Cela malgré l'existence d'une procédure d'arbitrage.

1163 *Ibid.*

1164 Burkina Faso. Décision n°2012-276/ARMP/CRD du 10 avril 2012, relatif à l'appel d'offres international pour la sélection des entreprises chargées des travaux de construction d'une cité universitaire à Bobo-Dioulasso (lot 1).

1165 Rapport d'activités de l'année 2012, ARMP Burkina Faso, p.43.

Section 2 : L'admissibilité discutable du règlement arbitral des marchés publics

Le nouveau droit ouest africain des marchés publics prévoit une procédure d'arbitrage dans le cadre des litiges relatifs aux marchés publics[1166]. Ce mode de règlement était déjà consacré dans les droits nationaux avant la convergence des dispositions relatives aux marchés publics nationaux[1167]. Il s'agit en principe d'une autre possibilité de résolution des litiges dans *« les activités commerciales au sens général »*[1168]. C'est l'acte uniforme relatif au droit de l'arbitrage de l'OHADA qui consacre cette procédure[1169]. Cet acte uniforme a été adopté le 23 novembre 2017. Il a abrogé celui du 11 mars 1999. Il constitue *« le droit commun de l'arbitrage dans les Etats membres de l'OHADA »*. L'article 1er de cet acte dessine son champ d'application qui *« a vocation à s'appliquer à tout arbitrage lorsque le siège du tribunal arbitral se trouve dans l'un des Etats parties »*[1170].

L'évolution de cette procédure a eu de répercussion sur le contentieux des marchés publics. Ce mode de résolution des conflits a été fortement encouragé par la conférence d'Abidjan sur les marchés publics[1171]. C'est dans cette

1166 Ce système de règlement des litiges est proclamé dans tous les droits nationaux de l'UEMOA. Le droit CEMAC prévoit également cette hypothèse dans l'article 93 du règlement de 2009 portant procédure de passation, d'exécution et règlement des marchés publics de la CEMAC, *op., cit.*

1167 Par exemple, au Sénégal, la loi n° 98-30 du 14 avril 1998 sur l'arbitrage a permis la création du Centre d'arbitrage, de médiation et de conciliation de Dakar (CAMC), a été créé. Ce type d'institution existe dans la plupart des pays membres de l'OHADA ; aussi, l'ancien code des marchés publics de 2002 (abrogé), prévoyait dans son article 189 que les litiges en phase de passation, d'exécution et d'interprétation des marchés publics, peuvent être soumis à l'arbitrage d'un tribunal arbitrage.

1168 MANCUSO (S.), « Le nouveau droit africain: au-delà des différences entre la *common law* et le droit civil », Acte du 31e congrès de l'institut international de droit d'expression française, *RJP*, 2009, n°3, p. 417-437.

1169 L'Organisation pour l'Harmonisation en Afrique du Droit des Affaires (OHADA) est un système juridique et judiciaire. Créée par le Traité de Port-Louis du 17 octobre 1993 (révisé le 17 octobre 2008 à Québec - Canada), l'OHADA est une organisation internationale de plein exercice, dotée d'une personnalité juridique internationale, qui poursuit une œuvre d'intégration juridique entre les pays qui en sont membres.. L'OHADA regroupe aujourd'hui 17 États *(Bénin, Burkina Faso, Cameroun, Comores, Congo, Côte d'Ivoire, Gabon, Guinée Bissau, Guinée, Guinée Equatoriale, Mali, Niger, République Centrafricaine, République démocratique du Congo, Sénégal, Tchad, Togo).* Son objectif est la facilitation des échanges et des investissements, la garantie de la sécurité juridique et judiciaire des activités des entreprises ; pour plus d'information, voir. *http://www.ohada.com/.*

1170 SAMB (S.), *op., cit.* p. 655.

1171 Rapport de la conférence sur les marchés publics en Afrique, Abidjan, 1998, p.81.

perspective que les litiges liés aux marchés publics peuvent être soumis à un processus d'arbitrage.

Néanmoins, à l'origine, les Etats n'étaient pas très favorables au processus d'arbitrage. Ce mécanisme s'est affirmé au fur à mesure dans les droits nationaux (paragraphe 1). Son intégration dans le contentieux des marchés publics suscite quelques incohérences de procédure (paragraphe 2).

Paragraphe 1 : L'admission progressive de la procédure d'arbitrage

L'application du processus d'arbitrage sur les personnes publiques, notamment sur les contrats publics a été peu à peu acceptée par les règlementations nationales. En principe, cette technique permet de bénéficier de la simplicité, de l'expertise des arbitres et constitue surtout la solution à l'engorgement des tribunaux.

A. La soumission des personnes publiques à l'arbitrage

A l'origine, il était interdit aux personnes publiques de recourir au procédé de l'arbitrage. Cette restriction *« faite aux personnes morales de droit public de soumettre leur litige à l'arbitrage était fortement ancrée dans les ordres juridiques nationaux des Etats membres de l'OHADA »*[1172]. L'objectif principal de cette interdiction était de ne pas vider les juridictions nationales de leur compétence classiquement consacrée par les textes constitutionnels et législatifs et surtout de ne pas affecter la confiance en la justice de l'Etat. Ainsi, la soumission des personnes morales de droit public à l'arbitrage *« a fait couler beaucoup d'encre »*[1173].

En réalité, au sein des Etats membres de l'UEMOA, la prohibition était faite aux administrations de résoudre leurs litiges par arbitrage semblait trouver son origine dans le droit français[1174]. Dans ce droit, il était considéré que *« l'Etat*

1172 SAMB (S.), *op., cit.* p. 658.

1173 COSSI SOSSA (D.), « L'aptitude des personnes morales de droit public à compromettre dans l'arbitrage OHADA : les mobiles d'une telle option », *Revue camerounaise de l'arbitrage*, n° spécial, fév. 2010, p. 110-120.

1174 La France fut l'ancienne puissance colonisatrice de la grande majorité des pays membres de l'OHADA dont le français est resté la langue officielle. Elle a pris une part active dans la création de l'organisation, le 17 octobre 1993 à Port-Louis (Ile Maurice),

ne peut pas soumettre ses procès à des arbitres, tant en raison des conséquences aléatoires de l'arbitrage, que des considérations d'ordre public qui veulent que l'Etat ne soit jugé que par des juridictions instituées par la loi »[1175]. En France, cette idée avait été fortement défendue par le Commissaire du gouvernement ROMIEU. Il rappelait *« le principe selon lequel les ministres ne peuvent pas remettre aux mains des arbitres la solution d'une question litigieuse parce qu'ils ne peuvent pas se dérober aux juridictions établies »*[1176]. Le juge administratif avait d'ailleurs considéré que cette interdiction relève d'un principe général du droit français.

A titre d'illustration, dans l'affaire d'*Eurodisneyland,* le Conseil d'Etat a énoncé que *« sous réserve des dérogations découlant des dispositions législatives expresses ou le cas échéant, des stipulations de conventions internationales incorporées dans l'ordre juridique interne, les personnes morales de droit public ne peuvent pas se soustraire aux règles qui déterminent la compétence des juridictions nationales en remettant à la décision d'un arbitre la solution des litiges auxquels elles sont parties et qui se rattachent à des rapports relevant de l'ordre juridique interne »*[1177]. Il s'agissait de l'affirmation d'une compétence de principe.

Ce positionnement du juge français semble être retenu par le juge malien. Ce dernier a jugé que le processus d'arbitrage est extérieur à l'ordre juridique interne. En l'espèce, en 1978, le juge judiciaire bamakois avait été interrogé sur la validité d'une clause compromissoire. Il a refusé de reconnaître une telle clause[1178]. La Cour d'appel de Bamako a été saisie de la question. Elle a confirmé à son tour le même raisonnement. Elle a estimé que *« la juridiction malienne crée sa propre jurisprudence en fonction (...) de l'économie du pays, des lois et règles qui y prévalent et non par application servile de jurisprudences extérieures qui, elles, ne tiennent compte que de leurs propres*

---

lors du sommet de la francophonie. *NB* : tous les Etats membres de l'UEMOA sont des Etats parties de l'OHADA.

1175 LAFFERIERE (E.), *Traité de la juridiction administrative et des recours contentieux,* Tome 2, Paris, LGDJ, 1989, p. 146.

1176 CE, 17 mars 1893, *Compagnie du Nord, de l'Est et autres contre le ministre de la guerre*, Recueil Lebon, conclusions. ROMIEU, p. 245-246.

1177 CE, avis, sect. Travaux publics, 6 mars 1986, *EDCE,* n°339710.

1178 Tribunal civil de Bamako, 27 avril 1978, cité par AMOUSSOU-GUENOU (R.), « L'Etat du droit de l'arbitrage interne et international en Afrique avant l'adoption des instruments de l'OHADA », Recueil des actes du colloque, *OHADA et les perspectives de l'arbitrage en Afrique*, Bruxelles, Bruylant, 2000, pp.33.

impératifs »[1179]. A cette époque, malgré l'admission de la procédure dans le droit français, le juge malien y était encore opposé.

Par la suite, il y a eu des évolutions dans plusieurs droits nationaux y compris le Mali. En effet, avant l'adoption du premier acte uniforme de l'arbitrage par l'OHADA le 11 mars 1999, abrogé par le nouvel acte du 23 novembre 2017, il existait des mécanismes de règlement des litiges par arbitrage visant les litiges relevant du droit privé[1180]. Cette technique a été dynamisée par *« un début de création d'une jurisprudence africaine autonome et par les développements de la présence africaine dans l'arbitrage international »* [1181]. C'est dans cette perspective que l'article 2 de l'acte uniforme relatif à l'arbitrage des Etats parties de l'OHADA consacre que *« toute personne physique ou morale peut recourir à l'arbitrage sur les droits dont elle a la libre disposition »*. Le même article ajoute que *« les Etats, les autres collectivités publiques territoriales, les établissements publics et toute autre personne morale de droit public peuvent également être parties à un arbitrage, quelle que soit la nature juridique du contrat, sans pouvoir invoquer leur propre droit pour contester l'arbitrabilité d'un différend, leur capacité à compromettre ou la validité de la convention d'arbitrage ».* En définitive, l'acte uniforme ne s'intéresse pas à la nature publique ou privée des requérants.

Cette soumission des personnes publiques à l'arbitrage par l'acte uniforme a été l'occasion de renverser, au sein de certains Etats africains, la tendance de l'interdiction qui empêchait cette catégorie de personne morale à recourir à la procédure arbitrale. Le droit de l'arbitrage OHADA a dès lors *« opéré une mutation importante par rapport aux législations nationales antérieures qui excluaient du domaine de l'arbitrage les causes qui concernaient l'Etat et ses démembrement »*[1182]. D'ailleurs, l'article 2 de cet acte indique expressément que toute *« personne morale de droit public peut également être partie à un arbitrage, quelle que soit la nature juridique du contrat ».* Toutefois, cette disposition doit être interprétée *« de façon stricte dans la mesure où elle consacre une exception à un principe de droit public »*[1183]. C'est pourquoi, la

---

1179 *Ibid.*

1180 Par exemple, en Côte d'Ivoire, la loi n°93-671 du 9 août 1993, relative à l'arbitrage, fixe les conditions de mise en œuvre de cette pratique ; au Mali, le décret °94/226 P-RM du 28 juin 1994, portant code de procédure civile, commerciale et sociale avait prévu la procédure d'arbitrage.

1181 AMOUSSOU-GUENOU (R.), « L'Etat du droit de l'arbitrage interne et international en Afrique avant l'adoption des instruments de l'OHADA », *op., cit.* p. 34.

1182 DIALLO (A.), *Réflexion sur l'arbitrage dans l'espace OHADA*, Thèse de doctorat en droit, Université Perpignan, 2016, p.49.

1183 ISSA-SAYEGH (J.), « Réflexions dubitatives sur le droit de l'arbitrage de l'OHADA », *Revue camerounaise de l'arbitrage,* n° spécial, oct. 2001, p. 22-28.

doctrine estime que certaines entités comme les groupements d'intérêt public doivent être exclues de cette procédure[1184].

Au-delà de cette soumission des personnes publiques à l'arbitrage, l'article 10 du Traité OHADA consacre la valeur supérieure et obligatoire de l'acte uniforme relatif au droit de l'arbitrage vis-à-vis des dispositions nationales. Cet article précise que *« les actes uniformes sont directement applicables et obligatoires dans les Etats parties nonobstant toute disposition contraire de droit interne, antérieure ou postérieure »*. La doctrine africaine a pu dégager deux lectures de ces dispositions. D'une part, le professeur Joseph ISSA-SAYEGH analyse que l'article 10 pourrait être interprété comme consacrant *« l'interdiction pour tout Etat partie d'adopter une disposition de droit interne s'opposant au principe d'une application directe et immédiatement obligatoire des actes uniformes »*[1185]. D'autre part, conformément aux dispositions de l'article 10 du Traité, l'on pourrait considérer que les actes uniformes abrogent le droit interne en ses dispositions contraires, antérieures ou postérieures. Pour la doctrine, *« une telle interprétation apparaît d'autant plus autorisée qu'elle est confirmée par les dispositions abrogatoires des actes uniformes qui contiennent presque tous, la formule selon laquelle sont abrogées toutes dispositions de droit interne qui leur sont contraires »* [1186]. Cet article du Traité est dès lors considéré comme étant *« le siège d'une portée abrogatoire et supranationale des actes uniformes vis-à-vis des dispositions de droit interne des Etats membres »*[1187].

En réalité, l'acte uniforme relatif à l'arbitrage offre aux Etats parties du Traité un cadre unique du processus d'arbitrage. Ce traitement réservé à l'arbitrage dans le Traité traduit une volonté *« de placer cette forme de règlement des litiges sur le même piédestal que la justice étatique »*[1188]. L'arbitrage est ainsi apparu comme une forme de justice dans laquelle les arbitres sont investis à titre occasionnel de la mission de trancher de litiges.

1184 *Ibid.*

1185 ISSA-SAYEGH (J.), « Quelques aspects techniques de l'intégration juridique : l'exemple des actes uniformes de l'OHADA », *Unif. L. Rev. / Rev. dr. unif.* (1999), 20.

1186 ISSA-SAYEGH (J), « Réflexions et suggestions sur la mise en conformité du droit interne des Etats Parties avec les Actes uniformes de l'OHADA et réciproquement », *Penant*, n° 850 (2005), 7.

1187 DIEDHIOU (P.), « L'article 10 du Traité de l'OHADA : quelle portée abrogatoire et supranationale ?», *Revue de droit uniforme (UNIDROIT)*, 2007-2, vol XII, p.265.

1188 SAKHO (A.), « *l'Acte uniforme relatif au droit de l'arbitrage* », Actes de séminaire organisé par le centre de formation judiciaire, Dakar, du 11 au 15 février 2002.

Dans cette perspective, la soumission à l'arbitrage des différends nés de la pratique des marchés publics trouve son origine dans les dispositions de l'article 2 de l'acte uniforme relatif à l'arbitrage.

B. La soumission des litiges marchés publics à l'arbitrage

L'introduction de la procédure arbitrale dans le contentieux des marchés publics semble se justifier par *« l'extension du domaine du droit des affaires qui dévient le droit des activités économiques »*[1189]. Le droit des affaires rejoint ainsi le droit économique entendu comme *« l'ensemble des règles régissant l'organisation et le développement de l'économie relevant de l'Etat ou de l'initiative privée ou du concours de l'un et de l'autre »*[1190]. Partant de là, Seynabou SAMB, considère que les opérations *« d'achat public et celle de gestion d'un service public étant des activités économiques pourraient intégrer le champ de compétence de l'OHADA et le champ d'application de ses actes uniformes »*[1191]. C'est pourquoi, l'acte uniforme relatif à l'arbitrage de l'OHADA n'opère pas de distinction entre la nature publique ou privée du contrat. En d'autres termes, l'article 2 de l'acte uniforme énonce la possibilité de recourir à l'arbitrage quelle que soit la nature juridique du contrat. Ce positionnement est une application du Traité OHADA qui ouvre la voie de l'arbitrage aux litiges contractuels. Du fait, que ces dispositions ne s'intéressent pas à la nature du contrat, elles ont, dès lors, bouleversé les réglementations nationales en termes d'arbitrage. Pour le professeur Maurice KAMTO, *« rien dans le Traité ni dans l'acte uniforme relatif à l'arbitrage ne permet de penser que l'on ait voulu exclure ces personnes [personnes morales de droit public] ou ces contrats [contrats administratifs] de l'arbitrage OHADA »*[1192]. L'on peut dès lors considérer que rien ne peut empêcher les parties dans un marché public de compromettre en cas de litige. D'ailleurs, c'est dans le domaine contractuel qu'on peut arbitrer. De plus, *« c'est dans le domaine contractuel y compris les concessions de service public que l'on trouvera des clauses compromissoires. Et sont valables même en matière interne »*[1193].

1189 AKA (N.), « Intervention lors du débat sur les instruments adoptés par l'OHADA », le 11 mars 1999, in Philippe FOUCHARD, (sous la dir. De), *l'OHADA et perspectives de l'arbitrage en Afrique*, Bruxelles, Bruylant, 2002, p. 118.

1190 CORNU (G.) et association Henri CAPITANT, *« vocabulaire juridique »*, 2018, p. 40.

1191 SAMB (S.), *op., cit.* p. 670.

1192 KAMTO (M.), « La participation des personnes morales africaines de droit public à l'arbitrage OHADA », Recueil des actes de colloque, *OHADA et les perspectives de l'arbitrage en Afrique*, Bruylant -. Bruxelles, 2000, p. 98.

1193 FOUCHARD (P.), « L'arbitrage OHADA », Recueil des actes de colloque, Paris, 2 fév. 2001, *Revue camerounaise de l'arbitrage,* n° spécial, octobre 2001, p. 65.

C'est dans cette orientation que les nouveaux textes ont créé la voie du procédé arbitral dans le contentieux des marchés publics. Pour le législateur communautaire, les litiges relatifs aux marchés publics peuvent être soumis à un tribunal arbitral dans les conditions prévues par l'acte uniforme de l'OHADA relatif à l'arbitrage. Il revient donc aux autorités contractantes et aux entreprises de prévoir dans les clauses contractuelles du marché, une clause compromissoire ou de proposer la signature d'un compromis en cas de litiges.

Toutefois, selon la nouvelle réglementation de la procédure arbitrale dans le contentieux des marchés publics, on peut se demander si l'arbitrage peut exister en dehors du cadre de l'acte unique de l'OHADA ou alors, si toute procédure d'arbitrage doit exister conformément aux conditions posées par l'OHADA.

Dans la pratique textuelle, il semblerait qu'en matière de litige relatif aux marchés publics, aucune autre voie d'arbitrage ne peut être envisageable en dehors de la procédure consacrée par l'acte unique de l'OHADA.

De sorte que le nouveau droit des marchés publics renvoie à l'acte uniforme de l'arbitrage de l'OHADA, en ce qui concerne les modalités de mise en œuvre de la procédure d'arbitrage. Or, ces nouvelles dispositions sont édictées de façon trop générale et imprécise, c'est le cas notamment l'imprécision relative à la procédure d'arbitrabilité des litiges et la place du juge national dans ce procédé[1194].

Paragraphe 2 : L'incohérence procédurale en matière d'arbitrage

Dans l'esprit des rédacteurs de la nouvelle règlementation des marchés publics, la procédure d'arbitrage des litiges relatifs aux marchés publics doit avoir un régime juridique unique. C'est dans ce sens que les droits nationaux soumettent l'arbitrabilité des marchés publics à un tribunal arbitral dans les conditions prévues par l'acte uniforme de l'OHADA relatif à l'arbitrage. Cet acte a choisi l'unité du régime juridique, son article 1er précise que *« le présent acte uniforme a vocation à s'appliquer à tout arbitrage lorsque le siège du tribunal arbitral se trouve dans l'un des Etats parties ».* Selon Abdoul DIALLO, cet article *« fait preuve à l'évidence d'une grande originalité et de pragmatisme »*[1195]. Il résulte en effet de ce texte qu'aucune distinction n'est

1194 Aux termes de l'article 2 de l'acte uniforme : *« Toute personne physique ou morale peut recourir à l'arbitrage sur les droits dont elle a la libre disposition (...) ».*

1195 DIALLO (A.), *Réflexion sur l'arbitrage dans l'espace OHADA, op., cit.*p.31.

établie entre un arbitrage interne et un arbitrage international[1196]. Le dispositif repose toutefois sur la notion de siège que l'acte uniforme n'a pas défini. Aucune précision n'est également donnée par les droits nationaux en ce qui concerne l'accès à cette procédure (A) et le rôle du juge national (B).

A. L'imprécision de l'accès à l'arbitre

Dans le contentieux des marchés publics, les nouvelles dispositions ouvrent la possibilité de règlement des conflits par voie d'arbitrage. Toutefois, ces textes ne donnent aucune précision de la modalité de mise en œuvre de cette technique. Ces textes procèdent à un renvoi explicite à l'acte unique de l'OHADA relatif à l'arbitrage. Certes, cet acte détermine dans son article 3 que l'arbitrage peut être fondé sur une convention d'arbitrage. Cette convention doit être faite par écrit ou par tout autre moyen d'en administrer la preuve. Elle doit être indépendante du contrat principal. Selon l'article 4 du même acte uniforme, la validité de la convention *« n'est pas affectée par la nullité de ce contrat et elle est appréciée d'après la commune volonté des parties, sans référence nécessaire à un droit étatique »*. Cette consécration de l'autonomie substantielle de la convention d'arbitrage lui garantit de disposer d'une autonomie juridique.

Cette convention peut prendre la forme d'une clause compromissoire ou d'un compromis. D'un côté, une clause compromissoire peut être considérée comme étant une convention par laquelle les parties s'engagent à soumettre à l'arbitrage les différends pouvant naître ou résulter d'un rapport d'ordre contractuel[1197]. De l'autre côté, on considère qu'un compromis est *« la convention par laquelle les parties à un différend déjà né conviennent de le régler par la voie de l'arbitrage »*[1198]. Ainsi, la convention d'arbitrage semble être bien garantie.

En outre, l'acte uniforme consacre la valeur supérieure de l'arbitrage (article 4). Cet acte suscite ainsi des questions relatives à l'adaptation de la procédure d'arbitrage en matière de contentieux des marchés publics. Elles créent une concurrence entre la procédure judicaire et la procédure d'arbitrage, ce qui laisse le plein choix aux opérateurs économiques de choisir la procédure qui les semble

---

1196 Dans cette pratique, certains pays comme la France, la Suisse, le Danemark, l'Irlande, ont choisi de séparer l'arbitrage interne et international. En revanche, d'autres pays comme l'Angleterre, les Pays-Bas ont choisi la dualité du régime juridique.

1197 Voir. article 3.1 de l'acte uniforme de l'OHADA relatif à l'arbitrage.

1198 *Ibid.*

la plus avantageuse. Il faut reconnaître tout de même qu'un tel mécanisme risque d'affaiblir profondément les juridictions étatiques.

Pour rappel, en droit interne, il existe l'obligation de recours administratif préalable devant l'autorité contractante et l'obligation d'un recours non juridictionnel devant l'organe de règlement amiable des litiges. C'est à l'issue de ces deux procédures que le juge du contrat peut intervenir. L'on se demande donc à quel moment la procédure d'arbitrage doit être engagée.

En ce qui concerne la question d'arbitrabilité des litiges relatifs aux marchés publics, face au silence des dispositions nationales, faudrait-il entendre qu'elle est soumise au respect de l'épuisement des voies et recours nationaux ? Ou alors, à tout moment du processus des marchés publics, en cas de différends, les parties peuvent-elles directement recourir à l'arbitrage ? Faudrait-il que la clause compromissoire prévoie qu'elle peut jouer à la fin de recours administratifs préalables sans attendre l'intervention de l'organe de règlement des litiges ?

Le droit OHADA semble trancher le débat en considérant que *« les parties ont toujours la faculté, d'un commun accord, de recourir à l'arbitrage, même lorsqu'une instance a déjà été engagée devant une juridiction étatique »*[1199]. Il peut ainsi être déduit de ces dispositions que la procédure d'arbitrabilité des litiges relatifs aux marchés publics peut être déclenchée à tout moment. Il faut simplement l'accord des parties qui est le fondement principal de ce processus.

En ce sens, à titre d'exemple, dans l'affaire *Bec et frères*, la Cour d'appel de Paris a considéré *« qu'il est désormais établi dans l'ordre juridique français qu'un Etat ne peut invoquer son propre droit national pour faire échec à la validité d'une clause compromissoire insérée dans un contrat international auquel il est parti »*[1200]. Cette orientation est retenue par le Centre International pour le Règlement des Différends relatifs aux Investissements (CIRDI) dans l'affaire *Société Ouest Africaine de Bétons Industriels (SOABI) contre l'Etat du Sénégal*. En l'espèce l'Etat sénégalais avait signé, en application du code des investissements, une convention d'établissement avec la SOABI qui s'était engagée à construire des logements sociaux. Par la suite, l'Etat sénégalais a décidé de résilier unilatéralement le contrat au motif qu'un contrat public prévoit toujours cette possibilité. Cette rupture a ainsi causé de préjudices à la SOABI qui a décidé de mettre en œuvre la clause compromissoire qui était prévue en

1199 Article 4 de l'acte uniforme de l'OHADA relatif à l'arbitrage.
1200 Cass. 2e Civ., 19 mars 1997, la semaine juridique, 7 mai 1997, n°19.

sollicitant un arbitrage du CIRDI. Ce dernier a considéré que la matière administrative n'est pas un obstacle à l'arbitrage CIRDI[1201].

Par ailleurs, la procédure d'arbitrage soulève d'autres difficultés. Ce mode de règlement des litiges, tel que proclamé en droit malien ne présente pas un intérêt sérieux dans le cadre du contentieux des marchés publics, dans la mesure où il faut obligatoirement une clause compromissoire prévue expressément par le cahier des charges[1202]. Ce droit semble fermer l'hypothèse de la signature d'un compromis d'arbitrage à défaut d'une clause compromissoire. L'insertion d'une telle clause est facultative en droit sénégalais qui considère que *« les parties peuvent insérer une clause compromissoire dans les conditions prévues par le cahier des charges »*[1203]. Une telle mesure n'est pas prévue par les droits ivoirien et burkinabè.

En principe, l'arbitrage ne peut naître que d'une convention le prévoyant expressément. Dans le cadre des marchés publics, il ne produit ses effets qu'*inter partes*. Dès lors, il ne peut jouer que pour le seul règlement des litiges en relation avec l'exécution du marché. Autrement dit, dans le cas des litiges nés au stade de la passation, l'arbitrage ne peut être d'aucun secours puisqu'il n'existe pas encore de convention d'arbitrage à cette étape. Ainsi, les seules voies de recours possibles sont celles prévues devant les instances de recours non juridictionnels et les juridictions de droit commun qui sont conditionnées à l'obligation de recours administratif préalable devant l'autorité contractante.

Il faut noter aussi que la place du juge national face au principe d'autonomie de la convention d'arbitrage n'a pas été clairement déterminée.

B. Les difficultés relatives au juge national compétent

L'autonomie de la convention d'arbitrage permet aux arbitres d'être pleinement et entièrement compétents. L'application de ce critère peut faire obstacle à la compétence du juge national au bénéfice des arbitres. Il s'agit du principe de « compétence-compétence ». Ce principe pose la règle selon laquelle il n'appartient qu'aux arbitres de statuer en priorité sur leur propre compétence, sous le contrôle du juge national. C'est ce qui est rappelé par l'article 11 de l'acte uniforme qui prévoit que *« le tribunal arbitral est seul*

1201 Cour d'appel de Paris 5 Décembre 1989, *Etat du Sénégal C/SOABI*, Cass. civ. 1ère 11 Juin 1991, *SOABI C/Etat du Sénégal,* Revue Dalloz 1991. IR.183.

1202 Voir. article 124 du CMP malien.

1203 Voir. article 139 du CMP du Sénégal.

compétent pour statuer sur sa propre compétence, y compris sur toutes questions relatives à l'existence ou à la validité de la convention d'arbitrage ». L'article 13 du même acte vient renforcer ce principe en lui reconnaissant un caractère prioritaire en cas de connexion volontaire ou involontaire de procédures. Cet article précise qu'au cas où un litige fait *« faisant l'objet d'une procédure arbitrale en vertu d'une convention d'arbitrage, est porté devant une juridiction étatique, celle-ci doit, si l'une des parties en fait la demande, se déclarer incompétente »*. Il ajoute que si le tribunal arbitral n'est pas encore saisi ou si aucune demande d'arbitrage n'a été formulée, la juridiction étatique doit également se déclarer incompétente à moins que la convention d'arbitrage ne soit manifestement nulle ou manifestement inapplicable à l'espèce. Dans ce cas, la juridiction étatique compétente statue sur sa compétence en dernier ressort.

Malgré cette précision, il apparaît que les juridictions étatiques peuvent porter atteinte au principe de compétence-compétence. C'est ce qui relève d'une affaire de 2008. Le Tribunal d'Abidjan saisi par une des parties et confirmé par la Cour d'appel d'Abidjan, a estimé *« qu'un litige portant sur la validité et donc sur l'existence même de la convention et non sur son application ne rentrait pas dans le champ d'application de la convention d'arbitrage et que par conséquent, la clause compromissoire qui ne joue que dans l'exécution de la convention ne peut trouver application en l'espèce »*. Par la suite, saisie d'un recours, la Cour Commune de Justice et d'Arbitrage (CCJA) a annulé cette décision au motif que *« le principe d'autonomie de la convention d'arbitrage impose au juge arbitral, sous réserve d'un recours éventuel contre sa sentence à venir, d'exercer sa pleine compétence sur tous les éléments du litige, qu'il s'agisse de l'existence, de la validité ou de l'exécution de convention »*[1204]. Ainsi, la CCJA, organe de recours des sentences arbitrales a recadré le juge national.

Dans une autre affaire, la Cour d'appel d'Abidjan, pour justifier sa compétence a considéré : *« bien que le protocole d'accord ait prévu dans l'une de ses clauses ladite convention de commercialisation avec monsieur May Jean-Pierre, une telle mention ne saurait faire de celle-ci une annexe dudit contrat dans la mesure où les parties signataires dans les deux cas ne sont pas exactement les mêmes ; qu'il s'ensuit que le contrat de commercialisation a une existence propre et autonome de sorte que la clause compromissoire expresse du protocole d'accord ne saurait valablement lui être étendu »*. Cette décision a été annulée par la CCJA qui a considéré que *« la juridiction compétente pour connaître de tout litige ou contestation pouvant provenir de l'application de l'interprétation du protocole d'accord*

1204 CCJA, 1ère ch., n°020/2008, 24 avril 2008, Aff. *SOW Yérim Abib c/1°/Ibrahim Souleymane AKA, 2°/KOFFI Sahout Cédric*, in OHADA Code bleu 2016, pp.972-973.

et de son annexe ne peut être qu'une juridiction arbitrale constituée sous l'égide de la chambre internationale et, devant fonctionner selon le règlement d'arbitrage de cette dernière ; qu'en conséquence, toute juridiction étatique saisie d'un tel litige doit se déclarer incompétente d'une part, et, retenant sa compétence pour se prononcer sur le fond du litige nonobstant l'existence de la clause d'arbitrage d'autre part (...)»[1205]. Elle considère dès lors que la Cour d'Abidjan a violé les dispositions de l'article 13, alinéas 1er et 2 de l'acte uniforme relatif à l'arbitrage[1206].

A la lecture de ces deux décisions, on peut supposer que le juge national n'a pas voulu se rallier à l'arbitre.

En ce sens, la doctrine soulève deux hypothèses : d'une part, ce comportement du juge national peut être expliqué par une méconnaissance des règles de l'arbitrage dont la plus importante est celle de l'autonomie de la convention d'arbitrage ayant pour corollaire le principe de compétence-compétence. Selon Abdou DIALLO, cette méconnaissance *« trouve souvent sa source dans la formation universitaire des magistrats. L'arbitrage est souvent enseigné en quelques lignes dans les cours de droit commercial ou de droit international privé »*[1207]. D'autre part, la raison pourrait s'expliquer par le refus d'une perte de compétence et de pouvoir des juridictions étatiques au profit des arbitres. Certains juges pensent que l'arbitrage est réservé aux grandes entreprises étrangères qui veulent se soustraire aux décisions judiciaires nationales[1208]. Ce second raisonnement semble être beaucoup plus légitime par rapport au premier. Affirmer que c'est par méconnaissance que le juge national s'autoproclame sa compétence dans le mécanisme d'arbitrage n'est pas un argument pertinent. On peut tout de même considérer qu'il existe une légère méconnaissance de l'arbitrage dans la culture juridique de type francophone.

Par ailleurs, l'organisation actuelle de la Cour Commune de Justice et d'Arbitrage (CCJA) lui confère le monopole des pourvois en cassation pour tout litige impliquant l'application des Actes uniformes. Pour la doctrine, *« un tel monopole viendrait à dépouiller les juridictions suprêmes nationales de l'essentiel du contentieux des affaires, ce qui ne va pas sans grincements de*

1205 C.C.J.A, 1ère chambre, arrêt n°12 du 24 février 2005, affaire *Société de manufacture de Côte d'Ivoire dite MACACI c/ MAY Jean-Pierre, Juris OHADA*, 2005, n°2, p.5 ; recueil de jurisprudence de la C.C.J.A, n°5, janv-juin 2005, volume 2, p.27.

1206 Voir. article 13 de l'acte uniforme de l'OHADA *« lorsqu'un différend faisant l'objet d'une procédure arbitrale en vertu d'une convention d'arbitrage est porté devant une juridiction étatique, celle-ci doit, si l'une des parties en fait la demande, se déclarer incompétente (...) ».*

1207 DIALLO (A.), *op., cit.* p. 70.

1208 *Ibid.*

dents, notamment en raison de la résistance de certaines juridictions nationales »[1209]. Tel est le cas dans l'affaire *Société Maisons Sans Frontières SARL* de 2017[1210]. En l'espèce, la Cour suprême du Congo avait rendu un arrêt le 23 janvier 2014 qui a été annulé par la CCJA le 17 décembre 2015 au motif que le juge suprême congolais a statué sur un litige qui relève de la compétence de la CCJA.

La Société requérante a saisi à nouveau la Cour suprême du Congo qui, dans un arrêt du 30 novembre 2016, écarte la décision de la CCJA en décidant que son arrêt du 23 janvier 2014 *« (...) est et demeure la seule décision de justice qui fait foi et dont l'exécution doit être poursuivie, par tous moyens de droit... »*. A la suite de cet arrêt, la Société requérante a saisi à nouveau la CCJA d'une demande en révision de sa décision du 17 décembre 2015.

Sans surprise, la CCJA rappelle qu'en cas « *d'annulation d'un arrêt rendu par une juridiction nationale suprême pour avoir méconnu sa compétence, cette dernière, saisie à nouveau, ne peut, sans violer les articles 18 alinéa 3 et 20 du Traité OHADA, juger que sa décision annulée par la CCJA est et demeure la seule décision de justice qui fait foi et dont l'exécution doit être poursuivie, par tous moyens de droit... »*[1211].

Dans tous les cas, une procédure d'arbitrage ne peut facilement se passer de la justice étatique car cette dernière intervient avant, pendant et après le déroulement de l'instance arbitrale[1212]. Il revient au juge interne de venir en appui dans le cadre des mesures provisoires et conservatoires. Dans le cadre de cette procédure, les parties peuvent demander au juge d'ordonner des mesures d'instruction, conservatoires et provisoires. Ce procédé est consacré par l'article 14 de l'acte uniforme qui énonce que *« si l'aide des*

1209 KONATE (M.I), « La nécessaire réforme des institutions de l'organisation pour l'harmonisation du droit des affaires en Afrique », *Lexbase,* 14 juin 2018, https://lexradio.fr/news/46019896-La-n%C3%A9cessaire-r%C3%A9forme-des-Institutions-de-l%E2%80%99Organisation-pour-l%E2%80%99Harmonisation-du-Droit-des-Affaires-en-Afrique, consulté le 04 juillet 2020.

1210 CCJA, 2e Ch. Arrêt n° 188/2017 du 27 juillet 2017, aff. *Société Maisons Sans Frontières SARL.* Dans une autre affaire récente, la CCJA a rappelé que c'est à tort qu'une *« juridiction nationale de cassation retient sa compétence pour statuer sur une affaire relative au bail à usage professionnel conclu conformément à l'Acte uniforme sur le droit commercial général. Sa décision doit donc être annulée dès lors qu'elle a statué en dépit du déclinatoire de compétence soulevé par une partie ».* CCJA, 2e Ch. arrêt n° 22/2017, 23 février 2017, aff. *Société Papiers et Graphiques de Côte d'Ivoire..*

1211 *Ibid.*

1212 POUGOUE (P.G), TCHAKOUA (J.M), FENEON (A.), « Droit de l'arbitrage dans l'espace OHADA », *Presses universitaires d'Afrique*, n° 318, p.116.

autorités judiciaires est nécessaire à l'administration de la preuve, le tribunal arbitral peut d'office ou sur requête solliciter le concours de la juridiction compétente dans l'Etat partie ». En définitive, les juridictions étatiques ne disposent pas de beaucoup de marge de manœuvre en matière d'arbitrage.

Au vu de la particularité du contentieux des marchés publics, l'on se demande s'il ne serait pas plus intéressant de mettre en place une procédure d'arbitrage spécifique beaucoup plus adaptée.

Dans cette perspective, au vu du nouveau fonctionnement du contentieux des marchés publics qui plaide en faveur du règlement amiable des litiges et au regard de l'évolution des textes juridiques, sans compter les nouvelles exigences qui se font jour dans la pratique juridique de l'achat public par mérite, un constat paraît évident. Selon Mamadou I KONATE, *« les institutions et organes initiaux de l'Organisation apparaissent aujourd'hui à la fois inadaptés et incomplets, à tout le moins pas toujours à même de lui assurer de nouvelles perspectives permettant de mieux asseoir le droit et la pratique communautaire juridique au sein d'un monde de plus en plus complexe et concurrentiel »*[1213]. L'on pourra dès lors faire deux propositions.

Pour la première solution, il faudrait reconnaître aux organes nationaux d'arbitrage la compétence expresse pour connaître le contentieux des marchés publics. De ce fait, ils pourront être saisi par les parties après l'épuisement du recours non juridictionnel. Autrement dit, les parties auront le choix soit de saisir le juge du contrat, soit d'engager une procédure d'arbitrage. Il suffit simplement de ne pas prévoir de clause compromissoire dans le contrat. En ce qui concerne la deuxième solution, les rédacteurs nationaux et communautaires peuvent envisager la possibilité de déclencher un processus d'arbitrage juste après le recours administratif préalable obligatoire.

Dans les deux cas, les décisions issues de l'arbitrage national pourraient directement ouvrir la voie de saisine des instances de l'OHADA. Un tel procédé pourrait persuader les opérateurs économiques et les autorités contractantes de s'intéresser davantage à l'arbitrabilité du contentieux des marchés publics.

[1213] KONATE (M.I), « La nécessaire réforme des institutions de l'organisation pour l'harmonisation du droit des affaires en Afrique », *op., cit.*

Chapitre 2 : Le constat d'un contrôle juridictionnel pratiquement inexistant

Le processus des marchés publics intègre plusieurs opérations qui sont susceptibles de faire l'objet de contestation par des entreprises évincées ou par les cocontractants devant l'instance de recours non juridictionnels et le juge. A cet égard, l'article 12 de la directive n°05/2005 rappelle que *« les Etats membres s'engagent à ce que les décisions de l'autorité de recours non juridictionnels puissent faire l'objet d'un recours (...) devant un organe juridictionnel »*. Il s'agit du juge naturel[1214] du contentieux des contrats administratifs[1215]. Ces orientations communautaires ont été transposées dans les droits nationaux parfois avec plus de restriction.

Pour rappel, l'une des spécificités du contentieux des marchés publics au sein de l'UEMOA réside dans l'intervention de plusieurs organes. Ce mécanisme rend donc difficile l'intervention des juridictions étatiques. A ce sujet *« la compétence de la juridiction administrative, inlassablement affirmée par les textes généraux relatifs au contentieux administratif subit une sourde et subtile concurrence des alternatifs de règlement des conflits administratifs »*[1216].

Cependant, malgré le maintien de la compétence classique du juge administratif en matière des litiges relatifs aux marchés publics, il existe des insuffisances en termes de modalités du contentieux (Section 1) et quant aux procédures devant le juge (Section 2).

1214 La référence est faite au juge administratif, plus précisément la section administrative de la Cour suprême.

1215 Le contentieux est défini comme une prétention en demande, la contestation entre prétentions opposées ou encore, de façon générique, le litige, tous ces termes étant en définitive synonymes. Sur cette question, voir. GOHIN (O.) et POULET (F.), *Contentieux administratif*, LexisNexis, 9e édition 2017, p. 2. Voir. égal. GUYOMAR (M.) & SEILLER (B.), Contentieux administratif, Dalloz, 4e édition, 2017.

1216 BIAKAN (J.), *Droit des marchés publics au Cameroun : contribution à l'étude des contrats publics*, préf. Magloire ONDOA, Harmattan, 2011, p.11.

Section 1 : L'insuffisance des modalités du contentieux devant le juge du contrat

Le droit UEMOA des marchés publics se particularise par rapport à d'autres systèmes juridiques étrangers en mettant l'accent sur le mode de règlement amiable des litiges. Dès lors, ce n'est que par exception qu'un différend arrive devant le juge du contentieux des contrats administratifs.

C'est cet état de droit qui explique l'insuffisance d'intervention du juge. Cette situation est sans doute de nature à porter préjudice à l'efficacité du contentieux juridictionnel des marchés publics, en ce qu'il crée des obstacles à l'accès au juge (paragraphe 1). En plus de cela, l'office du juge est lacunaire (paragraphe 2).

Paragraphe 1 : Les obstacles relatifs à l'accès au juge

Le volume de la jurisprudence administrative relative aux marchés publics est trop réduit. Cette situation s'explique par le fait que le juge classique du contentieux des marchés publics est destinataire de peu de litiges. Il ne peut être directement saisi par les entreprises évincées. Ces dernières sont soumises à l'obligation d'épuisement des voies et recours non juridictionnels (A), parfois, ces mêmes entreprises sont confrontées à la complexité de l'accès au juge et l'effet suspensif des recours (B).

A. L'obligation d'épuisement des voies et recours non juridictionnels

L'organisation contentieuse des marchés publics dans le droit de l'UEMOA a mis l'accent sur l'association de plusieurs instances. D'une part, il existe un organe central de contrôle qui assure le contrôle *a priori* des procédures de passation[1217]. D'autre part, l'instance de recours non juridictionnels doit obligatoirement être saisie de faits d'irrégularités et d'infractions des entreprises dans le processus des marchés publics. Cet organe non juridictionnel a *« la possibilité de sanctionner les soumissionnaires et de régler des litiges, agit en droit et doit mener son action tout en respectant et*

[1217] *Cf. supra*, p. 154 et s.

faisant respecter des garanties procédurales qui s'imposent. Dès lors, elle devient une quasi-juridiction »[1218].

En réalité, l'organe de contrôle des marchés publics et l'organe de résolution amiable des litiges disposent chacun d'une autonomie d'action propre. C'est ce qui a été rappelé par la Cour suprême du Sénégal dans une décision du 22 mars 2012[1219]. Elle a jugé que les dispositions règlementaires relatives aux marchés publics ne prévoient nullement que l'avis favorable de l'organe de contrôle peut emporter la régularité et lie l'organe de recours non juridictionnels. Il s'agit d'une indépendance des procédures.

Cependant, dans le cadre de la saisine du juge, pour être recevable, le requérant, après avoir justifié qu'il a intérêt et qualité à agir, doit dénoncer un acte attaquable et exercer obligatoirement les recours préalables.

En premier lieu, les actes détachables les plus attaqués sont ceux qui interviennent lors de la phase de passation du contrat. Ces actes sont accompagnés de ceux de la phase d'exécution du marché, tel qu'un acte unilatéral modificatif du marché. D'une part, les contestations en matière de passation des marchés publics peuvent porter sur *« la décision d'attribuer ou de ne pas attribuer le marché, les conditions de publication des avis, les règles relatives à la participation des candidats et aux capacités exigées, le mode de passation et la procédure de sélection retenus, la conformité des documents d'appel d'offres à la réglementation, les spécifications techniques retenues, les critères d'évaluation »*[1220]. D'autre part, les recours peuvent porter sur certains actes d'exécution du marché, notamment les décisions de sanction et les actes de résiliation unilatérale. Tous ces actes sont qualifiés d'actes unilatéraux et sont susceptibles de porter atteinte aux principes fondamentaux du droit des marchés publics.

En second lieu, le fait que l'intervention du juge soit conditionnée à l'épuisement des voies et recours non juridictionnels est un frein au dynamisme du contentieux des marchés publics. Dans cette situation, l'essentiel des conflits est résolu directement par l'autorité contractante, à défaut par l'organe de recours non juridictionnels. Ainsi, ce n'est qu'en dernière analyse, parfois par hasard, que le juge aura l'occasion d'intervenir.

1218 DIALLO (M.Y), « Le juge de l'administration et la régulation des marchés publics au Sénégal », *op., cit.* p.8.

1219 BA (B.), *op., cit.* p. 176.

1220 En ce sens, voir, par exemple l'article 89 du CMP du Sénégal.

Conséquence de ce constat, la production jurisprudentielle est très faible en matière des marchés publics. On peut considérer que ni le législateur communautaire ni les rédacteurs nationaux n'ont voulu vraiment accorder une place importante au règlement juridictionnel des litiges relatifs aux marchés publics. Certes, le droit communautaire consacre le principe de recours juridictionnel contre une décision non juridictionnelle. Mais dans la réalité et dans la pratique, l'existence de recours non juridictionnel rend difficile l'accès au juge. Il s'avère également que le droit communautaire ne détermine aucune condition de recevabilité de cette procédure devant le juge.

Dans la transposition des dispositions de l'article 12 al. 9 de la directive n°05/2005, l'article 148 du code des marchés publics de la Côte d'Ivoire énonce que *« les décisions de l'organe de régulation sont susceptibles de recours en annulation pour excès de pouvoir »*. En droit malien, l'article 121.4 du CMP prévoit que les décisions du Comité de Règlement des Différends (CRD) peuvent faire l'objet d'un recours devant la section administrative de la Cour suprême.

Dans le droit sénégalais, l'article 92 du CMP permet au candidat qui s'estimerait évincer à tort *« à réclamer réparation du préjudice subi devant les juridictions compétentes »*. Dans ce droit, l'exercice du recours pour excès de pouvoir semble être problématique. La réglementation ne prévoit que l'hypothèse de recours en indemnisation, c'est-à-dire, le plein contentieux. En définitive, les dispositions sénégalaises consacrent une procédure après l'épuisement de voies et recours non juridictionnels mais ne reconnaissent pas l'exercice du recours en annulation. Pourtant, le juge sénégalais reconnaît un tel recours. Ainsi, dans l'arrêt *COMET AFRIQUE TELLECOMS*[1221] contre l'ARMP, le requérant avait exercé un recours en annulation contre la décision de l'organe de recours non juridictionnels au motif que ce dernier n'a pas jugé opportun de l'entendre sur les griefs articulés contre lui. En réponse, le juge a admis la recevabilité du REP mais a conclu que *« du fait du caractère écrit de la procédure qui est une procédure administrative contentieuse au cours de laquelle le principe du contradictoire a été respecté »*, l'organe de règlement amiable des litiges n'était pas dans l'obligation d'auditionner les parties.

Quant au juge administratif nigérien, il a opéré un revirement jurisprudentiel en reconnaissant le caractère spécifique du recours administratif en matière des marchés publics. Auparavant, il considérait que le juge ne peut être directement saisi d'un recours contre une décision de l'organe de règlement des litiges, sans au préalable, effectuer un recours administratif devant ce

---

[1221] CS, sect. Adm. 27 octobre 2011, *COMET AFRIQUE TELLECOMS,* voir. BA (B.), *op. cit.* p.182.

dernier[1222]. Pour ce juge, un candidat évincé devrait d'abord saisir l'organe de règlement des litiges d'un recours contre un acte détachable de la passation du marché. S'il n'est pas satisfait, avant de saisir le juge, il exerce obligatoirement un recours administratif. Il s'agit de la règle de droit commun de la recevabilité d'un recours en annulation. Toutefois, dans l'affaire *Groupement d'Entreprises Moussa Wazir* de 2013[1223], le requérant avait directement saisi le juge contre une décision défavorable de l'instance de recours non juridictionnels sans exercer un recours préalable devant cette dernière. Pour se défendre, l'organe conciliation amiable a considéré que le juge administratif doit déclarer l'irrecevabilité du recours pour violation de l'article 89 de l'ordonnance 2010-16 du 15 avril 2010 qui exige, pour la recevabilité d'un REP, l'exercice d'un recours administratif préalable. Dans un considérant de principe, le juge opère un revirement, en jugeant qu'en « *l'espèce on est en présence d'une procédure de passation de marché public, laquelle obéit à ce que la jurisprudence appelle la procédure administrative particulière où l'obligation du recours administratif préalable du droit commun est remplacée par un recours spécialement aménagé, que sauf disposition contraire non rapportée en l'espèce, le recours imposé devra seul être exercé* ». Le juge administratif nigérien a donc levé la confusion qui existait entre les conditions de recevabilité d'un recours pour excès de pouvoir ordinaire et les conditions de recevabilité d'un recours contre une décision de l'organe de règlement amiable des différends. Pour le juge nigérien, bien que l'instance de résolution amiable des litiges soit une structure publique, le REP contre ses décisions ne nécessite pas l'exercice de recours administratif préalable de droit commun.

Certes, en contrôlant la légalité des décisions de l'instance de recours non juridictionnels, le juge du contentieux des marchés publics renforce le périmètre juridictionnel de cette branche du droit public des affaires. Toutefois, l'obligation d'un recours administratif préalable devant l'autorité contractante et l'obligation d'un recours non juridictionnel fragilise ce renforcement recherché par le juge du contrat. Il aurait été souhaitable que l'accès au juge ne soit pas conditionné à l'épuisement des voies et recours administratifs préalables et non juridictionnels.

1222 CS, sect. Adm. 08 mai 2013, aff. *SNLM-Import-export/Etat du Niger*, n°13-025. Dans cette jurisprudence, le juge avait considéré que « *la décision attaquée émane de l'autorité de règlement amiable et d'arbitrage, qu'elle constitue nonobstant son caractère définitif et opposable à tous, autrement dit exécutoire, une décision administrative qui doit obéir au même régime que celui des actes administratifs relativement aux voies de recours* ».

1223 CS, sect. Adm. 16 août 2013, *Groupement d'Entreprises Wazir/ETEP c/Etat du Niger/ARMP*, n°13-050.

De plus, la pratique contentieuse des marchés publics soulève d'autres entraves qui impactent le dynamisme de règlement des litiges.

B. L'effet suspensif du recours et la complexité d'accès au juge

L'accès au juge se matérialise par un recours contre la décision de l'organe de règlement non juridictionnel des différends.

Pour déclencher le contentieux juridictionnel, dans l'article 12 de la directive n°05/2005, le droit communautaire invite les Etats membres à fixer un bref délai de recours qui permettrait aux candidats évincés de saisir le juge. Il ajoute que ce recours n'a cependant pas d'effet suspensif. Ces dispositions semblent être mal comprises dans certains droits nationaux. Il apparaît aussi que les textes ne précisent pas dans quel délai le juge doit rendre sa décision.

En premier lieu, dans la plupart des Etats membres, la saisine du juge n'est enfermée dans aucun délai. Dans cette hypothèse, à défaut de délai fixe, c'est le juge qui interprète à sa façon la notion de délai raisonnable pour déclarer la recevabilité du recours. A cet égard, selon Adamou ISSOUFOU, *« cette situation est sans doute de nature à porter un préjudice sérieux à l'efficacité de l'action administrative tant recherchée par la réforme du droit des marchés publics »*[1224].

En matière de délai de recevabilité de recours contre une décision de l'organe de règlement des différends, seule la règlementation malienne a tenté de se rapprocher de l'esprit des dispositions supranationales en considérant qu'un candidat évincé peut contester une décision de l'organe de règlement des différends dans un délai de trois jours devant la section administrative de la Cour suprême[1225]. Là encore, la Cour suprême malienne semble opter pour une autre interprétation de ces dispositions. Dans l'affaire *Société Master Communication Sarl* de 2014[1226], la haute juridiction malienne a accueilli le recours du requérant malgré l'épuisement du délai de trois jours. En l'espèce, la Société requérante était l'attributaire provisoire d'un marché public. Cette attribution a fait l'objet de contestation devant l'organe de recours non juridictionnels qui a été favorablement accueillie le 30 avril 2014. De ce fait, le juge administratif a été saisi d'un recours en annulation le 29 mai 2014, soit 29 jours après la décision de l'organe de recours non juridictionnels. Le juge suprême, sans chercher à se prononcer sur la recevabilité en termes de délai a

1224 ISSOUFOU (A.), *op., cit.* p.399.
1225 Voir. article 121.4 du CMP de 2015 en vigueur.
1226 CS, sect. Adm. 03 juin 2014, aff. *Société Master Communication Sarl,* n°145.

admis la recevabilité du recours. La règle du délai de trois jours a donc été ignorée par la haute juridiction malienne. Le juge semble faire application du délai de droit commun qui est de deux mois.

Dans tous les cas, cette absence de détermination de délai dans certains droits nationaux soulève la question de savoir si le juge doit tenir compte du délai de droit commun qui est de deux mois pour déclarer l'irrecevabilité des recours exercés devant lui.

C'est ce qui semble être le cas pour la Cour suprême du Niger. Dans une affaire de 2013[1227], le juge administratif s'est appuyé sur les conditions de recevabilité de droit commun pour déclarer un recours irrecevable au motif que le requérant n'a pas introduit de recours administratif préalable contre la décision du CRD. Pour ce juge, « *la décision attaquée émane de l'autorité de règlement amiable et d'arbitrage, qu'elle constitue nonobstant son caractère définitif et opposable à tous, autrement dit exécutoire, une décision administrative qui doit obéir au même régime que celui des actes administratifs relativement aux voies de recours* ».

En second lieu, le juge ne se voit pas imposer de contrainte de temps dans la prise de ses décisions. Il rend son prononcé quand il le souhaite. Cette situation peut être un facteur de découragement dans l'exercice de recours devant le juge par les entreprises requérantes ou toute autre structure intervenant dans le processus des marchés publics. A titre d'illustration, dans une affaire de 2009, à propos de la légalité de la présence du représentant du contrôleur financier dans la Commission des marchés, la Cour suprême sénégalaise a prononcé le sursis à exécution de la décision attaquée, et a rendu un arrêt sur le fond du litige huit mois après[1228], ce qui signifie que le marché est resté suspendu jusqu'à cette date.

Cette lenteur réduit considérablement la décision des concurrents évincés d'envisager un recours juridictionnel après avoir échoué devant l'organe de recours non juridictionnels. Au lieu de perdre beaucoup du temps et de moyens dans ces procédures, certains candidats préfèrent se résigner et préparer la prochaine compétition. Cette situation mérite une attention particulière qui doit conduire à engager la sensibilisation des juges afin de les

---

1227 CS, sect. Adm. 08 mai 2013, aff. *SNLM-Import-export/Etat du Niger*, *op. cit.;* Voir. Aussi, CS, sect. Adm 3 juillet 2013, n°13-049.

1228 CS, sect. Adm. 5 mai 2009, aff. *Etat du Sénégal c/ ARMP*, voir. ISSOUFOU (A.), *op., cit.* p.399.

amener à prendre en compte et à intégrer la logique du droit des marchés qui allie célérité, rapidité et efficacité de l'action administrative[1229].

En définitive, au vu de l'incertitude des délais de décisions du juge, selon Boubacar BA, il serait *« hasardeux d'assimiler ce temps écoulé à un quelconque délai raisonnable »* voulu par le droit communautaire, *« ce qui manifestement plombe l'efficacité de l'action administrative »*[1230]. A cet égard, l'on peut considérer que *« si la décision n'intervient pas dans les délais raisonnables de plus en plus difficiles à tenir, l'affirmation des plus grands principes risque de manquer son but »*[1231], car une justice trop lente peut devenir dérisoire.

En troisième lieu, en droits africains, généralement *« la procédure devant le juge de l'excès de pouvoir n'est pas suspensive »*[1232]. Cette hypothèse a été confirmée par le nouveau droit des marchés publics de l'Union qui écarte le caractère suspensif de la procédure de passation en cas d'introduction d'un recours devant le juge[1233]. Dans cette situation, le droit burkinabé et le droit ivoirien des marchés publics sont restés silencieux. Ainsi, il aurait été plus pertinent de prévoir la possibilité de sursis de la procédure dès l'introduction d'une requête devant le juge, d'autant qu'avant cette saisine il n'existe que de voies de résolution amiable.

La pratique démontre, bien que le caractère suspensif de la procédure soit écarté, le juge du contrat peut faire droit à une demande de suspension et ordonner le sursis à exécution. Il s'agit d'un correctif à l'absence de caractère suspensif d'un recours entre les mains du juge. Cette technique trouve son fondement dans les compétences naturelles du juge.

Dans le cadre de la procédure de sursis à exécution, le juge peut prononcer la suspension de l'exécution des décisions administratives si les moyens présentés devant lui permettent de justifier son annulation ou sa réformation. Cette pratique exige du requérant de démontrer que la décision litigieuse doit être annulée pour irrégularité. C'est en cela qu'on considère que le prononcé

1229 CS, sect. Adm. 5 mai 2009, aff. *Etat du Sénégal c/ ARMP*, préc.
1230 BA (B.), *op., cit.* p.186.
1231 LONG (M.), « Une réforme pour préparer l'avenir », *RFDA*, 1988, p.163.
1232 SY (D.), *« Droit administratif »*, Dakar, 2eme éd. CREDILA-L 'Harmattan, 2014, p. 128.
1233 En ce sens, voir. Article 12 de la directive 05/2005 sur le règlement des différends, *op., cit.* article 121.4 du CMP du Mali et l'article 92 du code des marchés publics sénégalais.

du sursis est exceptionnel. Ce prononcé du sursis par le juge *« ne constitue qu'une faculté et non une obligation »*[1234].

Ainsi, la loi organique sur la Cour suprême sénégalaise prévoit que *« sur demande expresse de la partie requérante, la Cour suprême peut à titre exceptionnel ordonner le sursis à exécution des décisions des autorités administratives contre lesquelles a été introduit le recours en annulation (...) »*[1235]. Il apparaît que le juge ne peut prononcer le sursis à exécution qu'à la demande des parties et s'il le juge opportun. C'est une mesure du juge qui tend à paralyser provisoirement un acte administratif en empêchant son application immédiate[1236]. Pour Madjiguène DIAGNE, c'est une mesure conservatoire visant à *« remédier aux conséquences fâcheuses qui pourraient découler du caractère exécutoire des actes administratifs unilatéraux »*[1237] en attendant la solution au fond.

Cette technique est toutefois bien encadrée par le juge. C'est pourquoi, il refuse de faire droit à une demande de sursis à exécution qui n'est pas fondée. Dans l'arrêt *Société Angélique International Limited*[1238], le juge de l'administration du Sénégal a considéré qu'en *« l'état de l'instruction, même si certains moyens invoqués paraissent sérieux, la requérante n'établit pas le préjudice irréparable qu'elle encourt si les décisions attaquées sont exécutées »*. En effet, le juge pose deux critères cumulatifs pour pouvoir faire droit à une demande de suspension par sursis du marché, le caractère sérieux des moyens et le préjudice irréparable. C'est ce qui résulte de l'arrêt *AL FIRDAW SERVICES*, à travers cette décision, la Cour suprême sénégalaise indique qu'en *« l'état de l'instruction, le caractère sérieux des moyens reste à être établi par la requérante qui ne rapporte pas non plus la preuve du préjudice encouru... »*[1239]. Par ailleurs, dans la pratique, le juge sénégalais semble ne pas opérer une interprétation uniforme des conditions de recevabilité des demandes de sursis à exécution. Ainsi, dans l'arrêt *Etat du Sénégal c/ARMP* de 2009 [1240], le juge a porté une observation lacunaire sur les

---

1234 CE, sect. 15 décembre 1961, *ministre de l'industrie et du commerce*.

1235 Voir. loi organique 2008-35 du 8 août 2008, sur la cour suprême, article 73-2.

1236 SALL (A.), « Le sursis à exécution des décisions administratives dans la jurisprudence sénégalaise », *Revue juridique et politique*, n°4, 2005, p. 499-543.

1237 DIAGNE (N.M), « La contribution du conseil d'Etat sénégalais à la construction de l'Etat de droit », *Revue administrative, numéro spéciale* 6, 1999, p. 85.

1238 CS, sect. adm. 12 juillet 2013, *Société angélique international limited* ; voir. BA (B.), *op., cit.* p. 184.

1239 CS, sect. Adm. 13 déc 2012, *AL FIRDAWS Services c/ ARMP* ; BA (B.), *op., cit.* p. 184.

1240 CS, sect. Adm. 05 mai 2009, *op., cit.*

arguments du requérant auxquels il n'a pas répondu et n'a pas indiqué si les conditions d'octroi du sursis à exécution étaient réunies.

En outre, les conditions de recevabilité des demandes de sursis à exécution en droit sénégalais et en droit malien sont légèrement différentes. Dans le droit positif malien, l'article 242 de la loi organique sur la Cour suprême dispose que *« la section peut prescrire qu'il sera sursis à l'exécution d'une décision lors qu'elle n'intéresse ni le maintien de l'ordre public, ni la tranquillité publique et si une requête aux fins de sursis lui est présentée »*[1241]. Il apparaît dès lors, que la déclaration de sursis à exécution n'est pas prononcée d'office. Il faut nécessairement en ce sens une demande des parties au litige. Cette demande doit être précédée d'un recours en annulation. En outre, le juge lui-même a ajouté deux autres conditions jurisprudentielles pour le succès d'une demande de sursis à exécution qu'on retrouve en droit français[1242]. Il s'agit d'une part, *« que l'exécution de la décision objet de la demande de sursis à exécution occasionne au requérant un préjudice irréparable »* d'autre part *« que l'examen du recours au fond ait des chances sérieuses d'aboutir à l'annulation de la décision objet de la demande de sursis ».* Ces deux conditions ne semblent pas être cumulatives comme c'est le cas en droit sénégalais. A titre d'illustration, dans l'affaire *Société Master Communication Sarl* de 2014[1243], sans tenir compte du critère de *« préjudice irréparable »,* le juge administratif malien a conclu que *« le requérant présente des moyens sérieux au soutien de sa requête en annulation des actes objet de la demande de sursis ».* Il a donc ordonné le sursis à exécution.

Dans un autre cas, le juge suprême malien, après s'être assuré que les conditions textuelles étaient remplies, a considéré que la décision querellée *« n'a pas pour objet de maintenir l'ordre public ou d'assurer la tranquillité publique ».* Le juge après avoir analysé la demande de sursis qui ne porte ni sur l'ordre public ni sur la tranquillité publique, s'est référé qu'a un seul critère jurisprudentiel, en concluant que *« la décision, objet de la requête initiale occasionne au requérant, par son exécution un préjudice difficilement réparable ».* Il ajoute que *« pour éviter au requérant des préjudices difficilement réparables, il y a lieu de prononcer le sursis à exécution de la décision querellée »*[1244].

1241 Voir. Loi n°2016-046 du 2 septembre 2016, portant loi organique fixant l'organisation les règles de fonctionnement de la Cour suprême et la procédure suivie devant elle.

1242 En droit français, une demande de sursis ne peut être formée que si un recours principal en annulation est formé.

1243 CS, sect. Adm. 3 juin 2014, *op., cit.*

1244 CS, sect. Adm. 30 décembre 2014, *Société Niaré froid c/CRD*, n°346.

En réalité, seule la jurisprudence *Feed Back Infra Private Limited* semble tenir compte des deux critères jurisprudentiels. Dans cette affaire la Haute juridiction malienne a jugé que *« l'exécution de la décision entraînera des conséquences difficilement réparables pour le requérant qui dans son recours en annulation présente des moyens sérieux ; qu'il s'ensuit qu'au regard de ce qui précède, le présent recours en sursis à exécution est justifié et bien fondé en droit »* [1245].

S'agissant de ce processus, il serait plus opportun de prévoir qu'à partir de l'introduction d'une requête contentieuse relative aux marchés publics, le juge puisse systématiquement ordonner la suspension de la procédure selon le caractère sérieux du recours, sans forcément attendre qu'on lui présente une demande de sursis. Ce mécanisme pourrait dès lors contribuer à pallier certaines insuffisances de l'intervention du juge.

Paragraphe 2 : Le cadre lacunaire de l'office du juge du contentieux des marchés publics

Le nouveau cadre contentieux des marchés publics a été l'occasion de redéfinir l'office du juge (A). Il s'agit du procédé de régulation du droit par le juge du contentieux administratif. L'intervention de ce juge dans le processus de régulation des marchés publics témoigne de sa capacité à réguler le jeu économique par le droit [1246]. Toutefois, cette intervention semble trop limitée, ce qui nécessite un renforcement de l'office du juge (B).

A. La rénovation limitée de l'office du juge

Le rôle principal du juge du contrat est de veiller au respect des règles qui gouvernent les contrats publics. A ce sujet, deux grandes voies sont possibles. D'une part, la procédure de recours pour excès de pouvoir (REP) donne au juge la possibilité d'apprécier la légalité des décisions intervenant dans la passation et dans l'exécution du contrat, telle que la décision de signer ou de ne pas signer le contrat. D'autre part, la procédure de plein contentieux qui se distingue clairement de l'excès de pouvoir permet au juge d'aller au-delà de la simple annulation ou la validation d'un acte. Le plein contentieux permet

1245 CS, sect. Adm. 09 octobre 2014, *Feed Back Infra Private Limited c/ CRD*, n°262.
1246 DIALLO (M. Y), *op., cit.* p. 7.

au juge d'interpréter et de réformer un contrat administratif et de condamner l'administration à des dommages et intérêts.

Cependant, la transformation des droits nationaux des marchés publics a confié au juge la compétence de contrôler les pratiques de l'organe de règlement des différends. Malgré les pouvoirs quasi-juridictionnels de cet organe, celui-ci demeure une autorité administrative dont les décisions sont susceptibles de recours pour excès de pouvoir devant le juge administratif. Ce dernier peut sanctionner les comportements négatifs de l'organe de règlement des litiges et régler le litige en cause[1247].

Dans cette hypothèse, le juge n'hésite pas à rappeler à l'organe de règlement des différends les règles procédurales du procès équitable. Ainsi, l'on constate un contrôle par le juge administratif des actes de régulation et de conciliation au regard des règles du procès équitable[1248]. Le respect de ce principe est l'une des conditions de validité des décisions des autorités de régulation à travers leurs organes de règlement des différends. La Cour suprême ivoirienne n'a pas hésité à le rappeler à la Cellule Recours et Sanctions (CRS) de l'ANRMP en 2014[1249]. Elle a estimé que *« toute décision administrative prononçant une sanction doit être prise à la suite d'une procédure contradictoire garantissant les droits de la défense ; que ceux-ci imposent à l'autorité administrative d'informer la personne concernée de la mesure qu'elle envisage de prendre ; que l'autorité administrative ne peut prendre la mesure envisagée qu'après avoir pris connaissance des observations de la personne concernée »*. Dans cette affaire, la CRS de l'ANRMP avait été saisie d'un recours en dénonciation d'irrégularités visant l'attribution provisoire d'un marché. La Cellule a décidé d'annuler ces résultats provisoires sans tenir compte des observations de toutes les parties. Pour la Cellule le respect du contradictoire n'est pas une obligation dans le cadre d'un recours de dénonciation d'irrégularités. Le juge administratif a dès lors considéré que, même dans le cadre d'une telle procédure, *« le prononcé de l'annulation comme sanction dans le cadre de cette procédure de dénonciation doit intervenir dans le respect des droits de la défense »*, donc le respect du contradictoire. Ce principe exige le respect du droit des parties de présenter des observations ainsi que leur prise en compte par l'organe de règlement des différends.

1247 DUPUIS-TOUBOL (F.), « Le juge en complémentarité du régulateur », *LPA*, 23 janvier 2003 n° 17, p. 17.

1248 Voir. l'article 18 nouveau du décret modificatif du 8 mai 2013, sur l'ANRMP, *op., cit.* qui précise que *« toutes les procédures de règlement des litiges ou de prononcé de sanctions portées devant la Cellule Recours et Sanctions doivent respecter le principe du contradictoire et garantir aux parties un traitement équitable »*.

1249 CS, sect. adm, 30 décembre 2014, *Société JAN DE NUL SA c/ ANRMP*, n°188.

A propos de la consolidation jurisprudentielle du procès équitable, dans l'affaire *Société Master Communication SARL*, le juge administratif malien aussi n'a pas hésité à sanctionner l'organe de recours non juridictionnels qui avait ordonné la suspension d'une procédure de passation d'un marché public. En l'espèce, le CRD du Mali avait été saisi d'un recours contre l'attribution provisoire d'un marché public le 18 avril 2014. Il n'a pu rendre sa décision suspensive de la procédure que le 30 avril 2014, soit plus de sept jours ouvrables après sa saisine. L'attribution du marché ne pouvait dès lors être suspendue. Une telle pratique du CRD pouvant porter atteinte au procès équitable a été sanctionné par le juge administratif. Ce dernier a considéré que *« la décision d'attribution faite à la requérante ne saurait être suspendue »*[1250].

Par ailleurs, la Cour suprême du Sénégal, dans l'affaire *Port Autonome de Dakar*[1251] a eu l'occasion de rappeler deux critères essentiels de la procédure contentieuse devant l'instance de recours non juridictionnels. D'une part, le requérant contestait la composition de l'organe de règlement des litiges dans lequel siégeait des personnes qui n'avaient aucune qualité pour siéger lors des auditions. La Cour a considéré que la présence de ces personnes, en qualité d'observateurs *« ne saurait affecter la régularité de la composition du comité, alors surtout qu'il n'est pas établi qu'ils ont participé et voté lors de la prise de décision »*. D'autre part, le juge suprême sénégalais a rappelé que les dispositions du code des marchés ne prévoient *« nullement que l'avis favorable de la Direction de Contrôle des Marchés Publics emporte régularité de la procédure et lie le CRD »*. Autrement dit, le Comité de règlement des différends saisi d'un recours, est tenu de vérifier la conformité du dossier d'appel d'offres suivant les dispositions légales et réglementaires. Il n'est aucunement tenu à l'avis de l'organe de contrôle.

Le juge a, en outre, très vite considéré que le respect des règles de passation des marchés publics, telle que la mise en concurrence des candidats est impérative. De ce fait, la Cour suprême sénégalaise, en contrôlant la légalité des décisions de l'autorité contractante au regard de l'exigence de mise en concurrence a considéré que le droit de la concurrence fait partie du bloc de la légalité administrative. En ce sens, l'arrêt *Sarre-CONS c/ ARMP*[1252] a marqué un point d'évolution jurisprudentielle en la matière. Pour la doctrine, le contentieux des marchés publics a offert au juge administratif *« l'occasion de redresser, d'appeler à la correction des irrégularités administratives*

[1250] CS, sect. Adm. 03 juin 2014, *Société master communication SARL, op., cit.*

[1251] CS, 22/03/2012, *Port autonome de Dakar c/ ARMP, op., cit.*

[1252] CS, sect. Adm, 22/08/2013, *Société SARRE-CONS c/ ARMP*, Bulletin des arrêts de la Cour suprême du Sénégal 2013.

constatées dans le cadre de l'examen des candidatures au regard des critères préalablement indiqués dans la déclaration d'appel d'offres »[1253]. Ainsi, s'agissant du non-respect des critères fondamentaux de transparence, d'égalité des candidats et de non-discrimination, le juge veut en faire respecter l'effectivité. C'est tout le sens de la jurisprudence *Bureau Veritas*[1254]. Dans cette affaire, le requérant contestait une décision d'annulation de l'organe de recours non juridictionnels visant l'avis d'attribution provisoire d'un marché. Le juge de l'administration au Sénégal devait se prononcer sur la légalité de l'introduction d'un sous-critère de notation non porté préalablement à la connaissance des candidats. Le juge conclut que *« les critères d'évaluation (...) étaient insuffisamment détaillés »*. Il ajoute que ces critères devaient *« avoir la précision nécessaire de manière à ne laisser aucun pouvoir discrétionnaire à la commission des marchés (...) et respecter les principes fondamentaux de transparence, d'égalité des candidats et de non-discrimination »*. Le juge administratif ouvre donc *« l'armada des principes éthiques pour étouffer toute tentation d'attribution clientéliste du marché »*[1255].

C'est ce qui ressort de l'arrêt *Société Générale de Surveillance contre le Conseil Exécutif des Transports Urbains de Dakar (CETUD)*[1256]. Dans cette décision, le juge a estimé que le soumissionnaire ne peut pas se substituer en lieu et place de l'autorité contractante pour déterminer les modalités du marché, notamment les règles d'appel à la concurrence. En conséquence, le juge a rejeté le moyen soulevé par l'autorité contractante tendant à l'annulation de la décision d'attribution du marché pour erreur d'appréciation. Dans la même orientation, le juge administratif a rappelé que l'offre d'un candidat peut être rejetée si ce dernier ne respecte pas les règles de procédure de la conclusion des marchés publics ou s'il oublie d'indiquer le montant de son offre. Sur ce dernier point, la Cour suprême sénégalaise a d'ailleurs jugé que l'indication du montant de l'offre est une formalité substantielle[1257].

Toutefois, certaines décisions sont révélatrices de convergence entre l'instance de recours non juridictionnels et le juge. A titre d'exemple, dans l'affaire qui a opposé la *Cellule Nationale de Traitement des Informations Financières (CENTIF) à l'ARMP*[1258], le juge sénégalais a estimé que les textes

---

[1253] DIALLO (M. Y), *op., cit.* p.15.

[1254] CS, sect. adm. 07/04/2011, aff. *Bureau VERITAS SA c/ ARMP*, Bulletin des arrêts de la Cour suprême de 2012.

[1255] BA (B.), *op., cit.* p. 190.

[1256] CS, sect. adm. 31 mars 2011, *Société Générale de Surveillance (SGS) c/ Conseil Exécutif des Transports Urbains de Dakar (CETUD) et l'ARMP*, n°11.

[1257] CS, sect. adm. 09 février 2012, aff. *Thiare Gueye c/ ARMP*, n°01.

[1258] CS, sect. adm. 10 mai 2012, *Cellule Nationale de Traitement des Informations Financières (CENTIF) c/ Comité de Règlement des différends de l'ARMP*, Bulletin des arrêts de la Cour suprême 2013.

instituant et organisant les fonctions de cette institution ne l'ont pas dotée de la personnalité morale[1259]. Il ajoute que *« la CENTIF, dépourvue de la personnalité morale, n'a pas la qualité d'autorité contractante et ne peut en conséquence mettre en place sa propre Commission des marchés en dehors de celle du ministère de l'économie et des finances, autorité de tutelle, que c'est donc à bon droit que l'ARMP a retenu comme nul et de nullité absolue les actes pris par la Commission des marchés mise en place irrégulièrement par la CENTIF »*. Il en va de même dans l'affaire *Société Générale de Surveillance (SGS) contre Conseil Exécutif des Transports Urbains de Dakar (CETUD)*. Dans cette décision le juge suprême sénégalais a confirmé le raisonnement de l'organe de recours non juridictionnels qui estimait qu'un soumissionnaire ne peut prétendre déterminer les règles de passation du marché à la place de l'autorité contractante[1260]. Dès lors, le juge a réalisé une harmonisation de ses décisions avec celles de l'organe de règlement des différends.

Malgré cette dynamique du juge du contentieux des marchés publics, il aurait été souhaitable que ce juge puisse avoir la pleine compétence dans certaines affaires importantes et pouvoir systématiquement ordonner la suspension de la procédure de passation des marchés publics si l'intérêt public le justifie. Ces carences soulèvent la question de la possibilité d'élargir l'office du juge en matière des litiges contractuels.

B. Le nécessaire renforcement de l'office du juge

La place accordée au juge dans le contentieux des marchés publics est caractérisée par un certain élargissement de son office. Celui-ci comporte des pouvoirs constitutifs et des outils dont dispose le juge classique pour contrôler les décisions administratives. Il permet au juge du contrat de contrôler le champ d'application de compétences et les pratiques de la structure en charge du contrôle non juridictionnel. De sorte que l'instance de règlement des litiges ne doit pas excéder certaines limites. C'est tout le sens de la jurisprudence *Société SY and Co-Holding* rendue par la Haute juridiction de l'ordre administratif malien[1261]. Dans cette affaire, le juge a considéré qu'il n'appartient pas à l'organe de recours non juridictionnel de procéder à

1259 La CENTIF a été créée par l'article 16 de la loi uniforme n°2004-09 du 06 février 2004 relative à la lutte contre le blanchiment des capitaux.

1260 CS, sect. adm. 31 mars 2011, *Société Générale de Surveillance (SGS), op., cit.*

1261 CS, sect. Adm. 9 mai 2014, *préc.*

« l'appréciation du faux, qui plus est, du faux en écriture, est de la compétence exclusive du juge ».

En effet, malgré la rénovation du cadre contentieux des marchés publics, l'intervention du juge reste soumise à certaines difficultés. Il s'agit entre autres de la *« complexité de l'analyse économique des faits qui est en effet alors renforcée par les difficultés de confronter ces faits »*[1262] aux règles de droit. Dès lors, ce contentieux *« le place au cœur de l'élaboration du droit de la régulation économique et en particulier de la concurrence »*[1263]. Ainsi, pour Mamadou Y. DIALLO *« plus le juge a des connaissances techniques, plus il peut avancer dans le contrôle d'opportunité des décisions de l'autorité de régulation »*[1264]. Cet auteur ajoute que, sur le plan pratique, le défi est avant tout celui de la formation des juges, à la fois au droit communautaire et à l'économie. A cet égard, pour appliquer un nouveau droit pénétré d'économie, il faudrait inventer des magistratures économiques, ce qui leur permettrait d'intégrer les enjeux et impératifs de la régulation économique dans leur raisonnement et de comprendre que, dans certaines situations, l'application du droit dans toute sa rigueur et son autorité peut être contreproductive d'un point de vue économique[1265]. C'est toute la question des relations entre droit et économie. Au demeurant, l'économie est soumise au respect du droit.

Par ailleurs, certes dans le droit de l'UEMOA le juge administratif ne dispose que d'assez peu de moyens. Toutefois, il « *donne l'impression d'entretenir un complexe qui le pousse à s'autolimiter, à s'autocensurer dans l'exercice de son office »*[1266]. Par exemple, le juge se refuse à émettre des injonctions à l'encontre de l'administration, ni de prononcer des astreintes à son encontre[1267]. Or, aucun texte n'interdit au juge de disposer d'une telle compétence. La professeure Laurence FOLLIOT LALLIOT a d'ailleurs démontré dans sa thèse de doctorat qu'en France, les Conseils de préfecture et

---

1262 FRUCHS (O.), « Conciliation des intérêts dans le contentieux administratif de la concurrence », *AJDA,* 2006, p. 747.

1263 SIBONY (A.L), *Le juge et le raisonnement économique en droit de la concurrence,* LGDJ, voir 2008, p. 2.

1264 DIALLO (M.Y), *op., cit.* p. 30.

1265 *Ibid.*

1266 MENEMNIS (A.), « Le juge administratif du contrat : fragments pour un portrait », *RJEP* 2012, chron. 1.

1267 En ce sens, voir. DIALLO (M. Y), *op., cit.* p.31, cet auteur précise qu'il *« importe de souligner que le juge sénégalais de l'administration n'est pas aussi outillé que le juge français. En effet, il ne dispose ni du pouvoir d'enjoindre à l'administration d'agir dans un sens ou dans un autre, ni de prononcer une astreinte. Or, l'efficacité du contrôle juridictionnel de la régulation justifie le renforcement des pouvoirs du juge ».*

le Conseil d'Etat se reconnaissaient un tel pouvoir depuis très longtemps[1268]. En effet, l'absence d'un tel pouvoir pousse à douter du sérieux de l'efficacité du contrôle juridictionnel des marchés publics nonobstant les efforts consentis en la matière. Ce comportement du juge peut entraîner parfois un traitement moins favorable envers les cocontractants. Cette posture de retenue, voire de déni, n'est pas satisfaisante car elle n'est pas en adéquation avec la spécificité du régime d'exécution des contrats administratifs. Les importants pouvoirs dont bénéficie l'autorité contractante dans cette exécution devraient justifier que le juge dispose, en contrepartie, de pouvoirs larges[1269].

Le pouvoir d'injonctions et d'astreintes ne méconnait pas le principe de séparation des pouvoirs étant donné que, dans d'autres droits étrangers, le juge s'y est même familiarisé comme c'est le cas en droit français. Dans ce droit, c'est la loi du 8 février 1995 qui a consolidé le pouvoir d'injonction du juge[1270]. Quant à la loi du 16 juillet 1980, elle a prévu le pouvoir d'ordonner des astreintes[1271].

Toutefois, il apparaît que le juge administratif n'avait pas attendu le législateur. Ainsi, depuis son arrêt *Couespel du Mesnil* de 1936, le Conseil d'Etat avait considéré qu'il appartient au juge *« d'exiger de l'administration compétente la production de tous documents susceptibles d'établir sa conviction et de permettre la vérification des allégations du requérant »*. Lorsqu'il s'estime insuffisamment informé sur les circonstances d'une affaire, le juge, même celui de l'urgence *« n'hésite pas à faire usage de ce pouvoir d'injonction en ordonnant, avant de dire-droit, des mesures d'expertise »* [1272]. Dans son arrêt du 14 février 2014, *Mme Lambert et autres*[1273], l'Assemblée du contentieux, dans le droit fil de la jurisprudence *Ville de Paris*[1274] a ainsi ordonné, avant de statuer en tant que juge d'appel, *« qu'il soit procédé, compte tenu des circonstances très particulières de l'espèce, à une expertise et elle a*

1268 FOLLIOT LALLIOT (L.), *Pouvoirs des juges administratifs et distinction des contentieux en matière contractuelle,* Thèse de doctorat en droit, Université Paris 2, 1994, tome.1, p.69 et s.

1269 POULET (F.), *op., cit.* p. 196.

1270 Voir. Loi n° 95-125 du 8 février 1995 relative à l'organisation des juridictions et à la procédure civile, pénale et administrative en France.

1271 Voir. Loi n° 80-539 du 16 juillet 1980 relative aux astreintes prononcées en matière administrative et à l'exécution des jugements par les personnes morales de droit public en France.

1272 CE, Sect., 1er mai 1936, *Couespel du Mesnil,* Rec. p. 485 ; formule reprise dans la motivation de l'arrêt d'Assemblée du 28 mai 1954, *Barel,* voir. sur ce point, CHAPUS (R.), *Droit du contentieux administratif,* Montchrestien, 2006, n°992, p. 848.

1273 CE, Ass., 14 février 2014, *Mme Rachel Lambert et autres*, n°375081.

1274 CE, sect. 16 nov 2011, *Ville de Paris et société d'économie mixte PariSeine*, n°353172.

également invité plusieurs institutions et un membre du Parlement à présenter leurs observations écrites sur l'application de deux notions au cœur du litige ».

Ce faisant, dans droit de l'UEMOA, le silence du législateur et l'absence de pouvoirs d'injonction et d'astreintes conférés aux juges conduisent à affirmer que le juge *« a une lecture littérale de ses attributions, ce qui fait de lui un juge qui met davantage en œuvre son pouvoir juridictionnel que celui dit jurisprudentiel »*[1275].

Dans un souci de renforcement de l'Etat de droit et du contrôle juridictionnel du juge naturel du contentieux des contrats d'affaire publique, il est impératif que le législateur introduise cette compétence du juge. En réalité, le juge *« ne s'assume pas encore pleinement, dans tous ses pouvoirs, comme un juge de la vie du contrat »*[1276]. Pour ces raisons, il ne faut donc pas attendre du juge des contrats publics *« qu'il le fasse parce que davantage cantonné à ses fonctions d'application de la loi que de créer de nouvelles règles »*[1277]. Or, la reconnaissance expresse du pouvoir d'injonction et d'astreinte permettra au juge de « *s'intéresser de plus en plus étroitement aux conséquences de ses décisions et faire entrer dans son office la responsabilité de veiller à l'après jugement, ouvrant ainsi pour une grande effectivité de la justice administrative. Ce qui lui permettrait, après avoir annulé une décision d'attribution d'un marché public en raison de la violation du code des marchés publics, d'exiger de l'administration de reprendre la procédure le plus rapidement en lui indiquant les orientations qu'il estime appropriées »*[1278].

Par ailleurs, en droit français, la doctrine semble aller plus loin dans l'idée du renforcement de l'office du juge. En ce qui concerne le contentieux de l'exécution du marché, on se demande s'il n'est pas envisageable d'adopter une conception plus souple et davantage bienveillante de l'acte détachable d'exécution du marché. Dans la production jurisprudentielle actuelle, *« le caractère détachable d'un acte est apprécié plus sévèrement lorsque cet acte concerne l'exécution que lorsqu'il intéresse la passation du contrat »* [1279]. A cet égard, le professeur François BRENET formule qu'il *« pourrait être envisagé de transférer le contentieux des actes détachables d'exécution contestés par les tiers, du juge de l'excès de pouvoir vers le juge du contrat, juge de pleine juridiction »*[1280]. Dans cette orientation, pour que le juge du contrat puisse être

1275 DIALLO (M.Y), *op., cit.* p. 33.
1276 POULET (F.), *op., cit.* p. 196.
1277 DIALLO (M.Y), *op., cit.* p.33.
1278 *Ibid.*
1279 POULET (F.), *op., cit.* p.196.
1280 BRENET (F.), « L'avenir du contentieux des actes détachables en matière contractuelle », *AJDA*, 2014, p.2061.

décomplexé dans l'exercice de son office et assume pleinement son rôle de juge de la vie contractuelle, trois propositions intéressantes ont été formulées par le professeur Florian POULET[1281]. Il s'agit *en premier lieu*, de renforcer l'office du juge dans le contrôle des mesures d'exécution, ce renforcement permettrait d'affirmer et d'étendre les pouvoirs du juge. *En second lieu,* en matière de prescription d'obligations à destination des parties, il serait nécessaire de prendre des mesures de simplification et de renforcement de ces prescriptions. *En dernier lieu,* les procédures d'urgence doivent être rendues plus simples au regard de l'éparpillement de ces procédures.

Au vu de ces propositions doctrinales françaises, l'on se demande si le droit de l'UEMOA ne peut lui aussi s'en inspirer afin de rétablir un office du juge beaucoup plus dynamique qui permettra au juge de *« faire montre d'un certain activisme juridictionnel »*[1282]. Ainsi, l'objectif consisterait à faire du juge du contentieux des marchés publics, *« un juge décomplexé : décomplexé dans l'exercice de son office, qui assumerait pleinement son rôle de juge de la vie contractuelle et se reconnaîtrait donc, dans le respect du contrat et du principe de légalité, tous les pouvoirs nécessaires à cette mission »*[1283].

En outre, certes, il existe la procédure de demande suspensive de l'exécution du contrat devant le juge. Il faudrait néanmoins prévoir l'hypothèse des procédures d'urgence pour faire bénéficier le juge d'une large palette lui permettant de statuer le plus rapidement possible en cas de manquement grave aux règles des marchés publics. Ce serait aussi l'occasion de garantir le respect des règles fondamentales, notamment de la liberté d'accès, de l'égalité de traitement des candidats et de la transparence des procédures.

Au regard de ces propositions, dans les différents droits nationaux, le débat sur la nature de recours contre les décisions des structures en charge de recours non juridictionnels doit être précisé, c'est-à-dire s'il s'agit réellement des recours en annulation ou non.

En réponse à cette question, les textes restent silencieux. En revanche, les juges ont diverses positions sur la question. Par exemple, la Haute juridiction de l'ordre administratif sénégalais a considéré que les recours contre les

---

1281 POULET (F.), *op., cit.* p. 206.

1282 *Idem.*, p. 196.

1283 *Ibid.*

décisions de l'organe de règlement des différends sont des recours pour excès de pouvoir[1284], ce qui paraît très évident.

Quant à la Cour suprême ivoirienne, elle a profité de son arrêt *Société Dragon-Côte d'Ivoire*[1285], pour se prononcer indirectement sur la nature des recours contre les décisions de la Cellule Recours et Sanctions (CRS) de l'ANRMP. Elle a considéré que *« l'ANRMP est un organe administratif, il s'ensuit que le recours pour excès de pouvoir à l'encontre de ses décisions, contrairement à ce qu'elle soutient dans son mémoire en défense reste soumis à l'obligation de recours administratif préalable »*. Dès lors, pour le juge suprême ivoirien, les recours contre les décisions de l'instance de règlement des litiges sont de recours en annulation.

En revanche, en droit burkinabé, le juge administratif a considéré que le recours devant l'instance de règlement amiable des différends *« peut être considéré comme un recours exercé devant un organisme qui a la charge, à la demande du cocontractant de l'administration, de rechercher des éléments de droit et de fait pouvant être équitablement adoptés en vue d'une solution amiable des litiges relatifs à l'exécution des marchés passés par l'administration ; qu'elle est une instance de règlement des litiges et n'est donc pas une autorité devant laquelle on peut exercer un recours administratif gracieux ou hiérarchique, le recours administratif préalable ayant déjà été introduit devant elle qui a opposé un refus, qui a ouvert cette phase de conciliation »*[1286]. Cette jurisprudence est problématique en ce qu'elle considère qu'on ne peut introduire un recours gracieux devant l'organe de conciliation des litiges. Or, l'organe de règlement des litiges dispose d'un statut d'autorité administrative indépendante et non d'autorité judiciaire. Dès lors, ses décisions doivent *« être considérées comme des décisions préalables obtenues dans le cadre d'un recours administratif hiérarchique et devant donner lieu à un recours pour excès de pouvoir »*[1287] .

Au vu de ces divergences et défaut d'un texte communautaire, une intervention législative serait nécessaire dans chaque Etat membre afin de préciser expressément la nature de recours contre les décisions de l'organe de règlement des différends. Cela permettrait d'éviter la divergence jurisprudentielle entre

---

1284 CS, sect. adm. 05 mai 2009, *Etat du Sénégal c/ ARMP et AATR*, n° 12; Voir. Aussi, CS. Sect. Adm. 12 avril 2012, *Association sénégalaise des Hémodialysés et insuffisants rénaux (ASHIR) c/ ARMP et pharmacie nationale d'approvisionnement (PNA).*

1285 CS, sect. adm. 27 février 2013, *Société Dragon-Côte d'Ivoire c/ ANRMP*, n°17.

1286 CE, (Burkina Faso), 10 aout 2004, *Générale d'études et travaux (GET) c/ Assemblée nationale, in* YONABA (S.), *« les grandes décisions de la jurisprudence burkinabè »* 2e éd., 2013, n° 31, p. 329-341.

1287 *Idem.*, p.338.

chaque droit positif. Ce serait aussi un avantage pour les entreprises communautaires de prendre une meilleure connaissance de la procédure à suivre pour contester les décisions des instances de recours non juridictionnels.

Par ailleurs, il convient d'examiner la situation défectueuse des procédures appliquées devant le juge.

Section 2 : La détermination défectueuse du contentieux de l'exécution et la persistance de pratiques frauduleuses

Les évolutions récentes du cadre contentieux des marchés publics ont conduit à la redéfinition de la place du juge et à la consolidation des principes fondamentaux des marchés publics. Néanmoins, ni le législateur communautaire ni les rédacteurs nationaux n'ont suffisamment déterminé la spécificité du contentieux de l'exécution (paragraphe 1). Le nouveau cadre des marchés publics reste également inefficace en matière d'interdiction des pratiques frauduleuses à la fois dans la passation et dans l'exécution des marchés publics (paragraphe 2).

Paragraphe 1 : Le caractère perméable du contentieux de l'exécution des marchés publics

Dans le droit de l'UEMOA, l'évolution du contentieux de l'exécution des marchés publics n'est pas assez significative. Cet aspect contentieux reste insuffisamment déterminé. Or, dans cette phase, les parties peuvent contester la validité du contrat qui les lie pendant toute la durée d'exécution de celui-ci[1288].

Néanmoins, le droit communautaire ouest africain ne s'intéresse pas vraiment à la procédure contentieuse d'exécution des marchés publics. Seul, l'article 10 de la directive n°05/2005 prévoit timidement cette procédure en considérant que *« (...) tout contractant dont le consentement aura été vicié par un acte de corruption peut demander au tribunal l'annulation de ce contrat, sans préjudice de son droit de demander des dommages et intérêts (...) »*. Ces dispositions, en estimant que le contrat peut faire l'objet d'annulation par le juge dans le cas uniquement d'acte de corruption, elles ouvrent une voie de plein contentieux contre le contrat déjà signé. Or, dans la pratique, il semble

---

[1288] CE, 1er juil 2019, *Association pour le musée des Iles Saint-Pierre et Miquelon*, n° 412243.

logique que ces actes de corruption interviennent le plus souvent dans la phase de passation et d'attribution des marchés plutôt que dans la phase d'exécution.

Ce faisant, face au silence des textes communautaires, les réglementations nationales sont allées un peu plus loin dans l'encadrement du contentieux de l'exécution des marchés publics, tout en mettant l'accent sur l'aspect de règlement amiable. Ainsi, en droit malien, l'article 122.1 du code des marchés publics énonce qu'en cas de litiges relatifs à l'exécution des marchés publics l'autorité contractante ou le titulaire du marché peut saisir l'organe de recours non juridictionnels. Ce dernier a pour mission de rechercher des éléments de droit ou de fait en vue de proposer une solution amiable et équitable aux différends qui lui sont soumis. Ce mécanisme permet à l'organe de règlement des litiges *« d'examiner, d'abord, tous les éléments juridiques qui encadrent l'exécution du marché. A cet effet, il doit analyser les dispositions du CMP qui intéressent le marché en question, les cahiers des charges ainsi que les droits, prérogatives et obligations de chacune des parties afin de pouvoir situer les abus ou les manquements. Il doit, ensuite, examiner les faits, c'est-à-dire les circonstances et conditions concrètes dans lesquelles, le marché est exécuté afin d'apprécier l'ampleur des manquements et l'adéquation ou la proportionnalité de la mesure adoptée, notamment par la personne responsable du marché »*[1289]. Dans cette matière, l'organe de règlement amiable des différends, une fois saisi, doit rendre sa décision dans un délai de quinze jours dans lequel il doit respecter le principe du procès équitable. Il doit obligatoirement entendre les parties, examiner les éléments de droit et de fait afin de proposer une solution équitable.

On retrouve quasiment la même formule dans l'article 138 du code des marchés publics du Sénégal. L'idée est de permettre aux parties au contrat de saisir l'organe de recours non juridictionnels, en cas de non-respect des clauses contractuelles par l'une des contractants.

Ainsi, au vu du silence des textes sur l'obligation de saisine préalable de l'autorité contractante comme dans le cas du contentieux de la passation, l'on se demande si cette saisine est opportune en matière des litiges relatifs à l'exécution du marché.

Pourtant, l'obligation de recours préalable dans le contentieux de l'exécution pourrait être pertinente. Il pourrait par exemple aboutir à un règlement de conflits à moindre coût et très rapidement. Cette solution amiable paraîtrait heureuse pour régler les difficultés et les litiges. Toutefois, ce processus peut aussi avoir pour conséquence de vider le régime juridique des marchés publics

---

[1289] ISSOUFOU (A.), *op., cit.* p. 404.

de son esprit car un manquement de l'autorité contractante ne serait plus souvent sanctionné par l'organe de règlement des différends et le juge administratif.

Par ailleurs, il appert que la nouvelle architecture a affaibli le contentieux de l'exécution des marchés publics en ce que les parties ne peuvent directement saisir le juge en cas d'atteinte aux clauses contractuelles. Cette pratique diminue considérablement l'intervention du juge de l'exécution des marchés publics car les contractants ne vont plus chercher à parvenir au stade du juge. En d'autres termes, en cas de différends pendant la phase d'exécution du contrat, le nouvel ordre du contentieux des marchés publics semble implicitement favoriser la saisine de l'instance de règlements des litiges.

Au-delà des considérations juridiques, il existe un autre phénomène qui contribue à affaiblir le cadre contentieux de l'exécution des marchés publics. Il s'agit de la consolidation de bonnes relations contractuelles, c'est-à-dire la réticence du titulaire du marché à dénoncer les mauvais comportements de l'administration dans l'objectif d'obtenir un certificat de bonne exécution. Ce certificat ne peut être délivré par l'administration qu'après l'exécution conforme du marché aux clauses contractuelles. Ce certificat est fondamental pour les entreprises et est exigé par les autorités contractantes dans la passation des marchés publics. Ce document renforce l'expertise, l'expérience et la crédibilité du titulaire d'un marché afin de pouvoir obtenir d'autres contrats de plus en plus importants. Il permet *« d'apprécier leur capacité à exécuter des marchés similaires. Il fait, dès lors, partie des pièces à verser dans les dossiers de candidature puisque dans presque tous les appels à candidature, il est systématiquement demandé aux candidats la référence aux marchés similaires ou analogues »*[1290]. Dès lors, le titulaire du marché serait prêt à tout pour obtenir cette attestation parfois au détriment de ses intérêts pécuniers. C'est pourquoi, la doctrine considère qu'outre *« l'institution des procédures de règlement à l'amiable qui permettent aux parties de négocier. Il faut reconnaître que d'autres enjeux sont pris en compte dans le choix de la démarche à suivre en cas de désaccord »*[1291]. Ainsi, parfois le partenaire de l'administration refuse de déclencher une procédure contentieuse dans la peur de ne pas obtenir le certificat de bonne d'exécution[1292].

1290 ISSOUFOU (A.), *op., cit.* p. 406.

1291 *Ibid.*

1292 Dans cette circonstance, Adamou ISSOUFOU, explique qu'après *« vérification, l'on peut soutenir que l'obtention du certificat de bonne exécution est une des principales raisons pour laquelle les cocontractants évitent de recourir au juge et préfèrent régler à l'amiable les différends qui les opposent à l'administration » ;* voir. note de bas de passage, ISSOUFOU (A.), *op., cit.* p. 407.

En dehors des aspects procéduraux défectueux, certains actes frauduleux sont un vrai handicap à l'émergence d'un cadre efficace de la chaîne des marchés publics.

Paragraphe 2 : Les entraves liées aux pratiques frauduleuses dans les marchés publics

Nonobstant, le dynamisme du droit commun des marchés publics, la pratique de fraudes, notamment le cas de corruption émerge toujours dans les actes de passation et d'exécution des marchés publics. Ce phénomène persiste de plus en plus (A) et le juge pénal semble avoir peu de moyens d'intervention (B).

A. La pratique continue des fraudes dans les marchés publics

Dans la pratique de passation ou d'exécution des marchés publics, il arrive que certains agents publics ou entreprises contournent la réglementation des marchés publics à travers des actes de corruption, de favoritisme ou d'autres avantages injustifiés.

Parmi ces phénomènes, le plus ancien est la corruption. Elle fait référence à *« l'agissement par lequel un agent public ou privé propose ou accepte un avantage en vue d'accomplir ou de ne pas accomplir un acte relevant de sa compétence »*[1293]. Dans le cas des marchés publics, l'on considère qu'il y a corruption lorsqu'un agent public, responsable du marché ou toute autre personne impliquée dans la passation et l'exécution du marché, sollicite auprès d'un candidat un avantage financier ou d'autres avantages afin d'accomplir, de négliger ou de faciliter illégalement certains actes en vue de faire obtenir au candidat en question des marchés publics ou toutes autres décisions favorables[1294]. Tout agent public qui accepte de rendre un service à un soumissionnaire moyennant d'une contrepartie est un acte de corruption. En ce sens, l'article 129 du CMP malien prévoit que *« tout contractant dont le consentement aura été vicié par un acte de corruption peut demander à la juridiction compétente l'annulation de ce contrat, sans préjudice de son droit*

[1293] LAMOTTE (M.), « Etude des infractions des marchés publics », *RMP* n°14, juin 2013, p. 12.

[1294] La CA de Montpellier a statué en ce sens dans un arrêt rendu le 8 octobre 2002. Il s'agissait, en l'espèce, d'un marché d'entretien de voirie que la Commune de Vendargues a attribué à la Société SONIRE. Au fond, le juge a conclu que *« le Maire de cette commune avait accepté, sans droit, le financement de sa campagne politique et en contrepartie, la société obtenait, en priorité, certains marchés de la voirie »*.

de demander des dommages et intérêts ». L'article 119 du code pénal malien réprime aussi les actes de corruptions. Les dispositions prohibant cette pratique semblent être déconnectées de la réalité du terrain.

La persistance de ce phénomène s'explique par l'impunité des autorités étatiques. A cet égard, selon Lucien AYISSI il réside dans *« le sentiment d'impunité dans lequel baignent les personnes responsables des pratiques frauduleuses et la banalisation, à la fois de la corruption et du détournement de fonds publics, qu'un pays pauvre ne peut pas se permettre parce que, précisément, ces pratiques aggravent la pauvreté et l'injustice. On a d'ailleurs le sentiment que, même lorsque les déclarations et les intentions affichées paraissent de bonne foi, les efforts exigés semblent exclure les premiers responsables, leurs familles, leur entourage, leurs alliés politiques et leur clan »*[1295]. En réalité, l'une des causes majeures de la corruption est la culture de l'impunité. En ce sens, Amadou DICKO explique que l'accroissement des actes de corruption est dû au laxisme des autorités publiques qui se caractérise *« par l'impunité des acteurs publics et des acteurs privés impliqués dans les violations des règles relatives aux marchés publics. L'impunité des acteurs privés se justifie par le fait que ce sont eux qui sont attributaires des marchés publics et qui financent les partis politiques »*[1296]. Il ajoute que la quasi-impunité concerne les parlementaires et les membres du gouvernement, car les parlementaires pensent qu'ils doivent appuyer la politique du gouvernement qui n'est autre que celle de leur parti. Ils pensent toujours qu'ils sont élus pour être le relais du pouvoir exécutif.

Ce phénomène de corruption est un véritable frein à la libre concurrence et à l'égalité dans les marchés publics. Il constitue une source de pauvreté à travers le gaspillage des ressources publiques, voire d'inefficacité économique.

Au-delà de la pratique de corruption, d'autres phénomènes de fraudes existent, à savoir, les délits de favoritisme et de prise illégale d'intérêts.

S'agissant des délits de favoritisme ou délit d'octroi d'un avantage injustifié, il s'agit d'une atteinte à la liberté d'accès et à l'égalité des candidats dans les marchés publics. Dans le droit malien cette infraction est définie par la loi de 2001, portant code pénal[1297]. Le favoritisme consiste à procurer ou tenter de procurer à *« autrui un avantage injustifié par un acte contraire aux dispositions législatives et réglementaires encadrant les marchés publics,*

1295 AYISSI (L), *Corruption et gouvernance,* Editions Harmattan, 2008, *in*, Dicko (A.), *op., cit.* p. 305.

1296 DICKO (A.), *op., cit.* p. 306.

1297 Voir. loi n° 01-079 du 20 août 2001 portant code pénal au Mali ; voir. article 112.

précisément le fait pour une personne dépositaire de l'autorité publique ou chargée d'une mission de service public ou investie d'un mandat électif public ou exerçant les fonctions de représentant, administrateur ou agent de l'Etat, des collectivités territoriales, des établissements publics, ou par toute personne agissant pour le compte de l'une de celles susmentionnées, de procurer ou de tenter de procurer à autrui un avantage injustifié par un acte contraire aux dispositions législatives ou réglementaires ayant pour objet de garantir la liberté d'accès et l'égalité des candidats dans les marchés publics»[1298]. Cet avantage peut être l'attribution d'un marché sans aucune mise en concurrence. Il peut également être par exemple une information confidentielle communiquée à une entreprise qui lui permet de présenter une offre conforme à l'attente de l'autorité contractante. On peut encore considérer qu'il y a favoritisme dans l'insertion des clauses techniques et financières dans le dossier d'appel d'offres dans le seul but de favoriser un candidat en particulier. En effet, l'agent public doit garder à l'esprit l'intérêt général et faire preuve de probité. Le manquement à ce devoir de probité fait partie des atteintes à l'autorité de l'Etat[1299].

La création de cette infraction répond à la nécessité pour le législateur de renforcer l'autorité de la règle de mise en concurrence qui est mise à mal par les pratiques discriminatoires de certaines autorités contractantes[1300]. Malgré cette disposition, par exemple dans le droit malien, *« les recherches faites au niveau des juridictions n'ont pas permis de trouver même un cas de poursuite pour délit de favoritisme à plus forte raison une condamnation »*[1301]. Or, l'examen des rapports des structures de contrôle des marchés publics confirme fréquemment l'existence d'une telle pratique[1302].

En matière de favoritisme, un exemple peut être tiré du droit français à propos d'un fractionnement de marché, la Cour de cassation a rejeté le pourvoi en cassation d'un maire qui a été condamné par la Cour d'Appel de Douai le 9 mai 2007 pour délit de favoritisme. Ce maire avait fractionné artificiellement un marché en trois contrats. Il les avait, par la suite, attribué à deux sociétés

---

1298 Article, acheteur-public. Com *« Délit d'octroi des avantages injustifiés »*, http://www.acheteurs-publics.com/marches-publics-encyclopedie/contentieux-des-marches-publics/delit-d-octroi-d-avantage-injustifie-favoritisme, consulté le 03 mars 2019.

1299 GUEZOU (O.), *Traité de contentieux de la commande publique, Editions Le Moniteur, 2e éd.* p. 723.

1300 *Ibid.*

1301 DICKO (A.), *op., cit.* p. 311.

1302 *Ibid.*

en apparence distinctes mais appartenant à un même groupe et dirigées par une même personne[1303].

Il existe en outre d'autres pratiques délictueuses telles que la prise illégale d'intérêt qui sont sanctionnées. Cette infraction est définie par l'article 159 du code pénal sénégalais comme le comportement de *« tout fonctionnaire, tout officier, tout membre ou agent du gouvernement, qui, soit ouvertement, soit par actes simulés, soit par interposition de personnes, aura pris ou reçu quelque intérêt que ce soit dans les actes, adjudications, entreprises ou régies dont il a ou avait, au temps de l'acte, en tout ou en partie, l'administration ou la surveillance (...) ».* Cette infraction vise le fait pour un agent disposant d'une quelconque autorité de tirer d'une entreprise un avantage pour autrui ou pour soi. En définitive, ce délit a pour but d'éviter qu'une personne chargée d'une fonction publique ne s'en serve dans son intérêt personnel ou puisse seulement être soupçonnée de ne pas en user conformément à l'intérêt général.

Concrètement, ce délit est constitué lorsque le marché est attribué à une entreprise soumissionnaire dans laquelle l'agent public dispose ou a reçu directement (cas de l'agent public qui passe un marché avec une entreprise dont il est le dirigeant ou l'entreprise dans laquelle il a un intérêt personnel) ou indirectement (l'agent a pris l'intérêt par le biais d'une ou plusieurs personnes interposées un avantage). L'intérêt n'est pas seulement pécunieux ou personnel[1304], il peut être politique, moral ou affectif. Par exemple, en droit français, le juge de cassation a refusé de relaxer un maire, pour prise illégale d'intérêt, parce qu'il avait fait signer, par son premier adjoint, des actes d'engagement portant sur des travaux de construction de bâtiments communaux avec son gendre architecte[1305].

Toutes ces pratiques négatives sont des entraves sérieuses à l'efficacité de la chaîne des marchés publics. C'est ce qui justifie d'ailleurs la place des sanctions pénales dans le contentieux des marchés publics. Néanmoins, dans le droit UEMOA des marchés publics, ce juge pénal peine à trouver sa vraie place.

1303 C. cass, Crim, 10 Septembre 2008, voir. ISSOUFOU (A.), *op., cit.* p. 446.

1304 FERNANDEZ BEGAULT (E.), « La notion d'intérêt dans le délit de prise illégale d'intérêts : l'intérêt d'une clarification », *Contrats Publics*, jan. 2014, n°139, p. 3437.

1305 C. cass. 29 septembre 1999, n° 98-81796.

B. Le cadre insuffisant du contentieux pénal des marchés publics

La centralité de *« l'opération d'acquisition publique au sein de l'action administrative et les enjeux économiques (programmes de relance, développement, économies budgétaires), politiques (lutte contre la corruption, bonne gouvernance) et sociétaux (protection des minorités, objectif de développement durable) qui se sont désormais greffés sur cette opération »*[1306], appelle aujourd'hui à côté du juge du contrat, une place accordée au juge pénal. Autrement dit, l'achat public par mérite peut *« déclencher l'intervention de juridictions qui ne sont pas en principe en charge des contentieux directs portant sur ces contrats, telle que la juridiction pénale à la suite de la détection d'un comportement frauduleux »*[1307].

L'intervention des sanctions pénales dans le droit des marchés publics est justifiée par la volonté d'une part, de punir les comportements délictueux, d'autre part de protéger les finances publiques, notamment d'assurer leur protection face aux pratiques de corruption, de favoritisme ou de tout autre avantage injustifié. Toutefois, *« la réglementation applicable à la passation et à l'exécution des marchés est fréquemment ignorée ou contournée, ce qui aboutit souvent à des pratiques corrompues et frauduleuses de la part du secteur public et du secteur privé »*[1308]. Dès lors, la pénalisation du droit des marchés publics correspond à des *« profonds dysfonctionnements dans les rapports entre l'argent public et le droit des contrats et à une réalité sociale dominée par le culte de l'argent »*[1309]. Ainsi, la chaîne des marchés publics ne pouvait pas négliger le droit pénal et la procédure pénale.

Ce faisant, il importe de dissuader la réalisation de ces pratiques préjudiciables aux finances publiques. Face à ces comportements contraires *« à la qualité des prestations, aux principes fondamentaux de la commande publique et à la neutralité de l'administration, les pouvoirs publics se doivent de réglementer, pénalement, la procédure de passation et d'exécution des marchés publics »*[1310]. L'une des règles fondamentales de l'intégrité *« exige des pouvoirs publics de mettre en place des mécanismes spécifiques pour*

1306 FOLLIOT LALLIOT (L.) et TORRICELLI (S.), *Contrôles et contentieux des contrats publics*, pref. AUBY (J B.), Bruylant, 2018, p. 12.

1307 *Ibid.*

1308 DICKO (A.), *op., cit.* p.304.

1309 PREBISSY-SCHNALL (C.), *La pénalisation du droit des marchés publics*, p.1, disponible sur http://www.cnrs.fr/aquitaine/IMG/pdf/SyntheseArticleCP.pdf (consulté le 03 mars 2020).

1310 ISSOUFOU (A.), *op., cit.* p. 439.

surveiller les marchés publics ainsi que de déceler les fautes commises et de les sanctionner »[1311].

Dans ce but, le législateur communautaire s'est intéressé à ce sujet mais il adopte une posture hésitante en termes de pénalisation des pratiques de corruption relatives aux marchés publics. Ainsi, dans l'article 10 de la directive n°05/2005, il demande le respect de trois engagements principaux aux Etats membres : *réparer les préjudices, punir les infractions et réglementer par la nullité des marchés frauduleux.*

En premier lieu, il leur demande de tenir compte des dispositions pénales visant à faire sanctionner les pratiques de corruption que certaines entreprises sont susceptibles de subir. Ces entreprises doivent pouvoir intenter des actions en indemnisation contre l'Etat et toute autre personne physique ou morale impliquée, en vue d'obtenir la réparation de l'intégralité des préjudices. Cette réparation peut porter sur les dommages patrimoniaux déjà subis, le manque à gagner et les préjudices extrapatrimoniaux.

En second lieu, le droit communautaire demande aux Etats membres de s'engager à établir des règles visant à sanctionner au-delà des actes de corruption, les prises illégales d'intérêts ou l'octroi d'avantages injustifiés.

En dernier lieu, le droit communautaire, demande aux Etats membres de s'engager à inclure *« dans leurs réglementations nationales un dispositif en vertu duquel tout contrat obtenu, ou renouvelé au moyen de pratiques frauduleuses ou d'actes de corruption, ou à l'occasion de l'exécution duquel des pratiques frauduleuses et des actes de corruption ont été perpétrés est considéré comme entaché de nullité, sauf si l'intérêt public s'y oppose. Tout contractant dont le consentement aura été vicié par un acte de corruption peut demander au tribunal l'annulation de ce contrat, sans préjudice de son droit de demander des dommages et intérêts ».* Au demeurant, dans ce dernier engagement, le droit communautaire semble admettre les pratiques frauduleuses ou de corruption qui peuvent être justifiées par un intérêt public. Une telle posture du législateur communautaire est sérieusement regrettable, même si elle révèle une précaution très pragmatique.

Dans les dispositions de la directive n°05/2005, il est demandé aux Etats membres de prévoir dans leurs règlementations des règles spécifiques pouvant faire sanctionner les cas de fraudes commises, soit par un agent public, soit

[1311] DICKO (A.), *op., cit.* p. 304.

par un opérateur économique ou toute autre personne intervenant dans la procédure de passation et d'exécution des marchés publics.

Dans cet objectif les Etats membres ont tenté de prévoir des dispositions pénales visant à sanctionner ou à dissuader la réalisation de ces pratiques négatives à la fois contre les agents publics et les partenaires privés.

D'une part, concernant les agents publics ou toute personne intervenant dans les marchés publics, il est considéré que *« sans préjudice des sanctions pénales et disciplinaires prévues par les lois et règlements en vigueur, sont passibles des sanctions et peuvent être tenus, le cas échéant, à la réparation des dommages résultant de leurs actes lorsqu'ils sont les auteurs de fautes graves commises dans le cadre de la procédure des marchés publics »*[1312]. En effet, des comportements tels que, *procurer ou tenter de procurer un avantage anormal à un candidat ; intervenir à un stade quelconque dans l'attribution d'un marché à une entreprise dans laquelle ils ont pris ou conservé un intérêt ; fractionner des dépenses en vue d'échapper au mode de passation normalement applicable ou appliquer une procédure de passation sans l'accord requis ; passer un marché avec un candidat exclu de la commande publique ; manquer à l'obligation de planification et de publicité annuelle des marchés, autoriser et ordonner des paiements après délivrance d'un titre de paiement ne correspondant pas aux prestations effectivement fournies ou à des prestations incomplètes ou non-conformes, sont passibles de sanctions pénales*[1313].

D'autre part, des sanctions pénales peuvent être prononcées à l'encontre d'une entreprise ayant fourni délibérément dans son offre des informations ou des déclarations fausses ou mensongères susceptibles d'influer sur le résultat de la procédure de passation, ayant établi des demandes de paiement ne correspondant pas aux prestations effectivement fournies, ayant procédé à des activités corruptrices à l'égard des agents publics en charge de la passation du marché à des manœuvres frauduleuses en vue de l'obtention du marché, des ententes illégales, à des renoncement injustifié à l'exécution du marché si sa soumission est acceptée, s'étant livrée à des menaces, harcèlements ou violences envers les agents publics en charge de la passation du marché, à des manœuvres obstructives susceptibles d'influer sur le bon déroulement de la procédure de passation. Une entreprise peut également être sanctionnée pénalement si elle commet des manœuvres en vue de faire obstruction aux

---

1312 En ce sens, voir. article 125 du CMP du Mali ; article 183 de la Côte d'Ivoire ; article 146 du CMP du Sénégal et l'article 176 du code des marchés publics burkinabè.

1313 Voir. article 125 du CMP du Mali ; article 183 de la Côte d'Ivoire ; article 146 du CMP du Sénégal et l'article 176 du code des marchés publics burkinabè.

investigations et enquêtes menées par les agents de l'organe chargé de la régulation des marchés publics[1314].

C'est pour ces raisons qu'il existe plusieurs organes de contrôle et de régulation des marchés publics. L'existence et l'efficacité de ces mécanismes sont une condition essentielle de l'intégrité de la passation et de l'exécution des marchés publics. A titre d'illustration, le CRD du Mali, statuant en matière disciplinaire, a exclu une entreprise à concourir aux appels d'offres pour l'obtention des marchés publics lancés au Mali pour une période de six mois. En effet, la Société sanctionnée, pour justifier ses expériences similaires à exécuter un marché avait produit des copies des marchés falsifiés de la librairie papeterie et divers faux documents dans son offre. Le CRD a jugé que l'entreprise en question a commis des irrégularités de faux et usages de faux. Le CRD a donc ordonné au secrétaire exécutif de saisir le juge compétent des infractions de faux et usage de faux[1315].

Au Burkina-Faso, l'organe de règlement des litiges semble être très efficace en la matière, les sanctions d'exclusion de la participation à la commande publique sont fréquemment prononcées afin de moraliser ce domaine à risque. Ainsi, plusieurs entreprises ont été exclues pour les motifs suivants : *production frauduleuse d'un marché similaire, production de fausse caution de soumission, déclaration de chiffres d'affaires certifié produit non reconnu par la Direction Générale des Impôts du Burkina-Faso*[1316], *usage frauduleux de diplôme*[1317], *falsification d'un document administratif.* La durée des sanctions de suspension varie entre 2 et 3 ans[1318].

Dans la pratique, il peut être difficile d'identifier certaines infractions pénales dans les marchés publics car la preuve est parfois difficile à apporter. Toutefois, la procédure de dénonciation semble porter ses fruits. A titre d'exemple, le CRD du Mali a été saisi d'une requête de dénonciation à l'encontre d'un avis d'attribution provisoire d'un marché. En l'espèce, un concurrent évincé avait saisi le CRD d'un recours pour dénoncer le fait que la

---

1314 Voir. article 148 du CMP du Sénégal, article 127 du CMP du Mali, article 186 du CMP ivoirien et article 177 du CMP du Burkina Faso.

1315 Décision n° 10-003 ARMDS-CRD-du 15/10/ 2010, statuant en formation disciplinaire, aff. *MALI NEGOCE SARL.*

1316 Décision n° 953/ARMP/CRD du 29/12/2011, portant suspension de l'entreprise Senfo Hamed.

1317 Décision n°2016-102/ARCOP/ORAD du 17/03/2016, portant suspension pour 2 ans de l'entreprise FASO HOLDING et son gérant ; voir. aussi, décision n° 1146/ARMP/CRD du 23/12/2013 portant suspension des entreprises BEPAD.

1318 V. Rapport d'activités 2013 de l'ARMP du Burkina-Faso, mai 2014, p.61 ; ARMP INFO n° 00 du 1er janvier au 30 juin 2014, p.55.

société attributaire du marché avait fourni un faux document dans son offre afin d'obtenir le marché. Le CRD, après avoir constaté les faits, a d'une part, décidé d'exclure l'entreprise en question du droit à concourir seule ou en association avec d'autres candidats dans la passation du marché. D'autre part, il a transmis l'affaire au juge pénal[1319]. Dans une autre affaire la Cellule Recours et Sanctions (CRS) de l'ANRMP de la Côte d'Ivoire avait été saisie d'un recours en dénonciation[1320]. En l'espèce, il était reproché à une entreprise attributaire d'un marché du Programme des Nations unies pour le développement (PNUD) d'avoir fourni une fausse attestation. La CRS, après avoir constaté les faits, a considéré qu'il ne s'agissait pas d'une procédure des marchés publics au sens du droit ivoirien. Il a donc déclaré son incompétence en considérant que le PNUD ne fait pas partie des catégories d'autorités contractantes au sens du code des marchés publics.

Le constat montre qu'au sein des réglementations nationales, *« les actions pénales, réellement, engagées ne sont pas à la hauteur de l'ampleur des fraudes et manquements perceptibles dans la passation et l'exécution des marchés publics »*[1321]. A propos de cette insuffisance de pénalisation des manquements aux règles relatives aux marchés publics, la doctrine africaine a tenté de donner une explication. Plusieurs raisons peuvent être dégagées.

Le problème pourrait être lié à un vide juridique dans les codes des marchés publics[1322]. C'est cette problématique qui explique la place précaire du juge pénal. De même, le fait que les organes de résolution amiable des litiges interviennent en premier lieu et certainement satisfaites de la décision de ces organes, *« les parties évitent de donner au juge répressif l'occasion d'apprécier les actes, faits et de prononcer des sanctions à la hauteur des manquements »*[1323]. Dès lors, ce mécanisme a pour conséquence de faire échapper certaines poursuites pénales à l'intervention du juge.

1319 CRD, rapport de la formation disciplinaire sur la production d'une attestation de l'institut national de prévoyance sociale (INPS) non authentique par la société ESPOIR DE DEMAIN SARL, 28 juin 2010 ; Voir. Aussi. Décision n°10-002/ARMDS-CRD-FD du 1er juillet 2010, le CRD statuant en formation disciplinaire dans l'affaire Etablissements Cheickna Sylla.

1320 Décision n°027/2017/ANRMP/CRS du 07 décembre 2017 sur la dénonciation faite par le port autonome de San Pedro (PASP) pour faux commis sur une attestation de bonne exécution produit par la société RHEVA services.

1321 ISSOUFOU (A.), *op., cit.* p. 455.

1322 *Idem.*, p.456.

1323 *Ibid.*

CONCLUSION

A tout bien considérer, l'on peut assurément observer de réels progrès dans la structuration du droit commun de l'achat public ouest africain, notamment avec le code de transparence, les directives marchés publics, la directive relative à l'éthique et la déontologie dans les marchés publics. L'UEMOA ainsi constituée jouit d'une infrastructure juridique de tout premier plan. A part quelques lacunes, tout y est pratiquement prévu, répertorié et pourvu d'une potentielle efficacité. La pratique toutefois est susceptible de se heurter à des quelques difficultés d'ordre conjoncturel, susceptibles d'amendement, d'améliorations, d'évolution. En d'autres termes, d'un point de vue conceptionnel, l'architecture actuelle des règles relatives aux marchés publics est riche mais techniquement pauvre. De fait, il est loisible de se poser la question de l'application des nouveaux textes et de leurs carences.

Comme cela a été analysé dans la présente étude, le droit matériel des marchés publics de l'UEMOA a vu le jour à travers l'adoption et la transposition des directives communautaires en matière des marchés publics. Cela tient à la matière même des marchés publics, *« consistant en un ensemble de procédures formalistes devant scrupuleusement être respectées »*[1324]. Ces directives ont pour objectif de mettre en place un véritable système juridique dans la perspective de la mise en place d'un droit commun des marchés publics[1325], de sorte que les opérateurs économiques ne se heurtent pas à des obstacles liés aux règles administratives différentes selon les Etats membres.

Toutefois, *« les entreprises réalisées »*[1326] par le législateur de la communauté de droit sont insuffisantes et n'ont pas été suivies correctement par les Etats membres. Il s'avère que ce droit n'a pas atteint la maturité suffisante. Autrement dit, le droit UEMOA des marchés publics est malade de ses sources, de ses règles fonctionnelles et de sa mise en œuvre par les rédacteurs nationaux. Il existe beaucoup de divergences en termes de transposition des objectifs communautaires selon les Etats membres. Certains Etats membres se réservent une marge d'appréciation parfois extensive. Or, il arrive que certaines dispositions des directives du 9 décembre 2005 relatives aux marchés publics ne demandent pas forcément une telle interprétation car elles sont claires et précises.

1324 BRUNELLI (P.), *op., cit.* p. 93.

1325 Le terme « droit commun des marchés publics » est un terme utilisé par la doctrine africaine. Il désigne un rapprochement, une harmonisation, en vue d'une unification des droits nationaux des marchés publics.

1326 KEBE (A.), *op., cit.* p. 23.

Pour éviter la pérennité de cet émiettement, le législateur communautaire doit revoir certaines dispositions de ses directives afin de les rendre assez accessibles, claires et précises. Il peut encore agir par voie de règlement qui s'impose directement aux Etats membres. Le juge de l'UEMOA doit aussi intervenir afin de consacrer l'effet utile et direct des directives marchés publics.

Par ailleurs, la présente étude a révélé que *« le système institutionnel reste grippé par le centralisme qui a toujours prévalu dans les sociétés africaines »*[1327]. Il existe une présence trop importante de l'administration centrale dans la procédure de passation des marchés publics. Ce phénomène est lié au *« principe communautaire d'obligation de faire approuver le choix du cocontractant par l'administration de tutelle »*[1328]. Cette exigence a été transposée dans les droits internes. Tel est le cas de l'article 82.1 du CMP du Mali qui précise que les marchés publics, selon la qualité de l'autorité contractante sont transmis à l'autorité d'approbation. Cette autorité d'approbation a la responsabilité de faire approuver le marché dans le délai de validité des offres. Dans la pratique, un tel principe parait excessif au regard des règles de concurrence. Il porte atteinte non seulement à la liberté contractuelle des autorités contractantes, mais encore incompatible avec le principe de libre administration des collectivités locales. Au-delà de ces violations, cette habilitation des administrations centrales suscite des risques de conflits d'intérêts et de trafic d'influence. Pour ces raisons, cette habilitation doit être revue afin d'établir une véritable transparence, l'efficacité des finances publiques et surtout le respect de la liberté contractuelle des administrations acheteuses.

A propos de l'influence des bailleurs de fonds et des Partenaires Techniques et Financiers (PTF), il apparaît que les nouvelles règlementations affirment la primauté des procédures imposées par ces derniers, le plus souvent à l'occasion des accords de prêts internationaux. En ce sens, l'article 3 du code sénégalais des marchés publics dispose que *« les marchés passés en application d'accords de financement ou de traités sont soumis aux dispositions du décret, sous réserve de l'application de dispositions contraires résultant des procédures prévues par lesdits accords ou traités internationaux »*. De même, l'article 7 du code des marchés publics du Mali dispose que les dispositions du CMP s'appliquent aux marchés publics financés par des ressources extérieures dans la mesure où elles ne sont pas contraires aux dispositions des accords de financement. On retrouve les mêmes raisonnements dans l'article 30 du code des marchés publics du

1327 OUEDRAOGO (S.), *op., cit.* p.57.
1328 Pour rappel, l'article 68 de la directive 04/ 2005, *op., cit.*

Burkina Faso et dans l'article 4 de l'Ordonnance n° 2019-679 du 24 juillet 2019, portant code des marchés publics en Côte d'Ivoire.

Ces réglementations reconnaissent implicitement la primauté des dispositions conventionnelles internationales sur le droit interne. Ainsi, les droits nationaux des marchés publics ne trouvent à s'appliquer qu'en ce qu'ils ne seraient pas contraires à ces dispositions. Or dans la pratique, la plupart des accords de prêts internationaux prévoient des clauses qui imposent aux personnes publiques emprunteuses, l'obligation de respect de leurs propres règles de passation des marchés publics. En effet, ce mécanisme renvoie à reconnaître que les règles nationales constituent l'exception et ne sont applicables qu'en ce qu'elles ne sont pas contraires aux premières.

Il aurait été plus juste que les partenaires financiers n'imposent pas certaines exigences propres à eux sans tenir compte des règles communautaires et nationales. Pourtant, ce sont ces mêmes partenaires qui ont encouragé et financé la réforme des marchés publics pour des considérations d'efficacité des deniers publics, de la libre circulation des services, de transparence, de lutte contre la corruption et du développement du tissu économique des Etats africains. En même temps, leurs propres règles sur la passation des marchés publics ne devraient pas fausser ces objectifs lorsqu'elles trouvent à s'appliquer à ces marchés.

En outre, malgré des efforts à la fois communautaires et nationaux, la construction commune des marchés publics de l'UEMOA est inachevée. Il convient de souligner que des réformes sont nécessaires. Qu'elles se réalisent par voie législative ou réglementaire pour garantir la transparence et la bonne gestion des ressources publiques. A cet égard, les institutions communautaires de l'Union et les Etats membres peuvent faire davantage pour faciliter l'accès à leurs marchés publics et assurer un contrôle rigoureux à la fois juridictionnel et non juridictionnel. La Commission de l'UEMOA, de son côté ne doit pas hésiter à multiplier des procédures en manquement à l'encontre des Etats membres qui ne respecteront pas les textes communautaires.

Le caractère inachevé du droit UEMOA des marchés publics peut s'expliquer aussi par le fait que cette architecture juridique est basée sur du droit importé. La plupart de ces textes ne sont pas adaptés aux terrains africains. Ils ne tiennent pas forcément compte des spécificités africaines. La volonté exprimée à travers les textes *« ne reflète pas nécessairement les réalités de la construction communautaire dans l'espace UEMOA »*[1329]. Il est constant que le droit communautaire a stéréotypé beaucoup de règles de passation du système européen et onusien. Ces règles ne sont pas systématiquement adaptées aux réalités, cultures et traditions africaines. C'est le cas par exemple, de la loi-type de la CNUDCI sur les marchés publics qui *« impose certaines exigences qu'une directive prise sur cette mouture s'apparenterait davantage à un quasi-règlement ou à une fausse directive dans la mesure où elle procéderait en réalité à une uniformisation du droit des marchés publics dans l'UEMOA »*[1330]. Ce phénomène est regrettable pour une véritable effectivité d'un cadre règlementaire des marchés publics d'origine africaine. Dès lors, l'on se demande si les nouveaux textes n'ont pas été adoptés pour protéger les Etats face aux pressions des partenaires financiers. D'ailleurs, le professeur Alioune SALL a rappelé que *« le fait que les organisations internationales comme l'UEMOA (...) sont des modèles empruntés et non forcément adaptés pourraient nuire au développement d'une force internationale africaine »*[1331].

Dans cette perspectives, les instruments juridiques non adaptés et inappropriés doivent nécessairement être revus. La communauté de droit de l'UEMOA doit arrêter d'adopter des « textes juridiques caméléons » c'est-à-dire des textes qui changent selon les orientations des partenaires extérieurs, surtout ne tenant pas compte parfois des impératifs africains. Ainsi, l'adaptation du droit ouest africain des marchés publics ne relève plus de la simple utilité, mais bien de la nécessité. Comme rappelé par le professeur Gérard Gabriel MARION, *« chaque société se doit d'inventer ses solutions pour répondre à ses besoins »*[1332], tel doit être la vision de la communauté de droit de l'UEMOA.

Il serait dès lors pertinent que l'UEMOA puisse s'appuyer sur les droits traditionnels des Etats membres afin de revoir son système juridique, notamment dans le cas des marchés publics ou encore s'appuyer à la fois sur les textes déjà adoptés et sur le droit originaire africain afin de créer son propre régime juridique.

Compte tenu de l'histoire, des réalités sociétales et culturelles du continent, particulièrement les Etats membres de la communauté UEMOA, sans se fermer aux systèmes juridiques étrangers, on doit impérativement chercher le droit dans la pratique locale africaine et non dans les pratiques étrangères.

1329 OUEDRAOGO (S.), *op., cit.* p.57.

1330 KY (E P.), *op., cit.* p. 547.

1331 SALL (A.), *op., cit.* p. 16.

1332 MARION (G G.), « La politique visible, ou le monument au service du pouvoir », in MARION (G.G), *Mélange en hommage à Bernrd VONGLIS*, pref. SAINT-CYR (P.), L'Harmattan, 2000, p. 251.

Dans cette perspective, le droit pourrait être accessible et facilement compris par la population.

A ce sujet, chaque communauté sous-régionale africaine a préféré mettre en place une structure commune des marchés publics ; tel est le cas par exemple, de la Communauté économique et monétaire de l'Afrique centrale (CEMAC) à travers son règlement n° 06/09-UEAC-201-CM-20 du 11 décembre 2009 sur les marchés publics. Il existe aussi l'organisation pour l'harmonisation en Afrique du droit des affaires (OHADA) qui a pour mission l'harmonisation du droit des affaires en Afrique aux fins de garantir, au niveau de ses Etats membres, une sécurité juridique et judiciaire pour les investisseurs et les entreprises.

Au vu de l'accroissement des institutions et des règles du droit public des affaires sur le continent africain et du succès de l'OHADA, la présente étude formule deux séries de propositions consistant à réfléchir à des évolutions dans le domaine du droit public des affaires. Il conviendrait de réfléchir d'une part à la possibilité de mise en place d'un espace harmonisé dans le domaine du droit public des affaires sur le continent sous la même forme que l'OHADA, ou alors, d'autre part de faire intégrer la sphère du droit public des affaires dans les statuts de l'OHADA.

BIBLIOGRAPHIE

I. Ouvrages généraux, manuels, actes de colloque

ALLAIRE (F.), *L'essentiel du droit des marchés publics,* Paris, Gualino 12e édition 2019-2020, 120 p.

AMSELEK (P.), *Le budget sous la Ve République*, Paris, LGDJ, 1967, 35 p.

AUBRY (H.), *L'influence du droit communautaire sur le droit français des contrats*, PUAM, 2002, 573 p.

AUBY (J-B.) et DUTHEL DE LA ROCHERE (J.), *Droit administratif européen*, Bruxelles, Bruyant, 2007, 968 p.

AUBY (J-B.), *L'influence du droit européen sur les catégories du droit public*, Dalloz, 2010, 990 p.

AYISSI (L), *Corruption et gouvernance,* Editions Harmattan, 2008, 201 p.

BÉRARD-WALSH (A-C.), FONTAINE (C.) et HOURCABIE (A.), *Passation des marchés publics,* Paris, Le Moniteur, 2019, 352 p.

BEZANÇON (X.), CUCCHIARINI (C.) et COSSALTER (P.), *Le guide la commande publique,* Paris, Le Moniteur, 3e édition 2012, 398 p.

BOCKEL (A.), *Droit administratif,* Dakar, nouvelles éditions africaines, 1978, 198 p.

BOCKEL (A.), *Les contrats administratifs : Données générales dans Encyclopédie juridique de l'Afrique, droit des contrats et de la responsabilité,* volume 9, les nouvelles éditions africaines Abidjan, Dakar, Lomé, 1982, 217 p.

BOUHIER (V.) et HOUTCHIEFF (D.), *Contrats de droit privé et contrats de droit administratif,* LGDJ, 2019, 324 p.

BOUHIER (V.) et RICCARDI (D.), *Exécution des contrats administratifs*, Le Moniteur, 2018, 284 p.

BOURDON (P.), *Le contrat administratif illégal,* Dalloz Nouvelles bibliothèque des thèses, 2014, vol. 131, 938 p.

BOUVIER (M.), ESCLASSAN (M-C.) et LASSALE (J-P.), *Finances publiques,* LGDJ, 17e édition 2018, 960 p.

BOY (L.), *« Régulation et sécurité juridique »,* in BOY(L.), RACINE (J-B.), SIIRIANEN (F.), (Sous la coord. de) *Sécurité juridique et droit économique,* Bruxelles, Larcier, 2008, 335 p.

BRACONNIER (S.), *Droit des marchés publics,* Imprimerie Nationale, Ed. techniques, col. Essentiels experts, marchés publics locaux, 2002, 396 p.

BRACONNIER (S.), *Précis du droit de la commande publique,* Paris, 6e édition Le Moniteur, 2017, 648 p.

BRISSON (J F.), *Les fondements juridiques du droit des marchés publics,* Paris, imprimerie nationale, 2004, 185 p.

BRUNEL (S.), KIPRE (P.) et PEROUSE DE MONTCLOS (M-A.), « L'aide au tiers-monde, à quoi bon? » in *Questions de vie.* Paris : Les Ed. de l'Atelier, 2005, 120 p.

BRUNELLI (P.), *Marchés publics et union européenne : les nouvelles règles communautaires, éditions* Continent Europe, Paris, 1995, 92 p.

BUY (F.), LAMOUREUX (M.), MESTRE (J.) et RODA (J-C.), *Les principales clauses des contrats d'affaires*, Paris, LGDJ, déc. 2018, 944 p.

CAMBOURNAC (M.), *L'absence de caractère public des séances d'ouverture des plis*, Paris, Le Moniteur, 17 mai 2002, 69 p.

CANNOIS (R.), *La notion d'établissement public en droit administratif,* Paris, LGDJ, 1958. 333. P

CANTILLON (G.) et RICHER (L.), *Achat public et économie des territoires,* Paris LGDJ, 2017, 170. p.

CHAPUS (R.), *Droit administratif général,* Paris, 14e édition, Montchrestien, tome I, 2000, 338 p.

CHAPUS (R.), *Droit administratif général,* Paris, 15e édition, Montchrestien 2001, 551 p.

CHARREL (N.) et GUIBAL (M.), *Code commenté des marchés publics,* Paris, Le Moniteur, 7e édition 2014, 203 p.

CLIQUENNOIS (M.), *Droit public économique,* Paris, Université Droit. Ellipses, 2001, 288 p.

COLSON (J-P.) et IDOUX (P.), *Droit public économique*, LGDJ, 9e édition 2018, 830 p.

CORNU (G.) et Association Henri CAPITANT des Amis de la Culture Juridique Française, *« Vocabulaire juridique »* éd. 9, Quadrige Dicos poche. Paris : Quadrige / PUF, 2011.

CROS (N.), BOISSY (X.), *Les litiges des marchés publics,* Paris, Berger-Levrault, 2010. 170 p.

DARBON (D.) et Du BOIS de GAUDUSSON (J.), *La création du droit en Afrique*, Paris Karthala, 1997, 441 p.

DE LAUBADERE (A.), *Traité de droit administratif,* Paris, 13e édition, LGDJ, tome 1, 1994, 689 p.

DELAUNAY (B.), *Droit public de la concurrence*, Paris, LGDJ, 2e édition 2018, 552 p.

DUGUIT (L.), *Les transformations du droit public,* Paris, A. Colin, 1913, (réédition : Paris, la mémoire du droit, 1999, 285 p.

DURVIAUX (A L.), LAWRENCE (A.) et THIRION (N.), *La réforme du droit des marchés publics,* actes de la journée du 10 octobre 2013, Université de Liège et Commission Droit et vie des affaires, Bruxelles, Bruylant, 2014, 514 p.

DUVAL (J.C), *L'essentiel du droit des marchés publics*, Paris, Ellipses, 3e édition 2017. 116 p.

EMERY (C.), *Passer un marché public,* Delmas, 2e édition 2004, 480 p.

FAVOREU (L.), GAÏA (P.), GHEVONTIAN (R.), MESTRE (J.-L.), PFERSMANN (O.), ROUX (A.), SCOFFONI (G.), *Droit constitutionnel,* Dalloz, 21e édition 2018, 1200. p

FOLLIOT LALLIOT (L.) et TORRICELLI (S.), *Contrôles et contentieux des contrats publics*, pref. AUBY (J B.), Bruylant, 2018, 604 p.

FOUCHART (P.), *L'OHADA et les perspectives de l'arbitrage en Afrique*, Bruxelles, Bruylant, 2000, 440 p.

FRIER (P L.) et PETIT (J.), *Droit administratif,* Paris, LGDJ, 12e édition, 2018, 736 p.

FROT (O.), *Marchés publics : Comment choisir le mieux disant ? La détermination des critères et leur pondération,* AFNOR, 2e édition révisée, 2008, 34, p.

GALLETTI (F.), *Les transformations du droit public africain francophone : entre étatisme et libération,* Bruxelles, Bruylant, 2004, 456 p.

GAUDEMET (Y.), *Droit administratif,* Paris, LGDJ, 22e éd, 2018, 600 p.

GAUDEMET (Y.), *Traité de droit administratif,* Paris, LGDJ, tome 1, 16e édition 2001, 918 p.

GOHIN (O.) et POULET (F.), *Contentieux administratif,* Paris, LexisNexis, 9e édition, 2017, 596 p.

GUETTIER (C.), *Droit des contrats administratifs,* Paris, Presses universitaires de France, 2011, 3e édition. 640 p.

GUEZOU (O.), *Traité de contentieux de la commande publique*, Editions Le Moniteur, 2e éd, 2018, 818 p.

GUGLIELMI (G J.) et KOUBI (G.), *Droit du service public,* Paris, LGDJ, 3e édition. 2016, 411 p.

GUIBAL (M.), *Memento des marchés publics,* Le Moniteur 1998, 2e édition, 331 p.

GUYOMAR (M.) & SEILLER (B.), *Contentieux administratif,* Dalloz, 4e édition, 2017, 610 p.

HOEPFFNER (H.), *La modification du contrat administratif,* Paris, LGDJ, coll. Bibliothèque droit public, 2009, tome 1 260 p.

HOEPFNNER (H.), *Droit des contrats administratifs*, Dalloz, 2016, 614 p.

HUGON (P.), *Economie de l'Afrique,* Ed. Repères, col. La découverte, 4 édition 2003, 128 p.

ISAAC (G.) et BLANQUET (M.), *Droit communautaire général,* Paris, A. Colin 8e édition, 2001, 98 p.

KEBE (A.), *La QPC en droit des collectivités territoriales*, Paris, Edilivre, 2018, 180 p.

KELSEN (H.), « *Théorie pure du droit* », Trad. française de la Reine Rechtslehre, *La pensée juridique,* Paris, LGDJ, 2e édition 1999, 496 p.

KI-ZERBO (J.), *A quand l'Afrique ? Entretien avec René Holenstein,* éditions d'en bas, L'aube Eds De, 2004, 81 p.

KONATE (M.), *Le juge national et le contentieux des normes communautaires de l'UEMOA*, éditions universitaires européennes, juillet 2016, 100 p.
KUNANAYAKAM (T.), *Quel développement ? Quelle coopération internationale ? Pour un nouvel ordre international,* coédition CETIM (Centre Europe-Tiers Monde), Suisse 2007, 145 p.
LAFFERIERE (E.), *Traité de la juridiction administrative et des recours contentieux,* Paris, LGDJ, tome 2, 1989, 146 p.
LAJOYE (C.), *Droit des marché publics,* Gualino Lextenso, 5e éd 2012, 216 p.
LANDER (A) ET THESMAR (D*), Le grand méchant marché, décryptage d'un fantasme français*, éditions Flammarion, 2008, 181 p.
LEQUETTE (Y.), SIMLER (P.) et TERRE (F.), *Les obligations,* Paris, 7e éd. Dalloz, 1999, 888 p.
LINDITCH (F.), *Le droit des marchés publics*, Dalloz, 5e édition 2009, 130 p.
MALHIERE (P.), *Le langage des marchés publics,* éditions Méthodes et stratégie, Col. Connaitre et parler, Poitiers, 1995, 84 p.
MARION (G.G), *Mélange en hommage à Bernard VONGLIS*, pref. SAINT-CYR (P.), L'Harmattan, 2000, 251 p.
MARTIAL-BRAZ (N.), RIFFARD (J-B.), BEHAR-TOUCHAIS (M.), *Les mutations de la norme : renouvellement des sources du droit*, Paris, Economica, 2011, 322 p.
MARTINEZ (B.) et SERR (F.), *Exécution des marchés publics,* Paris, Le Moniteur, 2013, 300 p.
MARTUCCI (F.), *Droit de l'union européenne,* Dalloz, 2019, 924 p.
MARTUCCI (F.), *L'ordre économique et monétaire de l'Union européenne*, Bruylant, 2015, 1274 p.
MBOYO BAKAMBO (P.), *Les clauses sociales dans les marchés publics,* Les Impliqués éditeurs, 2016, 260 p.
MESCHERIAKOFF (A. S.), *Droit des services publics,* Paris, PUF 1991, 171 p.
MICHON (J.), *« Les marchés publics en 100 questions »,* Paris, Le Moniteur, 4e édition, 2009, 305 p.
MICHON (J.), *La nouvelle réglementation des marchés publics,* Paris, Le Moniteur, 3e édition, 2004, 524 p.
MORAND (C-A.), *Le droit saisi par la mondialisation*, Collection de droit international 46. Bruxelles : [Basel?]: Editions Bruylant : Editions de l'Université de Bruxelles ; Helbing & Lichtenhahn, 2001. 477 p.
MORAND-DEVILLIER (J.), BOURDON (P.) et POULET (F.), *Droit administratif,* Paris, LGDJ, 15e édition 2017, 968 p.

MOYO (D.), *L'aide fatale, les ravages d'une aide inutile et de nouvelles solutions pour l'Afrique,* JC Lattès, 2009, 250 p.
MULLER (E.), *La commande publique, un levier pour l'action publique ?,* Dalloz, 2018, 228 p.

NDIAYE (I.), *Guide de la passation des marchés publics au Sénégal,* Paris, L'Harmattan, 2011, 144 p.
NICINSKI (S.), *Droit public des affaires,* LGDJ, 7e édition. 2019, 786 p.
NOGUELLOU (R.) et STELKENS (U.), *Droit comparé des Contrats Publics-Comparative Law on Public Contracts*, Bruylant, 2010, 1014 p.
OUATTARA (T A.), *L'économie des finances publiques et le système budgétaire malien,* Bamako, éditions Jamana, 2002, 415 p.
PEYREGA JANSSENS (V-A.), *L'influence du droit communautaire sur la pratique des aides locales aux entreprises : créer des territoires compétitifs face à la mondialisation*, L'Harmattan, 2008, 320 p.
RAMBAUD (R.), *L'institution juridique de régulation : recherches sur les rapports entre droit administratif et théorie économique*, L'Harmattan, 2012, 932 p.
RICHER (L.) et LICHIERE (F.), *Droit des contrats administratifs,* Paris, LGDJ, 10e édition. Manuel, 2016, 784 p.
RICHER (L.) et LICHIERE (F.), *Droit des contrats administratifs,* Paris, LGDJ, 11e édition. Manuel, 2019, 768 p.
RICHER (L.), *Droit des contrats administratifs,* Paris, LGDJ, 3e édition, Manuel, 2002, 588 p.
RICHER (L.), *Droit des contrats administratifs*, Paris, LGDJ, 8e édition. Manuel, 2012, 798 p.
RICHER (L.), *Droit des contrats administratifs,* Paris, LGDJ, 9e édition. Manuel, 2014, 670 p.
RICHER (L.), *L'Europe des marchés publics, marchés publics et concessions en droit communautaire,* LGDJ, 2009, 400 p.
RIDEAU (J.), *La transparence dans l'Union européenne. Mythe ou principe juridique ?* , Paris, LGDJ, 1999, 184 p.
ROUSSEAU (D.), *La justice constitutionnelle en Europe,* Paris, Montchrestien, 1998, 160 p.
SALL (A.), *Les mutations de l'intégration des Etats en Afrique de l'Ouest : approche institutionnelle,* Paris, L'Harmattan 2006, 172 p.
SAWADOGO (F.), *De la CEAO à l'UEMOA ou la genèse d'une intégration sous-régionale réussie*, L'Harmattan, 2015, 152 p.
SCHUILTZ (P.), *Eléments du droit des marchés publics,* Paris, LGDJ, 2e édition 2002, 192 p.
SIBONY (A-L.), *Le juge et le raisonnement économique en droit de la concurrence*, Paris, LGDJ, 2008, 905 p.
SIMON (D.), *Le système juridique communautaire,* Presses Universitaires de France, 2001, 779 p.
SY (D.), *Droit administratif,* Dakar, CREDILA-L 'Harmattan, 2e édition, 2014, 420 p.
TIFINE (P.), *Droit administratif français,* éditions Juridiques FA, 2014, 142 p.
UBAUD-BERGERON, *Droit des contrats administratifs*, Paris, LexisNexis, 2e édition, 2017, 516 p.

VEDEL (G.) et DELVOLVE (P.), *Droit administratif,* Paris, PUF, 12e éd. tome 2, 1992, 611 p.
WALINE (J.), *Droit administratif,* Paris, Dalloz, 27e édition, 2018, 836 p.
YONABA (S.), *Les grandes décisions de la jurisprudence burkinabè,* 2e édition, 2013, n° 31, 341 p.

II. Monographies, thèses, mémoires,

AMBEU (A V-P.), *La fonction administrative contentieuse en Côte d'Ivoire*, Thèse de doctorat en droit, Université Jean Moulin, Lyon 3, 2011.
AMILHAT (M.), *L'influence du droit européenne sur la notion de contrat administratif,* Thèse de doctorat en droit, Toulouse 1 Capitole, 3 avril 2013.
AYOLOLA (K.), *Le droit de la concurrence à travers les ententes et les abus de positions dominantes dans le cadre de l'UEMOA*, Thèse de doctorat en droit, Abidjan, Université de Cocody, 2002.
BALOGOUN (I K.), *Les nouveaux contrats de développement en Afrique : Etude juridique des projets Construction-Exploitation-Transfert*, Thèse de doctorat en droit, Dakar, Université Cheikh Anta Diop, 2010.
BIDJA NKOTTO (T.), *Les contrats de l'administration au Cameroun,* Thèse de doctorat en droit, Université Panthéon-Sorbonne, 2000.
BRENET (F.), *Recherches sur l'évolution du contrat administratif,* Thèse de doctorat en droit, Université de Poitiers, 2002.
COULIBALY (A.), *Analyse de la concurrence et de la régulation en Afrique : cas du Sénégal et du Mali,* Thèse de doctorat en droit, Dakar, Université Cheikh Anta DIOP, 2013.
DEMBELE (T.), *L'égal accès des femmes et des hommes à la vie politique en France et au Sénégal*, Thèse de doctorat en droit, Université Paris 13, 2017.
DIALLO (A.), *Commande Publique au Sénégal : Efficacité de la dépense publique, enjeu de progrès économique et social pour les collectivités publiques,* Mémoire ENA, Sénégal, 2013.
DIALLO (A.), *Réflexion sur l'arbitrage dans l'espace OHADA*, Thèse de doctorat en droit, Université Perpignan, 2016.
DICKO (A.), *Les marchés publics au Mali*, Thèse de doctorat en droit, Dakar, Université Cheick Anta DIOP, 2015.
DIOUF (A A.), *Essai sur le régime juridique des normes de domaine*, Thèse de doctorat en droit, Université d'Orléans, 2010.
DIRICKX (N.), *L'influence du droit communautaire des marchés publics sur les éléments de définition du marché public en France,* Thèse de doctorat en droit, Université d'Angers, 2005.
ENTIOPE (M.), *Le contrôle des marchés publics,* Thèse de doctorat en droit, Nancy 2, 1999.

FOLLIOT LALLIOT (L.), *Pouvoirs des juges administratifs et distinction des contentieux en matière contractuelle,* Thèse de doctorat en droit, Université Paris 2, tome.1et 3, 1994.

GAUTIER (M.), *L'influence du modèle communautaire sur la coopération en matière de justice et d'affaires intérieures : étude des actes de l'Union européenne du point de vue de l'État membre : l'exemple français,* Thèse de doctorat en droit, Université de Bordeaux 4, 2001.

GOUNOU SALIFOU (A.), *Droit et pratique des marchés publics en Afrique de l'ouest francophone : cas de la République du Bénin,* Thèse de doctorat en droit, Lomé, Université de Lomé, 2008.

ISSOUFOU (A.), *Les mutations du droit des marchés publics au Niger et au Sénégal : contribution à l'étude de l'encadrement juridique d'une catégorie de dépense publique,* Thèse de doctorat en droit, Dakar, Université cheikh Anta Diop, 2015.

KY (E-P.), *L'intégration par la commande publique : La réforme du droit des marchés publics dans l'UEMOA,* Thèse de doctorat en droit, Poitiers, 2004.

OUEDRAOGO (S.), *Les compétences nationales en matière fiscale et la communautarisation des règles dans l'espace ouest-africain,* Thèse de doctorat en droit, Université de Bordeaux, 2015.

RICCARDI (D.) *Les sanctions contractuelles en droit administratif,* Thèse de doctorat en droit, Université Paris-Sud, 2017.

SAMB (S.), *Le droit de la commande publique en Afrique noire francophone : Contribution à l'étude des mutations du droit des contrats administratifs au Sénégal, au Burkina Faso, en Côte d'Ivoire et au Cameroun,* Thèse de doctorat en droit, Université Bordeaux Pessac, 2015.

SAWARE (A.), *Le particularisme du droit sénégalais des partenariats public-privé,* Thèse de doctorat en droit, Université Cheikh Anta Diop, 2013.

SY (D.), *La technique des contrats-plan au Sénégal : Contribution à l'étude de la contractualisation des relations entre l'Etat et les entreprises du secteur parapublic*, Thèse de doctorat d'Etat, Dakar 1989.

III. Articles, contributions, rapports

ABBATUCCI (S.), « Sous-traitance », Dalloz, *répertoire du droit commercial*, oct. 2016, point.73.

AKA (N.), « Intervention lors du débat sur les instruments adoptés par l'OHADA », le 11 mars 1999, *in* FOUCHARD (P.), (sous la dir. De), recueil acte de colloque, *l'OHADA et perspectives de l'arbitrage en Afrique,* Bruxelles, Bruylant, 2002, 118 p.

AMILHAT (M.), « Contractualisation, négociation, consensualisme : nouvelles approches du droit public », *RFDA,* 2018, p. 1.
AMILHAT (M.), « Le code, les principes fondamentaux et la notion de commande publique », AJDA, 2019, 793 p.
AMOUSSOU-GUENOU (R.), *« L'Etat du droit de l'arbitrage interne et international en Afrique avant l'adoption des instruments de l'OHADA », in* FOUCHARD (P.). (dir), recueil acte de colloque, *l'OHADA et les perspectives de l'arbitrage en Afrique*, Bruxelles, Bruylant, 2000, 33 p.
AYAD (A.), « Choisir les critères d'attribution des offres », *Revue actualités MONITEURJURIS, contrats publics*, n°173, février 2017, 42 p.
BA (B.), « Le contentieux de l'excès de pouvoir des marchés publics devant la Cour suprême du Sénégal », *Annales africaines*. Nouvelle série, avril 2015, Vol. 1, 174, p.
BAMBOU (F.), « Le financement et la gestion des services de base en question (en Afrique) », *Revue in Marchés tropicaux,* décembre 2003, 2649 p.
BARNIER (M.), « Membre de la Commission chargé du marché intérieur et des services », *Communiqué de presse,* Bruxelles, 4 avril 2014.
BARTHEL (W.) et MARKWARDT (F.), « Aggregation of Blood Platelets by Adrenaline and Its Uptake », *Biochemical Pharmacology* 24, n° 20, 15 octobre 1975, p. 1903.
BEN ACHOUR (R.), « Démocratie et Bonne gouvernance », *in* Mélanges en l'honneur de Slobod Milacic : *démocratie et liberté, tension, dialogue, confrontation*, Bruxelles, Bruyant, 2007, p. 728-738.
BILONG (S.), « La crise du droit administratif au Cameroun », *Revue juridique et politique de l'Université de Dschang*, 2011, n°1. p. 48.
BLEOU (M.), « Unité de juridiction et contentieux administratif : les exemples ivoirien et sénégalais », *Annales de l'Université de Cocody*, 1995, p.129.
BLUNDO (G.), « Dessous-de-table : la corruption quotidienne dans la passation des marchés publics locaux au Sénégal », *Revue politique africaine*, 2001, p. 97.
BOCKEL (A), « Les contrats des personnes publiques et les règles de la comptabilité publique », *Annales africaines*, 1974, p 1.
BOCKEL (A.), « Les contrats administratifs : Données générales », in *Encyclopédie juridique de l'Afrique, droit des contrats et de la responsabilité*, vol. 9, les nouvelles éditions africaines Abidjan, Dakar, Lomé, 1982, 217 p.
BOSC (A.), « De la nature et du régime juridiques des pénalités dans les marchés de fournitures », *RDP* 1921, 216 p.
BOUHIER (V.), « Le pouvoir de modification des contrats administratifs : une architecture nouvelle contrastée », *in* actes de colloque, *Exécution des contrats administratifs*, BOUHIER (V.) et RICCARDI (D.), (dir.), Editions Le Moniteur, 2018, p. 84.
BOURDON (P.), « Les relations para-contractuelles du maître d'ouvrage et du sous-traitant dans les marchés de travaux », *AJDA* 2017, p.1500.

BOURENANE (N.) « La construction communautaire », *in* Réal LAVERGNE, *Intégration et coopération régionales en Afrique de l'Ouest,* Paris, Karthala-CRDI, 1996, p.70.

BOURGI (A.), « Les relations avec l'Etat colonial », *Encyclopédie juridique de l'Afrique*, Droit international, vol. p.1.

BRACONNIER (S.), « Les nouveaux marchés publics globaux et marchés de partenariat », *AJDA*. 2015.p.1795.

BRACONNIER (S.), « Les contrats de private finance initiative, réflexion sur la dynamique contractuelle dans les partenariat-public- privé », *BJCP*, mai 2002, n°22, p. 174.

BRACONNIER (S.), « L'apparition des contrats de partenariat dans le champ de la commande public-privé : étude historique et critique », *BJCP,* 2004, n°6, p.331-339.

BRECHON-MOULENES, « Choix de procédures, choix dans les procédures », *AJDA*, 1998, p. 753.

BRENET (F.) « Les marchés de partenariat de l'ordonnance du 23 juillet 2015 : un nouveau départ pour les partenariats public-privé ? », *Dossier, DA* 2015 n° 12. p.18.

BRENET (F.), « L'avenir du contentieux des actes détachables en matière contractuelle », *AJDA*, 2014, p. 2061.

BRENET (F.), « Les nouvelles bases du droit des marchés publics », *AJDA* 2015, p. 1783.

BRENET (F.), « Contrats administratifs par détermination de la loi », *JurisClasseur Administratif,* fasc 602, 13 janvier 2009, p.3.

CAILLE (P.) et LATINA (M.), « Force obligatoire, pouvoirs de direction et de contrôle et bonne foi contractuelle », *in* actes de colloque, *Contrats de droit privé et contrats de droit administratif,* BOUHIER (V.) et HOUTCHIEFF (D.), (dir.), LGDJ, 2019, 127 p.

CAMARA (B.), « La transition démocratique comme forme d'inversion sociale en Afrique de l'Ouest. Le cas du Mali », *Revue malienne des sciences juridiques, politiques et économiques* (REMASJUPE), n° 1, 2015, p. 2.

CAMARA (B.), « Les conventions et les contrats coloniaux en Afrique occidentale française : Le cas de la concession rurale de Diré au Soudan Français (1919-1939) », *Les nouvelles annales de l'UCAD*, CREDILA, Dakar, 2011, n°2, p. 2.

CANEDO (M.), « L'exorbitance du droit des contrats administratifs », in, MELLERAY (F.), (sous la dir. De), *l'exorbitance du droit administratif en question (s*), Paris, Université de Poitiers, LGDJ, 2004, p. 125-177.

CANTILLON (G*.),* « L'achat public, un outil au service de l'Etat régulateur », in *RFAP,* 2010 /2 n° 134, p. 342.

CANTILLON (G.), « Labels écologiques et sociaux : vers une utilisation facilitée par une extension du lien à l'objet du marché », *Revue contrats publics*, n°144, juin 2014, p. 28.

CARANTA (R*.),* « Transparence et concurrence », *in* NOGUELLOU (R.) et STELKENS (U.), (dir.), *Droit comparé des contrats publics,* Bruxelles, Bruylant, 2010, 145 p.
CASSIA (P.), « Contrats publics et principe communautaire d'égalité de traitement », *RTDE* 2002, p. 413.
CHAMMING'S (V.) et SCIALOM M.), « Le régime juridique du marché de partenariat : nouveau paradigme ou simple inflexion de style ? », Dossier, CMP. Mai 2016, p. 27.
CHARREL (N.) et GASPAR (T.), « Le nouveau régime juridique de modification des marchés en cours d'exécution », *Revue contrats publics*, n°144, juin 2014, p. 55.
CHEVALLIER (J.), « Le statut des autorités administratives indépendantes : harmonisation ou diversification ? », *RFDA*, 2010, p. 896.
CHEVALLIER (J.), « Vers un droit post moderne ? Les transformations de la régulation juridique », *RDP* n°3 1998.
COLLY (F.), « Périmètre et contenu de la commande publique », *in* actes de colloque, *Exécution des contrats administratifs*, BOUHIER (V.) et RICCARDI (D.), (dir.), Editions Le Moniteur, 2018, p. 219.
COSSI SOSSA (D*.),* « L'aptitude des personnes morales de droit public à compromettre dans l'arbitrage OHADA : les mobiles d'une telle option », *Revue camerounaise de l'arbitrage*, n° spécial, fév. 2010, p. 110-120.
CRESSIN (V.), « La sous-traitance dans la réforme des marchés publics : entre flux et reflux », *Revue contrats publics,* n°166, juin 2016, p. 60-61.
DEBOUZY (O.) et GUILLOT (P.), « Le contrat de partenariat public-privé et la réforme de l'achat public », *Recueil Dalloz*, D. 2005, p. 319.
DELORS (J.), « Quelle est l'influence de l'UE sur la loi française », *journal Le monde*, édition du 21 mai 2014.
DELVOLVE (P), « Le partenariat public-privé et les principes de la commande publique », *RDI* 2003, p. 481.
DELVOLVE (P.), « Les contradictions de la délégation de service public », *AJDA*, 1996, p. 681.
DENOIX DE SAINT MARC (R), « La question de l'administration contractuelle », *AJDA* 2003, p. 970.
DEVOLUY (M.) et KOVAR (R.), « Union économique et monétaire », *Répertoire de droit européen,* avril 2015, p. 200.
DEZOBRY (G.), « L'indépendance des autorités de régulation économique à l'égard des opérateurs régulés », *RFAP,* 2012/3, n°143, p. 645-654.
DIAGNE (N.M), « La contribution du Conseil d'Etat sénégalais à la construction de l'Etat de droit », *Revue administrative*, numéro spéciale 6, 1999, p. 85.
DIALLO (M Y.), « Le juge de l'administration et la régulation des marchés publics au Sénégal », *Revue d'étude et de recherche sur le droit et l'administration dans les pays d'Afrique*, Université Montesquieu -

Bordeaux IV, publié en mai 2015, p.2, http://afrilex.u-bordeaux4.fr/le-juge-de-l-administration-et-la.html, consulté le 5/8/2017.

DIALLO (Y.), « Le plan de passation des marchés publics (PPM) au Mali : Quelle définition et quelle importance ? », *Revue marchés publics*, ARMDS, n°37, 2016, p. 3.

DIEDHIOU (P.), « L'article 10 du Traité de l'OHADA : quelle portée abrogatoire et supranationale ?», *Revue de droit uniforme (UNIDROIT)*, 2007-2, vol XII, p.265.

DIOP (M.), « L'évolution des marchés publics au Sénégal, repère historiques et faits marquants », *Revue des marchés publics du Sénégal*, n°1, 2010, p. 6-7.

DIOP (S.), « Quelques remarques sur le code des obligations de l'administration », *RIPAS*, n°16, jan-juin 1987.

DIOUF (R P), « Marchés publics, comment sanctionner les fautes de gestion ? », *Revue des marchés publics du Sénégal*, n°3, 2011, p. 28-31.

DOUENCE (J-C.), « Le rattachement des établissements publics à une collectivité territoriale : Le cas des établissements publics locaux », *AJDA*, 1971, p. 4.

DRAGO (R.), « Le contrat administratif », documents d'études n°2.II, 1993 p. 27.

DRAGO (R.), « Règlement et pratique des marchés publics », *ADPE*, Dalloz, 1985, p. 11 p.

DREYFUS (J D.) et MOKTHAR (F.), « L'applicabilité des nouvelles directives marchés à certains secteurs particuliers », *Revue Contrats publics*, n°143, mai 2014, p. 30.

DUPUIS-TOUBOL (F.), « Le juge en complémentarité du régulateur », *LPA*, 23 janvier 2003 n° 17, p. 17.

DUTT (M K.), « Schiff-Type Dyes in the Cytochemical Staining of DNA », *Indian Journal of Experimental Biology* 13, n° 2 (mars 1975): p. 142-46.

ECKERT (G.), « L'indépendance des autorités de régulation économique à l'égard du pouvoir politique », *RFAP*, 2012/3, n°143, p. 629-643.

ECKERT (G.), « Notion et choix du contrat », *JurisClasseur*, *Contrats et marchés publics*, fasc, 400, 1er avril 2009, p. 28.

EPRON (Q.), « Le statut des autorités de régulation et la séparation des pouvoirs », *RFDA*, 2011, n° 5, p. 1001-1018.

FALL (E. M.) & SARR NIANG (M.), « Procédures de passation des marchés publics : un aperçu sur les délais », Sénégal, *RMP* n°5, novembre 2011, p. 6-7.

FALL (I. M), « La loi de règlement dans le droit des finances publiques des Etats membres de l'UEMOA : l'exemple du Sénégal », *in* Sénégal : *Finances publiques, Décentralisation et transparence budgétaire*, sous la direction de J. H. SY, Aide Transparence 2005, p. 534.

FERNANDEZ BEGAULT (E.), « La notion d'intérêt dans le délit de prise illégale d'intérêts : l'intérêt d'une clarification », *Revue Contrats Publics*, jan. 2014, n°139, p. 3437.

FOLLIOT LALLIOT (L.), « La globalisation du droit des marchés publics », *BJCP,* n°39, mars 2005, p. 94-100.
FOLLIOT LALLIOT (L.), « L'exécution du contrat administratif », *JCl.* fasc. n°608, décembre 2008, n°114.
FOLLIOT LALLIOT (L.), « Régulation du contrat », *in* BAZEX (M.), ECKERT (G.), LANNEAU (R.), LE BERRE (Ch.), DU MARAIS (B.) et SEE (A.), *Dictionnaire des Régulations,* Paris, LexisNexis, 2016, p. 553.
FOUCHARD (P.), « L'arbitrage OHADA », *Revue camerounaise de l'arbitrage*, n° spécial, octobre 2001, p. 65.
FROMONT (M.), « L'évolution du droit des contrats de l'administration-Différences théoriques et convergences de fait », *in* NOGUELLOU (R.), STELKENS (U.) et SCHRODER (H.), *Droit comparé des contrats publics,* Bruxelles, Bruylant, 2010, p. 263-278.
FRUCHS (O.), « Conciliation des intérêts dans le contentieux administratif de la concurrence », *AJDA*, 2006, p. 747.
GAUDEMET (Y.), « La concurrence des modes et des niveaux de régulation, introduction », *RFAP*, n°109, 2004, p. 14.
GERKRATH (J.), « Egalité de traitement », *LARJURIS* – JE 2301, 2002, p. 8.
GIRAUD (T.), « Économie sociale et solidaire - Union européenne – L'ESS entre dans le débat européen », *JA,* 2019, n°599, p.10.
GUEYE (B), « Le nouveau code sénégalais des marchés publics : entre réponse aux attentes de la société civile et prise en compte des influences communautaires », *Revue Droit sénégalais*, n° 7, novembre 2008, p. 257.
GUIBAL (M), « La réduction des risques juridiques par la simplification », *ACCP,* juillet-août 2001, n°2.
GUIBAL (M.), « Commentaire de la loi n°93-3 du 3 janvier 1991, relative à la transparence et à la régularité des procédures de marchés et soumettant la passation de certains contrats à des règles de publicité et de mise en concurrence », *AJDA*, 1991, n°4, p. 296-321.
GUIBAL (M.), « Codification et simplification du droit des marchés publics », *AJDA*, n° spécial, 1994, p. 11.
GUYON (Y.), « Conclusion », in *Petites Affiches,* n° 205 du 13 octobre 2004, p. 59-63.
HECQUARD-THERON (M.), « La notion d'Etat en droit communautaire », Rev, trim. *Dr. Euro.,* 1969, p. 30.
HERNU (R.), « Principe d'égalité et principe de non-discrimination dans la jurisprudence de la Cour de justice de communauté européenne », *LGDJ*, 2003, n° 167, p. 163.
HOEPFFNER (H.), « Exception d'inexécution d'un contrat de location de matériel de téléphonie », *Contrats et Marchés publics* n° 8-9, Août 2015, comm, p. 211.
HOEPFFNER (H.), « La modification des contrats de la commande publique à l'épreuve du droit communautaire », *RFDA,* 2011, p. 98.

IDOT (L.), « La transparence dans les procédures administratives : l'exemple du droit de la concurrence », *in* RIDEAU (J.) (dir.), *La transparence dans l'Union européenne. Mythe ou principe juridique ?* LGDJ, 1999, p. 121.

IDOUX (P.), « Les considérations sociales et environnementales », *RFDA* 2016, p. 260.

IDOUX (P.), « Le nouveau statut général des AAI et API », *AJDA*, 2017, p. 1115.

ISSA SAYEGH (J.), « L'ordre juridique de l'UEMOA et l'intégration juridique africaine », in Les dynamiques du droit européen en début de siècle », Etudes en l'honneur de Jean Claude GAUTRON, Edition Pedone, Paris, 2004, p. 664.

ISSA-SAYEGH (J.), « Quelques aspects techniques de l'intégration juridique : l'exemple des actes uniformes de l'OHADA », *Unif. L. Rev. / Rev. dr. unif.* (1999), p. 20.

ISSA-SAYEGH (J.), « Réflexions dubitatives sur le droit de l'arbitrage de l'OHADA », *Revue camerounaise de l'arbitrage*, n° spécial, oct. 2001, p. 22-28.

JACQUEMOIRE (P.), « Interdictions de soumissionner, état des lieux au lendemain de l'ordonnance du 23 juillet 2015 », *AJCT*, 2015, p. 637.

JEZE (G.), *Théorie générale des contrats de l'administration, RDP* 1930, p. 694.

KAMTO (M.), « La participation des personnes morales africaines de droit public à l'arbitrage OHADA », Recueil des actes du colloque sur *L'OHADA et les perspectives de l'arbitrage en Afrique*, Bruxelles, Bruylant, 2000, p. 98.

KHAN (J.), « La notion de marché public », *Revue marchés publics*, octobre 1968, p. 37.

KOEN (L.), « L'égalité de traitement en droit communautaire, Un principe unique aux apparences multiples », *Cah. dr. eur.* 1991, n°3, p. 3.

KONATE (M I.), « Brèves observations sur le nouveau cadre juridique des marches publics au Mali », *Revue Jurisfis info*, n°1, jan/fév, 2009, p. 2.

KONATE (M.I), « La nécessaire réforme des institutions de l'organisation pour l'harmonisation du droit des affaires en afrique », *Lexbase,* 14 juin 2018.

LAJOYE (C.), « Organes de l'achat public », *Contrats et Marchés publics*, fasc. 60-10, décembre 2007, p. 4.

LAMOTTE (M.), « Etude des infractions des marchés publics », *RMP,* n°14, juin 2013, p. 12.

LASSERRE CAPDEVILLE (J.), « L'indépendance des autorités de régulation financière économique à l'égard des opérateurs régulés », *RFAP*, 2012/3, n°143, p. 667-676.

LAVERGNE (B.), « La transposition en France des directives marches publics », *Revue marchés publics,* avril-mai 1994, n°281, p. 52.

LEBIED (J.), « Intégration de l'Union européenne et droit de la commande publique : levier d'intégration et vecteur de légitimation », Rev. UE, sept 2019. P.495.

LICHERE (F.), « L'influence du droit communautaire sur le droit des contrats publics », *Petites affiches*, n° 79, 2007, p. 29.
LINDITCH (F.), « Comment sauver la règle des trois devis ? », *JCP-La semaine juridique administration et collectivités territoriales*, n° 6, 2 fév. 2004, p. 152.
LLORENS (F.), « Typologie des contrats de la commande publique », *Contrats et Marchés Publics,* n°5 mai 2005, Etude n°7.
LLORENS (F.), « Unité et pluralité des délégations de service public », *Contrats et marchés publics*, 2003, n°5, p. 9-16.
LLORENS (F.), « Principe de transparence et contrats publics », *Contrats marchés publics*, janvier 2004, p. 4.
LONG (M.), « Une réforme pour préparer l'avenir »*, RFDA*, 1988, p. 163.
LORIOU (M.), « Exécution du marché public », Dalloz, *Encyclopédie des collectivités locales*, mars 2017, folio n° 3032.
LOUVARIS (A.), « Les organes et les procédures des contrats d'achat public », *Contrats et marchés publics*, 2005, n°5, p. 29.
MAIA (J.), « Les nouvelles dispositions sur les contrats de la commande publique » *RFDA* 2016, p. 197.
MAKAR (A B.), MCMARTIN (K E.), PALESE (M.) et TEPHLY (T. R.), « Formate Assay in Body Fluids: Application in Methanol Poisoning », Biochemical Medicine 13, n° 2, juin 1975, p. 117-126.
MANCUSO (S.), « Le nouveau droit africain : au-delà des différences entre la common law et le droit civil », Acte du 31e congrès de l'institut international de droit d'expression française, *RJP*, 2009, n°3, p. 417-437.
MARION (G G.), « La politique visible, ou le monument au service du pouvoir », *in* MARION (G.G), *Mélange en hommage à Bernrd VONGLIS*, pref. SAINT-CYR (P.), L'Harmattan, 2000, p. 251.
MATTERA (A.), « Les marchés publics derniers remparts du protectionnisme des Etats », *RMUE*, 1993, p. 5-12.
MAUBERNARD (C.), « Le principe d'égalité de traitement : un principe cardinal du droit de l'Union européenne », *RMCUE*, 2010, n°359, p. 373.
MAUGÜE (C.) et TERNEYRE (P.), « Les délégations de service public en question », *Cahiers juridiques de l'électricité et du gaz,* 1997, n° 531, p. 131-146.
MBAYE (K.), « Discours à l'occasion du séminaire sur l'OHADA », tenu à Abidjan (Côte d'Ivoire) les 19 et 20 avril 1993.
MBOUP (A.), « Direction centrale des marchés publics, un instrument du contrôle a priori des procédures », Sénégal*, Revue des marchés publics*, n°2, mai 2011, p. 14-15.
MENEMNIS (A.), « Le juge administratif du contrat : fragments pour un portrait », *RJEP*, 2012, chron. 1.
MILLET (T.), « Les marchés publics en droit communautaire », *Revue du marché commun et de l'Union européenne*, n° 452, oct, nov, 2001, p. 623.

MONSEMBERNARD (M.) et PRATS-DENOIX (M.), « L'exécution des marchés publics de travaux : pouvoirs et responsabilités de la collectivité, donneur d'ordre », *AJCT*, 2013, p. 173.

NGAIDE (M.), « La loi n°2006-16 du 30 juin 2006 modifiant le code des obligations de l'administration ou le renouveau du droit des contrats administratifs au Sénégal », *Revue droit sénégalais*, 2007, n°6, p. 105-117.

NIANG (S.), « Discours du Directeur Général de l'ARMP du Sénégal », *RMP* n°18, Septembre 2014, p. 14.

NOGUELLOU (R.), « La cession de contrat », *Revue des contrats*, 2006, p. 966-973.

NOGUELLOU (R.), « Champ d'application organique », *JurisClasseur, Contrats et marchés publics*, 25 février 2013, fasc, p. 40.

NOGUELLOU (R.), « Le nouveau champ d'application du droit des marchés publics », *AJDA*. 2015, p. 1789.

NOGUELLOU (R.), « L'exécution des contrats de concession », *AJDA* 2016, p.1008.

OLIVIER (F.), « Accès aux marchés publics », *JurisClasseur, Contrats et Marchés Publics,* actualisé par Joseph BON, 5 sept 2014, fasc, p. 60-40.

ORSONI (G.), « Existe-t-il toujours des marchés publics de droit privé ? », *RTD com*, 2002, p. 460.

PEYRICAL (J-M.), « La notion de marché public », Dalloz, *encyclopédie des collectivités locales sept2011*, réactualisé en mars 2017, folio n°3007.

PIGNON (S.), « L'évolutivité du contrat de partenariat public-privé, un atout pour les projets publics ? », *LPA*, 10 juin 2008, n° 116, p. 10.

POILLOT-PERUZZETTO (S.), « Les méthodes de la CNUDCI, le choix de l'instrument », *LPA* n°252, du 18 décembre 2003, p. 47.

POUGOUE (P.G), TCHAKOUA (J.M), FENEON (A.), « Droit de l'arbitrage dans l'espace OHADA », *Presses universitaires d'Afrique*, n° 318, p. 116.

POULET (F.), « Un office à renforcer dans le contentieux de l'exécution », *in* actes de colloque, *Exécution des contrats administratifs*, BOUHIER (V.) et RICCARDI (D.), (dir.), Editions Le Moniteur, 2018, p. 195.

POULET-GIBOT LECLERC (N.), « La contractualisation des relations entre les personnes publiques », RFDA, n°3 1999, p. 551.

RICHER (L.), « La contractualisation comme technique de gestion des affaires publiques », *AJDA*, 2003, p. 973.

RICHER (L.), « Le marché public : problèmes actuels de définition », *CJEG*, n° 408, février 1986, p. 38.

ROIG (E.), « Appel d'offres (définition), issu de Droit-Finances », (droit-finances.commentcamarche.net), consulté le 21/03/2017.

ROMBAUTS-CHABROL (T.), « Référé précontractuel et compétence de la personne publique candidate », *AJDA,* 2016, p. 153.

ROUQUETTE (R.), « Les marchés semi publics », *AJDA*, 1994, n° spécial, juillet-août, p. 21.

ROUYERE (A.), « Le statut : une mise en ordre pragmatique », *RFDA*, 2017, p. 413.

SAKHO (A.), « l'Acte uniforme relatif au droit de l'arbitrage », Actes du séminaire organisé par le Centre de formation judiciaire, Dakar, du 11 au 15 février 2002.

SECK (B.), « Le gouvernement du Sénégal n'a pas publié les statistiques sur les marchés publics des deux derniers trimestres de 2013 », article de presse publié sur le site de *Transparency international,* le 3 fév. 2014.

SILEN (W.), MACHEN (T E.) et FORTE (J G.), « Acid-Base Balance in Amphibian Gastric Mucosa », *The American Journal of Physiology* 229, n° 3 (septembre 1975), p. 721-730.

SY (D.), « L'évolution du droit administratif sénégalais », *Revue EDJA*, déc. 2005, p. 39-68.

SYMCHOWICZ (N.), « La notion de délégation de service public », *AJDA*, 1996, p. 195.

TERNEYRE (P.), « Existe-t-il encore une théorie générale des contrats administratifs ? », *ACCP* 2010, n°100, p. 14.

UBAUD-BERGERON (M.), « Le champ d'application organique des nouvelles dispositions », *RFDA* 2016, p. 218.

UBAUD-BERGERON (M.), « Loi MURCEF, la définition législative des délégations de service public », *JCP Générale*, 2002, n°14, p. 649-656.

VEDEL (G.), « La loi des 16-24 Août 1790 : Texte ? Prétexte ? Contexte ? », *RFDA* 1990, p. 698-711.

VIAUD (P.), « Union européenne et Union économique et monétaire de l'ouest africain : une symétrie raisonnée », *Revue marché commun et de l'Union européenne*, n° 414, janv. 1998, p. 15.

VIDAL-NAQUET (A.), « La transparence », in AUBY (J-B.) (dir.), *L'influence du droit européen sur les catégories du droit public*, Dalloz, 2010, p. 6.

WAINWRIGHT (R.), « Marchés publics : refonte des directives », *Revue du marché commun et de l'Union européenne*, n° 449, juin 2001, p. 394.

Table des matières

Structures éditoriales du groupe L'Harmattan

L'Harmattan Italie
Via degli Artisti, 15
10124 Torino
harmattan.italia@gmail.com

L'Harmattan Hongrie
Kossuth l. u. 14-16.
1053 Budapest
harmattan@harmattan.hu

L'Harmattan Sénégal
10 VDN en face Mermoz
BP 45034 Dakar-Fann
senharmattan@gmail.com

L'Harmattan Cameroun
TSINGA/FECAFOOT
BP 11486 Yaoundé
inkoukam@gmail.com

L'Harmattan Burkina Faso
Achille Somé – tengnule@hotmail.fr

L'Harmattan Guinée
Almamya, rue KA 028 OKB Agency
BP 3470 Conakry
harmattanguinee@yahoo.fr

L'Harmattan RDC
185, avenue Nyangwe
Commune de Lingwala – Kinshasa
matangilamusadila@yahoo.fr

L'Harmattan Congo
67, boulevard Denis-Sassou-N'Guesso
BP 2874 Brazzaville
harmattan.congo@yahoo.fr

L'Harmattan Mali
ACI 2000 - Immeuble Mgr Jean Marie Cisse
Bureau 10
BP 145 Bamako-Mali
mali@harmattan.fr

L'Harmattan Togo
Djidjole – Lomé
Maison Amela
face EPP BATOME
ddamela@aol.com

L'Harmattan Côte d'Ivoire
Résidence Karl – Cité des Arts
Abidjan-Cocody
03 BP 1588 Abidjan
espace_harmattan.ci@hotmail.fr

Nos librairies en France

Librairie internationale
16, rue des Écoles
75005 Paris
librairie.internationale@harmattan.fr
01 40 46 79 11
www.librairieharmattan.com

Librairie des savoirs
21, rue des Écoles
75005 Paris
librairie.sh@harmattan.fr
01 46 34 13 71
www.librairieharmattansh.com

Librairie Le Lucernaire
53, rue Notre-Dame-des-Champs
75006 Paris
librairie@lucernaire.fr
01 42 22 67 13

www.ingramcontent.com/pod-product-compliance
Lightning Source LLC
LaVergne TN
LVHW021153061026
849535LV00002B/450